Kriminalität, Justiz und Sanktionen KJS
Criminalité, Justice et Sanctions CJS
Criminalità, Giustizia e Sanzioni CGS
Crime, Justice and Sanctions CJS

Band 1
Vol. 1

Nicolas Queloz
Franz Riklin
Ariane Senn
Philippe de Sinner
(Herausgeber / Editeurs)

Medizin und Freiheitsentzug – Médecine et détention

Kriminalität, Justiz und Sanktionen KJS
Criminalité, Justice et Sanctions CJS
Criminalità, Giustizia e Sanzioni CGS
Crime, Justice and Sanctions CJS

Gegründet und herausgegeben von
Fondée et éditée par

Nicolas Queloz
Professor an der Universität Freiburg
Professeur à l'Université de Fribourg

Franz Riklin
Professor an der Universität Freiburg
Professeur à l'Université de Fribourg

Philippe de Sinner
Direktor des Schweizerischen Ausbildungszentrums für das
Strafvollzugspersonal in Freiburg

Stämpfli Verlag AG Bern · 2002
Stæmpfli Editions SA Berne · 2002

Nicolas Queloz
Franz Riklin
Ariane Senn
Philippe de Sinner
(Herausgeber / Editeurs)

Medizin und Freiheitsentzug
Médecine et détention

Beiträge und Dokumentation der
2. Freiburger Strafvollzugstage (November 2000)

Actes des 2èmes Journées pénitentiaires
de Fribourg (Novembre 2000)

Stämpfli Verlag AG Bern · 2002
Stæmpfli Editions SA Berne · 2002

Die Deutsche Bibliothek - CIP-Einheitsaufnahme

Medizin und Freiheitsentzug : Beiträge und Dokumentation der 2. Freiburger Strafvollzugstage (November 2000) = Médecine et détention / Nicolas Queloz .... - 1. Aufl.. - Bern : Stämpfli, 2002
(Kriminalität, Justiz und Sanktionen ; Bd. 1.)
ISBN 3-7272-7200-7

Gesamtherstellung: Stämpfli AG,
Grafisches Unternehmen, Bern
Printed in Switzerland

ISBN 3-7272-7200-7

Vorwort

Die Freiburger Strafvollzugstage, welche aus einer Zusammenarbeit zwischen der rechtswissenschaftlichen Fakultät der Universität Freiburg i.Üe. und dem Schweizerischen Ausbildungszentrum für das Strafvollzugspersonal (SAZ) entstanden sind, haben zum Ziel, ein Ort der Begegnung und der Verbindung zwischen Akademikern und Praktikern zu sein. Sie finden alle zwei Jahre statt, alternierend zu anderen Veranstaltungen, welche das SAZ für die Schweizerische Anstaltsleiterkonferenz (SALK) und für andere Spezialistengruppierungen im Bereich des Freiheitsentzuges organisieren.

Die Freiburger Strafvollzugstage sind als themenspezifische Seminare ausgestaltet, welche der Information, der Fort- und Weiterbildung sowie der Verbreitung von Standesregeln und berufsspezifischen Normen im Umfeld des Sanktionenvollzuges dienen.

Anlässlich *der 1. Freiburger Strafvollzugstage* im Jahre 1998 wurden Fragestellungen erörtert im Zusammenhang mit der kurz zuvor durch den Bundesrat verabschiedeten Botschaft zur Revision des Schweizerischen Strafgesetzbuches betreffend das Sanktionensystem. Die Dokumentation en dieses ersten Fachseminars sind im Sonderheft 1 (März 1999) der «Informationen über den Straf- und Massnahmenvollzug», welche durch das Bundesamt für Justiz herausgegeben wird, publiziert worden.

Die 2. Freiburger Strafvollzugstage, welche vom 7. - 9. November 2000 abgehalten worden sind, waren dem Themenkreis «*Medizin und Freiheitsentzug*» gewidmet. Diese Thematik ist viel komplexer, als sie auf den ersten Blick erahnen lässt. Um einen strukturierten Ablauf zu gewährleisten, haben sich die Organisatoren dafür entschieden, das Thema systematisch anhand der verschiedenen Kapitel der Empfehlung R(98)7 des Europarates betreffend ethische und organisatorische Aspekte der Gesundheitsfürsorge in Gefängnissen zu behandeln. Die erwähnte Empfehlung R(98)7 wie auch die betreffende Botschaft dazu sind im Anhang dieses Bandes sowohl in deutscher als auch französischer Sprache abgedruckt. In diesem Zusammenhang danken wir dem Europarat für die Bewilligung zur Verbreitung dieser Texte wie auch den Herren Martin LACHAT und Dr. med. Karl BOLLI, welche die schwierige Aufgabe übernommen haben, diese Dokumente in die deutsche Sprache zu übersetzen.

Das Seminar hat zu einer kritischen Auseinandersetzung über die wichtigsten Fragestellungen rund um die Aspekte der medizinischen Eingriffe im Bereich des Freiheitsentzuges beigetragen. Der vorliegende Sammelband beinhaltet somit die Beiträge von zahlreichen Praktikern wie auch von Personen aus dem akademischen Umfeld.

Wir danken an dieser Stelle allen Personen, welche durch ihren kleinen oder grossen Beitrag wesentlich zum Gelingen dieser *2. Freiburger Strafvollzugstage* beigetragen haben. Wir sind vor allem sehr glücklich über die zustande gekommene Zusammenarbeit mit dem Verlag Stämpfli AG. Wir begründen mit der Herausgabe des vorliegenden Sammelbandes eine Reihe, welche den Titel *Kriminalität, Justiz und Sanktionen* trägt.

Unser Dank geht insbesondere auch an die Universität von Freiburg i.Üe., namentlich an den Rektorat und die rechtswissenschaftliche Fakultät wie auch an die Aufsichtsorgane des SAZ für ihre persönliche, finanzielle und auch logistische Unterstützung.

Unsere aufrichtige Anerkennung sowie unser Dank richtet sich auch an die Damen Marlis Paillard und Ariane Senn für die Übernahme der organisatorischen und administrativen Belange des Seminars wie auch für die Ausarbeitung der Seminardokumentation, welche den Tagungsteilnehmern vorgängig zugestellt worden war.

Endlich geht unser herzlicher Dank an die Damen Frédérique Bütikofer Repond, Dominique Steiger, Anne-Sylvie Dupont, sowie an Herrn Laurent Oberhofer, wissenschaftliche Mitarbeitern an der Universität Freiburg i.Üe. und vor allem an Frau Ariane Senn, wissenschaftliche Mitarbeiterin des SAZ, für die grosse geleistete Arbeit in Bezug auf die Lektorierung dieses Sammelbandes.

Die Leiter der neuen Reihe «Kriminalität, Justiz und Sanktionen»:

Nicolas Queloz, Franz Riklin und Philippe de Sinner

Freiburg, im Oktober 2001

Avant-propos

Nées d'une collaboration entre la Faculté de droit de l'Université de Fribourg et le Centre suisse de formation pour le personnel pénitentiaire (CSFPP), *les Journées pénitentiaires de Fribourg* ont pour vocation d'être un lieu de rencontre, un trait d'union entre les praticiens et le monde académique. Programmées tous les deux ans, en alternance avec d'autres prestations que le CSFPP organise à l'attention de la Conférence suisse des directeurs d'établissements de détention ainsi que d'autres groupes professionnels spécialisés, il s'agit avant tout de journées thématiques destinées à l'information, la formation et la diffusion de normes professionnelles au sein du monde de l'exécution des sanctions.

Les *1ères journées pénitentiaires de Fribourg*, réunies en 1998, avaient permis d'aborder, dès son adoption par le Conseil fédéral, le projet de révision du Code pénal suisse consacré à la réforme du droit des sanctions. Les actes de ce premier séminaire avaient été publiés sous forme d'un tiré à part du bulletin «Informations sur l'exécution des peines et des mesures» (mars 1999) édité par l'Office fédéral de la Justice.

Les *2èmes journées pénitentiaires*, tenues les 7, 8 et 9 novembre 2000, ont été, quant à elles, consacrées au thème «*Médecine et détention*». Cette thématique est plus complexe qu'elle n'y paraît. Pour cette raison les organisateurs ont proposé, pour le bon ordre des travaux du séminaire, d'aborder tour à tour les différents chapitres contenus dans la Recommandation R(98)7 du Conseil de l'Europe concernant les aspects éthiques et organisationnels des soins de santé en milieu pénitentiaire. Cette dernière ainsi que l'exposé des motifs figurent d'ailleurs en annexe du présent ouvrage en version française et allemande. A cet égard, nous tenons à remercier le Conseil de l'Europe de nous avoir permis de diffuser ces textes ainsi que MM. Martin LACHAT et Karl BOLLI qui ont accompli l'exercice difficile de traduire ces documents en allemand.

Ce séminaire a permis de procéder à une évaluation critique des principaux aspects de l'intervention médicale en milieu pénitentiaire. Le présent ouvrage contient par conséquent les interventions tant de nombreux praticiens du monde pénitentiaire que celles de membres des milieux académiques.

Nous ne saurions omettre de remercier ici toutes les personnes qui ont de près ou de loin contribué à la réussite de ces 2èmes Journées pénitentiaires de Fribourg. Tout d'abord nous sommes très heureux de la collaboration qui s'est installée avec la Maison d'édition Staempfli SA dont nous ouvrons, avec la parution de cet ouvrage, la Collection *Criminalité, Justice et Sanctions.*

Notre reconnaissance va ensuite à l'Université de Fribourg, en particulier au Rectorat et à la Faculté de droit ainsi qu'aux instances supérieures du CSFPP pour leur soutien tant professionnel que financier et logistique.

Nous souhaitons également associer à ces remerciements Mmes Marlis Paillard et Ariane Senn pour la prise en charge des responsabilités organisationnelles et administratives du séminaire ainsi que l'élaboration de la documentation préparatoire adressée aux participants.

Enfin, que Mmes Frédérique Bütikofer Repond, Dominique Steiger, Anne-Sylvie Dupont ainsi que Monsieur Laurent Oberhofer, collaborateurs scientifiques à l'Université de Fribourg et en particulier Mme Ariane Senn, collaboratrice scientifique du CSFPP, trouvent ici l'expression de notre vive reconnaissance pour avoir assumé la vaste tâche de relecture et de mise en page du présent ouvrage.

Les directeurs de la nouvelle Collection «Criminalité, Justice et Sanctions»:

Nicolas Queloz, Franz Riklin et Philippe de Sinner

Fribourg, octobre 2001

Inhaltsverzeichnis /Table des matières

Abkürzungsverzeichnis / Table des abréviations

al.	alinéa
Anm.	Anmerkung
art.	article
Art.	Artikel
ATF	Arrêt du Tribunal fédéral
Aufl.	Auflage
BGE	Bundesgerichtsentscheid
BE	Kanton Bern
BL	Kanton Basel-Landschaft
Bsp.	Beispiel
BV	Bundesverfassung der Schweizerischen Eidgenossenschaft vom 18. April 1999 (SR 101)
bzw.	beziehungsweise
CEDH	Convention européenne de sauvegarde des droits de l'homme et des libertés fondamentales du 4 novembre 1950 (RS 0.101)
cf.	confer (comparez)
ch.	chiffre
cons.	considérant
CPS	Code pénal suisse du 21 décembre 1937 (RS 311.0)
d.h.	das heisst
éd.	édition
Ed./Eds.	Editeur/Editeurs
EMRK	Europäische Konvention zum Schutze der Menschenrechte und Grundfreiheiten vom 4. November 1950 (SR 0.101)
etc.	et cetera
ev.	eventuell
ex.	exemple
f./ff.	folgende/fortfolgende
FF	Feuille fédérale
FFE	Fürgesorische Freiheitsentziehung
FMH	Foederatio Medicorum Helveticorum
gegr.	gegründet
gem.	gemäss
ggf.	gegenbenfalls

i.d.R.	in der Regel
i.S.	im Sinne
JAAC	Jurisprudence des autorités administratives de la Confédération
JdT	Journal des Tribunaux
KKJPD	Konferenz der Kantonalen Justiz- und Polizeidirektorinnen und-Direktoren
LSEE	Loi fédérale du 26 mars 1931 sur le séjour et l'établissement des étrangers (RS 142.20)
m.a.W.	mit anderen Worten
m.E.	meines Erachtens
N.	Note
no.	numéro
Nr.	Nummer
OMS	Organisation mondiale de la santé
op. cit.	opere citato
p.	page
resp.	respektive
RJJ	Revue jurassienne de jurisprudence
RJN	Revue neuchâteloise de jurisprudence
RS	Recueil systématique du droit fédéral
RVJ	Revue valaisanne de jurisprudence
s./ss.	suivante/suivantes
SemJud	La Semaine judiciaire
sog.	sogennante
SR	Systematische Sammlung des Bundesrechts
StGB	Schweizerisches Strafgesetzbuch vom 21. Dezember 1937 (SR 311.0)
StVollzG	(Deutsches) Gesetz über den Vollzug der Freiheitsstrafe und der freiheitsentziehenden Massregeln der Besserung und Sicherung vom 16. März 1976 (BGBl. I, 581)
TF	Tribunal fédéral
u.a.	unter anderem
u.E.	unseres Erachtens
u.s.w.	und so weiter
u.U.	unter Umständen
v.a.	vor allem
vgl.	vergleiche

vol.	volume
z.B.	zum Beispiel
z.T.	zum Teil
ZBJV	Zeitschrift des Bernischen Juristenvereins, Bern
ZBL	Schweizerisches Zentralblatt für Staats- und Verwaltungsrecht, Zürich
ZGB	Schweizerisches Zivilgesetzbuch vom 10. Dezember 1907 (SR 210)
Ziff.	Ziffer

Introduction à la thématique

Philippe de Sinner, Directeur du Centre suisse de formation pour le personnel pénitentiaire, Fribourg

Résumé: La Recommandation R(98)7 du Conseil de L'Europe relative aux aspects éthiques et organisationnels des soins de santé en milieu pénitentiaire nous permet de disposer d'un texte traitant des diverses facettes de l'exercice de la médecine en milieu pénitentiaire. Elle s'impose comme une référence incontournable pour le praticien.

Zusammenfassung: Die Empfehlung Nr. R(98)7 des Europarates betreffend ethische und organisatorische Aspekte der Gesundheitsfürsorge in Gefängnissen gibt uns die Möglichkeit, die zahlreichen Seiten der medizinischen Tätigkeit im Freiheitsentzug zu besprechen. Sie gilt auch als Referenz für die Praxis.

En abordant le thème «Médecine et détention», il convient de rappeler l'existence de règles éthiques et de déontologie médicale dont les plus anciennes trouvent leurs racines dans des textes tels que le serment d'Hippocrate, qui demeure encore de nos jours la référence déontologique essentielle. Ces règles ont été reprises, développées et codifiées au fil du temps. Elles ont abouti, ne serait-ce qu'au plan européen et dans le domaine qui nous intéresse, à l'élaboration de la Recommandation R(98)7 relative aux aspects éthiques et organisationnels des soins de santé en milieu pénitentiaire. C'est ce document qui a servi de fil conducteur aux exposés et interventions des *2èmes Journées pénitentiaires de Fribourg*, tenues les 7, 8 et 9 novembre 2000.

Il ne s 'agit évidemment pas du seul texte de portée internationale relatif à l'exercice de la médecine en milieu pénitentiaire. Très tôt déjà, l'Association médicale mondiale (AMM), par exemple, avait établi des textes touchant plus spécifiquement la sphère d'activité du personnel de santé en milieu carcéral, tels que la Déclaration sur les fouilles corporelles de prisonniers (1993), la Résolution sur la participation du médecin à la peine capitale (1981), la Déclaration de Malte sur les grévistes de la faim (1991) ainsi que la Déclaration de Tokyo (1975). L'essentiel de ces réflexions fondamentales avait aussi été rappelé dans le 3ème rapport général d'activité (1992) du Comité européen pour la prévention de la torture et des peines ou traitements inhumains ou dégradants (CPT). C'était alors principalement sous l'impulsion du Professeur Jacques BERNHEIM, alors vice-président du CPT, que de nombreux critères sur lesquels devaient reposer les soins aux personnes détenues avaient été dégagés. Il s'agissait notamment de l'accès au médecin, de l'équivalence des soins, du consentement du patient, de la confidentialité ou encore de l'indépendance professionnelle du corps médical.

Sur le plan européen, comme le rappelle le Conseil de l'Europe dans l'exposé des motifs accompagnant la Recommandation R(98)7, «*les textes de référence suivants devraient être pris en considération comme sources fondamentales dans ce domaine:*

- *la Convention de sauvegarde des droits de l'homme et des libertés fondamentales de 1950;*
- *la Charte sociale européenne de 1961;*
- *la Convention européenne pour la prévention de la torture et des peines ou traitements inhumains ou dégradants de 1987;*
- *la Convention sur les droits de l'homme et la biomédecine de 1997;*
- *les Recommandations du Comité des Ministres R(90)3 sur la recherche médicale sur l'être humain, R(93)6 concernant les aspects pénitentiaires et criminologiques du contrôle des maladies transmissibles et notamment du sida et des problèmes connexes de santé en prison, R(87)3 sur les Règles pénitentiaires européennes, ainsi que les Recommandations 1235 (1994) relative à la psychiatrie et aux droits de l'homme, et 1257 (1995) relative aux conditions de détention dans les Etats membres du Conseil de l'Europe préparées par l'Assemblée parlementaire*».

Le nombre de textes cités, édictés dans un contexte européen, montre à quel point la thématique est vaste.

Contrairement à l'avis du profane ou de l'opinion publique, l'exercice de la médecine en milieu pénitentiaire ne se limite donc pas à une simple transposition par analogie de l'activité médicale classique à ce domaine. C'est une activité «à risques» ou plus précisément une activité où les critères médicaux et les critères de sécurité ou de justice peuvent parfois entrer en opposition.

La prison est un univers clos à caractère répressif, un monde en soi, qui du point de vue de la médecine ne permet pas toujours une réalisation adéquate ou aisée des soins. En prison, l'activité médicale pourra d'ailleurs être de types très variables. Elle pourra être orientée vers la thérapie uniquement, prendre en charge les aspects plus généraux de santé publique ou encore résulter d'injonctions de l'ordre judiciaire ou de la loi comme c'est par exemple le cas lors d'expertises, de fouilles corporelles invasives, de médication forcée, ou de thérapie de longue durée conditionnant le retour en société de tel ou tel détenu.

Au plan mondial, il n'en demeure pas moins que le corps médical a dû réagir face à des «situations pénitentiaires» où, dans certains pays, il se sentait parfois prisonnier d'un appareil répressif étatique. En l'absence d'un véritable état de droit, le médecin pouvait devenir malgré lui un instrument ou pire, le complice d'une violation grave des droits de l'homme.

Le corps médical se devait également de se protéger à l'interne contre les excès de certains membres de sa propre corporation. Il fallait éviter notamment que l'un d'entre eux n'accepte de participer – de son propre chef cette fois – à des expériences médicales sur des détenus qu'à la fois la loi et l'éthique réprouvent.

Telles sont les réflexions dont le corps médical a dû notamment se saisir, souvent d'entente avec les juristes ou des instances chargées du respect des droits de l'homme et des libertés fondamentales.

Pour guider notre propos, laissons l'histoire illustrer certaines de ces difficultés.

Les cas les plus extrêmes ont certainement été ceux où des membres du corps médical ont participé à de véritables séances de torture. Point n'est besoin de rappeler les tristes agissements de certains d'entre eux dans les camps de la seconde guerre mondiale. Rappelons seulement que bien plus récemment encore, la question s'est posée lors d'interrogatoires et de séances de torture auxquels devaient participer des médecins militaires. Il leur était demandé – par exemple dans certaines dictatures latino-américaines des années 1970 ou 1980 – de définir à partir de quel moment on devait cesser ou alors on pouvait reprendre les mauvais traitements dans le cadre d'un interrogatoire. Une telle situation mettait le médecin militaire devant un choix terrible et presque impossible. A aucun moment, il ne pouvait en effet se prévaloir de son indépendance professionnelle: en qualité de subordonné d'une hiérarchie militaire, refuser un ordre le rendait passible d'une cour martiale et l'accepter l'exposait, selon l'éthique médicale, à une mesure disciplinaire voire à l'exclusion de la profession par ses pairs.

Dans le même ordre d'idées, une question similaire s'est posée en matière de grèves de la faim. En effet, au-delà de l'information que le médecin a fourni au gréviste concernant les risques encourus et après s'être également assuré que l'intéressé ne souhaitait pas être réanimé médicalement en cas de perte de connaissance, que doit et que peut encore faire le médecin? S'il respecte la volonté du patient, il risque peut-être une condamnation pour non-assistance à personne en danger. A l'inverse, en procédant à une alimentation forcée, il violera les préceptes éthiques de sa corporation avec les suites que l'on sait.

Dans ce dernier cas, et par opposition à celui du médecin militaire on voit apparaître certaines composantes thérapeutiques de l'acte médical. A cela s'ajoute également une volonté exprimée par le patient. Néanmoins, la question reste difficile. Que doit dès lors faire le médecin: tout ou rien? Quelle sera dans cette hypothèse la base considérée pour l'analyse que l'on fera de l'acte ou du «non-acte» médical: le droit, la déontologie, la morale, la politique ou même la religion? Et dans quel ordre? Et suivant quelle sensibilité?

Enfin, et dans un domaine peut-être plus quotidien, à partir de quand et jusqu'où le médecin doit-il accepter de procéder à une fouille corporelle d'un détenu, lorsque celle-ci est ordonnée par une autorité administrative ou judiciaire? Ici aussi, se pose la question de la nature thérapeutique ou non d'une telle intervention. Qui plus est, l'autorité étatique voire la loi estimera de son côté que c'est justement un médecin qualifié et lui seul qui doit y procéder. Mais s'agit-il vraiment d'un acte médical?

Toutes ces questions et bien d'autres encore se posent au corps médical. Elles concernent également, mais à des degrés divers, d'autres catégories professionnelles médicales ou paramédicales, telles que les infirmiers et infirmières, les psychothérapeutes ou psychologues.

Au vu de ce qui précède, il ne viendrait donc à l'esprit de personne de nier les impératifs d'une réglementation. Cependant, la pratique quotidienne de la médecine pénitentiaire reste extrêmement complexe, sans compter que les critères médicaux (en particulier l'invocation du secret médical) et les critères de sécurité entrent plus souvent qu'à leur tour en réelle opposition. En outre, le droit, les règles d'organisation ou les structures ne facilitent pas les choses en particulier dans un pays comme le nôtre dès lors qu'il dispose de 26 compétences cantonales en matière de santé et d'exécution des peines et mesures.

En grandes lignes et dans le domaine qui nous occupe, nous estimons pouvoir ranger les mandats médicaux dans au moins quatre catégories qui se présentent comme suit:

- *L'activité thérapeutique classique* qui consiste à prendre en charge les problèmes de santé d'un individu détenu déterminé. Dans ce cadre-là, l'indépendance du médecin et le secret médical doivent trouver leur expression la plus forte.

- *Les responsabilités dites de santé publique* qui consistent au fond à exercer le «ministère de la santé publique» au sein d'un établissement de détention. Dans ce cas, le médecin a un devoir d'appliquer, de faire appliquer, de contrôler et de diffuser, tant auprès des directions que du personnel de surveillance et des détenus, les règles concernant l'alimentation, l'hygiène ou la prévention des maladies transmissibles ou non. La fonction du médecin est ici comparable à celle d' un «agent public».

- *Le médecin en qualité d'expert*, tenu de fournir à une autorité ou à un juge un avis destiné à orienter une décision. Dans cette fonction, le secret médical voire l'indépendance du médecin trouvera encore une toute autre expression.

- Enfin, *l'activité de thérapeute mais lorsque celle-ci est dictée par l'organe judiciaire dans un jugement.* Il peut s'agir d'exiger de la médecine qu'elle amène un détenu «problématique» ou dangereux à retrouver les conditions nécessaires pour son retour à la vie normale en société. Là encore, le médecin voit sa tâche, son indépendance et la confidentialité de ses actes conditionnés par d'autres paramètres.

Les quatre activités mentionnées sont de nature très différente du point de vue du médecin. Elles ne sont d'ailleurs souvent pas exercées cumulativement – ou ne devraient pas l'être dans une situation donnée – par les mêmes membres du corps médical.

Un des grands mérites de la Recommandation R(98)7 du Conseil de l'Europe est certainement d'avoir eu l'ambition de traiter un maximum de thèmes visant l'exercice de la médecine en milieu pénitentiaire, sous toutes leurs facettes et avec autant de précisions que possible. Cette recommandation devient ainsi un instrument directement et concrètement utilisable. Même rangée dans la catégorie juridique connue sous le terme de *soft law*, soit parmi les normes juridiques n'ayant de loin pas un caractère véritablement impératif, la Recommandation R(98)7 s'impose comme texte de référence incontournable pour tout praticien. C'est pour cette raison également que les organisateurs des *Journées pénitentiaires de Fribourg 2000* ont procédé à la traduction et à la diffusion en langue allemande de l'intégralité du texte du Conseil de l'Europe, y compris de l'exposé des motifs qui l'accompagne.

Pour mémoire, la Recommandation R(98)7 aborde les sujets suivants:
- Le droit aux soins de santé en milieu pénitentiaire et de l'accès à un médecin;
- L'équivalence des soins;
- Le consentement du malade et le secret médical;
- L'indépendance professionnelle;
- La spécificité du rôle du médecin et des autres personnels de santé dans le contexte du milieu pénitentiaire;
- L'information, la prévention et l'éducation à la santé;
- La formation professionnelle du personnel de santé exerçant en milieu pénitentiaire;
- L'organisation des soins de santé dans les prisons, notamment du point de vue de la gestion de certains problèmes courants;
- Les maladies transmissibles, en particulier par infection par le VIH et sida, de la tuberculose, des hépatites;
- Les personnes inaptes à la détention continue: handicap physique grave, grand âge, pronostic fatal à court terme;

- Les symptômes psychiatriques, les troubles mentaux et troubles graves de la personnalité, les risques de suicide;
- Les refus de traitement, la grève de la faim;
- Les violences en prison: procédures et sanctions disciplinaires, isolement disciplinaire, contention physique, régime de sécurité renforcée;
- Les programmes de soins spécifiques: programmes sociothérapeutiques, liens familiaux et contacts avec le monde extérieur, mères détenues avec enfants;
- Les fouilles corporelles, expériences médicales, recherches médicales.

La lecture des thèmes abordés par la Recommandation R(98)7 ne saurait toutefois l'être uniquement à la lumière des responsabilités du corps médical. En effet en prison, les acteurs et les intérêts sont nombreux. L'activité est la plupart du temps interdisciplinaire, ou à tout le moins devrait-elle l'être! Il est vrai que parfois chacun garde un peu trop jalousement ses prérogatives et il n'est finalement pas rare que des incompréhensions ou antagonismes individualisés ou corporatifs voient le jour dans l'organisation ou le déroulement des tâches quotidiennes au sein d'un établissement pénitentiaire. L'émergence de ces situations délicates résulte fréquemment de l'attitude de tel ou tel médecin ou de tel ou tel directeur dans un cas précis. Cela se résume parfois à la constatation que l'un ne sait pas ce que l'autre fait ou pense. Tous deux s'estiment être, par ailleurs responsables légitimes, ultimes et uniques de la problématique santé en détention: l'un parce qu'il «est-directeur-d'établissement-et-partant-seul-responsable-envers-la-société» et l'autre parce qu'il «est-le-corps-médical-et-partant-seul-responsable-envers-la-société». Pour caricaturale qu'elle puisse apparaître, la situation n'en est pas moins réelle dans bien des cas.

La responsabilité de la santé en milieu carcéral n'est-elle en définitive pas une responsabilité de l'Etat?

A cet égard, la solution législative adoptée en Allemagne, telle que présentée par Monsieur B. WYDRA, a choisi de désigner le directeur de l'établissement comme responsable final de l'organisation des aspects de santé en détention. Cette solution a le mérite d'être claire. A-t-elle aussi celui d'être la meilleure? Tout dépend encore de ce que l'on appelle «santé». La définition proposée par l'Organisation mondiale de la santé (OMS) est la suivante: *«La santé est un état complet de bien-être physique, mental et social, qui ne consiste pas seulement en l'absence de maladies ou d'infirmités»*.

Cette définition transposée au milieu pénitentiaire appelle au moins deux remarques. La première concerne l'envergure de la tâche consistant à garantir la santé en milieu carcéral (bien-être physique, mental et social). Il s'agit d'un objectif général dépassant donc de loin celui de la pure médecine curative à laquelle nous aurions le réflexe de nous référer dans un premier temps. La seconde rappelle une évidence puisque la réalisation de ces objectifs de bien-être physique, mental et social est pour le moins difficile à atteindre lorsque l'individu se trouve confiné dans une prison. Cet espace géographique, architectural et structurel des plus complexes peut en soi être de nature négative, voire pathogène selon certains.

Logiquement, il revient donc à l'ensemble des services pénitentiaires et du corps médical de veiller à garantir la meilleure santé possible aux individus incarcérés. Ces tâches sont multiples et tous doivent y concourir.

Rappelons que le Comité international de la Croix-Rouge (CICR), dont on connaît les activités en milieu pénitentiaire en faveur des détenus politiques notamment, a élaboré un schéma rendant compte de la nature et de l'envergure des différents besoins des individus incarcérés.

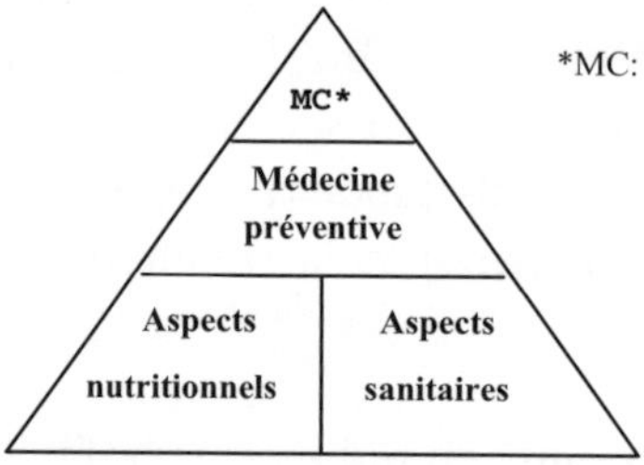

*MC: médecine curative

Les besoins de santé sont représentés ici sous forme d'un triangle ou plutôt d'une pyramide. A sa base figurent les besoins élémentaires sous forme de deux piliers, l'un regroupant les aspects nutritionnels, l'autre les aspects «sanitaires». Ces deux piliers rappellent la nécessité de garantir en premier lieu à toute population un accès à la nourriture, à l'eau potable et à l'hygiène. Sans ces deux fondements, il est au fond illusoire d'entreprendre des actes de médecine dite curative (MC).

En seconde priorité, la pyramide place la notion de médecine préventive.

Au sommet seulement, soit à l'extrême pointe de la pyramide, se trouvera la médecine dite curative ou les thérapies. Ce schéma démontre aussi qu'il n'y a en soi pas de logique à vouloir distribuer des «pastilles» avant de savoir si, dans l'environnement donné, la nutrition, l'hygiène et la médecine préventive sont des éléments absolument sous contrôle.

Elaborée dans un premier temps par la division médicale du CICR pour les camps de réfugiés, cette pyramide des besoins a été développée et adaptée ultérieurement, par le Dr. Hernan REYES, pour les situations de détention (prisons, camps de prisonniers de guerre). Il a adjoint aux conditions matérielles, la catégorie essentielle des conditions psychologiques liées à l'enfermement. En effet, cette dernière catégorie fait référence à toutes les contraintes architecturales, structurelles et de comportements auxquelles doit faire face le détenu. Au quotidien, celui-ci devra trouver un équilibre et un bien-être dans des activités sociales, récréatives, sportives, de travail, de relations avec l'extérieur ou avec le corps des surveillants ainsi que lors de visites familiales ou de congés, pour ne citer que ces exemples.

Par ce raisonnement qui met en évidence les aspects mentaux et sociaux du bien-être, nous sommes finalement revenus aux éléments clés de la définition de l'OMS. En d'autres termes, nous devons nous rendre à l'évidence que la prise en charge de tous ces aspects de santé relève d'une mission résolument interdisciplinaire. Surveillants, directeurs, assistants sociaux, aumôniers, maîtres de sport etc., ne sont-ils pas chacun un maillon de la chaîne de cette interdisciplinarité?

Ethische und organisatorische Aspekte der Gesundheitsfürsorge in Gefängnissen

Dr. med. Karl Bolli, Leiter des gefängnismedizinischen Dienstes, Kantonale Strafanstalt Pöschwies, Regensdorf

Zusammenfassung: Das Referat verfolgt zwei Ziele: Zum einen wird versucht, auf dem Hintergrund 10 jähriger ärztlicher Tätigkeit in der Kantonalen Strafanstalt Pöschwies, Regensdorf, den Begriff «Gefängnismedizin» zu definieren und mit Hilfe von praktischen Beispielen und offenen Fragen zu beleuchten. Zum andern wird über Inhalt, Aufbau und Zweck der neusten Empfehlung Nr. R(98)7 des Europarates betreffend ethische und organisatorische Aspekte der Gesundheitsfürsorge in Gefängnissen berichtet, sowie auf deren Nutzen bei der täglichen gefängnisärztlichen Tätigkeit hingewiesen.

Résumé: Dans cette contribution, l'auteur poursuit deux objectifs: le premier est de tenter de définir, sur la base d'une longue pratique médicale en établissement pénitentiaire, le concept de médecine pénitentiaire, puis de le mettre en lumière à l'aide d'exemples pratiques et de questions ouvertes. Le second objectif est de rapporter au lecteur le contenu, la structure et le but de la nouvelle Recommandation R(98)7 du Conseil de l'Europe concernant les aspects éthiques et organisationnels des soins de santé en milieu pénitentiaire et d'attirer l'attention sur son utilité dans l'activité médicale quotidienne en milieu pénitentiaire.

I. Einleitung

Der Philosoph Karl JASPERS schrieb in einem Essay aus dem Jahre 1953 über die Idee des Arztes dem ärztlichen Handeln zwei zentrale Dimensionen zu: «*Es steht auf zwei Säulen: einerseits der naturwissenschaftlichen Erkenntnis und dem technischen Können, andererseits auf dem Ethos der Humanität*»[1].

Nach 15 Jahren hausärztlicher Tätigkeit in einer Allgemeinpraxis auf dem Lande bedeutet der Wechsel zur medizinischen Betreuung Gefangener eine neue Herausforderung. 1990 wurde in der Kantonalen Strafanstalt Regensdorf im Rahmen einer Umstrukturierung des Strafvollzugs die Stelle für einen vollamtlichen Hausarzt geschaffen. Bei der Übernahme dieser Aufgabe war die Bedeutung des Schrittes – von ärztlicher Tätigkeit in Freiheit zur Gefängnismedizin – noch undurchschaubar. Sehr rasch tauchten Fragen auf, welche die zwei von JASPERS erwähnten Dimensionen betreffen:

- Welche neuen beruflichen Aspekte birgt die Disziplin «Gefängnismedizin»?
- Welche fachlichen und ethischen Orientierungshilfen stehen dem Gefängnisarzt für seine Tätigkeit zur Verfügung?

Den Tagungsunterlagen ist nebst der Empfehlung Nr. R(98)7 des Europarates das Ausbildungsskript für das Vollzugspersonal der Strafanstalt Pöschwies beigelegt worden, in welchem gefängnisärztliche Erfahrungen und Erkenntnisse dargelegt sind, die bei der medizinischen Betreuung der Insassen während der vergangenen 10 Jahre in der Strafanstalt Pöschwies, im geschlossenen Vollzug für Männer gemacht wurden.

Dieser Vortrag möchte diese Wahrnehmungen einem breiteren Publikum bekannt machen und abschliessend ermöglichen, die aus den von JASPERS erwähnten Dimensionen gezogenen Fragen zu beantworten.

---

1 A. BONDOLFI, *Medizinische Ethik in ärztlichen Alltag*, EMH Schweizerischer Ärztverlag AG, Basel/Bern 1999, S. 11.

Wenn von Insassen gesprochen wird, sind bei allgemeingültigen Bemerkungen unausgesprochen weibliche Gefangene mit eingeschlossen.

Nachdem der früher tätige Anstaltsarzt, ein versierter Allgemeinpraktiker von altem Schrot und Korn, viele Jahre lang teilzeitlich die Insassen nach patriarchalischem Prinzip medizinisch versorgt hatte, wurde im neuen Konzept versucht, Hausarztmedizin auf einer partnerschaftlichen Arzt-Patienten-Beziehungsebene zu praktizieren.

II. Dokumentarische Quellen

Hilfen zum Einstieg in die gefängnisärztliche Problematik konnten in *Standard Minimum Rules for the Treatment of Prisoners* aus dem Jahre 1955 gefunden werden. Sie gaben Einblick in vollzugsbedingte Schwierigkeiten und legten, zusammen mit den Allgemeinen Erklärungen der Menschenrechte, den Grundstein zum wachsenden Interesse an ethischen Fragen in diesem Bereich. Dennoch waren die ersten 5 Jahre autodidaktische Lehrjahre. In dieser Pionierphase musste sich der neugewählte Hausarzt als «Greenhorn» ohne Lehrbuch zurechtfinden.

Ethik-Richtlinien waren wohl in grosser Menge vorhanden. Es bestand jedoch ein unübersichtlicher Dschungel in Form von Eiden, Deklarationen, Resolutionen, Konventionen und Empfehlungen, in dem gelegentlich Orientierungshilfen für schwierige Entscheidungen gefunden werden konnten. Die heutzutage relevanten Dokumente lassen sich folgendermassen einteilen.

A. Historische Dokumente

- Gebete
- Gelöbnisse
- Eide (z.B. Eid des Hippokrates, *Oath of Athens*)

B. Gegenwärtige Ethik-Kodizes

1. Nationale

- Richtlinien der Schweizerischen Akademie der medizinischen Wissenschaften (SAMW), gegr. 1943;
- Zentrale Ethikkommission der SAMW, seit 1979;
- Standesordnung der FMH 1997 (ersetzt 25 frühere kantonale Ordnungen).

2. Internationale

a) Ärztlichen Ursprungs:
- Deklarationen des International Council of Prison Medical Services, ICPMS (1996);
- Weltärztebund: Genfer Ärztegelöbnis 1948 (hervorgegangen aus dem Hippokratischen Eid, modernisiert 1968, 1983, 1994;
- Helsinki-Tokyo-Deklaration (1975);
- Standesordnung der American Medical Association (1847);
- Medical Ethics von Thomas Percival (1740/1803), u.a.m.

b) Nicht ärztlichen Ursprungs:
- Empfehlungen des EUROPARATES, der UNO, WHO, UNESCO, u.a.m.

Viele von diesen Organisationen haben auch haftbezogene Dokumente verfasst, wobei speziell die ethische Sichtweise in der Gefängnismedizin vorrangiges Anliegen des weltweit aktiven ICPMS ist. Dank dieser Organisation ergaben sich Auslandkontakte, die zu Vorträgen und Gefängnisbesuchen z.B. in Lettland, Estland und Albanien führten. Schliesslich half die Empfehlung Nr. R(98)7 des Europarates vorzüglich, sich in den internationalen Grundlagendokumenten über Gefängnismedizin zurecht zu finden, da sie aus diesen hervorgegangen und aufgebaut worden ist.

III. Strukturierung der Empfehlung Nr. R(98)7 des Europarates

A. Vorbemerkungen

Die einzelnen Paragraphen sind grammatikalisch nicht in Befehlsform, sondern im Konjunktiv abgefasst (z.B. Patienten sollten zu Spitalvorführungen bei Bedarf von medizinischem Personal begleitet werden). Als Orientierungs- und Entscheidungshilfen beschreiben sie einen erstrebenswerten Soll-Zustand und können somit Gradmesser für die Qualität unseres medizinischen Handelns sein. Kernaussagen über die ganze Palette gefängnisspezifischer, d.h. haftbedingter Gesundheitsprobleme finden sich im Annex aufgelistet, Präzisierungen dazu im Kommentar.

B. Erster Teil der Empfehlung

Der erste Teil beginnt mit 14 Feststellungen, von denen die ersten fünf den Hauptanliegen gewidmet sind. In den darauffolgenden werden die Herkunftsdokumente genannt, aus denen die Empfehlung hervorgegangen ist. Zwei wichtigen Themen, das Äquivalenzprinzip und gefängnisspezifische Pathologien, sollen später besprochen werden. Vorerst mögen die beiden Punkte, welche unterschiedliche Interessen der drei Parteien: «Personal – Arzt – Gefangene» berühren und die in diesem Vollzugsdreieck «Interessen» dargestellt sind, erwähnt werden:

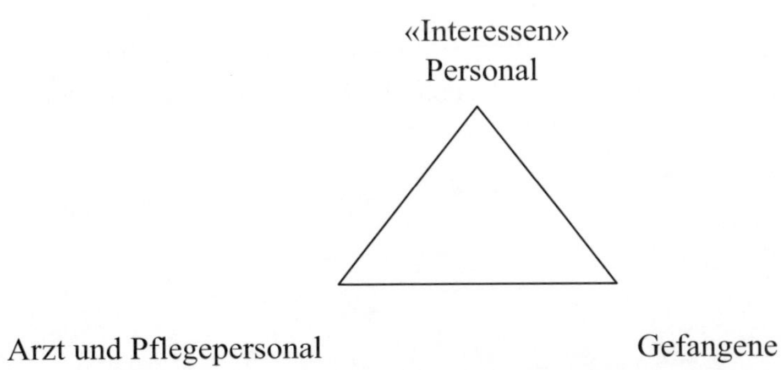

Diese Punkte lauten:

- Der Gefängnisarzt hat sich, angesichts der Tatsache, dass er zwischen dem Interesse der Gefangenen und dem der Gefängnisdirektion steht, unerbittlich an ethische Richtlinien zu halten.
- Es ist sowohl im Interesse des Gefängnisarztes, des übrigen medizinischen Personals, der Insassen als auch der Gefängnisadministration, dass das Recht auf medizinische Fürsorge während des Freiheitsentzugs und die ärztlichen Aufgaben klar definiert sind.

Dieses «Vollzugsdreieck» wird uns heute und morgen in verschiedenen Ausführungen immer wieder begegnen. Natürlich gibt es auch Vollzugsvierecke oder – Fünfecke, je nach Anzahl Partner. Hier steht die Dreierbeziehung zur Diskussion, wobei unter «Personal» das gesamte Gefängnispersonal ohne Ärzte und Mitarbeiter aus dem Pflegedienst gemeint ist.

C. Zweiter Teil der Empfehlung

Die erwähnten Ethischen Richtlinien und die «klare Aufgabendefinition» für den Arzt sind Inhalt des zweiten Teils, genannt Annex. Er ist dreiteilig und enthält 74 Paragraphen. Während frühere historische Gelöbnisse und Eide nur Richtlinien für das ärztliche Verhalten vermittelten, berücksichtigen modernere Ethik-Kodizes auch das Recht der Patienten. Neu ist, dass in der gegenwärtigen Empfehlung auch Bedürfnisse der Vollzugsseite angesprochen werden.

1. Index

Im hier dargestellten Index widerspiegeln sich deutlich die Lebens- und Wirkungsräume, man könnte auch sagen Beziehungsebenen, in denen sich gefängnismedizinische Betreuung abspielt:

I. Hauptaspekte des Rechtes auf Gesundheitsfürsorge

A. Zugang zum Arzt §§ 1 – 9
B. Gleichwertige Fürsorge §§ 10 – 12
C. Einverständnis des Patienten und Arztgeheimnis §§ 13 – 18
D. Berufliche Unabhängigkeit §§ 19 – 22

II. Besondere Rolle des Gefängnisarztes und seines Personals im Kontext des Freiheitsentzuges

A. Generelle Anforderungen §§ 23 – 25
B. Gesundheitsinformation, -prävention und -erziehung §§ 26 – 29
C. Spezielle Pathologien und Gesundheitsprophylaxe §§ 30 – 33
D. Professionelle Ausbildung des med. Personals §§ 34 – 35

III. Organisation der Gesundheitsfürsorge in Gefängnissen unter Berücksichtigung einiger häufiger Probleme

A. Übertragbare Krankheiten §§ 36 – 42
B. Drogen-, Alkohol- und Medikamentensucht §§ 43 – 49
C. Nicht hafterstehungsfähige Personen: schwere körperliche Behinderung; hohes Alter, Todkranke §§ 50 – 51
D. Psychiatrische Symptome, Geisteskrankheiten, schwere Persöhnlichkeitsstörungen, Suizidrisiko §§ 52 – 59
E. Therapieverweigerung, Hungerstreik §§ 60 – 63
F. Gewalt im Gefängnis: Disziplinarische Verfahren und Sanktionen, Disziplinarische Isolationshaft, physische Zwangsmassnahmen, höchstes Sicherheitsregime §§ 64 – 66
G. Spezielle Gesundheitsprogramme: sozialtherapeutische Programme, Familiäre Bindungen und Aussenkontakte, Mutter und Kind §§ 67 – 71
H. Leibesvisitationen, Medizin. Expertisen, Medizin. Forschung §§ 72 – 74

2. Kommentar zum Index

- Im Abschnitt «Gefangene» werden deren Rechte auf Gesundheitsfürsorge dargestellt.
- Auf medizinischer Ebene die Aufgaben und Rolle des Arztes und seines Personals.
- Auf Institutionsebene organisatorische Verflechtungen schwieriger ärztlicher Aufgaben mit der Vollzugssituation, die gefängnisspezifische Gesundheitsprobleme verursachen kann wie z.B. Folgen wegen Überbelegung, Infektionskrankheiten, Drogenprobleme, psychische Haftreaktionen, Gewalt, Isolationshaft, Leibesvisitationen, Forschung.

Sicher braucht es zwischen den Partnern Institution – Arztdienst – Gefängnismilieu gegenseitiges Vertrauen, gute Diskussionsbereitschaft und Kompromissfähigkeit um in Kooperation die anfallenden Probleme meistern zu können. Jede reibungslos funktionierende Gefängnisgemeinschaft ist das Resultat bewusster und grossartiger Teamarbeit aller beteiligter Mitarbeiter. Und wenn auch nur «an einem einzigen Rädchen gedreht wird», das heisst, wenn Strukturen oder Arbeitsabläufe verändert werden, kann das ökologische Gleichgewicht dieser sog. «totalen Institution» ins Wanken geraten.

Besonders berühmte und berüchtigte Themen betreffen Arztgeheimnis und Krankschreibungen, die im Beitrag «*Stellenwert des Arztgeheimnisses*» näher ausgeführt werden. Hier soll erklärt werden, wie wir versuchen, die Empfehlung des Europarates in den Praxisalltag umzusetzen.

IV. Beziehungen zwischen den medizinischen Leitgedanken und Zielen des Arztdienstes der Strafanstalt Pöschwies und den Vorschlägen des Europarates

A. Leitgedanken und Ziele der ärztlichen Betreuung in der Strafanstalt Pöschwies, Regensdorf

1. Juristisch – Institutioneller Aspekt[2]

Medizinische Beratung der Institutionsleitung (auf deren Wunsch) hinsichtlich Art. 37 und 46 des StGB, Ausbildung des Gefängnispersonals: die Haftstrafe soll «*erziehend auf den Gefangenen einwirken und ihn auf den Wiedereintritt in das bürgerliche Leben vorbereiten*». «*In der Anstalt sind die dem seelischen, geistigen und körperlichen Wohl der Eingewiesenen dienenden Massnahmen zu treffen und die entsprechenden Einrichtungen bereitzustellen*». Dem Aufsichtspersonal sollte eine adäquate Ausbildung über Gesundheitsfragen gegeben werden, um es zu befähigen, bei Gefangenen entdeckte physische und psychische Gesundheitsprobleme zu rapportieren[3]. Ausserdem ist eine arbeitsmedizinische Aufklärung und Ausbildung des Personals über Selbstschutz unerlässlich.

2. Medizinisch – Prophylaktischer Aspekt[4]

Überwachung des Gesundheitszustandes der Gefangenen. Der Gefangene soll, wenn immer möglich, nach Beendigung seiner Haftzeit keine Gesundheitseinbusse aufweisen. Deshalb sind für uns wichtig:

- Standortbestimmung bezüglich Gesundheit (speziell auch Infektionen und Drogenabhängigkeit) beim Eintritt in die Strafanstalt;
- Betreuung Drogenabhängiger, die Infektionsprophylaxe mit einschliesst. Speziell betrifft dies: HIV, Hepatitis, Sexuell übertragbare Krankheiten;

---

2 Vgl. §§ 24, 25 im Annex der Empfehlung Nr. R(98)7 des Europarates.
3 Vgl. § 33 im Annex der Empfehlung Nr. R(98)7 des Europarates.
4 Vgl. §§ 10, 23, 36-47 im Annex der Empfehlung Nr. R(98)7 des Europarates.

- Diagnostik, Therapieangebot und medizinische Betreuung analog zu freiheitlichen Bedingungen.

3. Pädagogisch – Psychologischer Aspekt[5]

Unser Beitrag zum pädagogischen Programm: Insassen müssen mit einem Gesundheitserziehungsprogramm zur eigenen Gesundheitsförderung angeleitet werden. Drogenabhängige sollen mit einem Therapiekonzept aus dem Suchtverhalten herausgeführt oder zumindest auf einer möglichst niedrigen Abhängigkeitsstufe stabilisiert werden (Abstinenzprinzip – Akzeptanzprinzip – Methadonsubstitution).

B. Kommentar zu den drei Abschnitten

1. Erster Abschnitt (Juristisch – Institutioneller Aspekt)

Gemäss §§ 24, 25 und 33 des Annexes soll der Gefängnisarzt die Institutionsleitung medizinisch beraten, natürlich nur auf deren Wunsch, speziell bezüglich Aufgaben im medizinischen Bereich, ist sie doch verantwortlich für organisatorische Belange wie: Hygiene, Küche, Bekleidung etc. Ebenso wichtig und Grundbedingung für gutes Funktionieren der täglichen Arbeit ist, wie bereits erwähnt, konstante und sorgfältige Ausbildung sowohl des Vollzugs – wie auch des medizinischen Personals.

Diese Ausbildung beinhaltet speziell drei Punkte:

a) Einblick in medizinische Fachfragen und Anleitung, wie und wann Insassenbeobachtungen über auftretende gesundheitliche Probleme bei Gefangenen (z.B. Suizidalität) dem Arztdienst zu übermitteln sind.

b) Aufklärung bezüglich eigener gesundheitlicher Gefährdungen. Das Gefängnispersonal hat – wie die Insassen – grosses Anrecht darauf, gesund zu bleiben und muss deshalb in gefängnismedizinische

---

5 Vgl. §§ 27, 44 im Annex der Empfehlung Nr. R(98)7 des Europarates.

Überlegungen der eigenen persönlichen Gesundheitsprophylaxe miteinbezogen werden.

c) Anleitung zum Selbstschutz an diesem risikoreichen Arbeitsplatz:
- *Auf somatischer Ebene:* z.B. Verhalten bei Notfällen, Empfehlung für Hepatitis B-Impfung (§ 42), Mantoux-Test für alle bei Arbeitsbeginn, FSME-Impfungen für Hundeführer.
- *Auf psychischer Ebene:* aufklärende Gespräche über die psychische Gesundheit, Erkennen und Prophylaxe des Ausbrennens, des *Burnouts*, das bei dieser konsumierenden Arbeit jeden erwischen kann.

Gesundheit für alle! Selbstredend wird mit der Umsetzung dieses Postulates eine kreative Zusammenarbeit mit dem Vollzugspersonal gefördert, die als Basis ethische Grundsätze zulässt. Bestgemeintes ärztliches Bestreben kann nur umgesetzt werden, wenn sich Betreuer, Aufseher, Werkmeister und vor allem die Verantwortung tragende Direktion als kooperative Mithelfer beteiligen! Um dies zu ermöglichen schien es sinnvoll, aufs Personal ausgerichtete arbeitsmedizinische Aspekte ins Arztdienst-Skript zu integrieren und am jährlich stattfindenden internen Ausbildungskurs darzulegen. Die Verknüpfungen mit der ins Deutsche übersetzten Empfehlung Nr. R(98)7 des Europarates erlaubt die Orientierung an internationalen Vorgaben.

2. Zweiter Abschnitt (Medizinisch – Prophylaktischer Aspekt)

Im §§ 19 und 23 des Annexes heisst es: Erste Aufgabe des Gefängnisarztes ist es adäquate medizinische Versorgung sowie Beratung aller Gefangenen, für die er gesundheitsdienstlich zuständig ist, zu gewährleisten, und zwar auf die gleiche Art und Weise, wie er dies für jeden anderen Patienten in Freiheit auch tun würde!

Bei uns hat die Eintrittsuntersuchung Schlüsselfunktion. Im ersten Kontakt wird versucht eine Vertrauensebene zu bilden, auf die sich medizinische Begleitung während der gesamten Haftzeit erfolgreich stützen kann.

3. Dritter Abschnitt (Pädagogisch – Psychologischer Aspekt)

Dieser Punkt spricht die §§ 27 und 44 des Annexes an: Zu einem Gesundheitserziehungsprogramm gehört, dass von Insassen ein Beitrag zur eigenen Gesunderhaltung gefordert werden muss. Wenn Insassen als Patienten den Arztdienst aufsuchen treten sie, juristisch gesprochen, in einen Behandlungsvertrag, in welchem sie nicht nur Rechte geniessen, sondern auch Pflichten übernehmen müssen[6]. *Compliance* und *non-compliance* sowie die Kostenregelung für medizinische Leistungen u.a.m. stehen hier zur Diskussion.

V. Voraussetzungen zur bestmöglichen Bewältigung gefängnismedizinischer Aufgaben

In der Empfehlung (Annex – §§ 19/20) wird postuliert, dass die Qualität der Gefängnismedizin den neusten und modernsten Erkenntnissen entsprechen muss und Gefängnisärzte sowie medizinisches Personal in ihrem Handeln unabhängig sein sollen. Regelmässige Weiterbildung und Supervision sind deshalb zur optimalen Erfüllung der Aufgaben unentbehrlich. Es ist einleuchtend, dass Gefängnismedizin nicht autonom (schon gar nicht autistisch) ausgeübt werden darf, sie muss sowohl ins Sicherheitskonzept als auch in die erzieherischen Aufgaben der Institution eingebettet sein. Bis heute gibt es weder während des Medizinstudiums noch in der Krankenpflege-Ausbildung einen gefängnismedizinischen Fachunterricht.

Die Möglichkeit adäquater Aus- und Weiterbildung für Pflegepersonen, speziell aber auch für uns Ärzte, könnte grosse Vorteile bringen:

- Schwierige Einstiegs- und autodidaktische Pionierphasen für Ärzte, welche die Betreuung eines Gefängnisses übernehmen wollen, liessen sich vermeiden;
- Gefängnismedizinische Richtlinien könnten konkordatsverbindend vermittelt werden, z.B. zur Vereinheitlichung medizinischer Modalitäten für Eintrittsuntersuchungen;
- Übergaberapporte bei Insassen-Versetzungen;

---

6 Ch. CONTI, *Die Pflichten des Patienten im Behandlungsvertrag*, Stämpfli Verlag AG, Bern 2000.

- Medikamentenmanagement, etc.;
- Ethische Aspekte liessen sich leichter vermitteln.

Eine derartige gesamtschweizerische Aus- und Weiterbildungsstelle könnte vielleicht unter das Patronat des Schweizerischen Ausbildungszentrums für das Vollzugspersonal (SAZ) fallen. Neuerdings sind von der FMH für jeden Arzt jährlich 80 Stunden anerkannte Fortbildung als obligatorisch erklärt worden. Viele in Gefängnissen tätige Allgemeinpraktiker lassen sich vom Besuch der jährlich stattfindenden Konferenz der schweizerischen Gefängnisärzte abhalten, weil diese nicht als Fortbildung anerkannt ist. Die Anerkennung der Fortbildung würde grösseres Interesse an der Teilnahme schaffen. Ausserdem ergäbe der regelmässige berufliche Austausch einen standespolitischen Rückhalt und würde landesweit das Zusammengehörigkeitsgefühl stärken.

VI. Gefängnismedizinische Belange aus der Sicht der Gefangenen

In der Empfehlung des Europarates wird dem Äquivalenzprinzip grösstes Gewicht zugemessen (Annex – §§ 10, 17, 19). Der Paragraph 19 lautet: «*Gefängnisärzte sollten alle Insassen nach denselben Regeln ärztlicher Kunst behandeln, wie dies unter freiheitlichen Bedingungen geschieht. Die Gesundheitserfordernisse sollten immer erstes Anliegen des Arztes sein.*».

STÖVER hat treffend formuliert[7]: Strafvollzug soll primär nur Freiheit nehmen, hingegen nicht durch schlechtere medizinische Versorgung zusätzlich bestrafen, d.h. die Lebensverhältnisse sind möglichst optimal zu gestalten um schädliche Wirkungen des Freiheitsentzuges zu vermeiden. Eine wesentliche Einschränkung dieses Äquivalenzprinzips besteht in geschlossenen Anstalten, da die grundsätzlich freie Arztwahl aufgehoben ist. Der Insasse hat höchstens die Möglichkeit eine Zweitmeinung zu verlangen, um Zweifel an Diagnose und Behandlungsvorschlägen zu klären. Freiheitsentzug an sich bedeutet prinzipiell ein Gesundheitsrisiko. Die vollzugsbedingten Belastungen, Reiz- und Bewegungsarmut, Unterforderung sowie der Versorgungscharakter der Gefängnisse tragen zu

[7] STÖVER et al., *Gesundheit im Strafvollzug*, Bremen 2000.

psychisch belastenden Symptomen wie Unselbstständigkeit, Lethargie, Depressionen, Passivität, Interesse- und Mutlosigkeit bei. Fremdbestimmtheit und Monotonie des Gefängnisalltags führen zu Abstumpfung und Antriebslosigkeit. Längeres Eingeschlossensein fixiert die Aufmerksamkeit auf das eigene Körpergeschehen und verstärkt Ängste krank und nicht angemessen behandelt zu werden, oder im Notfall lange auf Hilfe warten zu müssen. Die erzwungene Inaktivität im körperlichen wie im sozialen Bereich lässt Spannungszustände ins Leere laufen, eine der wesentlichen Ursachen von stressbedingten- und psychosomatischen Erkrankungen. Es findet insgesamt eine Ressourcenverringerung statt, die letztlich abhängigkeitsfördernden Charakter hat und nicht zur Erweiterung von Handlungs- und Sozialkompetenzen beiträgt – wir sprechen heute vom *Prisonismus,* der für viele langstrafige Häftlinge das Leben nach der Entlassung schwierig macht.

Gleichwohl gibt es Gefangene, für welche die medizinische Versorgung stabilisierende Effekte hat. In erster Linie sind hier abgebaute Drogenabhängige, Alkoholiker oder verwahrloste illegale Einwanderer zu nennen. Meist erfolgt bereits nach kurzer Zeit körperliche Erholung, was sich in Gewichtszunahme, verbessertem Allgemeinzustand und Beteiligung an Sportaktivitäten äussert. Für diese Gefangenen ist der Gang zum Arzt leichter als in Freiheit und wird erfahrungsgemäss auch sehr oft benutzt.

Im Rahmen dieses Themas stellen sich kritische interdisziplinäre, nämlich rechtliche, medizinische und ethische Fragen, auf die das Vollzugsdreieck «offene Fragen» hinweist:

«Offene Frage»
Recht
Institution
Direktion und Personal

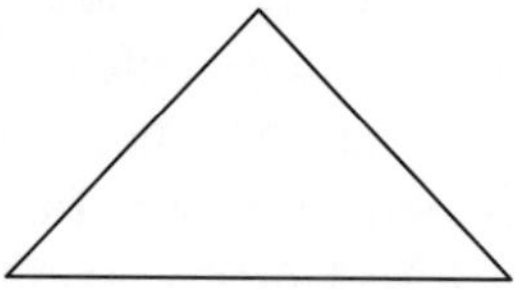

Arzt und Pflegepersonal
Arztdienst
Medizin

Gefangene
Gefängnismilieu
Ethik

VII. Recht, Medizin und Ethik sind keine exakten Wissenschaften

Während Ethik sich mit dem systematischen Nachdenken befasst über die Werte, welche die Grundlage für das menschliche Zusammenleben bilden, beschäftigt sich Recht mit der Gesamtheit aller Bestimmungen, die Ordnung der sozialen Beziehungen einer Gemeinschaft festlegen. Medizin, als Lehre vom gesunden und kranken Menschen, widmet sich dem Wissen über Ursachen, Heilung und Vorbeugung von Krankheiten. Fragen und Antworten dieser drei Wissenschaften sind zeitlichem Wandel unterworfen, durch ethnische Hintergründe, unterschiedliche religiöse Prinzipien und kulturelle Eigenheiten beeinflusst und deshalb nicht grundsätzlich konsensfähig. Das bedeutet, dass diesbezügliche Sichtweisen verschieden sind und sich immer wieder ändern können. Somit mögen Fragen aus der Gefängnispraxis, welche diese drei Bereich betreffen, ebenfalls verschiedene Antworten haben, Fragen wie z.B.:

- Wo sind die gesundheitlichen Grenzen, die einen medizinisch indizierten Haftunterbruch für schwerkranke Insassen rechtfertigen?
- Gibt es bei uns wirklich Äquivalenz in der Behandlung inländischer und ausländischer Insassen?
- Soll die Staatskasse, gemäss der Maxime der Rechtsgleichheit, auch für Rehabilitation von Ausländern aufkommen? Leiden diese doch häufig an Kriegsverletzungen oder Unfallfolgen, die vor der Verhaftung entstanden sind und repariert werden sollten um Reintegration und Resozialisation zu ermöglichen.
- Wo sind die Grenzen im Umgang mit Begehrlichkeiten seitens der Insassen, wo endet Unterarztung – wo beginnt Überarztung (beide sind erwiesenermassen gesundheitsschädigend)?

Weitere Fragen betreffen den Problemkatalog der ethischen Richtlinien der Schweizerischen Akademie der medizinischen Wissenschaften, die auch innerhalb der Gefängnismauern aktuell sind und meist das Äquivalenzprinzip tangieren:

- Wie steht es mit der Unterbringung und Betreuung von alten oder organisch- und psychisch schwerst geschädigten Gefangenen? Sind wir dazu genügend vorbereitet?
- Sind wir bereit, Kinderwünsche weiblicher oder männlicher Gefangener ernst zu nehmen und eventuell auch artifizielle Insemina-

tion zu erlauben oder gegenteiligenfalls Sterilisationswünsche während der Haftzeit zu ermöglichen?
- Organtransplantation? Kürzlich stellte sich die Frage, ob eine Herztransplantation durchgeführt werden soll bei einem nicht therapierbaren Sexualdelinquenten mit Tötungsdelikt und Verwahrung auf Lebenszeit.
- Würden Sie im Freiheitsentzug Sterbehilfe auf Verlangen erlauben, analog EXIT-Forderungen?

In grossen öffentlichen Spitälern existieren Ethikkommissionen, die solche Fragen diskutieren helfen, in Gefängnissen nicht.

VIII. Schlussfolgerungen

Aufgrund dieser Ausführungen, die Resultat gefängnisärztlicher Tätigkeit während 10 Jahren sind, lassen sich die eingangs gestellten Fragen zu den zwei Säulen wie folgt beantworten.

Die Bedeutung der Gefängnismedizin beinhaltet:
- Die umfassende gesundheitliche Betreuung Gefangener auf professioneller und ethischer Basis, in gleicher Qualität wie in Freiheit und unter Einbezug der Haftsituation;
- Forschung und Sammeln von Erkenntnissen über spezifische haftbedingte Pathologien und deren Behandlung resp. Vermeidung;
- Ausbildung und Beratung des Vollzugspersonals in gefängnismedizinischen Belangen.

Fachliche und ethische Orientierungshilfen des Gefängnisarztes: neben all den früheren Ethik-Kodizes steht uns mit der Empfehlung Nr. R(98)7 des Europarates über ethische und organisatorische Aspekte der Gesundheitsfürsorge in Gefängnissen ein Instrument zur Verfügung, das für Entscheidungsfindungen in der täglichen Arbeit hilfreich ist.

Wohl lassen sich erforderliche berufliche Kenntnisse und Fertigkeiten durch stetiges Bemühen erlernen, doch erfordert deren humanitäre Umsetzung bei der täglichen Arbeit unsere beharrliche Achtsamkeit und die ständige Bereitschaft, Vorgegebenes immer wieder kritisch zu hinterfragen.

Le droit à la santé et le droit d'accès aux soins en milieu pénitentiaire*

Dr. iur. Dominique Sprumont, Directeur-adjoint de l'Institut du droit de la santé, Université de Neuchâtel

Résumé: Les droits des détenus liés à la protection et à la promotion de leur santé ainsi qu'à l'accès à des soins appropriés de qualité sont aujourd'hui codifiés dans des documents de référence au niveau européen et international. On pense en particulier aux recommandations du Conseil de l'Europe et à celles de l'Association médicale mondiale. Ce développement doit toutefois se comprendre dans le contexte plus vaste de l'avènement des droits des patients en général. Depuis les années 70, les tribunaux, suivis par la législation, reconnaissent aux patients plusieurs droits essentiels dans leurs rapports avec les médecins et autres professionnels de la santé. Il y ainsi complémentarité entre les normes développées plus spécifiquement pour s'appliquer en milieu carcéral et les dispositions générales qui s'adressent à l'ensemble des citoyens. Prenant l'exemple du droit à la santé et du droit aux soins, le présent article vise à décortiquer les principales articulations entre les deux systèmes normatifs pour en démontrer le caractère complémentaire, mais aussi les liens étroits qui les relient.

* Le présent texte est une version légèrement modifiée et complétée de la conférence donnée à Fribourg le 7 novembre 2000. Le style oral de la présentation a été le plus souvent maintenu. L'auteur remercie Mme Ariane Ayer, Dr. iur., pour son aide précieuse et efficace dans l'élaboration de cet article.

Zusammenfassung: Die Rechte der Eingewiesenen in Bezug auf die Gesundheitsvorsorge und –förderung wie auch auf eine qualitativ angemessene Pflege sind heute auf europäischer und internationaler Ebene niedergeschrieben. In diesem Zusammenhang sei insbesondere auf die Empfehlungen des Europarates und der Weltgesundheitsvereinigung hingewiesen. Diese Entwicklung muss auf jeden Fall in einem weiteren Rahmen verstanden werden, nämlich im Zusammenhang der Erstarkung der Patientenrechte im Allgemeinen. Seit den 70er Jahren haben zuerst die Gerichte, gefolgt von der Gesetzgebung verschiedene grundlegenden Patientenrechte anerkannte, welche insbesondere die Beziehungen des Patienten zum Arzt und zum medizinischen Personal betreffen. Es gibt eine gegenseitige Ergänzung zwischen den speziell entwickelten Regeln, welche im Gefängniswesen angewendet werden und den generellen, welche sich an die Gesamtheit der Bürger richten. Der nachfolgende Artikel arbeitet an den Beispielen des Rechts auf Gesundheit und Pflege die hauptsächlichen Punkte zwischen diesen beiden normativen Systemen heraus, um sowohl deren Unterschiede als auch deren enge Verbindungen aufzuzeigen.

I. Introduction

Depuis les années septante, la jurisprudence du Tribunal fédéral s'est enrichie de nombreux arrêts concernant les rapports entre patients et professionnels de la santé, en particulier le corps médical. La reconnaissance des droits des patients a progressivement imposé des limites au pouvoir des médecins. Selon le Tribunal fédéral, ces droits «*établissent un certain équilibre dans les relations patients-médecins et réduisent le danger d'atteintes illicites à l'intégrité des patients*»[1]. Ainsi, alors que les médecins ont longtemps fait preuve de paternalisme vis-à-vis de leurs patients, le droit à l'autodétermination des patients est aujourd'hui la règle[2].

Ce changement ne s'est pas seulement fait sentir dans les arrêts du Tribunal fédéral portant sur l'application dans le domaine médical des règles générales concernant les droits de la personnalité tels qu'ils sont consa-

---

1 Cf. ATF 114 Ia 350, 357.

2 Cf. O. GUILLOD, *Le consentement éclairé du patient: autodétermination ou paternalisme?*, Neuchâtel 1986.

crés en droit civil, en droit pénal et en droit constitutionnel. Cette évolution a été renforcée par l'adoption de dispositions spécifiques dans les législations sanitaires cantonales. En effet, dès le début des années 80, plusieurs cantons ont reconnu des droits aux patients dans leur législation, en particulier le droit à l'information, au consentement libre et éclairé, le droit d'accès à son dossier, etc. A l'origine de nature principalement jurisprudentielle et doctrinale, les droits des patients sont aujourd'hui inscrits dans la loi et garantis par des voies de droit spécifiques. Leur liste tend d'ailleurs à s'étayer et à se préciser[3]. Les législateurs cantonaux s'adaptent en fait à la jurisprudence du Tribunal fédéral ainsi qu'aux développements dans le domaine au niveau international. Il convient en particulier de mentionner la Convention pour la protection des droits de l'Homme et de la dignité de l'être humain à l'égard des applications de la biologie et de la médecine du 4 avril 1997, dite la Convention européenne sur les droits de l'Homme et la biomédecine. Celle-ci a été signée par la Suisse le 7 mai 1999 et a depuis été mise en consultation en vue de sa ratification qui devrait être proposée aux Chambres fédérales dans le courant 2001.

Mais dans quelle mesure cette évolution a-t-elle franchi la porte des prisons? Les détenus peuvent-ils prétendre aux mêmes droits que chaque citoyen lorsqu'ils sont touchés dans leur santé et qu'ils demandent l'accès à des soins appropriés? Rappelons, comme le fait le Tribunal fédéral, que si une décision de privation de liberté entraîne immanquablement des restrictions dans l'exercice des libertés fondamentales, celles-ci «*n'ont pas à aller au-delà de ce qu'exigent le but de l'incarcération et les exigences raisonnables propres à assurer le fonctionnement normal de l'établissement de détention, et elles doivent respecter le principe de proportionnalité (ATF 103 Ia 295)*»[4]. Notre Cour suprême a d'ailleurs développé une abondante jurisprudence sur les mesures concrètes et matérielles que l'Etat doit prendre afin d'assurer le respect des droits fondamentaux des détenus[5]. L'objet du présent article est de revenir sur certains de

---

3 Pour une analyse détaillée et actuelle de cette évolution, consulter D. MANAÏ, *Les droits du patient face à la médecine contemporaine*, Bâle et Genève 1999.

4 ATF 106 Ia 277, 281.

5 Pour un survol des conditions admissibles de détention, voir A. AUER, G. MALINVERNI et M. HOTTELIER, *Droit constitutionnel suisse, Les droits fondamentaux*, Vol. II, Berne 2000, p. 181 ss. Sous l'angle du respect du noyau intangible de la liberté personnelle, voir J. P. MÜLLER, *Eléments pour une théorie*

ces arrêts traitant des droits des détenus liés à leur santé et à l'accès aux soins tout en tenant compte de l'évolution des droits des patients en général. Notre propos est de mettre en perspective les principaux documents de référence concernant la santé et les soins en milieu pénitentiaire reconnus au niveau international, en particulier ceux émanant du Conseil de l'Europe et du Comité européen pour la prévention de la torture et des peines ou traitements inhumains ou dégradants (ci-après: CPT) ainsi que de l'Association médicale mondiale.

II. Le droit à la santé et le droit aux soins: fondements et portée générale

Selon le préambule de la Constitution de 1948 de l'Organisation mondiale de la santé (OMS), «*La santé est un état de complet bien être physique, mental et social, et ne consiste pas seulement en une absence de maladie ou d'infirmité*»[6]. Au-delà de son caractère idéaliste, cette définition correspond à une conception moderne de la santé. Elle tient compte de l'individu dans sa globalité en reconnaissant indirectement que les soins n'interviennent que partiellement dans la protection et le maintien de la santé. Elle amène ainsi à établir une distinction entre droit à la santé et droit aux soins.

Concernant l'existence d'un droit à la santé, la Constitution de l'OMS précise: «*La possession du meilleur état de santé qu'il est capable d'atteindre constitue l'un des droits fondamentaux de tout être humain, quelles que soient sa race, sa religion, ses opinions politiques, sa condition économique ou sociale*». Le droit à la santé apparaît ainsi clairement comme un droit essentiel qui appartient à tout individu. Il est du reste consacré par les principaux instruments de droit international concernant les droits de l'homme, par exemple les art. 22 et 25 de la Déclaration universelle des droits de l'Homme de 1948 ou l'art. 12 de la Convention internationale sur les droits économiques, sociaux et culturels de 1966[7]. Des dispositions comparables se trouvent également dans des accords

suisse des droits fondamentaux, traduit par M. HOTTELIER, L. MADER et M. ROSSINELLI, Berne 1983, p. 155 s.

6 RS 0.810.1.

7 RS 0.103.1.

internationaux à portée régionale, par exemple, les art. 11 et 13 de la Charte sociale européenne de 1961 ou l'art. 3 de la Convention européenne sur les droits de l'homme et la biomédecine de 1997. Ces dispositions invoquent, d'une part, le droit de chacun à la santé, plus précisément un droit «*au meilleur état de santé qu'il est capable d'atteindre*» et, d'autre part, un droit d'accès aux services de santé, ainsi qu'aux services sociaux. En soi, le droit à la santé présente une double dimension défensive et positive. Ce droit offre tout d'abord une protection contre les atteintes éventuelles à la santé. Il rejoint dans ce sens les droits fondamentaux dits de la première génération et dont la portée est essentiellement défensive, comme le droit à la vie ou le droit au respect de l'intégrité corporelle, consacrés notamment par la Convention européenne de sauvegarde des droits de l'homme et des libertés fondamentales[8]. En droit national, ces droits sont d'ailleurs non seulement reconnus comme droits fondamentaux, ce qui signifie de manière générale que le législateur est tenu de s'y conformer, mais ils sont également garantis en droit privé, en droit pénal et en droit administratif. La santé, en tant que bien juridique, bénéficie ainsi d'une protection étendue. Cette protection demeure toutefois passive. Elle a pour effet d'interdire les atteintes à la santé, mais ne permet pas à un individu d'exiger des mesures particulières en vue de rétablir ou d'améliorer son état de santé. Il s'agit là de la seconde facette du droit à la santé tel qu'exprimé dans les instruments de droit international.

La doctrine dominante, se fondant sur la pratique générale des Etats, tend cependant à considérer les dispositions précitées comme des normes programmatoires plutôt que le fondement de droits justiciables[9]. Cela est également vrai des règles consacrant un droit aux services de santé, comme l'art. 3 de la Convention européenne sur les droits de l'homme et la biomédecine. Cette interprétation a été confirmée par le Conseil fédéral, notamment dans son message concernant l'adhésion de la Suisse aux deux Pactes de l'ONU de 1966[10] ainsi que par le Tribunal fédéral[11].

---

8 RS 0.101.

9 Cf. M. BOTHE, Les concepts fondamentaux du droit à la santé: le point de vue juridique in *Le droit à la santé en tant que droit de l'homme*, R.-J. DUPUIS (éd.), Colloque, Académie de droit international de La Haye et Université des Nations Unies, Pays-Bas, 1979, p. 21 et les auteurs cités.

10 FF 1991 I p. 1141.

11 ATF 120 Ia 1, cons. 5.

La même Cour a toutefois reconnu, le 27 octobre 1995, l'existence d'un droit constitutionnel non-écrit au minimum vital garantissant à chacun les conditions minimales nécessaires au maintien d'une existence décente, en particulier de la nourriture, des habits et un logement[12]. Ce droit a depuis été inscrit à l'art. 12 de la Constitution fédérale qui se lit comme suit:

«***Art. 12: Droit d'obtenir de l'aide dans des situations de détresse***
Quiconque est dans une situation de détresse et n'est pas en mesure de subvenir à son entretien a le droit d'être aidé et assisté et de recevoir les moyens indispensables pour mener une existence conforme à la dignité humaine».

Indépendamment de son caractère limité aux situations de détresse et de sa nature subsidiaire par rapport à la législation sur l'aide sociale, il ne s'agit pas d'un simple objectif politique que s'est fixé la Confédération, mais bel et bien d'un droit fondamental pouvant être invoqué devant les tribunaux.

Pour revenir aux normes de droit cantonal évoquées en introduction, il convient de souligner que les plus récentes d'entre elles consacrent expressément un droit à la protection de la santé et un droit aux soins. C'est, par exemple, le cas de la loi fribourgeoise sur la santé du 16 novembre 1999, entrée en vigueur le 1er janvier 2001. Selon l'art. 2 al. 1 de cette loi: «*La santé, comme état de bien-être physique, psychique et social qui ne s'apprécie pas uniquement en fonction de la maladie et du handicap, est un bien fondamental qui doit être protégé*». Il entre ainsi dans les buts de la loi «*de contribuer à la promotion, à la protection, au maintien et au rétablissement de la santé des individus en particulier et de la population en général, dans le respect de la dignité, de la liberté, de l'intégrité et de l'égalité des personnes*». En ce qui concerne le droit aux soins, il est consacré à l'art. 44 de la loi qui précise que «*toute personne a droit aux soins qu'exige son état de santé à toutes les étapes de la vie, dans le respect de sa dignité et, si possible, dans son cadre de vie habituel*». On constate ainsi le franchissement d'une étape importante dans la concrétisation des droits des patients. Leur justiciabilité est aujourd'hui acquise.

---

12 ATF 121 I 367 (cons. 2b) = SemJud 1996, p. 390.

III. Le droit à la santé et le droit aux soins des détenus: rappel de jurisprudence

En ce qui concerne le droit à la santé des détenus, sa reconnaissance fait l'objet d'une jurisprudence constante du Tribunal fédéral. Un des premiers arrêts de principe du Tribunal fédéral concernait un recours de droit public portant sur la compatibilité d'une ordonnance zurichoise sur les prisons avec la garantie constitutionnelle de la liberté personnelle ainsi que la Convention européenne des droits de l'homme. Parmi les éléments attaqués, les recourants reprochaient à l'ordonnance d'imposer des limites trop restrictives en matière de promenade et d'activité corporelle des détenus. Concernant ce grief, le Tribunal fédéral a effectivement reconnu qu'un prisonnier qui ne travaille pas en plein air a le droit de se promener au moins une demi-heure par jour sous surveillance afin de se maintenir en bonne santé physique et psychique[13]. Quatre ans plus tard, il confirmait sa jurisprudence en précisant que: «*Certes, chaque détenu ne peut pas exiger de se promener à l'air libre dès le premier jour de sa détention, mais on doit considérer que, dès la seconde semaine de détention, une promenade - sous la surveillance des gardiens - d'une demi-heure par jour est nécessaire pour maintenir les détenus en bonne santé physique et psychique. C'est le minimum de ce que chaque détenu peut exiger selon le principe constitutionnel de la liberté personnelle et que l'autorité pénitentiaire doit, sous réserve de dispositions transitoires, accorder aux détenus dès la seconde semaine de leur détention.*»[14].

Conséquence directe de cette jurisprudence, les installations des prisons ont du être adaptées afin que les détenus puissent effectivement bénéficier d'une promenade quotidienne. Le droit à la santé comme élément essentiel de la liberté personnelle va ainsi nettement au-delà d'un simple accès aux soins en garantissant aux détenus des conditions de vie compatibles avec la dignité humaine, même si cela peut avoir d'importantes incidences financières. Cette obligation imposée à l'Etat repose en fait sur le statut spécial des détenus qui, en raison de leur situation, ne peuvent subvenir eux-mêmes à leurs besoins ou, du moins, n'ont qu'un contrôle partiel sur leurs conditions de vie. La détention les place sous la responsabilité de l'Etat qui est ainsi tenu de leur garantir le minimum nécessaire

---

13 ATF 102 Ia 279 = JdT 1977 IV 158 (résumé).

14 ATF 106 Ia 277.

afin de préserver leur dignité. Lorsque ces conditions ne peuvent plus être garanties, il peut même être envisagé de surseoir à l'exécution de la peine, voire d'y renoncer. La question se pose notamment lorsqu'un détenu est atteint dans sa santé et qu'il a besoin de soins spécifiques. Le Tribunal fédéral a jugé à ce propos que: «*Le traitement et la guérison d'un prisonnier malade doivent être assurés en principe dans le cadre de l'exécution de la peine adaptée dans la mesure nécessaire. Une exception n'est possible que là où la maladie est d'une nature telle qu'elle entraîne une incapacité de subir l'incarcération complète et définitive ou tout au moins de longue durée et là où la mise en liberté apparaît à ce point nécessaire que les buts poursuivis par l'exécution de la peine doivent céder le pas aux exigences du traitement pour assurer la guérison. En cas de délit grave, il faut toutefois tenir compte du besoin accru de protection de la collectivité.*»[15].

Sur cette dernière question le Tribunal fédéral a précisé dans le même arrêt que «*s'agissant de la grande délinquance, le souci d'une protection accrue de la communauté impose une réserve particulière dans l'application de l'art. 40 CP*». De manière générale, il s'agit de mettre en balance les motifs de prévention spéciale avec ceux de prévention générale. Le Tribunal fédéral a estimé dans ce sens que «*même une peine privative de liberté de plus de 18 mois (en l'espèce de deux ans et demi d'emprisonnement pour viol qualifié) peut être suspendue pour permettre un traitement ambulatoire. Les soins ambulatoires doivent prévaloir lorsqu'un traitement immédiat offre de bonnes chances de resocialisation et que celle-ci serait à l'évidence compromise gravement par l'exécution de la peine privative de liberté.*». Le Tribunal fédéral n'a toutefois pas manqué de rappeler que «*plus la peine privative de liberté est de longue durée, plus importante doit être l'anomalie qu'il faut soigner*»[16]. A nouveau, il s'agit de trouver l'équilibre entre les chances de réinsertion sociale du délinquant et la nécessité de maintenir l'effet dissuasif que représente une peine de privation de la liberté. La décision de surseoir, voire de renoncer à exécuter une peine doit ainsi reposer sur un examen approfondi du cas d'espèce qui tienne compte aussi bien de l'état de santé physique et psychique du détenu et de la nature du traitement envisagé que des motifs de prévention générale.

---

15 ATF 106 IV 321 = JdT 1982 IV 98.

16 ATF 120 IV 1 = JdT 1995 IV 103.

Un survol de la jurisprudence des tribunaux cantonaux permet de constater que les motifs de santé sont assez fréquemment invoqués par les détenus[17]. Il paraît intéressant de mentionner à ce propos un arrêt du 17 juin 1997 du Tribunal administratif neuchâtelois. Entre autres arguments pour obtenir le report de l'exécution de sa peine, le recourant invoquait le fait que son incarcération avait durement affecté ses deux enfants et qu'elle l'empêcherait de participer au suivi médical d'une de ses filles hospitalisée. A cela, la Cour a répondu que «*des motifs de santé doivent en principe concerner le condamné lui-même et non les membres de sa famille*»[18]. Comme le souligne la Cour, «*s'il fallait tenir compte de la santé des membres d'une famille d'un condamné, les peines risqueraient d'être différées pour une durée indéterminée au mépris du principe de l'égalité dans la répression*».

On constate ainsi que des motifs de santé ou la nécessité de suivre un traitement ne suffisent pas à remettre en cause le principe selon lequel «*l'exécution d'une peine privative de liberté ne peut être différée que dans des circonstances exceptionnelles*»[19]. Cela se comprend dans la mesure où les détenus ont non seulement la possibilité, mais le droit de recevoir en prison les soins de santé nécessaires en fonction de leur état. Dans une de ses premiers arrêts de principe sur le sujet, le Tribunal fédéral a suivi un raisonnement analogue à celui retenu en matière de droit à la santé. Il s'est ainsi fondé sur la liberté personnelle pour admettre le droit d'un détenu de recevoir l'assistance médicale qui lui convient. En ce qui concerne l'étendue de ce droit, le Tribunal fédéral a reconnu aux détenus le droit d'être examiné par un autre médecin que celui de l'établissement où il est interné «*lorsque le rapport de confiance entre ce dernier et le patient est rompu, ou qu'il est opportun, du point de vue médical, de faire appel à un spécialiste*»[20].

Le TF a confirmé sa jurisprudence peu de temps après en apportant des précisions sur la question du libre choix du médecin par un détenu: «*Le principe de la liberté personnelle donne aux détenus le droit de recevoir l'assistance médicale qui leur convient, mais non pas, d'une manière gé-*

---

[17] Voir par exemple RJJ 1993, p. 372 (Refus de différer l'exécution en raison d'une intervention chirurgicale qui ne revêt pas un caractère d'urgence).

[18] RJN 1997, p. 321.

[19] ATF 108 Ia 69 = JdT 1983 I 35.

[20] ATF 102 Ia 302 = JdT 1978 IV 31 (résumé).

nérale, celui de choisir leur médecin. En principe, les détenus reçoivent donc en prison les soins médicaux du médecin attitré, sauf lorsque leur état de santé exige leur hospitalisation. Toutefois, ils doivent être examinés et soignés par un autre médecin lorsque le rapport entre le médecin attitré et le patient est réellement rompu ou qu'il est opportun, du point de vue médical, de faire appel à un spécialiste (ATF 102 Ia 304 ss. consid. 2). Contrairement à ce que semblent soutenir les recourants, cet autre médecin n'est pas forcément le médecin de confiance du détenu»[21].

Cet arrêt, ainsi que le précédent, sont, en règle générale, interprétés comme une négation du libre choix du médecin par le détenu. Pourtant, si le Tribunal fédéral affirme que lorsqu'un détenu demande à voir un autre médecin que celui de l'établissement, *«cet autre médecin n'est pas forcément le médecin de confiance du détenu»,* il ne l'exclut pas non plus. Il convient en effet d'apprécier la situation à la lumière du principe de proportionnalité. Le fait qu'un détenu puisse faire appel à son médecin traitant ne paraît pas nécessairement contraire aux buts de l'incarcération et aux exigences raisonnables propres à assurer le fonctionnement normal de l'établissement de détention. La principale difficulté dans ce cas est de garantir une surveillance adéquate lors de la visite du médecin. Le souci de sécurité et de risque de collusion doit être mis en balance avec le droit au respect de la sphère intime du détenu. Cela pourrait dans certains cas exiger des aménagements en termes d'organisation et de locaux, mais, comme pour le droit à la santé, cela ne suffit pas pour nier à un détenu le droit au libre choix de son médecin. Il convient toutefois d'admettre que ce libre choix n'est pas illimité.

Il paraît intéressant de rappeler à ce propos, la jurisprudence du Tribunal fédéral concernant le libre choix du médecin et du traitement en milieu hospitalier: «*Le patient soigné dans un établissement hospitalier public se trouve, avec l'Etat, dans un rapport de subordination pour tout ce qui concerne, notamment, la discipline interne ou le tarif des prestations; le droit au libre choix d'un médecin traitant étranger à l'établissement n'est également pas reconnu; de même le patient doit se soumettre aux conditions de nourriture et de logement et ne peut poser des exigences particulières qui seraient en contradiction avec les disponibilités prévues par l'établissement. De telles restrictions découlent non seulement des néces-*

21 ATF 106 Ia 277.

sités du fonctionnement d'un hôpital public, mais aussi du principe de l'égalité de traitement que l'Etat doit respecter dans l'administration de promotion (Leistungsverwaltung). En revanche, à l'égard des actes médicaux proprement dits, il n'existe aucune raison pour que la liberté personnelle d'un patient admis dans un établissement hospitalier public soit restreinte dans une mesure plus étendue que ne l'est celle du patient soigné dans un établissement hospitalier privé. En leur qualité d'organes d'un établissement public, les médecins ne disposent pas, sur ce point précis, de pouvoirs de décision plus étendus que ceux dont jouissent leurs collègues exerçant leur activité sur la base d'un contrat de droit privé (cf. ATF 108 II 62/63; H. JECHT, Die öffentliche Anstalt, Wandlung und gegenwärtige Struktur, Berlin 1963, p. 113 à 117, J. DUBOIS DE GODUSSON, L'usager du service public administratif, Paris 1979, p. 58 ss, notamment p. 59 n. 9). La liberté de décision du patient ne saurait dans ce domaine être différente selon qu'il séjourne dans un établissement hospitalier public ou privé.»[22].

La situation du détenu apparaît de fait assez proche de celle d'une personne hospitalisée dans un établissement public. Le libre choix du médecin reste conditionnel, il est d'ailleurs plus restreint pour les détenus. Mais si le libre choix du médecin peut être limité, le patient reste maître de ses choix en ce qui concerne son traitement et autres mesures diagnostiques ou prophylactiques. Cela vaut également en milieu pénitentiaire. Encore faut-il que le détenu puisse véritablement accéder à des soins. Plusieurs arrêts de la Cour européenne des droits de l'Homme rappellent ainsi que, dans certaines circonstances exceptionnelles, l'absence de soins peut constituer un traitement inhumain incompatible avec la Convention européenne des droits de l'homme[23]. Notons toutefois que le droit d'accès aux soins ne signifie pas pour autant une obligation de suivre un traitement ou de subir un examen médical. Dans un arrêt du 31 mars 1995, le Tribunal fédéral a ainsi admis la validité, sous l'angle des droits fondamentaux, d'un règlement sur les établissements de détention du canton du Valais qui ne prévoyait pas de visite médicale systématique et immédiate

---

22 ATF 111 Ia 231, 238.

23 Par exemple Affaire Hurtado c. Suisse, 28 janvier 1994; Affaire D. c. Royaume-Uni, 3 juillet 1997; Arrêt B.B. c. France du 7 septembre 1998; Affaire Tatete c. Suisse, 6 juillet 2000.

de tous les détenus, mais que la visite se faisait à la demande des détenus[24].

Revenons-en toutefois à la jurisprudence de la Cour européenne des droits de l'Homme concernant le droit d'accès aux soins. Dans l'affaire Hurtado c. Suisse, le recourant reprochait aux forces de l'ordre la violence de son arrestation et le refus de lui donner accès à un médecin alors que les policiers ne pouvaient ignorer qu'il avait été blessé lors de son arrestation. Arrêté le 5 octobre 1989, M. Hurtado a demandé à voir un médecin le 7, mais a dû attendre jusqu'au 13 avant de recevoir la première visite d'un médecin et le 16 octobre pour obtenir une radiographie faisant apparaître une fracture des côtes. Selon la Cour européenne des droits de l'homme, l'art. 3 de la CEDH (Traitements inhumains et dégradants) «*fait peser une obligation positive sur l'Etat, afin de protéger l'intégrité physique des personnes privées de liberté. Le manque de soins immédiats dans le cas d'espèce doit être qualifié de traitement inhumain*»[25].

Dans l'affaire D. c. Royaume-Uni, la Cour avait à juger de la demande d'annulation d'une décision d'expulsion du territoire concernant un détenu atteint d'un SIDA en phase terminale. Le recourant invoquait en particulier le fait qu'il ne pourrait pas bénéficier à Saint-Kitts - où il était prévu de le renvoyer - d'un traitement médical adéquat et que cela réduirait d'autant son espérance de vie. Sa situation serait d'ailleurs aggravée par le fait qu'il n'avait plus de famille qui pourrait se charger de lui à Saint-Kitts. Son renvoi le placerait ainsi dans le dénuement le plus total. La Cour a admis son recours en relevant que: «*L'Etat défendeur assume la responsabilité du traitement du requérant depuis août 1994. Celui-ci est devenu dépendant des soins médicaux et palliatifs qu'il reçoit actuellement et il est sans nul doute psychologiquement prêt à affronter la mort dans un environnement tout à la fois familier et humain. Même si l'on ne peut dire que la situation qui serait la sienne dans le pays de destination constitue en soi une violation de l'article 3 [CEDH], son expulsion l'exposerait à un risque réel de mourir dans des circonstances particulièrement douloureuses et constituerait donc un traitement inhumain*».

---

[24] RVJ 16, p. 28.
[25] JAAC 58, p. 86.

La décision d'expulsion a ainsi été annulée. Dans deux autres affaires, la Cour européenne des droits de l'homme a eu l'occasion de confirmer sa jurisprudence sur le fait que le manque de soins pour un grave état de santé (en l'espèce le SIDA) pouvait constituer un mauvais traitement contraire à l'art. 3 CEDH. Il s'agissait à chaque fois d'apprécier si une décision d'expulsion frappant une personne atteinte du SIDA était compatible avec l'art. 3 CEDH. Dans les deux cas, la Cour n'a toutefois pas eu à statuer, les recourantes ayant obtenu des garanties - fondées sur des considérations humanitaires - de ne pas être renvoyées.

Il convient toutefois de souligner que les organes de Strasbourg font preuve d'une grande réserve dans l'appréciation des circonstances. Dans deux affaires concernant la Suisse, la Commission européenne des droits de l'Homme a ainsi eu l'occasion de déclarer irrecevables des requêtes visant à faire reconnaître le caractère inhumain et dégradant de décisions d'expulsion concernant des personnes gravement malades. L'une des demandes émanait d'une personne souffrant d'un diabète incurable nécessitant un traitement constant à l'insuline qui devait être renvoyé en Angola. En appréciant le contexte général en Angola et la situation personnelle du requérant, en particulier le fait qu'il bénéficiera d'une aide financière pour couvrir son traitement à son retour et que toute sa famille réside en Angola, la Commission a estimé que: «*il n'y pas de «circonstances très exceptionnelles» ni de «considérations humanitaires impérieuses» qui permettraient de prétendre que le requérant risquerait, en retournant dans son pays, d'être soumis à un traitement contraire [à l'article 3 CEDH]*»[26]. La Commission a retenu les mêmes arguments dans une affaire concernant le renvoi d'une personne séropositive mais qui ne souffrait pas d'une maladie due au VIH. Alors que les autorités suisses s'étaient engagées à subvenir aux frais de traitement de l'infection due au VIH et que celui-ci pouvait se faire dans le pays où il était prévu de le renvoyer, la Commission a estimé qu' «*il ne sera pas exposé à un risque réel de subir un traitement inhumain ou dégradant à son retour*»[27].

Comme on le voit, les détenus bénéficient ainsi d'un droit aux soins qui, dans certaines circonstances, peut s'étendre au-delà de leur période de détention. A nouveau, leur situation ne diffère pas grandement à ce sujet de celle de n'importe quel citoyen. Un problème se pose toutefois pour

---

26 JAAC 63, 104, p. 967.
27 JAAC 63, 103, p. 966.

les délinquants anormaux au sens de l'art. 43 CPS dont l'état «*exige un traitement médical ou des soins spécifiques*». En principe, les détenus jouissent du même droit que quiconque d'accepter ou de refuser un soin. Le fait qu'un juge puisse leur imposer un traitement paraît dans ce sens une contradiction. Il faut toutefois garder à l'esprit qu'une décision fondée sur l'art. 43 CPS n'a d'effet que sur l'application de la peine et non sur le traitement médical lui-même[28]. Le juge ne peut pas, en particulier, s'immiscer dans la relation patient-médecin. Il peut tout au plus demander au médecin si le patient se soumet effectivement au traitement et si celui-ci présente des résultats positifs. Le délinquant peut ainsi refuser de se soumettre au traitement, mais il devra en assumer les conséquences, notamment sous forme d'une prolongation de son internement[29].

A propos des conditions de détention et dans quelle mesure elles s'accompagnent de restrictions de l'exercice de la liberté personnelle des détenus, il convient toutefois de rappeler la teneur de l'art. 36 de la Constitution fédérale du 18 avril 1999 concernant la limitation des droits fondamentaux. Cette disposition consacre les exigences telles qu'énoncées dans la jurisprudence du Tribunal fédéral, à savoir le respect du principe de la légalité (1), du principe de l'égalité (2), d'un but d'intérêt public (3), du principe de proportionnalité (4) ainsi que du noyau intangible des droits fondamentaux. Rappelons que les mesures de privation de liberté doivent également respecter ces exigences. En particulier, elles «*n'ont pas à aller au-delà de ce qu'exigent le but de l'incarcération et les exigences raisonnables propres à assurer le fonctionnement normal de l'établissement de détention, et elles doivent respecter le principe de proportionna-*

---

[28] Il ne peut véritablement y avoir de traitement forcé que dans une circonstance, à savoir en cas de mise en danger de la santé publique. La Loi fédérale sur la lutte contre les maladies transmissibles de l'homme (Loi sur les épidémies) autorise en effet expressément l'isolement, voire le traitement forcé de personnes contagieuses, malades ou suspectes de l'avoir été (art. 16). Les cantons sont tenus de prendre les mesures propres à permettre l'exécution de la loi. Il s'agit d'une des tâches importantes des médecins cantonaux.

[29] Dans un arrêt de la Cour de Cassation du 15 juin 2001 (affaire 6 A.100/2000), le Tribunal fédéral défend le principe selon lequel l'art. 43 CPS constitue une base légale suffisante pour imposer un traitement médical. Il se garde néanmoins de préciser quelles seraient les conséquences d'un non-respect du traitement par la personne concernée.

lité (ATF 103 Ia 295)»[30]. A défaut d'une base légale expresse, les détenus sont placés sous le régime général des droits fondamentaux. Il s'agit donc de se référer aux règles générales du droit dans l'appréciation des conditions de détention lorsque celles-ci ne se fondent pas sur une disposition spécifique. Dans le domaine de la santé, comme nous l'avons déjà mentionné, il convient donc de tenir compte des dispositions légales concernant les droits des patients, pour autant que les établissements pénitentiaires ne soient pas exclus de leur champ d'application. Il est intéressant de mentionner à ce propos le projet de Loi vaudoise modifiant la Loi du 29 mai 1985 sur la santé publique, actuellement en discussion devant le Grand Conseil, dont l'art. 56 c traite des soins en cas de détention. En effet, cette disposition ne fait que renvoyer aux dispositions générales concernant les droits des patients.

IV. Recommandations du Conseil de l'Europe

Après avoir constaté l'existence de normes concernant les droits des patients en général, nous avons étudié brièvement la question du droit à la santé et du droit aux soins sous l'angle du droit international et de la législation suisse, ainsi que de la jurisprudence du Tribunal fédéral concernant les détenus. Nous sommes partis de la situation générale pour en venir aux droits spécifiques des personnes en détention. Cet exposé des sources serait incomplet s'il ne mentionnait pas également les principales recommandations en la matière adoptées par le Conseil de l'Europe et l'Association médicale mondiale[31]. Il paraît particulièrement important de signaler à ce propos la Recommandation R(98)7 du Conseil de l'Europe relative aux aspects éthiques et organisationnels des soins de santé en milieu pénitentiaire ainsi que le Troisième rapport général d'activités du Comité européen pour la prévention de la torture et des peines ou traitements inhumains ou dégradants (CPT) couvrant la période du 1er janvier au 31 décembre 1992.

---

30 ATF 106 Ia 277, 281.

31 Déclaration de Tokyo concernant la torture et autres peines ou traitements cruels, inhumains ou dégradants en relation avec la détention ou l'emprisonnement, octobre 1975; Déclaration de Budapest sur la fouille corporelle des prisonniers, octobre 1993; Déclaration de Malte sur les grévistes de la faim, novembre 1991.

Il s'agit en fait d'une codification des droits des patients transposés en milieu pénitentiaire. L'un et l'autre de ces documents reconnaissent ainsi aux détenus un droit à la santé et un droit aux soins. Ces droits sont décrits en détail avec des indications précises destinées aussi bien aux autorités pénitentiaires qu'aux services médicaux et paramédicaux. L'objet de ces recommandations est, d'une part, de servir de référence aux Etats membres du Conseil de l'Europe lors de la révision et dans leur pratique dans le domaine des soins de santé en milieux pénitentiaire et, d'autre part, comme outil d'information et de formation des personnes et des institutions chargées de l'organisation et la fourniture de soins en milieu pénitentiaire. En tant que recommandations, elles n'ont toutefois pas force contraignante pour les intéressés. Elles peuvent tout au plus contribuer à l'interprétation des normes de droit national. Ce qui paraît essentiel de souligner à ce propos, c'est que justement il existe des dispositions spécifiques en droit suisse, aussi bien au niveau fédéral que cantonal, ainsi qu'une jurisprudence du Tribunal fédéral relativement importante en matière de droits des détenus.

Dans les faits, il est intéressant de constater que les recommandations du Conseil de l'Europe ainsi que celles de l'Association médicale mondiale ne dérogent pas aux dispositions spécifiques concernant les droits des patients mais, au contraire, qu'elles insistent sur la nécessité de se fonder sur une base légale pour y déroger. Il y a ainsi complémentarité entre les deux systèmes. Il paraît d'autant plus utile de mieux prendre en compte les dispositions de la législation sanitaire cantonale dans l'appréciation de la situation des détenus. On constaterait de la sorte que le problème dans notre pays se pose moins en terme de bases légales que de pratique et de connaissance des normes.

V. Conclusion

Le décalage qui existe encore dans notre pays entre l'existence formelle de normes spécifiques concernant les droits des patients qui s'appliquent également en milieu pénitentiaire et leur reconnaissance et mise en œuvre effective nous amène à formuler une suggestion en guise de conclusion. Le principe selon lequel il ne devrait pas y avoir de différence de qualité et d'accessibilité aux soins de santé dans les prisons par rapport au monde extérieur plaide en faveur d'une meilleure intégration de la politique de santé en milieu carcéral dans la politique générale de la santé et dans l'organisation du système de soins[32]. Il paraît judicieux d'envisager, comme cela se fait déjà dans certains cantons comme celui de Genève, de séparer l'organisation du système de soins de l'administration pénitentiaire. La première devrait relever directement des directions de la santé publique, au même titre que les établissements et institutions de santé. Cette réorganisation aurait l'avantage d'éviter les dérapages et les risques de confusion entre le rôle des médecins qui se doivent de traiter tous leurs patients, fussent-ils des détenus, sur un pied d'égalité et le rôle de l'administration pénitentiaire dans l'application des peines.

32 Voir pt. 10 de l'annexe à la Recommandation R(98)7 du Conseil de l'Europe.

Zwangsmassnahmen im Bereich der Gesundheitsfürsorge (Verweigerung der Behandlung, Hungerstreik)

Prof. Dr. iur. Franz Riklin, Rechtswissenschaftliche Fakultät, Universität Freiburg

Zusammenfassung: Bei Zwangsmassnahmen im Bereich der Gesundheitsfürsorge stehen vor allem Behandlungen im Zentrum, welche unmittelbar in die körperliche Integrität eingreifen. Sie beeinträchtigen Grundrechte. Namentlich betroffen sind Art. 7 und Art. 10 Abs. 2 der neuen Bundesverfassung (Achtung der Menschenwürde, Recht auf persönliche Freiheit). Grundrechte können jedoch eingeschränkt werden. Es braucht eine gesetzliche Grundlage, der Eingriff muss im öffentlichen Interesse liegen, verhältnismässig sein und darf den Kerngehalt des Grundrechts nicht antasten. Bei schwerwiegenden Grundrechtseingriffen muss die Rechtsgrundlage in einem formellen Gesetz enthalten sein. Beim Straf- und Massnahmenvollzug und beim fürsorgerischen Freiheitsentzug ist zwischen der Frage der Zulässigkeit der Internierung und der Rechtfertigung einer konkreten Zwangsbehandlung zu unterscheiden. Für medizinische Zwangsmassnahmen bedarf es nach der neueren Rechtsprechung des Bundesgerichts einer ausreichenden Regelung über die Voraussetzungen und die Art und Weise der Zwangsbehandlung von Patienten, die den verschiedenen Interessen Rechnung trägt. Solche Regelungen fehlen in vielen Kantonen. Eine gesamtschweizerische Normierung wäre erwünscht.

Résumé: Au centre de la question des mesures de contraintes en matière de soins de santé se situent avant touts les traitements portant directement atteinte à l'intégrité corporelle. Ils portent atteinte à des droits fondamentaux. Sont notamment visés les art. 7 et 20 al. 2 de la nouvelle Constitution fédérale (respect des droits de la personnalité, droit à la liberté personnelle). Les droits fondamentaux peuvent cependant être restreints. Pour ce faire, on doit disposer d'une base légale et d'un intérêt public. En outre, l'intervention doit être proportionnelle et ne pas porter atteinte au noyau intangible du droit fondamental. En cas d'atteintes graves aux droits fondamentaux, la base légale doit être contenue dans une loi au sens formel. Dans l'exécution des peines et des mesures ainsi qu'en matière de privation de liberté à des fins d'assistance, il faut distinguer d'une part la question de l'admissibilité d'un internement et d'autre part la justification d'un traitement forcé. Des mesures médicales sous contrainte nécessitent, selon la nouvelle jurisprudence fédérale, une réglementation suffisante concernant les conditions d'un traitement forcé ainsi que sur la manière d'y procéder, tout en prenant en considération les différents intérêts en présence. De telles normes font défaut dans de nombreux cantons. Une norme suisse unifiée serait la bienvenue.

I. Phaenomenologie

Es steht mir nur eine sehr kurze Zeit zur Verfügung, um ein Thema mit vielen offenen Fragen zu behandeln. Rechtliche Regeln in diesem Bereich stehen «*im Schnittpunkt verschiedener, z.T. sogar gegenläufiger Gesichtspunkte, wie etwa der Fürsorgepflicht des Staates gegenüber Gefangenen, der ärztlichen Berufsethik und dem Selbstbestimmungsrecht des Patienten*»[1]. Es wird nicht möglich sein, für alle diese Fragen eine Lösung anzubieten. Ich hoffe dennoch, einige Klarstellungen vermitteln zu können, welche das Verständnis für die Problematik fördern. Ich spreche zu Ihnen als Jurist und insofern nur mit beschränkter Kompetenz. Es geht um ein Thema, das interdisziplinär angegangen werden muss.

Bei Zwangsmassnahmen im Bereich der Gesundheitsfürsorge ist zunächst an eine Behandlung ohne unmittelbaren Körpereingriff zu denken, etwa an Massnahmen der Hygiene (Zwangsdusche, zwangsweise Entkleidung) und namentlich an Einwirkungen auf die Psyche mittels psychologischer Beeinflussung in Form von Therapien.

1 H. MÜLLER-DIETZ, *Strafvollzugsrecht*, 2. Aufl., Berlin/New York 1978, 207.

Noch stärker im Zentrum stehen Behandlungen, welche unmittelbar in die körperliche Integrität eingreifen. Als Beispiele seien erwähnt: die zwangsweise Haarrasur (z.B. bei einer Invasion von Läusen), die zwangsweise oder heimliche Verabreichung von Medikamenten, namentlich von Psychopharmaka (z.B. gegenüber schwer depressiven Personen mit Selbstschädigungstendenzen), Zwangstests in Bezug auf AIDS-Infektion (mittels Blutentnahme), ferner die Kastration und die Sterilisation, Eingriffe der Psychochirurgie, die Zwangsernährung bei einem Hungerstreik sowie Massnahmen nach einem Selbstmordversuch (z.B. Magenauspumpen).

Nicht näher befasse ich mich mit Massnahmen des unmittelbaren Zwangs im allgemeinen, die nicht oder nicht unmittelbar Zwangsmassnahmen im Bereich der Gesundheitsfürsorge darstellen (namentlich i.S. ärztlicher Zwangsmassnahmen), so die Verwendung von Ketten, Handfesseln, Zwangsjacken, Hieb- und Schusswaffen, Reizstoffen etc. Einzelne dieser Vorkehren können allerdings mittelbar im Gesundheitsbereich zur Anwendung gelangen, z.B. eine Fesselung bei Aggressivität als Folge einer Geisteskrankheit oder einer psychischen Störung[2].

Zu erwähnen bleibt, dass die Europäischen Strafvollzugsgrundsätze die hier diskutierte Thematik ausblenden, abgesehen von der Regel 27, welche schädigende medizinische Experimente verbietet sowie den Regeln 39 und 40, die sich mit dem erwähnten allgemeinen Einsatz von Zwangsmitteln befassen.

Phaenomenologisch ist noch folgendes interessant:

- Bei gewissen Behandlungsarten, namentlich (Gesprächs-) Therapien, sind Zwangsmassnahmen nicht möglich oder zwecklos, wenn beim Betroffenen die Bereitschaft zur Kooperation fehlt[3]. Allerdings kann durch die verdeckte oder offene Einnahme von Medi-

---

2 Vgl. G. KAISER/H.-J. KERNER/H. SCHÖCH, *Strafvollzug: Ein Lehrbuch*, 4. Aufl., Heidelberg 1992, 240.

3 Vgl. R. SCHWOB, *Zwangsbehandlung im Straf- und Massnahmenvollzug*, Diss. Basel 1981, 8, 25 f.; Th. GEISER, Die fürsorgerische Freiheitsentziehung als Rechtsgrundlage für Zwangsbehandlung?, in: *Familie und Recht, Festgabe für Bernhard Schnyder*, Freiburg 1995, 289 ff., 298.

kamenten oder eine anderweitige Beeinflussung der Widerstand gegen eine derartige Behandlung abgebaut werden[4].

- Bei den geschilderten Behandlungsformen, welche die körperliche Integrität berühren, verdienen kurzfristige Eingriffe in Form des unmittelbaren Zwangs bei akuten Notfällen, die den Charakter eigentlicher Notstandsmassnahmen aufweisen und dem unmittelbaren Schutz von Leib und Leben dienen, eine separate Würdigung (Zwangsernährung, Massnahmen nach einem Selbstmordversuch, Beruhigung eines tobenden Gefangenen)[5]. Ob ein Eingriff eine zum unmittelbaren Schutz von Leib und Leben dienende Notstandsmassnahme darstellt, ist von rechtlicher Bedeutung.

- Relevant ist ferner die Wirkung der einzelnen Massnahmen bzw. die Tiefe des Eingriffs in die Persönlichkeit. Es gibt sehr intensive Eingriffe, welche nicht nur die körperliche Integrität des Betroffenen berühren, sondern die Psyche der Menschen verändern, bei denen es nicht einfach um Heilung, sondern um «Besserung» und Anpassung an die Normen der Gesellschaft geht[6]. Schon jetzt sei dazu festzuhalten, dass je intensiver der Eingriff in die Persönlichkeit ist, desto eher dessen Zulässigkeit von der Existenz einer besonderen gesetzlichen Grundlage abhängt. Und je intensiver ferner der Eingriff in die Persönlichkeit ist, desto eher gilt eine Zwangsmassnahme als unerlaubt bzw. eine Behandlung nur mit Einwilligung des Betroffenen als zulässig. Von der Intensität des Eingriffs in die körperliche und vor allem seelische Integrität eines Menschen werden somit die Grenzen zwischen erlaubter und unerlaubter Zwangsanwendung massgeblich bestimmt[7].

---

4 Vgl. SCHWOB (Anm. 3), 8.
5 Vgl. SCHWOB (Anm. 3), 11.
6 SCHWOB (Anm. 3), 7, 10.
7 SCHWOB (Anm. 3), 11.

II. Rechtsstaatliche Voraussetzungen für Zwangsmassnahmen

Zwangsmassnahmen im Bereich der Gesundheitsfürsorge führen zu Eingriffen in die Grundrechte. Wir haben seit anfangs des Jahres 2000 eine neue, nachgeführte Bundesverfassung, die u.a. zwei für dieses Thema relevante Grundrechte erwähnt, die schon früher anerkannt, aber nicht kodifiziert waren.

Gemäss Art. 7 der neuen BV ist die Würde des Menschen zu achten und zu schützen. Die Menschenwürde wird nicht als unmittelbar anwendbares subjektiv-öffentliches Recht verstanden, sondern als Grundwert und Rechtsgut, das den Inhalt der Persönlichkeit ausmacht[8]. Es handelt sich um eine programmatische Grundsatznorm für die gesamte Rechtsordnung[9] und für die Auslegung anderer Grundrechte. Die Menschenwürde ist insbesondere in den Bereichen der Haft und der Medizin von zentraler Bedeutung, namentlich wenn der Schutz vor unmenschlicher oder erniedrigender Behandlung zur Diskussion steht. Die Menschenwürde garantiert auch die Achtung des Gefühlslebens und der geistigen Integrität.

In Art. 10 Abs. 2 der neuen BV wird das Recht auf persönliche Freiheit, insbesondere auf körperliche und geistige Unversehrtheit und auf Bewegungsfreiheit, geschützt. Geschützt sind diejenigen Elemente der persönlichen Freiheit, die für die Persönlichkeitsentfaltung wesentlich sind. Schutzgut sind alle Fähigkeiten und Tätigkeiten, in denen sich die menschliche Existenz verwirklicht und die elementare Erscheinungen der Persönlichkeitsentfaltung darstellen[10].

Grundrechte gelten nicht absolut. Sie können eingeschränkt werden. Einschränkungen sind jedoch an spezifische Voraussetzungen gebunden. Es müssen vier Bedingungen erfüllt sein, welche Art. 36 der neuen Bundesverfassung umschreibt. Es braucht eine gesetzliche Grundlage, der Eingriff muss im öffentlichen Interesse liegen (bzw. durch ein öffentliches Interesse oder den Schutz von Grundrechten Dritter gerechtfertigt sein).

---

8 SCHWOB (Anm. 3), 69, 75.

9 Vgl. SCHWOB (Anm. 3), 71.

10 SCHWOB (Anm. 3), 72; BGE 124 I 336; 126 I 114.

Der Eingriff muss ferner verhältnismässig sein und darf den Kerngehalt des Grundrechts nicht antasten.

Das Erfordernis der gesetzlichen Grundlage besagt nur, dass bei ihrem Vorliegen ein Eingriff grundsätzlich möglich ist. Aus den übrigen Voraussetzungen ergibt sich, ob er im konkreten Fall rechtmässig ist. Es ist somit zu unterscheiden zwischen der Rechtmässigkeit der Eingriffsvoraussetzungen und der Rechtmässigkeit konkreter Vollzugsmassnahmen. Die Zulässigkeit von Einschränkungen kann je nach Grundrecht variieren.

Die gesetzliche Grundlage kann in einem formellen Gesetz bestehen oder auch in einer Verordnung, die gestützt auf eine gesetzliche Delegation von der Exekutive erlassen worden ist (= Gesetz im materiellen Sinn). Bei schwerwiegenden Grundrechtseingriffen muss allerdings die Rechtsgrundlage in einem formellen Gesetz enthalten sein. Selbst leichte Eingriffe müssen auf einer gesetzlichen Grundlage beruhen.

Im Laufe der Rechtsentwicklung ist immer wieder die Frage diskutiert worden, ob die polizeiliche Generalklausel sowie sog. besondere Gewaltverhältnisse (oder besondere Rechtsverhältnisse) Abweichungen vom Legalitätsprinzip zulassen. Nach der bundesgerichtlichen Praxis und Art. 36 Abs. 1 Satz 2 BV kann sich die Verwaltung auf die polizeiliche Generalklausel stützen, um in Fällen schwerer, unmittelbarer und nicht anders abwendbarer Gefahr einzuschreiten.

Lange Zeit wurde auch die These vertreten, dass individuelle Freiheitsrechte von Gewaltunterworfenen im Rahmen besonderer Gewaltsverhältnisse ohne gesetzliche Grundlage eingeschränkt werden können, ausser wenn es um besonders wichtige Beschränkungen geht[11]. Verwiesen sei auf die frühere Rechtsprechung des Bundesgerichts zur Frage, unter welchen Voraussetzungen und in welchem Mass im Rahmen des Strafvollzugs in verfassungsmässige Rechte eingegriffen werden darf[12]. Dieser Praxis sind jedoch in der neueren Rechtsprechung enge Schranken gesetzt. Aus heutiger Sicht sind die wichtigsten mit Untersuchungshaft oder Strafvollzug verbundenen Freiheitsbeschränkungen durch einen allgemei-

---

11 Vgl. SCHWOB (Anm. 3), 86.
12 Vgl. BGE 68 I 78; 98 Ib 305.

nen Erlass zu regeln, um den Gefangenen vor Willkür zu schützen. Gewisse Generalklauseln sind zwar unumgänglich, da nicht alle im Einzelfall sich stellenden Probleme voraussehbar sind. Dabei spielt die Natur und die Bedeutung der allenfalls betroffenen Rechte und die Schwere möglicher Verletzungen eine Rolle[13].

Unter öffentlichem Interesse, das allenfalls einen Eingriff rechtfertigt, ist implizit ein überwiegendes öffentliches Interesse gemeint, welches das Interesse des Betroffenen an der Ausübung seiner Freiheit überragt. Es muss ein übergeordnetes öffentliches Interesse sein. Im Bereich des Straf- und Massnahmenvollzugs ist es das Interesse an der Prävention, an der Deliktsverhinderung[14].

Bei der Frage der Verhältnismässigkeit geht es darum, ob es zur Erreichung des mit einer Zwangsmassnahme verfolgten Zwecks weniger einschneidende, weniger intensive und weniger gefährliche Alternativen gibt und ob im Bereich des Straf- und Massnahmenvollzugs der Zweck der Verwirklichung eines deliktsfreien Lebens einen schwerwiegenden Eingriff gegen den Willen des Betroffenen rechtfertigt. Ferner muss die Massnahme dem Betroffenen zumutbar sein[15].

Falls die Voraussetzungen für zwangsweise Eingriffe gegeben sind, stellt sich die weitere Frage, ob diesfalls nicht nur ein Handlungsrecht, sondern auch eine Handlungspflicht besteht (etwa bei einem Hungerstreik oder nach einem Selbstmordversuch). Bejaht man gestützt auf ein besonderes Gewalt- oder Rechtsverhältnis und eine entsprechende Fürsorgepflicht ein Handlungsgebot und stirbt beispielsweise der Betroffene, stellt sich die Frage, ob sich der untätige Beamte nicht eines sog. unechten Unterlassungsdelikts schuldig macht (Tötung durch Unterlassen).

Lehnt man die Voraussetzungen für einen zwangsweisen Eingriff ab, stellt sich die Frage, ob eine dennoch getätigte Zwangsmassnahme (z.B. die Verhütung eines Selbstmords oder die Zwangsernährung) erlaubt ist, oder den Tatbestand einer Körperverletzung erfüllt.

---

13 Vgl. z.B. BGE 99 Ia 262 ff.; 102 Ia 279 ff.; 106 Ia 277 ff.

14 Vgl. SCHWOB (Anm. 3), 77.

15 Vgl. BGE 126 I 119.

Strafrechtliche Konsequenzen sind in solchen Fällen kaum je aktuell. Dies aus verschiedenen Gründen. Bei unechten Unterlassungsdelikten spielt beispielsweise auch die Zumutbarkeit eines Tätigwerdens eine Rolle. Im übrigen wird als weitere Voraussetzung die Gleichwertigkeit eines Unterlassens mit dem Tun postuliert[16]. In anderen Fällen kann ein Sachverhaltsirrtum vorliegen (so wenn jemand fälschlicherweise annimmt, jemand sei urteilsunfähig oder es liege eine mutmassliche Einwilligung vor). Auch der Verbotsirrtum kann eine Rolle spielen. Die Problematik der Zulässigkeit der Anwendung von Zwang entfällt, wenn der Betroffene in die Massnahme einwilligt. Dies setzt eine sachgerechte Information voraus.

Allerdings gibt es Eingriffe, in die auch eine urteilsfähige Person nicht rechtsgültig einwilligen kann.

Besondere Probleme bestehen schliesslich bei fehlender Einwilligungsfähigkeit, wo allenfalls der mutmassliche Wille des Betroffenen ergründet werden muss.

III. Folgerungen für den Straf- und Massnahmenvollzug

Ich verweise auf die neuere Bundesgerichtspraxis, die sich mehrfach mit der Frage der Zulässigkeit medizinischer Zwangseingriffe im fürsorgerischen Freiheitsentzug gemäss Art. 397a ff. ZGB befasste (BGE 118 II 254, 124 I 304, 125 III 169 und 126 I 112)[17].

In diesen Entscheiden hat das Bundesgericht klar zwischen der Frage der Zulässigkeit der Internierung und der Rechtfertigung einer konkreten Zwangsbehandlung unterschieden. Die Regeln über den fürsorgerischen Freiheitsentzug im Zivilgesetzbuch rechtfertigen nur den Entzug der Be-

---

16 Vgl. F. RIKLIN, *Schweizerisches Strafrecht, Allgemeiner Teil I, Verbrechenslehre*, Zürich 1997, § 19 N 27.

17 Zu weiteren früheren Entscheiden vgl. BGE vom 7. 10. 1992 (*ZBl.* 1993, 504 ff.), kritisch gewürdigt durch M. MÜLLER, Zum Erfordernis einer hinreichenden gesetzlichen Grundlage für schwere Grundrechtseingriffe, *recht* 1994, 31 ff. und BGE vom 17. 2. 1995, wiedergegeben in *Plädoyer* 3/1995, 59 f.

wegungsfreiheit als solcher. Sie sind keine hinreichende Grundlage für Zwangsmassnahmen i.S. einer Zwangsmedikation bzw. allgemein einer Zwangsbehandlung zu therapeutischen Zwecken. Die erwähnten Entscheide zeigen, dass in den meisten Kantonen solche Grundlagen für die administrative Zwangsbehandlung weitgehend fehlen. Selbst wenn gesetzliche Grundlagen vorhanden sind, muss im Einzelfall immer noch geprüft werden, ob die Voraussetzungen für einen legalen Eingriff gegeben sind (öffentliches Interesse, Verhältnismässigkeit).

Erläutert sei im folgenden die heutige Auffassung des Bundesgerichts anhand von BGE 126 I 112 ff. Der Entscheid datiert vom 23. Mai 2000. Es ging u.a. um eine Zwangsmedikation in einer psychiatrischen Klinik. Das Berner Verwaltungsgericht hatte zuvor eine Beschwerde teilweise gutgeheissen und die in einem bestimmten Zeitraum erfolgten Zwangsmassnahmen als unzulässig angesehen. Offen waren zwei weitere Fälle der Zwangsmedikation. Das Bundesgericht erklärte, die am Beschwerdeführer durchgeführten medizinischen Zwangsmassnahmen, insbesondere die Verabreichung von Psychopharmaka, stellten aufgrund der damit verbundenen starken Veränderung des geistigen und körperlichen Zustandes schwere Eingriffe in seine persönliche Freiheit dar, die den Kerngehalt des Grundrechts betreffen, der jedoch nicht verletzt sei, wenn die Zwangsbehandlung zu Heilzwecken vorgenommen wurde.

Im Zusammenhang mit ärztlichen Eingriffen in Spitälern sei unter dem Gesichtspunkt der persönlichen Freiheit davon auszugehen, dass es dem Arzt gestützt auf das mit dem Spitaleintritt des Patienten entstandene Rechtsverhältnis grundsätzlich nicht erlaubt sei, ohne eingehende Aufklärung und ohne Einverständnis des Patienten einen medizinischen Eingriff vorzunehmen. Der Anspruch auf vorherige Information und auf Einholung des Einverständnisses erfolge direkt aus dem Grundrecht der persönlichen Freiheit. Eine Berufung auf das besondere Gewaltverhältnis als Grundlage für solche Zwangsmassnahmen war somit nicht möglich. Das Bundesgericht erklärte ferner, schwere Eingriffe in Freiheitsrechte, wie sie vorliegend in Frage stünden, bedürften einer klaren, ausdrücklichen gesetzlichen Regelung in einem formellen Gesetz. Dafür seien die Kantone zuständig, solange der Bundesgesetzgeber nicht diese Aufgabe übernommen habe. Das Bundesgericht stellte schliesslich fest, dass dem bernischen Recht weder über die Voraussetzungen noch über die Art und Weise der Betreuung und medizinischen Behandlung von Patienten, denen fürsorgerisch die Freiheit entzogen wurde, eine ausreichende Regelung entnommen werden könne. Dieser wecke grosse Bedenken. Der bernische Gesetzgeber sei unter diesen Umständen gehalten, umgehend eine entsprechende rechtliche Grundlage zu schaffen, die den verschiedenen betroffenen Interessen ausreichend Rechnung trage.

Das Berner Verwaltungsgericht als Vorinstanz hatte Zwangsbehandlungen an zwei Tagen, um die es vor Bundesgericht noch ging, gestützt auf die polizeiliche Generalklausel akzeptiert, weil der Beschwerdeführer aufgrund einer damals akut ausgebrochenen Psychose sich selbst und Dritte unmittelbar und schwer gefährdet habe. Deshalb habe sich die Vornahme von Zwangsmassnahmen zum Schutz von Leib und Leben aufgedrängt. Nach Meinung des Bundesgerichts vermag die polizeiliche Generalklausel eine fehlende gesetzliche Grundlage zu ersetzen, wenn und soweit die öffentliche Ordnung und fundamentale Rechtsgüter des Staates oder Privater gegen schwere und zeitlich unmittelbar drohende Gefahren zu schützen sind, die unter den konkreten Umständen nicht anders abgewendet werden könnten als mit gesetzlich nicht ausdrücklich vorgesehenen Mitteln. Die polizeiliche Generalklausel sei aber auf echte und unvorhersehbare Notfälle beschränkt. Ihre Anrufung sei grundsätzlich ausgeschlossen, wenn typische und erkennbare Gefährdungslagen trotz Kenntnis der Problematik nicht normiert würden. Deshalb erwies sich im konkreten Fall die Berufung auf die polizeiliche Generalklausel als heikel, weil Gefährdungslagen im psychiatrischen Anstaltsverhältnis in der Art, wie sie im konkreten Fall vorlagen, an sich typisch und einer gesetzlichen Regelung zugänglich sind. Das Bundesgericht berücksichtigte jedoch die ganz besonderen Umstände des Einzelfalls, weil die Verantwortlichen der Klinik die schwierige Aufgabe hatten, einerseits den zunehmend aggressiver werdenden Beschwerdeführer in Respektierung seines Willens zu betreuen, andererseits das Klinikpersonal vor der von ihm ausgehenden Gefährdung zu schützen. Deshalb habe sich im konkreten Fall das gewählte Vorgehen trotz fehlender Rechtsgrundlage nicht als verfassungswidrig erwiesen, soweit es in sachlicher und zeitlicher Hinsicht zum Schutz von Leib und Leben erforderlich war[18].

---

18 Vgl. die kritische Würdigung dieses Entscheids und der etwas überraschenden und nur rudimentär begründeten Abweichung von den zuvor aufgestellten Grundsätzen M. MÜLLER, Legalitätsprinzip - Polizeiliche Generalklausel - Besonderes Rechtsverhältnis, Gedanken zu einem neuen Bundesgerichtsentscheid betreffend

Hier ist nochmals anzumerken, dass das Berner Verwaltungsgericht die Legalität einer Zwangsmedikation in einer anderen Zeitperiode wegen einer fehlenden akuten Fremd- und Eigengefährdung verneint hatte. Dies geschah offenbar nur wegen der fehlenden gesetzlichen Basis, die nicht mit Hilfe der polizeilichen Generalklausel kompensiert werden konnte. Wie entschieden worden wäre, wenn eine gesetzliche Basis bestanden hätte, bleibt offen, d.h., ob eine Zwangsmedikation ausschliesslich nur bei akuter Selbstgefährdung oder der Gefahr für andere – gesetzliche Grundlage vorausgesetzt – zulässig ist. Verwiesen sei immerhin darauf, dass aus psychiatrischer Sicht eine Zwangsmedikation bei 5-10% aller in eine psychiatrische Klinik neu Eintretenden als notwendig angesehen wird[19].

Im Ergebnis sind dann, wenn eine gesetzliche Grundlage besteht, der Schutzbereich der persönlichen Freiheit sowie die Grenzen der Zulässigkeit von Eingriffen im Einzelfall, angesichts der Art und Intensität der Beeinträchtigung, zu konkretisieren[20].

Was für den fürsorgerischen Freiheitsentzug gilt, gilt auch für den Strafvollzug und den Massnahmenvollzug. An sich müssen Straf- und Massnahmenvollzug gesondert betrachtet werden, weil im einen Fall die Straf-

die Frage der Zwangsmedikation im fürsorgerischen Freiheitsentzug (BGE 126 I 112 f.), *ZBJV* 2000, 725 ff.

19 F. CADUFF, Psychiatrische Zwangsmedikation in der Schweiz - Gesetzgebung und Realität anhand einiger Fälle aus der Praxis, *Schweizerische medizinische Wochenschrift* 1997, 585 ff. In diesem Aufsatz ist allerdings die oben aufgeführte Aussage nicht enthalten, hingegen in einer Dokumentation, die der Verfasser anlässlich eines Referats zu dieser Thematik abgegeben hat. Im erwähnten Aufsatz schreibt Caduff zur Häufigkeit der Zwangsmedikation, durchschnittlich ergebe sich eine Inzidenz, die zwischen 1 und 20% aller stationär behandelten Psychiatriepatienten liege. Gegen die Zulässigkeit einer Zwangsmedikation z.B. B. MAZENAUER, *Psychischkrank und ausgeliefert?,* Bern 1985, 167 ff.

20 BGE 126 I 115. Nach einem nach der Redaktion dieses Beitrags am 22.3.2001 gefällten Urteil des Bundesgerichts (BGE 127 I 6) verstösst eine gegen den Willen des Betroffenen durchgeführte Zwangsmedikation unter den konkreten Umständen weder gegen die Bundesverfassung noch gegen die EMRK. Eine gesetzliche Grundlage bestand im Psychiatriegesetz des Kantons Basel-Stadt, das dringend notwendige Behandlungen ausdrücklich auch gegen den Willen eines urteilsunfähigen Patienten erlaubt. Es ging um einen Fall schwerer Schizophrenie und der Gefahr einer möglicherweise zum Tode führenden katatonen Starre. Deshalb wurde eine Zwangsmedikation als dringend notwendig erachtet.

fälligkeit, im anderen Fall der behandlungsbedürftige Zustand im Vordergrund steht[21].

In Bezug auf den Strafvollzug gestatten die gesetzlichen Vorschriften des Strafgesetzbuches gegebenenfalls eine Internierung. Die Vorschriften über das Vollzugsziel (Art. 37 Ziff. 1 Abs. 1 StGB) und Art. 46 Ziff. 2 StGB, der Grundlage für einen behandlungsorientierten Vollzug, genügen hingegen nicht als Basis für Zwangsmassnahmen, auch nicht kantonale Vorschriften, welche eine Kooperationspflicht des Gefangenen statuieren[22]. Besondere gesetzliche Grundlagen für einen solchen Vollzug bestehen in der Vielzahl von Erlassen schwergewichtig des kantonalen Rechts und des Konkordatsrechts nicht. Auch hier blieb bisher vieles der Praxis überlassen[23]. Über ein eidgenössisches Strafvollzugsgesetz verfügen wir ohnehin nicht.

Im Massnahmenrecht könnte man sich eher die Frage stellen, ob der Betroffene, der für eine Strafe im traditionellen Sinn nicht empfänglich ist, nicht Zwangseingriffe erdulden muss. Dem Interesse an einer Zwangsbehandlung kommt gegenüber dem Grundrecht der persönlichen Freiheit um so mehr Gewicht zu, je grösser die Gefährdung ist, die vom Straffälligen ausgeht[24]. Das Massnahmenrecht erlaubt einschneidendere Eingriffe in die Persönlichkeit als der Strafvollzug[25].

Dennoch ist auch im Massnahmenrecht die Auffassung überholt, die Befugnis zur zwangsweisen Behandlung ergebe sich schon aus der Befugnis zum Freiheitsentzug[26]. Die Art. 43 und 44 StGB gestatten es nicht, alle

---

21 SCHWOB (Anm. 3), 9.

22 Vgl. SCHWOB (Anm. 3), 103 ff.

23 Vgl. SCHWOB (Anm. 3), 1.

24 SCHWOB (Anm. 3), 104.

25 Vgl. SCHWOB (Anm. 3), 91.

26 So aber G. HUG, *Wo liegt die Grenze der persönlichen Freiheit?*, Zürich 1976, 200 f. und ein nach der Redaktion dieses Beitrags gefälltes Urteil des Kassationshofes des Bundesgerichts vom 15. 6. 2001, wonach in Art. 43 StGB nach Wortlaut, Sinn und Zweck eine genügende gesetzliche Grundlage für die nach den Regeln der ärztlichen Kunst und Ethik mit dem Heilungs- und Sicherungszweck im Einzelfall begründeten Massnahmen gesehen wird. Das müsse in Strafsachen auch für eine Zwangsmedikation mit Psychopharmaka gelten, da die Bestimmung auf psychisch erheblich bis schwerstgestörte Straftäter sowie auf Straftäter, die wegen ihres Geisteszustandes die öffentliche Sicherheit in schwerwiegender

Behandlungsarten zwangsweise anzuordnen. Behandlungsmethoden, die auf eine dauernde und schwerwiegende Veränderung der Persönlichkeit abzielen, dürfen nur mit Einwilligung des Betroffenen angewandt werden oder müssten sich andernfalls auf eine besondere gesetzliche Grundlage abstützen können[27].

Ganz allgemein stellt sich im Straf- und Massnahmenvollzug die Frage, *«ob und in welchen Grenzen es in einem freiheitlichen Staatswesen legitim sein kann, den Einzelnen nicht nur mit Zwang an Delikten zu hindern, sondern selber zu verändern»*[28]. Zwangsmassnahmen erscheinen bei akuten psychischen Erkrankungen legitim, denen nicht anders begegnet werden kann[29]. Das öffentliche Interesse an der Deliktsverhütung und an der Sicherung der Allgemeinheit allein kann es jedoch nicht rechtfertigen, den Rechtsbrecher zwangsweise zu «bessern»[30]. Voraussetzung müsste vielmehr sein, dass eine Massnahme zumindest auch im wohlverstandenen Interesse des Betroffenen liegt, in seinem individuellen Interesse, d.h. in einem Zugewinn an individueller Freiheit[31]. Es ist allerdings nicht einfach, eine derart differenzierte Sicht der Dinge im Einzelfall zu konkretisieren.

Weise gefährden, ausgerichtet sei. Allerdings erklärte das Bundesgericht: *«De lege ferenda müssten aber die auftretenden Fragen vielleicht doch in einen konkreteren gesetzlichen Rahmen gestellt werden»*. Art. 43 StGB bezwecke nicht die Heilung als solche, sondern die Verhinderung von Straftaten und die Wiedereingliederung der Täter. Ärztliche Zwangsmassnahmen dürften daher nicht über diesen Zweck hinausgehen oder mit ihm nicht vereinbare Ziele verfolgen. Im konkreten Fall ging es um einen seit 30 Jahren an einer chronischen paranoiden Schizophrenie leidenden Mann, bei dem befürchtet wurde, dass er bei einem Absetzen der Medikamentation in massiver Weise in die psychotische Symptomatik zurückfallen würde und in diesem Fall mit schweren gewalttätigen Handlungen gerechnet werden müsste. Die Behörden wurden jedoch gestützt auf Empfehlungen eines medizinischen Gutachtens auf Absetzversuche sowie einen Versuch mit einer Alternativmedikamentation verpflichtet, weil die jahrelange Zwangsbehandlung mit Depot-Neuroeleptika zu ausgeprägten Bewegungsstörungen geführt hatte und sogar eine Invalidisierung herbeiführen könnte. Eine Publikation dieses Urteils in der offiziellen Sammlung der Bundesgerichtsentscheide ist vorgesehen.

27 Vgl. SCHWOB (Anm. 3), 113 f., 119, 121 ff., 144.

28 G. STRATENWERTH, *Schweizerisches Strafrecht Allgemeiner Teil II: Strafen und Massnahmen*, Bern 1989, § 9 N 9.

29 STRATENWERTH (Anm. 28), § 9 N 10.

30 STRATENWERTH (Anm. 28), § 9 N 11.

31 STRATENWERTH (Anm. 28), § 9 N 11, 42.

Eine gesetzgeberische Regelungstechnik könnte auch darin bestehen, ganz bestimmte schwerwiegende Massnahmen ohne Einwilligung des Betroffenen generell zu verbieten (etwa eine Kastration)[32] und im übrigen eine Interessensabwägungsklausel vorzusehen.

Es geht allerdings nicht nur darum, differenzierte materielle Regelungen zu konzipieren, sondern es scheint sinnvoll zu sein, auch prozedurale Regelungen vorzusehen, etwa in dem Sinn, dass für umstrittene und gefährliche Methoden eine besondere Kommission zustimmen muss und dass der Betroffene gegebenenfalls eine Rekursinstanz einschalten kann. In der Vergangenheit ist immer wieder auf das Tessiner Gesetz über die sozialpsychiatrische Betreuung vom 26. 1. 1983 hingewiesen worden, das solche differenzierte Regelungen und auch prozedurale Vorschriften enthält[33].

Im Rahmen der hängigen Revision des Allgemeinen Teils des Schweizerischen Strafgesetzbuches ist in der Expertenkommission diskutiert worden, im Zusammenhang mit strafvollzugsrechtlichen Vorschriften eine Norm über Zwangsbehandlungen aufzunehmen. Schliesslich wurde wegen der Komplexität der Materie davon abgesehen. Im Entwurf eines Gesetzes über den Straf- und Massnahmenvollzug des Kantons Bern ist nur eine Norm über die Anwendung unmittelbaren Zwangs gegen renitente und gewalttätige Eingewiesene, zur Verhinderung ihrer Flucht oder zu ihrer Wiederergreifung sowie gegen andere Personen, die sich widerrechtlich auf dem Areal einer Vollzugseinrichtung aufhalten, eindringen oder Insassen zu befreien versuchen, vorgesehen, ferner eine Norm über den Schusswaffengebrauch und eine dem deutschen Recht nachgebildete Vorschrift über den Spezialfall der Zwangsernährung. Bekannt ist ferner, dass einzelne Kantone jüngst ihre Psychiatriegesetzgebung geändert haben (Basel, Aargau[34]) oder zu ändern im Begriffe sind (Bern, Zürich[35]).

---

32 Vgl. SCHWOB (Anm. 3), 8; ferner J. BAUMANN et al., *Alternativ-Entwurf eines Strafvollzugsgesetzes*, Tübingen 1973, § 139 Abs. 5.

33 Vgl. dazu auch CADUFF (Anm. 19), 587 f. mit kritischer Würdigung.

34 Im Kanton Aargau wurde das Einführungsgesetz zum ZGB geändert. Seit dem 3.12.1999 ist ein neuer § 67e^{bis} in Kraft, wonach im Rahmen einer fürsorgerischen Freiheitsentziehung in der Psychiatrischen Klinik Königsfelden Behandlungen und andere Vorkehrungen, die nach Massgabe des Einweisungsgrundes medizinisch indiziert sind, auch gegen den Willen der betroffenen Person vorgenommen werden dürfen, wenn die notwendige Fürsorge auf andere Weise nicht gewährleistet werden kann. Beim Entscheid über den Einsatz von Zwangsmass-

IV. Hungerstreik und Selbstmordversuch

Beim Hungerstreik stellt sich die Frage, wie weit gegebenenfalls eine Pflicht zur Zwangsernährung besteht. Die Vollzugsverantwortlichen dürften eine Garantenstellung haben, d.h. rechtlich verpflichtet sein, Gefahren von Gefangenen, die in ihrer Obhut stehen, abzuwenden, wenn deren Rechtsgüter bedroht sind[36].

Die Frage stellt sich, wie weit diese Hilfspflicht auch dann besteht, wenn der Gefangene Hilfe ablehnt und den Selbstmord für den Fall will, dass man seine Forderungen nicht erfüllt oder für diesen Fall den Tod zumindest in Kauf nimmt. Es besteht diesfalls ein Gegensatz zwischen der Hilfspflicht des Garanten und dem Recht des Gefangenen auf körperliche Integrität und Selbstbestimmung.

Unbestritten ist, dass in einer ersten Phase dem Hungernden das Essen bereitgestellt werden muss und keine Zwangseingriffe zulässig sind. Probleme bestehen in einer zweiten Phase, wenn der Gefangene allenfalls nicht mehr voll urteilsfähig ist und nicht mehr frei über das Zurück entscheiden kann.

---

nahmen kann auch das Schutzbedürfnis Dritter in die Beurteilung miteinbezogen werden. Der Entscheid über den Einsatz von Zwangsmassnahmen obliegt ausschliesslich Fachärzten in leitender Stellung. Die ermächtigten Personen sind vom Vorsteher des Gesundheitsdepartementes namentlich zu bezeichnen. Vor dem Entscheid sind die Patienten vom zuständigen entscheidungsberechtigten Arzt anzuhören. Der Entscheid ist der betroffenen Person auch nach mündlicher Mitteilung mit Begründung und Rechtsmittelbelehrung schriftlich zu eröffnen, unter Mitteilung an den Kantonsarzt. Dieser Entscheid kann innert 10 Tagen mit Beschwerde an das Verwaltungsgericht weitergezogen werden.

35 In Zürich wurde Ende Dezember 2000 ein Gesetzesentwurf über Patientenrechte in die Vernehmlassung gegeben. Er enthält drei Artikel über Zwangsmassnahmen. Danach können Behandlungen von körperlichen und psychischen Krankheiten gegen den Willen von Patientinnen oder Patienten in Notsituationen durchgeführt werden, um eine ernsthafte und unmittelbare Gefahr für die Gesundheit oder das Leben der betroffenen Personen oder von Dritten abzuwenden. Unter bestimmten im Gesetz genannten Voraussetzungen kann auch eine länger dauernde medikamentöse Behandlung gegen den Willen von Patientinnen oder Patienten durchgeführt werden. Die Betroffenen sowie ihre Bezugspersonen haben das Recht auf richterliche Überprüfung der Zwangsmassnahmen.

36 Grundsätzlich anderer Meinung R. WINIGER, Hungerstreik und Zwangsernährung, *ZStR* 1978, 387 ff., 396 ff.

Zu dieser Thematik bestehen zwei Konzepte. Nach dem einen Konzept ist in diesem Fall die Zwangsernährung die Regel. Die Erhaltung des Lebens hat Priorität. Die Fürsorgepflicht verbietet das Sterbenlassen eines Gefangenen. Die Fürsorgepflicht der Vollzugsbehörden auf dem Gebiet des Gesundheitsschutzes entfällt nicht schon deshalb, weil ein Gefangener die Mitwirkung an den erforderlichen Massnahmen verweigert[37]. Hungerstreiks sind oft blosse Demonstrationen und Nötigungsversuche. Die Zwangslage und der Zustand der Urteilsunfähigkeit erlauben keinen zuverlässigen Schluss auf einen «mutmasslichen» Willen. Deshalb ist Zwangsernährung bei akuter Todesgefahr zulässig. Dies ist im Prinzip das Konzept von § 101 des deutschen Strafvollzugsgesetzes. Wenn die gesetzlichen Voraussetzungen erfüllt sind, besteht allerdings in der Regel nur ein Recht der Vollzugsbehörde zur Durchführung ärztlicher Zwangsmassnahmen; eine Verpflichtung besteht nur in Sonderfällen, wenn von einer freien Willensbestimmung des Gefangenen nicht ausgegangen werden kann (also z.B. bei Bewusstlosigkeit oder Geisteskrankheit)[38]. Diese Regelung wird in Deutschland insofern verallgemeinert, als medizinische Zwangsmassnahmen auch in anderen Fällen zulässig sind, falls eine unmittelbare Lebensgefahr oder eine schwerwiegende Gefahr für die Gesundheit eines Gefangenen oder eine Gefahr für die Gesundheit anderer Personen besteht, die nicht anders abwendbar ist[39]. Danach ist es z.B. möglich, bei einer Läuseplage Gefangene kahlzuscheren. In Bezug auf Abklärung hinsichtlich einer AIDS-Infektion erlaubt § 101 Abs. 1 keine allgemeinen Zwangstest[40]. Hingegen wird eine Gefahr für die Gesundheit des Gefangenen oder anderer Personen im Einzelfall bei sog. Risikogruppen bejaht, d.h. wenn hinreichende Anhaltspunkte dafür bestehen, dass ein Gefangener von intravenös verabfolgten Suchtmitteln abhängig ist oder mit wechselnden Intimpartnern homosexuell verkehrt[41]. Gestattet sind ferner zwangsweise körperliche Untersuchungen eines Gefangenen, die nicht mit einem körperlichen Eingriff verbunden sind, zu Zwecken des Gesundheitsschutzes und der Hygiene, was vor allem für Aufnahmeuntersuchungen wichtig ist[42].

---

37 MÜLLER-DIETZ (Anm. 1), 207.

38 KAISER/KERNER/SCHÖCH (Anm. 2), 241 f.; WINIGER (Anm. 36), 391.

39 Vgl. MÜLLER-DIETZ (Anm. 1), 208.

40 KAISER/KERNER/SCHÖCH (Anm. 2), 242 f.

41 KAISER/KERNER/SCHÖCH (Anm. 2), 243.

42 MÜLLER-DIETZ (Anm. 1), 208; KAISER/KERNER/SCHÖCH (Anm. 2), 241.

Zurück zum Hungerstreik: Nach einer Gegenthese, die auch als englisches Konzept beschrieben wird, ist bei einem Hungerstreik in der zweiten Phase die Zwangsernährung die Ausnahme[43]. Wenn der Gefangene den Freitod wollte oder in Kauf nahm, ist sein Wille zu berücksichtigen. Der Gefangene muss belehrt und seine Urteilsfähigkeit festgestellt werden. Das Essen wird ihm täglich angeboten. Im übrigen wird der Ausgang des Hungerstreiks ganz in die Verantwortung des Hungernden gelegt. Wollte der Gefangene den Freitod oder nahm er ihn in Kauf, sind Zwangsernährungsmassnahmen zu unterlassen. Hat ein Häftling die Nahrungsaufnahme bis zum Zeitpunkt verweigert, in dem er urteilsunfähig wird, kann angenommen werden, er habe den Willen zum Selbstmord. Zwangsernährung wäre diesfalls nur zulässig, wenn der Gefangene wegen seines Geisteszustandes bei Beginn des Hungerstreiks die Folgen seines Handelns nicht abschätzen konnte[44].

Die Empfehlungen Nr. R(98)7 des Europarates sind in Bezug auf diese Frage nicht klar. Allgemein vorgesehen ist zunächst, dass ein Einverständnis des Betroffenen auch in Situationen eingeholt werden sollte, bei denen sich medizinische Aufgaben und Sicherheitsaspekte nicht decken, wie z.B. in Fällen von Behandlungs- und Nahrungsverweigerung (Ziff. 15). Jedes Abweichen vom Prinzip der freien Selbstbestimmung in Bezug auf die Einwilligungserklärung sollte gesetzlich begründet und von denselben Prinzipien geleitet werden, die auch in der allgemeinen Bevölkerung gelten (Ziff. 16). Im Speziellen ist geregelt, dass eine medizinische Untersuchung eines im Hungerstreik stehenden Insassen nur mit ausdrücklicher Einwilligung des Betroffenen stattfinden sollte, mit Ausnahme der Fälle mit ernsthaften psychischen Störungen, die schliesslich in eine psychiatrische Klinik verlegt werden müssten (Ziff. 61). Hungerstreikenden sollte eine objektive Aufklärung über die gesundheitsschädigenden Folgen ihrer Handlung gegeben werden, damit sie die Gefahren des längerdauernden Hungerstreiks erkennen (Ziff. 62). Im übrigen sei es die Pflicht des Arztes, seine Bedenken der zuständigen Behörde mitzuteilen und eine Massnahme gemäss der nationalen Gesetzgebung zu ergreifen, wenn sich der Zustand des Hungerstreikenden erheblich verschlechtere (Ziff. 63). Dieses Konzept ist insofern verständlich, als es nicht Aufgabe des Arztes sein sollte, darüber zu befinden, ob ein Häftling

---

43 Vgl. dazu WINIGER (Anm. 36), 386 f., 389 f.

44 WINIGER (Anm. 36), 386, 390.

zwangsweise zu ernähren ist oder nicht; vielmehr fällt eine solche Entscheidung in die Kompetenz der Justiz[45]. Die Grundsätze der World Medical Association Declarations, namentlich die *Declaration on hunger strikers* gehen dagegen offensichtlich davon aus, dass i.S. des englischen Systems vorgegangen werden kann. In diesen Richtlinien steht geschrieben, wenn der Patient nicht mehr urteilsfähig sei, entscheide der Arzt über das weitere Vorgehen, insbesondere über die Zwangsernährung. Er müsse im Interesse des Patienten handeln und dabei die vorgängigen Entscheidungen des Patienten berücksichtigen (Ziff. 4).

Da eine Nichteinwilligung zur Zwangsernährung bei einem Hungerstreik auf einem nicht medizinisch begründeten Konflikt beruht, sind bei der Bewertung der Zulässigkeit eines Eingriffs allenfalls auch andere staatliche Interessen zu berücksichtigen, so der Schutz der staatlichen Autorität und des Strafvollzugs vor Diskreditierung oder Erpressung, das Interesse, spektakuläre Todesfälle zu vermeiden, mit denen der Strafvollzug in der Öffentlichkeit diskreditiert werden soll[46].

Eine ähnliche Problematik besteht bei der Nichtverhinderung des Todes nach erfolgtem Selbstmordversuch. Hier ist es allerdings viel schwieriger, den wahren Willen des Betroffenen zu erkennen. Auch hier stellt sich die Frage, was die Garantenstellung des Anstaltspersonals für Folgen hat, bzw. ob ein Garant den geplanten oder zumindest in Kauf genommenen Selbstmord eines anderen «achten» darf. In diesem Zusammenhang werden verschiedene Thesen vertreten.

Nach einem Entscheid des deutschen Bundesgerichtshofs in Strafsachen zur Rettungspflicht beim Suizid ist ein Garant wegen Tötung durch Unterlassen strafbar, wenn der Betroffene die Herrschaft über das Geschehen verloren hat, weil ab diesem Zeitpunkt eine Hilfspflicht des Garanten entstehe[47].

Nach einer Gegenthese darf der Garant passiv bleiben und den Selbstmord «achten», wenn der Entschluss aus freien Stücken gefasst wurde.

---

45 WINIGER (Anm. 36), 407.

46 KAISER/KERNER/SCHÖCH (Anm. 2), 241 f.

47 BGHSt 32, 367 ff. Zur Frage der Pflicht zur Hilfeleistung bei einem Versuch der Selbsttötung vgl. ESER, in: SCHÖNKE/SCHRÖDER, 24. Aufl., 1991, Vorbemerkungen vor § 211 ff. Rn. 41 ff.

Der mutmassliche Wille des Betroffenen kann i.S. der Geschäftsführung ohne Auftrag berücksichtigt werden. Die Frage ist allerdings, ob ein Selbstmörder aus freien Stücken handelt. Das kann man z.B. nicht bei einer erkennbaren krankhaften Depression annehmen. Die Frage ist auch, wie weit Ergebnisse der Suizidforschung zu berücksichtigen sind, wonach ein eigentlicher Bilanzselbstmord höchst selten vorkommt und Personen, denen nach einem Selbsttötungsversuch geholfen wurde, in der Regel nachträglich über ihre Lebensrettung froh sind.

Für die Schweiz spielt bei dieser Thematik auch Art. 115 StGB eine Rolle. Danach ist Verleitung und Beihilfe zum Selbstmord nur strafbar, wenn der Verleiter oder Helfer aus selbstsüchtigen Beweggründen handelt, was oft nicht der Fall ist. Aus der Vorschrift kann man ableiten, dass eine Bestrafung wegen Tötens durch Unterlassen nicht in Frage kommt, da das Unterlassen zu keiner schärferen Haftung führen kann als aktives Handeln[48]. Das bedeutet, dass Beihilfe zum Selbstmord durch Unterlassen in der Regel mangels selbstsüchtiger Beweggründe nicht strafbar ist.

V. Postulate

Erwünscht wäre zunächst für alle Kantone eine gesetzliche Grundlage für Zwangsmassnahmen im Bereich der Gesundheitsfürsorge.

Was die materiellen Voraussetzungen anbetrifft, müsste vertieft überlegt werden, welche mit einem Körpereingriff verbundenen medizinisch indizierten Massnahmen ausser in Notfällen der akuten Gefahr für Leben und Gesundheit allenfalls gegen den Willen eines Urteilsfähigen angeordnet werden können, der die Mitwirkung an der Erhaltung seiner Gesundheit verweigert[49]. Wann ist über die Fälle mangelnder Entscheidungsfähigkeit des Gefangenen hinaus das mit einer Zwangsmassnahme verfolgte Ziel höherwertiger als die mit einer Massnahme beeinträchtigten Rechte des Gefangenen auf freie Selbstbestimmung und körperliche Unversehrtheit?[50] Diese Frage wurde in der Schweiz bisher überlagert durch die oft fehlende gesetzliche Grundlage, die bei Entscheiden im Vordergrund

48 G. STRATENWERTH, *Schweizerisches Strafrecht, Besonderer Teil I: Straftaten gegen Individualinteressen*, Bern 1995 § 1 N 50.

49 Vgl. dazu auch GEISER (Anm. 3), 307 ff.

50 Vgl. MÜLLER-DIETZ (Anm. 1), 207.

stand. Dabei sollte der zulässige Anwendungsbereich eine Zwangsbehandlung nicht nach deren Zweck umgrenzt werden, sondern von ihrer Wirkung her, nach der Intensität des Eingriffs in die körperliche und seelische Integrität[51].

Sinnvoll wäre wohl auch, wie dies einzelne kantonale Psychiatriegesetze, namentlich jenes des Kantons Tessin, vorsehen, die Verwirklichung einer prozeduralen Sicherung durch Verfahrensregeln und einer vom Behandlungsteam unabhängigen Kontrollinstanz.

Erwünscht wäre schliesslich eine gesamtschweizerische Musterlösung oder gar eine eidgenössische Regelung[52]. Denn es ist wenig sinnvoll, dass jeder Kanton in einer so zentralen Frage an einer eigenen lokalen Lösung herumbastelt. Vielleicht könnte gerade das Ausbildungszentrum für das Strafvollzugspersonal und letztlich diese Tagung hier Geburtshelferdienste leisten.

---

51 SCHWOB (Anm. 3), 11.

52 Für eine eidgenössische Regelung: GEISER (Anm. 3), 298, 313.

Die Organisation des Gesundheitswesens im Straf- und Massnahmenvollzug aus der Sicht der Anstaltsleiter

Ulrich Luginbühl, Direktor des Massnahmenzentrums St. Johannsen, Präsident der Schweizerischen Anstaltsleiter Konferenz (SALK)

Zusammenfassung: Aufgrund der unterschiedlichen Grösse und Aufgaben der schweizerischen Gefängnisse und Vollzugsanstalten bestehen verschiedenste medizinische Versorgungslösungen. Diese reichen von der Versorgung mit Ärzten aus der Region, die lediglich bei Bedarf beigezogen werden, bis hin zu professionellen Medizinalorganisationen in den Institutionen selbst (bei Betrieben mit rund 50 bis zu rund 400 Plätzen). Für grössere Institutionen besteht kantonal i.d.R. ein ambulanter psychiatrisch-psychologischer Dienst. Etliche dieser Institutionen besitzen ebenfalls einen internen psychologischen Dienst. Bei Institutionen, die über einen professionellen medizinischen Bereich verfügen, findet in der Regel eine «Unité de doctrine» zwischen medizinischen Fachspezialisten und den Vollzugsspezialisten statt, ist man doch auf eine regelmässige Zusammenarbeit angewiesen. In den letzten Jahren hat praktisch in allen Institutionen (U-Haft und Vollzug) die Zahl der psychisch schwer auffälligen und kranken Insassen stark zugenommen. Damit ist der Bedarf an psychiatrischer und psychologischer Unterstützung stark angestiegen. Aufgrund der unterschiedlichen kantonalen Vorgaben, den verschiedenen Strukturen und Unterstellungsverhältnissen der Institutionen der U-Haft und des Straf- und Massnahmenvollzuges, aber auch aufgrund mangelnden Verständnisses zwischen medizinischen und vollzugsseitigen Fachspezialisten entstehen immer wieder Friktionen in der Zusammenarbeit. Diese können nur beseitigt werden, wenn am gegenseitigen Verständnis Medizin/Freiheitsentzug gearbeitet wird und wenn bestimmte Rahmenbedingungen berücksichtigt werden. Diese werden im folgenden Text erläutert.

Résumé: En raison des différentes capacités et tâches confiées aux établissements d'exécution des peines et des mesures et aux prisons suisses, il en résulte une palette de solutions des plus diverses en matière de prise en charge médicale. Celles-ci vont des soins dispensés par des médecins exerçant dans la proximité de l'institution et appelés uniquement en cas de besoin, jusqu'à l'organisation d'une véritable structure médicale au sein de l'établissement lui-même (pour des établissements allant de 50 à 400 place environ). Pour les plus grandes d'entre elles, il existe en général au plan cantonal, un service ambulatoire de psychiatrie et de psychologie. Nombre d'entre elles possèdent également un service interne de psychologie. Dans les établissements qui disposent d'un service médical professionnel, il existe par le fait même de la régularité de leur collaboration, une «unité de doctrine» entre les médecins et le personnel chargé de l'exécution des peines et des mesures. Au cours des dernières années, pratiquement tous les établissements (préventives et exécution des peines) ont assisté à une forte hausse du nombre de détenus malades ou souffrant de troubles psychiques graves. Il en résulte une nécessité accrue de mettre en place un soutien psychiatrique et psychologique. En raison des disparités cantonales, des différentes structures et des schémas d'organisation des institutions préventives ou pénitentiaires auxquelles s'ajoutent des lacunes en matière de communication entre médecins et agents de détention, il n'est pas rare de constater la présence de tensions dans le cadre de cette collaboration interdisciplinaire. Cependant, celles-ci ne pourront être évitées que si l'on œuvre à une compréhension mutuelle et si certaines conditions de bases, que l'auteur nous livre dans sa contribution, sont prises en considération.

I. Einleitung

Als ich gebeten wurde, an dieser Tagung zum Thema «*Organisation des Gesundheitswesens im Straf- und Massnahmenvollzug aus der Sicht der Anstaltsleiter*» ein kurzes Referat zu halten, sagte ich spontan zu. Beim

Vorbereiten des Themas stellte ich fest, welche Aufgabe ich mit der spontanen Zusage auf mich geladen hatte. Dabei wurde mir klar, dass ich verschiedenste Aspekte berücksichtigen müsste, dabei aber auch die unterschiedlichsten Interessen zu überdenken hatte. Auf der eine Seite weist der Schweizer Vollzug eine äusserst breite Palette von Gefängnissen und Anstalten auf – vom kleinen Untersuchungsgefängnis mit wenigen Plätzen bis zur grossen Vollzugsinstitution mit mehreren 100 Plätzen –andererseits durch die kantonale Vollzugshoheit auch verschiedenartige Unterstellungs- bzw. Zuständigkeitsverhältnisse. Währenddem die Anstalts- und Gefängnisleiter/innen im Rahmen der Anstaltsleiter-Konferenz und der Arbeitsgruppe Untersuchungsgefängnisse innerhalb ihrer Gremien nach aussen in wichtigen Themen solidarisch auftreten, bestehen bei den medizinischen und therapeutischen Fachkräften mehrere Vereinigungen, die wohl ebenfalls dem Austausch und dem gemeinsamen Auftreten in ihren Bereichen dienen. Eine Interessenabstimmung von Vollzugsfachleuten und von medizinisch/therapeutischen Spezialisten findet z.zt. flächendeckend nicht statt. Beide Seiten Vollzug und Medizin/Therapie nehmen indessen für sich in Anspruch, ihre Tätigkeit zum Wohle der Insasse/innen auszuüben. Dass es bei der Vielfalt von Gefängnissen und Anstalten und den verschiedenen medizinischen und therapeutischen Spezialisten keine Einstimmigkeit geben kann, liegt auf der Hand. Es sollte indessen das Bestreben von allen Beteiligten sein, bei wichtigen Fragen und Vorgehensweisen konsensfähige Lösungen zu suchen und zu finden.

Ich möchte mein Referat in drei Teile gliedern: Im ersten Teil werde ich als Präsident der Anstaltsleiter Konferenz auf die Organisationsstruktur der Gesundheitsversorgung der schweizerischen Untersuchungsgefängnisse und Vollzugsanstalten und die vorhandenen Probleme eingehen. Im zweiten Teil werde ich die Organisation der medizinischen und therapeutischen Versorgung anhand des Massnahmenzentrums St. Johannsen vorstellen. Der letzte Teil soll dem Aufzeigen einiger möglicher Lösungsansätze dienen. Es ist mir bewusst, dass ich nicht alle Interessen und Gruppierungen ansprechen kann. Ich bitte diejenigen, die nicht explizit erwähnt werden, oder bei denen sich gewisse Probleme gezeigt haben, die ich nicht nenne, diese Unterlassung zu verzeihen.

II. Organisationsstruktur Gesundheitsversorgung in Schweizer Untersuchungsgefängnissen und Vollzugsanstalten

Wie bereits erwähnt, weist die Schweiz eine Vielfalt unterschiedlich grosser Organisationseinheiten für die Untersuchungshaft und den Vollzug auf. Da kennen wir kleine Bezirksgefängnisse mit einigen wenigen Plätzen. In der Regel werden diese Betriebe von einem Arzt der Region betreut, der Untersuchungshäftlinge meistens nur aufsucht, wenn er von der Gefängnisleitung wegen Erkrankung eines Häftlings hinzugezogen wird. Die nächste Stufe betrifft Bezirks-, Regionalgefängnisse und Anstalten bis zu rund 50 Plätzen. Diese Institutionen werden in der Regel ebenfalls durch einen Arzt aus der Region betreut. Indessen finden bereits regelmässige Sprechstunden statt. z.T., v.a. bei Institutionen des Straf- und Massnahmenvollzuges, finden wir bereits eine ambulante psychotherapeutische Versorgung. Externe Therapeut/innen führen wöchentliche Therapiegespräche in den Institutionen durch. Die letzte Kategorie umfasst einige wenige Regionalgefängnisse und Vollzugsanstalten mit einem Platzangebot von mehr als 50 bis zu rund 400 Plätzen. In diesen Betrieben verfügen wir heute grösstenteils über professionelle Medizinalorganisationen. Abhängig ist das medizinische und therapeutische Angebot v.a. von der Grösse und der Anzahl von Institutionen innerhalb eines Kantons. So weisen z.B. die Kantone Waadt, Genf, Zürich und Bern klar geregelte und gut ausgebaute medizinische, zahnmedizinische und psychiatrisch-therapeutische Strukturen auf. So haben wir z.B. im Kanton Zürich die Lösung, dass Pöschwies über einen vollzeitlich tätigen Anstaltsarzt verfügt. Daneben besteht ein psychiatrisch-psychologischer Dienst, der die Vollzugsinstitutionen mit ambulanter Gefängnispsychiatrie bedient. Eine zahnmedizinische Versorgung wird in etlichen Betrieben dieser Kategorie angeboten. Zudem besitzen die meisten dieser Institutionen ebenfalls einen internen psychologischen Dienst. Zwischen den in den Institutionen integrierten medizinischen und psychiatrisch-psychologischen Diensten und den vernetzt in den Institutionen ambulant tätigen Spezialisten findet in der Regel eine «Unité de doctrine» mit den Vollzugsspezialisten statt, ist man doch auf eine regelmässige Zusammenarbeit angewiesen. Anders verhält es sich indessen z.T. bei Institutionen, bei denen die gesamte medizinische und therapeutische Leistung extern beschafft werden muss.

Eine kurze Umfrage bei einigen Institutionen hat ergeben, dass praktisch in allen Kategorien (U-Haft und Vollzug) die Zahl der psychisch schwer auffälligen und kranken Insassen in den letzten Jahren stark zugenommen hat. Heute beherbergen praktisch alle Institutionen psychisch gestörte Insassen. Damit ist der Bedarf an psychiatrischer und psychologischer Unterstützung stark angestiegen.

Generell kann gesagt werden, dass heute alle grösseren Vollzugsbetriebe – 50 und mehr Insassen und Spezialinstitutionen – über fest zugeteilte externe Anstaltsärzte verfügen. Normalerweise sind dies Allgemeinpraktiker aus der Region. Daneben bestehen interne Gesundheitsdienste, die sich aus ausgebildeten Krankenschwestern, -pflegern und Psychiatriepfleger/innen rekrutieren. Die Versorgung ist während 24 Stunden sichergestellt. Pikettdienste sind die Regel. Neben der somatischen Versorgung existiert die psychiatrisch-psychologische Versorgung. In einer grossen Anzahl von Institutionen besteht neben dem meist ambulanten psychiatrischen Dienst ebenfalls ein interner psychologischer Dienst. Dabei führen die internen Psycholog/innen z.T. auch Therapien durch, stehen dabei indessen fachtechnisch unter Aufsicht der externen Psychiater/innen. Obwohl in etlichen, v.a. grösseren Vollzugsbetrieben wenige gravierende Probleme zwischen Medizin und Vollzug genannt wurden, tauchte auch eine Reihe nicht gelöster Fragen und Probleme auf. Diese mögen z.T. auch in den unterschiedlichen kantonalen Vorgaben, den verschiedenen Strukturen und Unterstellungsverhältnissen der Institutionen, teilweise aber auch in mangelndem gegenseitigen Verständnis zwischen medizinischen und vollzugsseitigen Spezialisten begründet sind.

Einige der am häufigsten genannten Punkte seien nachfolgend dargelegt:

- Verschiedentlich würden von Ärzten und Therapeuten Anordnungen getroffen, die Auswirkungen auf den Vollzugsalltag nach sich zögen, ohne dass eine vorgängige Information der Leitungsgremien der Vollzugsinstitutionen stattgefunden hatte; Bsp. angeordneter Arbeitsplatzwechsel aufgrund von vorhandenen oder empfundenen Leiden von Insassen. Eine Rückfrage bei den Vollzugsspezialisten betr. Äusserungen von Insassen könnte jeweils Klarheit schaffen. Handelt es sich in solchen Fällen beim anordnenden Arzt /Therapeuten um Unkenntnis der Vollzugsabläufe oder empfindet sich der externe Spezialist als uneingeschränkt weisungsberechtigt?

- In etlichen Fällen wird der Informationsaustausch zwischen somatischen Spezialisten und psychiatrischen bzw. therapeutischen Fachkräften und die Information von medizinischen Fachkräften gegenüber der Vollzugsinstitution als mangelhaft empfunden. Paradoxe Reaktionen auf unterschiedlich verordnete Medikamente bei einzelnen Insassen können die Folge sein. Falsche Entscheide in der Vollzugsplanung, z.B. das Gewähren eines Urlaubes, können verheerende Folgen haben. Müsste es hier im Hinblick auf ein gemeinsam zu verfolgendes Vollzugsziel nicht allen Beteiligten ein Anliegen sein, die z.T. unterschiedlichen Vorstellungen der Fachärzte und der Vollzugsspezialisten auszutauschen und einen Konsens zu finden?

- Vor dem Hintergrund der Zunahme psychisch schwer auffälliger und kranker Insassen mag es kaum erstaunen, dass die Versorgung der Institutionen mit gefängnispsychiatrischer Leistung als kaum genügend empfunden wird. Es entsteht der Eindruck, dass dieser Problemkreis z.T. von den Vollzugsspezialisten aber v.a. von Politikern und den Regierungsdirektionen lange als nicht all zu gewichtig empfunden worden ist. Wie sonst liesse sich erklären, dass die Schweiz über wenige erfahrene Gutachter verfügt, Lehrstühle für Gefängnispsychiatrie an den Universitäten praktisch nicht existieren, keine flächendeckenden Standards für Gutachter und forensisch tätige Fachärzte bestehen? Dies führt in der Praxis dazu, dass etliche psychiatrische Gutachten wenig aussagekräftig sind. Z.T. werden von Gerichten an die Gutachter zu wenig konkrete oder falsche Fragestellungen für die Erstellung eines Gutachtens eingereicht. Das Fehlen einer genügenden Anzahl von in Gefängnispsychiatrie erfahrenen Fachärzten erschwert die Versorgung der Institutionen und zieht oft häufige Therapeutenwechsel nach sich, was sich wiederum auf die Therapiequalität auswirkt.

- *Arztgeheimnis*: Ein Hemmnis für die Weitergabe sicherheitsrelevanter Informationen über gemeingefährliche Eingewiesene liegt im Berufsgeheimnis des behandelnden Therapeuten. Art. 321 StGB schafft u.a. für Ärzte und ihre Hilfspersonen eine besondere Geheimhaltungspflicht, welche die Weitergabe solcher Informationen an die Vollzugsbehörden normalerweise entgegensteht. Auch für den im Auftrag Vollzugsanstalt tätigen Therapeuten ist im konkreten Fall nicht leicht abschätzbar, ob er sich auf Art. 34 StGB (Notstand) berufen und entsprechende Informationen weitergeben darf. Meldungen können zwar nach Entbindung vom Berufsgeheimnis durch die Gesundheitsdirektion bereits nach geltendem Recht gemacht werden (Art. 321 Ziff. 2 StGB). Im Falle eines Notstandes aber auch ohne behördliche Einbindung. Gemessen am zu schützenden Rechtsgut erschiene eine Meldepflicht der behandelnden Medizinalpersonen an sich gerechtfertigt. Aufgrund von Bedenken der Gesundheitsdirektion des Kantons Bern schlug eine AG «Gemeingefährliche Eingewiesene im Straf-, Massnahmen- und FFE-Vollzug» im Kanton Bern die Schaffung eines Melderechtes vor. Einschränkungen: Nur bei Wahrnehmungen im Zusammenhang mit Gemeingefährlichkeit und nur an die jeweils zuständige Behörde soll davon Gebrauch gemacht werden können. Wortlaut des Melderechtes: «*Sie sind ohne Rücksicht auf die Bindung an das Berufsgeheimnis ermächtigt, den zuständigen Behörden Wahrnehmungen zu melden, die bei einer im Rahmen des Straf- und Massnahmenvollzugs oder des Vollzugs der FFE behandelten Person auf Gemeingefährlichkeit oder bei erkannter Gemeingefährlichkeit auf deren Veränderung schliessen lassen.*».

Die Aufnahme einer solchen oder ähnlichen Ergänzung in den kantonalen Gesundheitsgesetzen könnte die heutige Situation der z.T. fehlenden Zusammenarbeit zwischen Medizin und Vollzug verbessern.

- Glücklicherweise wurde erkannt, dass das Vollzugspersonal z.T. über ungenügende Kenntnisse betr. des Umgangs mit psychisch gestörten und kranken Insassen besitzt. Diesem Umstand soll nun durch entsprechende Weiterbildungslehrgänge am Schweiz. Ausbildungszentrum für das Strafvollzugspersonal begegnet werden. Nicht gelöst ist die Frage, wie unser Personal mit den vielen belastenden Problemen im Umgang mit der schwierigen Klientel persönlich fertig wird. Müsste hier nicht die Möglichkeit eines flächendeckenden Supervisionsangebotes geprüft werden? Wenn es uns an der Front nicht gelingt, diese belastende Arbeitsplatzsituation zu entschärfen, laufen wir die Gefahr, dass die krankheitsbedingten Abwesenheiten, Alkoholprobleme, kurz, die *Burnout*-Thematik, trastisch zunehmen wird. In diesem Zusammenhang wäre ein Zusammenwirken zwischen medizinischen Fachkräften und den Vollzugsspezialisten dringend erwünscht.

- Die Kosten der Gesundheitsversorgung sind in den letzten Jahren stark gestiegen. Die Insassen erheben oft den Anspruch, im Vollzug über eine gleich gute medizinische Versorgung verfügen zu können wie in Freiheit. Der Kostgeldanteil von Fr. 6.-- pro Insasse und Tag mag die medizinische Versorgung in etlichen Betrieben kaum noch vollständig abzudecken. Leider können den Krankenkassen etliche Behandlungen nicht verrechnet werden. In Spezialinstitutionen sind die therapeutischen Kosten nicht verrechenbar, weil dort der etwas erhöhte Kostgeldansatz Therapiekosten abdekken soll. Dass dieser Kostgeldanteil nicht ausreicht, zeigen die Buchhaltungsabschlüsse der Massnahmenbetriebe seit langem auf. Eine Änderung ist leider nicht in Sicht.

III. Medizinische Versorgung im Massnahmenzentrum St. Johannsen

Lassen Sie mich nun die Organisation der medizinischen Dienste am Beispiel des Massnahmenzentrums St. Johannsen kurz erläutern:

Gesundheitsdienst:	1 Pfleger AKP mit Zusatzausbildung in Intensivpflege; 1 Psychiatriepfleger. Fachtechnische Unterstellung beim Anstaltarzt (Allgemeinpraktiker mit Praxis in Erlach).
Anstaltsarzt:	Sprechstunden am Mittwochabend. Organisation der Sprechstunden durch den Gesundheitsdienst.
Psychologischer Dienst:	1 Psychologin und 1 Psychologe: Hochschulabschluss in Psychologie; spez. Kenntnisse in klinischer Psychologie, in

	Psychopathologie; psychotherapeutische Zusatzausbildung; breites Spektrum an Methoden, die das Erarbeiten, Aufdecken und Bewältigen der zentralen Störungen erlauben. Fachtechnische Unterstellung beim Psychiatrischen Dienst. Fallzuteilung durch den Psychiatrischen Dienst; Organisation der Sprechstunden durch die Psychologen.
Psychiatrischer Dienst:	2 Psychiater mit langjähriger forensisch-psychiatrischer Erfahrung.
Zahnärztlicher Dienst:	Assistenzarzt und Sprechstundenhilfe der Universitätsklinik für Zahnerhaltung. Organisation der Sprechstunden durch Gesundheitsdienst.
Vernetzung:	Zwischen den Fachärzten für Psychiatrie, den Psycholog/innen und dem Betreuungspersonal finden unter dem Vorsitz des Bereichsleiters Vollzug wöchentlich Fall- und problemorientierte Besprechungen statt. Dieses «vernetzte» Vorgehen stellt sicher, dass Probleme frühzeitig erkannt und entsprechend angegangen und im Vollzugs und Betriebsalltag zielgerichtet umgesetzt werden können. Es dient aber auch der notwendigen Abstimmung zwischen dem therapeutischen Konzept und der Vollzugsplanung.

IV. Probleme der Zusammenarbeit im therapeutischen Bereich

Wie bereits erwähnt, steigt der Bedarf an therapeutischer Unterstützung. Dies trifft in speziellem Ausmass für Institutionen zu, die Massnahmen durchführen. Lassen Sie mich daher etwas näher auf Zusammenarbeitsprobleme in diesem Bereich eintreten.

- Oft haben Krankheiten einen psychischen Hintergrund. Eine zweckdienliche Behandlung setzt daher beim erstbehandelnden bzw. diagnosestellenden Somatiker Psychiatriekenntnisse voraus. Leider finden zwischen Somatikern und Psychiatern noch zuwenig Absprachen statt. Solche Absprachen sind indessen schon im Hinblick auf die richtigen Medikationen äusserst wichtig.

- Währenddem bei somatischen Erkrankungen von den Insassen in den meisten Fällen der Beizug des Anstaltsarztes begrüsst wird, verhält es sich bei psychischen Erkrankungen häufig anders. So empfindet ein Insasse eine gerichtlich angeordnete Therapie oft als belastend oder in seinem Falle nicht nötig.

- In der freien Praxis treffen sich Klient und Therapeut aufgrund eines subjektiven Leidens des Klienten in einer freien Beziehung. Der Klient hat die Möglichkeit, ohne irgendwelche Rücksichten alles auszusprechen, was ihm in den Sinn kommt, ohne dass er befürchten muss, dass seine Äusserungen Folgen in der äusseren (gesellschaftlichen) Realität haben. Im Straf- und Massnahmenvollzug sind Massnahmen – also Behandlungen – nicht primär auf Heilung oder das Wiedererreichen eines möglichst optimalen Wohlbefindens ausgerichtet, sondern sie bezwecken in erster Linie eine spezielle Prävention, also das Verhindern eines spezifischen Rückfalls im strafrechtlichen Sinne. Ohne Druck des gerichtlichen Urteils würden sich spontan wohl die wenigsten Insassen in eine psychotherapeutische Behandlung begeben. Diese Beschränkungen sind nicht selten so schwerwiegend, dass eine therapeutische Beziehung im engeren Sinne gar nicht entstehen kann. Im Gegensatz zur freien Praxis kann der Behandlungsauftrag, die Massnahme nicht einfach zurückgegeben werden, sondern es muss versucht werden, den Präventionsauftrag unter den gegebenen Verhältnissen zu erfüllen.

Dies geschieht in der Regel so, dass nicht mehr in erster Linie versucht wird, eine bessere soziale Anpassung über die Veränderung der Innenwelt zu erzielen. Die Bemühungen zielen in diesen Fällen darauf ab, die spätere Umgebung des Insassen so weit zu gestalten, dass sie seinen Möglichkeiten gerecht wird. In Frage kommt dabei das ganze Spektrum sozialpsychiatrischer Interventionen. Der psycho-sozio-edukative Raum ist dann nicht nur Lernmilieu des Insassen, sondern er dient auch der klinischen Beobachtung und Abklärung. Dabei ist der Austausch mit den Verantwortlichen verschiedenster Bereiche – Arbeit, Betreuung, Freizeit etc. – von entscheidender Bedeutung. Dieser Austausch beinhaltet für den Therapeuten die Gelegenheit, Fremdwahrnehmungen seiner Klienten zu erfahren und für die Vertreter der anderen Bereiche entsteht die Möglichkeit, sich in Bezug auf den Umgang mit dem Insassen beraten zu lassen oder Verständnisfragen zu stellen. Diese Überlappung birgt jedoch die Gefahr in sich, dass der therapeutische Raum durch diese Gespräche gefährdet wird.

- Das Fehlen eigentlicher Forensikerausbildungen, das nicht Vorhandensein von Standards für forensisch tätige Fachärzte führt in unserem Land dazu, dass z.T. Assistenzärzte, die nie unter Vollzugsbedingungen entsprechende Praxis erworben haben, bei schwierigsten Delinquenten, die Verbrechen gegen Leib und Leben von Menschen begangen haben, losgelassen werden. Zum Problem, dass etliche psychiatrische Gutachten wenig aussagekräftig sind, kommt dann in solchen Fällen noch das Problem hinzu, dass auf eine fehlende Diagnose noch eine falsche Behandlung folgt. Auch in solchen, glücklicherweise nicht die Regel darstellenden Fällen, bleibt die Vollzugsverantwortung bei den Leitungsgremien der Vollzugsinstitutionen.

- Es ist sicher verständlich, wenn diejenigen, die den Kopf herhalten müssen, gerne wissen möchten, wo sich Probleme abzeichnen, mit welchen Rückfallrisiken gerechnet werden muss, welche Vorkehrungen sinnvoll wären, um Rückfälle der betroffenen Insassen zu vermeiden.

V. Lösungsansätze

Lassen Sie mich vorerst ein mögliches Modell für die Vernetzung von Medizin und Vollzug aufzeigen:

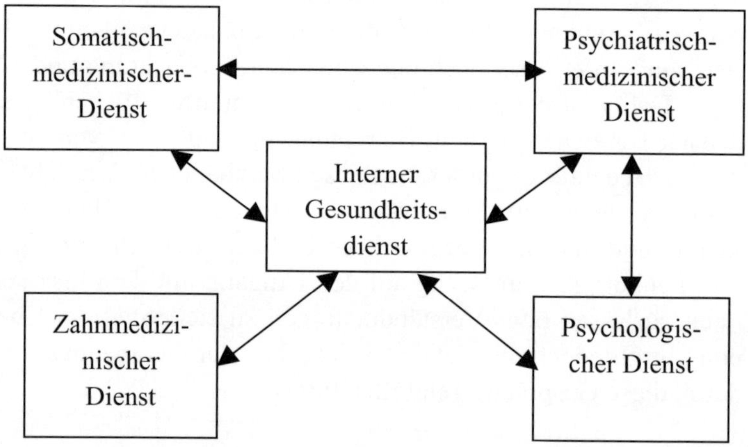

Die externen somatisch, die psychiatrischen und die zahnmedizinischen Dienste besitzen die fachtechnische Verantwortung in ihren Bereichen. Fachtechnisch sind die therapeutisch tätigen Psychologischen Dienste und der interne Gesundheitsdienst den Fachärzten unterstellt. Die externen medizinisch-fachtechnischen Bereiche beraten die Leitung der Vollzugsinstitution in medizinischer Hinsicht. Die Vollzugskompetenz liegt vollumfänglich bei der Leitung der Vollzugsinstitution.

Unter dem Vorsitz der Leitung der Vollzugsinstitution finden mit den verschiedenen Fachbereichen – Psychiater, Psychologen, Anstaltsärzten, Vollzugsspezialisten – i.d.R. wöchentliche Fallbesprechungen statt.

Wichtige Vorkommnisse, vollzugsrelevante Feststellungen, Empfehlungen i.S. Arbeitseinsatz usw. melden die medizinischen Fachbereiche der Leitung der Vollzugsinstitution. Absprachen i.S. Medikation werden durch den internen Gesundheitsdienst zwischen den verschiedenen medizinischen Fachbereichen koordiniert. Dieses Modell ist in etlichen Vollzugsinstitutionen bereits weitgehend umgesetzt. Es handelt sich m.a.W. nicht um eine reine Fiktion.

VI. Schlussfolgerungen

Bei den folgenden Anregungen handelt es sich um Vorschläge zur Optimierung der Zusammenarbeit zwischen medizinischen, therapeutischen und vollzugsseitigen Spezialisten:

- Im Hinblick auf das Fehlen von genügend Psychiatern mit gefängnispsychiatrischer Erfahrung ist auf politischer Ebene die Schaffung von Lehrstühlen für diesen immer wichtiger werdenden Bereich anzuregen. Dabei sollten für diese Fachärzte Ausbildungsstandards erarbeitet werden;
- Das Angebot des Schweizerischen Ausbildungszentrums für das Strafvollzugspersonal für die Weiterbildung von Vollzugsangestellten im Umgang mit psychisch schwerauffälligen und psychisch kranken Insassen sollte durch die Schaffung genügender Stellen, damit die Abwesenheitszeiten der Auszubildenden aufgefangen werden können, genutzt werden;
- Für die medizinische Versorgung sollten baldmöglichst Minimalstandards definiert werden: Anzahl Somatiker/Psychiater entsprechend der Insassenzahl je Institution, Anforderungsprofil für die in den internen medizinischen Diensten tätigen Mitarbeiter/innen, Art der Standortbestimmungen und Fallbesprechungen der Insassen, usw.;
- Im Begutachtungswesen könnten Qualitätsstandards für Begutachter nach dem Beispiel des Kantons Zürich dienen.

Im Zusammenhang mit der fehlenden Information der medizinisch im Vollzug tätigen Fachspezialisten gegenüber den Vollzugsspezialisten könnte das im Kanton Bern definierte Melderecht als Vorlage für die Aufnahme in die Gesundheitsgesetze der Kantone dienlich sein. Die unbefriedigende Situation bei der Übernahme von psychotherapeutischen Behandlungskosten durch die Krankenkassen sollte auf Stufe KKJPD mit dem Krankenkassenkonkordat geregelt werden.

Ich bin mir bewusst, dass ich in der zur Verfügung stehender Zeit nur einen Teil der offenen Fragen ansprechen konnte. Es ist mir ein Anliegen, an dieser Stelle all jenen zu danken, die bereits heute zu einer guten Zusammenarbeit zwischen Medizin und Vollzug beitragen zu danken. Ich hoffe, dass diese Fachtagung dazu beitragen möge, die noch bestehenden Zusammenarbeitsprobleme einer Lösung zuzuführen.

La coexistence des secrets: le secret médical et le secret de fonction

Dr. iur. François de Rougemont, avocat, Lausanne

Résumé: Voulue par la Recommandation R(98)7 du Conseil de l'Europe et le chiffre 13 de l'annexe, l'application du principe d'équivalence pose en matière juridique des questions délicates. C'est plus particulièrement le cas à propos du secret médical, qui lie le médecin pénitentiaire, cependant que les devoirs de fonction imposés à ce même médecin lui prescrivent aussi bien le secret de fonction qu'un devoir de collaboration et de coordination avec les autres acteurs pénitentiaires. Mais le secret médical dans la société libre constitue aussi un sujet délicat dès lors qu'il est applicable à une équipe soignante, à une prise en charge médico-sociale ou pluridisciplinaire. Les solutions esquissées dans la société libre sont examinées au titre de pistes de réflexion en vue de débloquer des situations parfois conflictuelles observées dans la pratique. Une adaptation législative serait bienvenue, soit en droit fédéral, soit dans les droits cantonaux ou concordataires. L'amélioration des conditions de collaboration interdisciplinaire dans l'exécution des peines peut cependant intervenir sur la base des principes juridiques existants.

Zusammenfassung: Die in Ziff. 13 des Anhanges der Empfehlung des Europarates Nr. R(98) 7 betreffend ethische und organisatorische Aspekte der Gesundheitsfürsorge in Gefängnissen geforderte Anwendung des Gleichbehandlungsgebot in Bezug auf das Arztgeheimnis, wirft unter juristischer Betrachtung schwierige Fragen auf. Einerseits ist der Anstaltsarzt an das Arztgeheimnis gebunden, andererseits ist er auf Grund der Berufsverpflichtungen dem Amtsgeheimnis unterworfen, darüber hinaus obliegt ihm die Pflicht zur Zusammenarbeit mit den übrigen Strafvollzugsmitarbeitern. Jedoch auch ausserhalb des Strafvollzuges stellte das Arztgeheimnis die Betroffenen vor schwierige Fragen und Entscheidungen, namentlich wenn es auf Pflegeteams angewendet werden soll oder aber bei einer sozialmedizinischen und interdisziplinären Zusammenarbeit. Die ausserhalb der Gefängniswelt angewendeten Lösungsansätze müssen als Ideenskizzen verstanden werden, die zur Entspannung der manchmal konfliktbeladenen Situationen zwischen Medizinal- und Anstaltspersonal im Arbeitsalltag beitragen können. Eine Anpassung der bestehenden Gesetze auf Stufe Bund, Kantone und Konkordate wäre wünschenswert. Die interdisziplinäre Zusammenarbeit im Strafvollzug kann jedoch bereits heute auf der Grundlage der geltenden juristischen Prinzipien verbessert werden.

I. Introduction

La Recommandation R(98)7 du Conseil de l'Europe tend à imposer l'équivalence dans la fourniture des soins médicaux entre la société ordinaire et la société prisonnière. On est tenté de dire que les solutions sont très simples, faciles et coûteuses, mais praticables dès lors que se sont des aspects matériels qui sont en cause: engager en nombre suffisant un personnel qualifié, aménager des locaux, produire des efforts de formation continue, organiser le service de santé, rien de tout cela n'est insurmontable si l'on dispose d'un peu de temps et de moyens budgétaires.

Mais on est également tenté de dire que tout se complique dès lors que débarque le juriste, son Code pénal (qui permet d'imposer la prise en charge médicale: art. 43 CPS, qui garantit l'accès aux soins: art. 46 CPS, qui répriment la violation du secret: art. 320 et 321 CPS), ses 26 lois de procédure et les 26 autres d'exécution des peines; et voici aussi le juriste du médecin, sa déontologie, ses 26 lois sur la santé publique et sur le secret médical; et voici encore le juriste de l'administration, ses 26 lois sur le secret de fonction et sur la procédure de levée du secret; et voici enfin l'homme de la protection des données, ses ordinateurs, ses fichiers, sa loi fédérale et 26 réglementations cantonales. Et je ne compte pas les juges, qui veulent tout savoir, ni les journalistes qui veulent savoir encore plus.

Parler ou se taire? Tel est l'enjeu. Est-ce utile de parler, nécessaire de révéler? Vaut-il mieux ne rien dire, prendre le risque? Qui parle à qui: le médecin aux infirmières *et* aux surveillants? Le directeur aux médecins *et* aux infirmiers? Il vaut la peine de s'y arrêter un peu et c'est l'objet de notre réflexion dans la présente contribution.

II. Rappel de quelques éléments

Nous n'avons pas l'ambition de refaire toute la théorie, la jurisprudence et la pratique des devoirs de confidentialité imposés par le secret médical et par le secret de fonction, mais il convient de rappeler quelques éléments.

Les deux secrets sont égaux devant la loi pénale: la menace de peine est en effet équivalente. Même si la poursuite n'a lieu que sur plainte à propos de la violation du secret professionnel (médical) et qu'elle doit être introduite d'office pour la violation du secret de fonction, on ne saurait dire que l'une des notions est juridiquement favorisée, supérieure ou inférieure.

Les deux secrets sont institutionnalisés par des lois cantonales générales (Loi sur la santé publique ou sur l'exercice de la médecine; statut du fonctionnaire) et leur violation est réprimée par le Code pénal suisse. Pour le secret médical, il s'agit évidemment de réprimer l'abus que pourrait faire le médecin des confidences qu'il reçoit, il s'agit de protéger le patient affaibli, nécessairement livré et mis à nu, mais il s'agit aussi et surtout de créer un espace inviolable sans lequel l'approche thérapeutique est affaiblie ou inexistante. Il s'agit enfin d'un objectif de santé publique: la loi opte clairement pour l'accès aux soins contre d'autres objectifs. En clair, pour l'intérêt général, soigner la maladie vénérienne d'un mari infidèle a plus d'importance que de révéler son infidélité et la paix des ménages ou la police des mœurs doit s'en accommoder; sauver la vie d'un toxicomane en overdose ou celle d'un sportif dopé a plus d'importance que traquer son dealer; etc. On pourrait multiplier les exemples.

Le secret de fonction garantit le fonctionnement du service public, il prévient la trahison, il respecte le citoyen (administré ou client, selon les terminologies), puisque l'exercice du pouvoir étatique (prélèvement de l'impôt, enquêtes diverses, autorisations variées) amène à obtenir des révélations qui ne seraient pas faites dans un autre cadre.

Les deux notions de secret, médical ou de fonction, sont nées et se sont développées à l'époque de l'Etat-gendarme, lorsque l'Etat se résumait à un pouvoir de police et de contrainte, ainsi que – déjà – au fisc. Les développements de l'Etat, son interventionnisme économique et son immense volet social et médical, ont modifié la donne. Dans notre domaine, le médecin d'un hôpital étatique est lié par un double verrou de secret et il a donc besoin de deux autorisations pour parler. Il est d'ailleurs lié aussi, plus généralement, par deux types d'obligations: celles du médecin proprement dit et celles du fonctionnaire. A l'inverse, un assistant social, un éducateur ou un enseignant, le surveillant ou le directeur de prison n'est lié que par le secret de fonction.

Dans les deux cas, le secret peut être levé; il y a une procédure et une autorité compétente. Le parallélisme n'est cependant pas acquis, à deux égards. Le médecin peut être délié par son patient, à défaut par une autorité de surveillance. Le fonctionnaire doit être délié par une autorité, généralement hiérarchique, quand bien même ce n'est pas forcément la hiérarchie qui bénéficie de l'existence du secret. Mais la hiérarchie ne peut pas décider selon sa libre appréciation et doit tenir compte des intérêts personnels ou strictement personnels qui sont en jeu. De la sorte, l'individu et son respect restent au centre du débat, que ce soit dans les lois qui préservent le secret sous réserve de sa levée ou dans celles (de tendance récente) qui créent l'ouverture étatique sous réserve des intérêts personnels. La grande différence réside en ceci que le médecin reste le maître du secret: comme l'avocat, le notaire ou le confesseur, même s'il est délié, le médecin peut encore ne pas parler. Plus exactement, il n'est pas punissable s'il ne parle pas alors même que son patient l'y avait autorisé. Le fonctionnaire délié, lui, doit parler.

Dans les deux cas, l'étendue du secret, à savoir les éléments couverts par le secret, est définie d'une manière extensive. La définition est parfois tautologique: pour le secret de fonction, on parle de «*ce qui ne se doit révéler*» ou on se réfère à une prescription hiérarchique du secret; en matière médicale, Hippocrate n'était pas plus précis. Nous aurons l'occasion de revenir sur l'étendue du secret.

Dans la littérature et la jurisprudence, le médecin apparaît comme un homme seul, comme un personnage un peu romanesque. Maître du secret même s'il est délié, il apparaît romantiquement ne répondre que devant sa conscience, éventuellement ses pairs. On ne le voit pas ou peu en équipe, on ne voit pas non plus qu'il quitte sa position pour poursuivre ses stages ou sa carrière, qu'il remet ses dossiers à des successeurs qu'il connaît mal, qu'il laisse des ordonnances en vigueur et des patients pas encore guéris. Ce médecin de la doctrine et de la jurisprudence existe-t-il vraiment? Je me borne à poser la question.

Dans les textes administratifs, le secret de fonction est un devoir de service qui est voisin du devoir de coopération et d'information à l'égard des autres services. La coopération ne va d'ailleurs pas toujours sans mal: fisc et social, fisc et police des étrangers, police et autorité de subvention, etc. Mais les textes prescrivent l'échange d'informations au titre d'un devoir général de service. On peut remarquer que les services ou les fonctions étatiques s'ingénient à ancrer le devoir de collaboration qui leur profite dans leur loi spéciale, ainsi du fisc cantonal ou de l'administration fédérale des contributions, des statisticiens, de la protection de la jeunesse, etc.

Enfin, on ne dira jamais assez que le secret médical est organisé par la loi, qu'il est défini, limité et protégé dans ces limites par la loi. Il n'a pas d'existence en dehors d'un système législatif. Il ne constitue pas un privilège, mais d'abord une obligation. Il n'est pas une extra-territorialité, mais d'abord une manière de concevoir la santé publique et celle des citoyens. De même, les devoirs de fonctions d'un surveillant ou d'un directeur de prison n'ont de sens, de cohérence et de légitimité que s'ils s'appliquent en référence à la loi, au jugement appliquant la loi et aux responsabilités prescrites par la loi. En d'autres termes, ni le médecin ni le directeur ne sont «propriétaires» du détenu-patient. En bonne doctrine, ils ne devraient pas avoir entre eux de rivalité essentielle, parce qu'ils agissent dans un cadre structuré, plus large que leur mission ou leur activité propre. Et pourtant, on signale des affrontements, des blocages, des ruptures. L'un dit: sécurité, régime progressif, vie en commun; l'autre réplique: secret médical, et j'en suis le maître.

III. Coexistence, coopération et affrontement

On voit donc bien que la transposition, l'application du principe d'équivalence (selon le chiffre 13 de l'annexe à la Recommandation

R(98)7, fait problème. On est tenté de dire que c'est en raison de la nature même de la vie prisonnière, de son élément déterminant de contrainte et de risque. La simple existence de cette recommandation européenne montre bien qu'il y a problème, puisqu'il faut rechercher des solutions et que celle-ci s'y attache. Il y aurait d'ailleurs beaucoup à chercher et à expliquer au sujet de la naissance, de la justification, de la nécessité de cet instrument, mais c'est un autre sujet.

Je ne suis pas sûr que la nature même de la prison explique seule l'existence et la force du problème. L'explication serait un peu courte, même si elle peut avoir un côté philosophique ou sociologique séduisant. En effet, la pratique du secret médical, sa levée ou sa garantie, ne vont pas sans problème dans la société libre et on peut retrouver tout ou partie de ces problèmes dans la société prisonnière. Mentionnons quelques exemples:

- Selon qu'il est actif à titre indépendant, en clinique privée, en hôpital subventionné ou en hôpital public, le médecin peut se trouver lié par deux devoirs de confidentialité ou un seul. Le praticien privé qui consacre une partie de son temps à la prison est à cet égard un médecin public, lié par des devoirs de fonction (dont probablement le secret) pour la partie carcérale de son activité (et peu importe la manière de rémunération). Cette position du médecin pénitentiaire n'a rien de proprement extraordinaire ou d'insolite: il est soumis à des devoirs de service qui sont caractéristiques de la fonction étatique, laquelle ne consiste pas seulement à pourvoir des postes de soignants, mais à remplir des fonctions de santé publique aussi, parmi lesquelles celles propres à la médecine pénitentiaire.

- L'organisation soignante est liée par le secret médical en tant qu'organisation. Elle n'est pas seulement une collection de secrets médicaux pesant à titre individuel sur chacun des médecins et des auxiliaires. L'obligation de garantir le secret pesant sur l'organisation est consacrée dans un texte onusien et deux textes de l'Union européenne. Dans le canton de Vaud, les réseaux de soins ont souscrit ce genre d'obligation globale. Ces réseaux couvrent et coordonnent l'hôpital, les établissements médico-sociaux (EMS), les intervenants à domicile, les médecins indépendants et toutes sortes d'infirmières, ergothérapeutes, physiothérapeutes, pédicures, aides de ménage, livreurs de repas, assistantes sociales, etc. Dans ce genre de situations, le secret médical n'est plus individuel, ni même partagé avec des auxiliaires, mais il est globalisé, collectif. Le secret est commun à tous les intervenants. Ce genre de situations n'est que peu perçu dans les milieux sanitaires. Il peut être mal toléré lorsqu'on en tire les conséquences. Concluons-en provisoirement qu'il y a certainement encore du chemin à faire dans la société libre.

- La tradition incarnée par le Code pénal suisse ne protège pas le secret professionnel des éducateurs, des assistants sociaux et d'autres intervenants du domaine médico-social ou socio-éducatif. Qu'ils tirent leur légitimité d'une position privée (ProFamilia, Croix-Rouge, paroisse, œuvre d'entraide, par exemple) ou d'un organigramme public (protection de la jeunesse, aide sociale, aide aux chômeurs, etc.), ces professionnels sont très analogues aux médecins ou à leurs auxiliaires traditionnels. Leur intervention peut être autonome (je profite de signaler l'autonomie de l'infirmière, du moins dans la loi vaudoise, dont il découle un secret infirmier pour tout ce qui n'est pas les soins délégués) ou coordonnée avec d'autres acteurs, notamment médicaux. Ce déséquilibre dans la protection conférée par le secret professionnel a conduit à protéger les intervenants sociaux par le secret de fonction. C'est une longue pratique dont on peut penser qu'elle est bénéfique et qui est justifiée par la même *ratio legis* que le secret médical: on préfère favoriser l'accès à ces professionnels que laisser en l'état les problèmes qu'ils traitent.

- Tant pour le secret médical que pour le secret de fonction, on se trouve souvent dans la situation de l'abus ou de la manipulation par l'auteur de la confidence. Pour faire bonne figure lorsqu'il sera question de l'attribution des enfants, le parent en instance de divorce se comportera de telle ou telle manière selon qu'il sait que l'intervenant médical ou social sera plus tard entendu par le juge. De même, celui qui a intérêt à faire penser à la sincérité ou à la durabilité de son désir d'entrer dans un processus de soins. Lorsqu'il s'agit d'interventions durables qui s'inscrivent dans un cadre non strictement médical ou social, et singulièrement lorsque l'épilogue appartient au juge, l'intervenant devient vite un expert et l'expert frôle souvent l'intervention.

- Usuellement dans le langage médical, peut-être à cause des assurances, on distingue le patient ambulatoire et le patient hospitalisé. La pratique récente relativise: il y a des hospitalisations d'un jour et il y a aussi des traitements ambulatoires à l'hôpital. Mais il y a surtout les soins à domicile et leur développement. Dans ce cadre, le nombre et la variété des intervenants font que la confidentialité s'efface très naturellement devant le besoin de savoir: les membres de la famille, les voisins, les proches, l'infirmière, le chauffeur des repas à domicile etc., partagent des éléments qui – en bonne doctrine – sont couverts par le secret médical et le seraient effectivement à l'hôpital ou dans un cabinet médical. C'est pour une bonne raison: tous participent à la prise en charge et doivent pouvoir intervenir en connaissance de cause, mais tous ne sont pas des «*auxiliaires*» au sens de l'art. 321 CPS. On trouve une situation un peu analogue en EMS.

On pourrait donc multiplier les exemples où non seulement le diagnostic et le pronostic mais aussi toutes sortes d'éléments strictement personnels sont partagés aussi bien qu'ils doivent être protégés. Le partage n'est pas nécessairement limité à un échange de blouse blanche à blouse blanche, il implique nécessairement des non-professionnels. Qu'ils soient occasionnels comme les membres de la famille ne modifie pas le point de vue: à plus forte raison les professionnels non médicaux peuvent-ils accéder au partage.

Dans la vie prisonnière, ce n'est pas tellement la coercition qui domine notre sujet, me semble-t-il, qui vient troubler l'exercice de la médecine et le respect des principes. Ce n'est pas tellement le médecin, sa blouse blanche et sa maîtrise du secret qui vient troubler le bon ordre de l'établissement ou le bon déroulement du régime progressif. C'est la coexistence de deux missions publiques, concentrées en un seul lieu, qui n'est pas l'hôpital au sens strict, qui n'est pas non plus la prison purement carcérale ou sécuritaire. Ce lieu est un lieu de prise en charge. Cette prise en charge n'est pas seulement curative, elle comporte des éléments de santé publique et d'organisation; elle n'est pas seulement de sécurité publique, mais comporte des éléments de réinsertion et de cure. La médecine trahirait si elle ne soignait pas dans le cadre pénitentiaire et avec ce cadre. L'exécution des peines faillirait si elle n'incluait pas et ne respectait pas la médecine et son volet spécifique de prise en charge.

Nous voyons donc assez clairement que les questions qui nous agitent sont liées à une certaine idée de la prise en charge, dans laquelle la médecine ne s'oppose pas à l'action pénitentiaire, laquelle à son tour ne songe pas à brider la médecine (c'est le concept d'indépendance des soins, qui sera traité plus tard). Ce qui nous préoccupe, c'est le besoin de savoir, l'envie d'entendre, la nécessité de partager, à quoi on songe parfois à opposer le secret, la divulgation restrictive, quand ce n'est pas la rupture de collaboration. Certes, il peut y avoir des malentendus ou des directeurs voire des médecins particulièrement mal embouchés; ces circonstances n'expliquent pas tout et nous pouvons penser que les problèmes aujourd'hui conflictuels dureront après la retraite de certains acteurs. Car le blocage existe. Il n'est pas uniquement pratique. Il affecte les milieux politiques. En effet, une commission mixte issue des milieux de justice et police *et* des milieux sanitaires, avec la bénédiction des deux conférences des directeurs cantonaux, a mené une mission d'enquête et d'information, a effectué une analyse puis a formulé des propositions. L'une de ces propositions consiste à aménager, réglementer ou lever le secret médical lorsqu'il s'agit d'une intervention médicale dans la prise en charge pénitentiaire. Il faudrait profiter de la prochaine révision du Code pénal suisse pour mener les travaux, concluait cette commission. Au terme d'une campagne rondement menée, les magistrats politiques en charge de la santé publique ont fait savoir en quelques lignes qu'il n'était pas question pour eux d'entrer en matière. Ces prises de position ont un an environ.

Manifestement, des questions se posent, importantes et répétitives. Le sujet n'est vraisemblablement pas mûr. Il peut paraître mal exploré et notre travail consiste donc présentement à explorer, approfondir et dégager des pistes.

IV. Esquisse de solutions

Comment s'en sortir? Quelles pistes explorer?

Le leitmotiv devrait être dans le credo interdisciplinaire: je travaille mieux avec vous que sans vous; vous travaillez mieux avec moi que sans moi; nous pouvons plus et mieux ensemble que séparément ou indépendamment.

Il y a peut-être beaucoup à prendre dans la définition du milieu où se déroule l'intervention médicale. S'agit-il de soins ambulatoires prodigués au lieu de résidence du patient ou s'agit-il d'un lieu analogue à l'hôpital, le service hôtelier étant toutefois un peu particulier? Pourrait-il s'agir de quelque chose comme les soins à domicile où tous les intervenants se suivent et coopèrent?

Le milieu médico-pénitentiaire tirerait probablement profit d'une analyse poussée des analogies qu'on trouve dans d'autres situations de vie et de soins. Ce milieu est probablement seul à pouvoir faire ce travail sans a priori, en allant chercher chez les confrères et les collègues de la société libre les expériences et les difficultés, ainsi que peut-être des solutions. On doit probablement écarter l'idée de faire prédominer une qualité sur l'autre, c'est-à-dire de réduire le médecin-fonctionnaire à sa qualité de fonctionnaire tenu de coopérer, transparent, ni détenteur ni maître du moindre secret. De même, on doit probablement écarter l'idée de médicaliser le statut de tous les fonctionnaires de l'exécution des peines et de la prison.

Mais il y a des éléments qui méritent attention: dans une large mesure et pas seulement à propos d'actes précis, le surveillant est un auxiliaire du médecin. Il ne doit pas seulement signaler ce qui vaut intervention médicale ou effectuer quelques actes simples comme la distribution de médicaments ou le renouvellement du pansement; comme auxiliaire, le surveillant doit être correctement instruit sur ce que le médecin attend de lui, sur ce qu'il faut éviter ou ce qui est adéquat et le surveillant doit être supervisé en conséquence par le corps médical. Il est de la responsabilité du médecin pénitentiaire (qui est aussi et peut-être surtout responsable du service de santé carcéral et non pas seulement thérapeute individuel de patients individuels) de procéder à cette instruction, générale ou particulière à propos d'un détenu, et la responsabilité du médecin ne sera pas dégagée s'il n'a pas été adéquat dans les renseignements qu'il donne et les instructions qu'il entend faire appliquer. La responsabilité médicale pour les actes des auxiliaires fournit probablement une piste. La position de plusieurs médecins consiste à recourir à la notion d'état de nécessité, au sens de l'art. 34 du Code pénal, pour s'autoriser une révélation, c'est à dire en langage de pénaliste pour éviter d'encourir la responsabilité d'une violation du secret professionnel, lorsque la révélation paraît nécessaire. L'avantage de cette construction consiste à introduire la notion de proportionnalité et de pesée des intérêts: matériellement, les critères de l'art. 34 CP sont pertinents. Mais cette solution ne paraît pas véritablement viable dans la pratique durable. L'état de nécessité peut fournir une bonne solution dans des cas ponctuels, précis, urgents. Au-delà, on voit mal comment y recourir d'une manière quasiment institutionnalisée, dans des situations particulières mais prévisibles et répétitives. Le gros désavantage de cette solution – outre qu'elle laisse le médecin seul avec la difficulté – vient du fait que la justification tirée de l'état de nécessité ne peut être apportée qu'après coup, c'est-à-dire après la révélation, après le dépôt d'une plainte et que c'est le juge pénal qui est appelé à trancher. Je ne songe pas à lui retirer cette compétence, mais simplement à dire que, du point de vue fonctionnel dans la vie de tous les jours d'un établissement, on peut trouver mieux que de préparer des dossiers pour affronter ensuite le juge s'il y a lieu. Sans compter que, si on a utilisé l'état de nécessité pour attirer l'attention sur un risque et que celui-ci ne se réalise ensuite pas, le dossier aura des allures particulières!

Si l'on veut agir préventivement et non plus après coup, il faut recourir à la procédure usuelle de levée du secret. La solution est juridiquement imparable. Mais la procédure peut être lourde et on a vu qu'elle doit être double. On pourrait songer à mettre sur pieds une sorte de procédure standardisée, dont le fonctionnement est sans accroc et le résultat garanti. C'est une tendance qui débouche sur une «pratique-alibi» qu'on ne saurait recommander malgré tous ses avantages. On se rapproche d'ailleurs – en raison du caractère standardisé – d'une réglementation plutôt que d'une casuistique, avec le défaut qu'elle n'est pas prise au bon niveau normatif. En effet, les praticiens deviennent des quasi-législateurs et ce n'est pas leur premier devoir.

Je signale en passant que, si l'on admet que le patient doit être partie à la procédure de levée du secret médical ou que l'administré (ici le détenu) doit pouvoir faire valoir son droit au respect du secret de fonction, la levée formelle du secret perd probablement beaucoup de son intérêt. On peut songer à définir mieux ce qui est couvert et ce qui n'est pas couvert par le secret médical. Si l'on s'en tient à l'histoire médicale du patient, au diagnostic et au traitement, on se trouve dans un paysage très différent de la conception extensive qui couvre du secret *tout ce qui a été appris dans l'exercice de la profession.* L'exercice consistant à séparer ce qui est typiquement médical du reste n'offre probablement pas de difficulté majeure pour des bobos, des grippes ou des accidents, c'est-à-dire pour la pratique de la médecine que la Recommandation veut en premier lieu protéger, rendre accessible et rendre équivalente. Dès lors qu'on se trouve en présence de problèmes presque purement carcéraux ou dont on sait que la vie prisonnière les rend plus fréquents ou plus aigus, les questions sont plus délicates. Et les questions sont encore plus controversées lorsque la prise en charge pénitentiaire est complétée d'une prise en charge médicale: je veux parler plus spécialement des traitements ordonnés par le tribunal, éventuellement précisés par l'autorité d'exécution. Admettons provisoirement à propos de ce sujet qu'il peut ou qu'il doit y avoir une différenciation, car le besoin de savoir et le partage des responsabilités ne sont pas les mêmes selon la nature des interventions médicales. Dans la société libre, l'informatisation des dossiers médicaux et des dossiers sociaux a obligé les professionnels de ces secteurs à régler très finement les droits d'accès. Cet exercice a été mené avant tout sous l'angle de la protection des données, il est long, pénible, méticuleux. Il a eu le grand mérite de définir ce qui peut et doit être partagé, quels sont les flux d'information qui sont nécessaires dans une prise en charge durable et pluridisciplinaire, qu'il s'agisse d'un partage proprement médical ou d'une intervention médico-sociale. Là encore, il y a certainement pour les milieux médico-pénitentiaires des exemples à investiguer, apprécier, adapter. On constatera probablement dans un exercice de ce genre qu'il n'y a plus le roc massif du secret médical opposé globalement au devoir de fonction et on verra probablement que l'exercice consiste à concasser les notions pour mettre chaque petit caillou, y compris le diamant du secret professionnel, à son exacte place.

Quelques exemples peuvent parfois servir: dans un pays voisin, un établissement a lancé dans tous ses services (sécurité, éducation, social, médical, loisirs) un programme de prévention du suicide en prison, pour des raisons évidentes. Au nom et sous la bannière de ce projet se sont effacées des préventions et des barrières. Il est arrivé au médecin de dire au personnel de sécurité qu'il fallait être vigilant car il venait d'annoncer au détenu X qu'il était atteint d'une méchante maladie. De même, l'assistant social a pris sur lui de prévenir l'équipe du fait que l'épouse du détenu Y venait de déposer une demande en divorce, etc.

On peut aussi imaginer une intervention législative. Ce serait le bon niveau normatif. Mais je ne développe pas ce point, pour le double motif que, en premier lieu, la situation paraît aujourd'hui bloquée en Suisse et que, en deuxième lieu, l'exposé de notre collègue allemand Monsieur WYDRA traite d'une solution législative existante, avec ses nuances et ses questions.

V. Conclusion

La Recommandation R(98)7 s'adresse aux autorités législatives, gouvernementales, réglementaires lorsqu'elles élaborent les normes applicables, lorsqu'elles produisent cette chose singulière qui s'appelle du droit. La réglementation n'est donc pas immédiatement applicable, même si elle prise parfois pour telle.

Je ne suis pas sûr que toutes les 26 autorités cantonales, ni même les autorités fédérales ont compris que la Recommandation les invitait expressément à revoir l'état de leur législation. Le Projet de révision du Code pénal suisse ne traite pas vraiment du sujet qui nous occupe, peut-être parce que la Confédération attend une loi fédérale sur l'exécution des sanctions pénales, peut-être parce qu'elle préfère laisser la responsabilité des lacunes actuelles aux cantons, ou parce que l'Office fédéral de la Justice et celui de la Santé publique ont plus urgent à faire. Il est vrai que la matière est vaste et qu'elle est en elle-même interdisciplinaire (ce qui pourrait signifier 52 départements cantonaux au moins!). Sa réglementation par les cantons serait dans la nature des choses malgré les difficultés de l'exercice. On devrait songer à mobiliser les concordats, s'ils ont de l'énergie à consacrer à des sujets ardus mais décisifs pour la pratique, avec la difficulté cependant que le milieu sanitaire et celui de la santé publique n'ont pas encore la pratique dont peuvent bénéficier les pénitentiaires dans les arrangements intercantonaux. Faut-il une espèce de groupe-pilote, chargé de rassembler informations et expériences, puis de les mettre au banc d'essai? Si les milieux concernés ne le font pas, on peut penser qu'une affaire particulière se chargera de provoquer l'irruption de solutions tranchées, ainsi qu'on l'a vu dans d'autres matières de sécurité publique. Quoi qu'il en soit, mon sentiment est que l'affaire ne peut en rester là, surtout lorsque la pratique et l'Université se rencontrent comme ces jours dans le cadre fribourgeois pour faire le point et avancer un peu.

Der Stellenwert des Arztgeheimnisses im gefängnisärztlichen Alltag

Dr. med. Karl Bolli, Leiter des gefängnismedizinischen Dienstes der Kantonalen Strafanstalt Pöschwies, Regensdorf

Zusammenfassung: Einleitend wird die Verankerung des Arztgeheimnisses in Ethik-Kodizes und Gesetzen beleuchtet, anschliessend auf Sinn und Zweck dieser althergebrachten Regel eingegangen. Die konsequente Einhaltung der ärztlichen Schweigepflicht ist eine unabdingbare Voraussetzung für das Vertrauensverhältnis zwischen Arzt und Insassen, das jedoch zwischen Arzt und Vollzugspersonal zu Reibflächen führen kann. Dank konstruktiver interdisziplinärer Verständigung und guter arbeitsmedizinischer Betreuung gelingt es meistens, ein gleichwertiges Vertrauensverhältnis zwischen Arzt und Vollzugspersonal zuwege zu bringen und damit problematische Auswirkungen der Schweigepflicht auf den institutionellen Rahmen zu minimieren. Mit der Empfehlung Nr. R(98)7 des Europarates über ethische und organisatorische Aspekte der Gesundheitsfürsorge in Gefängnissen steht uns dazu eine kreative Diskussionsbasis zur Verfügung. Die Begriffe Arztgeheimnis, Patientengeheimnis und ärztliche Schweigepflicht werden in dieser Arbeit synonym verwendet.

Résumé: Cette contribution commence par mettre en lumière l'ancrage du secret médical dans les codes éthiques et les lois. Le débat est ensuite élargi à la question relative au sens et but qui ont été attribués à cette règle très ancienne. Le strict respect du secret médical est une condition indispensable à la relation de confiance entre le médecin et les détenus; il peut cependant générer des tensions entre le médecin et le personnel de surveillance. Mais, la plupart du temps il est possible, grâce à une concertation interdisciplinaire constructive et une prise en charge médicale adéquate, d'aboutir malgré tout à l'établissement d'un tel rapport de confiance entre le médecin et le personnel de surveillance. On arrive ainsi à réduire les problèmes au sein de l'institution qui peuvent résulter de l'application du secret médical. Avec la Recommandation R(98)7 du Conseil de l'Europe relative aux aspects éthiques et organisationnels des soins de santé en milieu pénitentiaire, nous disposons d'une base de discussion pour aborder la problématique du secret médical avec créativité.

I. Allgemeines

A. *Arztgeheimnis: Verankerung in Ethik-Kodizes und Gesetzen*

Es ist heute erwiesen, dass der sogenannte Hippokratische Eid in der Lebenszeit des historischen Hippokrates unbekannt gewesen ist und erstmals im 1. Jh. n. Chr. erwähnt wird. Hippokrates hat in der zweiten Hälfte des 5. Jh. v. Chr. als Arzt und Lehrer auf der Insel Kos gelebt und war ein Zeitgenosse des Sokrates. Auch wenn der nach ihm benannte Eid heute nicht mehr die Bedeutung wie früher hat, möge dessen Erwähnung, aus historischen und nostalgischen Gründen, und das Zitat der für uns wichtigen Stelle darauf hinweisen, dass er doch lange Zeit als Schlüsseldokument der ärztlichen Ethik galt. «*Was ich aber in der Behandlung sehe und höre – oder auch ausserhalb der Behandlung im Verkehr der Menschen – was man nicht ausschwatzen soll, das werde ich verschweigen und alle diese Dinge als Geheimnis bewahren*». «*Wenn ich diesen Eid erfülle und nicht breche, so möge es mir beschieden sein, meines Lebens und meiner Kunst mich zu freuen, geschätzt bei allen Menschen, für immer und ewig. Wenn ich aber den Eid übertrete und meineidig werde, soll alles Unheil mich treffen.*»[1].

Heute gelten Gesetze und Erlasse, die u.a. im Schweizerischen Strafgesetzbuch (StGB), in der Standesordnung der FMH und der Empfehlung

[1] BONDOLFI et al., *Medizinische Ethik im ärztlichen Alltag*, Schweizerischer Ärzteverlag, Basel/Bern 1999, S. 435-436.

Nr. R(98)7 des Europarates niedergeschrieben sind:

- Schweizerisches Strafgesetzbuch, Art: 321:

  Abs. 1: «*Geistliche, Rechtsanwälte, Verteidiger, Notare, nach Obligationenrecht* (SR 220) *zur Verschwiegenheit verpflichtete Revisoren, Ärzte, Zahnärzte, Hebammen sowie ihre Hilfspersonen, die ein Geheimnis offenbaren, das ihnen infolge ihres Berufes anvertraut worden ist, oder das sie in dessen Ausübung wahrgenommen haben, werden, auf Antrag, mit Gefängnis oder mit Busse bestraft.*».
  Abs. 2: «*Der Täter ist nicht strafbar, wenn er das Geheimnis aufgrund einer Einwilligung des Berechtigten oder einer auf Gesuch des Täters erteilten Bewilligung der vorgesetzten Behörde oder Aufsichtsbehörde offenbart hat.*»[2].

- Standesordnung der FMH (Dachorganisation der Schweizer Ärzteschaft) vom 12. Dezember 1996:

  Art. 11: Schweigepflicht zum Schutze der Patienten und Patientinnen: «*Das Patientengeheimnis ist im Rahmen der gesetzlichen Bestimmungen zu wahren. Es verpflichtet zur Verschwiegenheit über alles, was dem Arzt und der Ärztin bei der Ausübung ihres Berufs anvertraut oder sonst bekannt wird. Arzt und Ärztin haben das Patientengeheimnis insbesondere auch gegenüber ihren Familienangehörigen und gegenüber Angehörigen und den Arbeitgebern der Patienten sowie den Versicherern zu beachten. Arzt und Ärztin haben ihre Mitarbeiter und Mitarbeiterinnen und alle, die in ihre Praxis Einblick erhalten über die Pflicht zur Verschwiegenheit zu informieren und sie nach Möglichkeit schriftlich auf deren Einhaltung zu verpflichten. Das Patientengeheimnis gilt auch gegenüber Kollegen und Kolleginnen. Bei der Zusammenarbeit von mehreren Ärzten oder Ärztinnen (Konsilien, Überweisung, Einweisung usw.) darf das Einverständnis der Patienten und Patientinnen zur Weitergabe der medizinisch erheblichen Informationen in der Regel vorausgesetzt werden*».

---

2 Schweizerisches Strafgesetzbuch vom 21. Dezember 1937.

Art. 47: «*Als Sanktionen können ausgesprochen werden: a) Verweis; b) Busse bis Fr. 50'000.-; c) Suspendierung der Mitgliedschaft auf bestimmte Zeit; d) Ausschluss aus der Gesellschaft FMH; e) Entzug des FMH-Titels; f) Veröffentlichung in Publikationsorganen der kantonalen Ärztegesellschaften, des VSAO bzw. der FMH; g) Mitteilung an die zuständige Gesundheitsdirektion oder geeignete Krankenversicherungsorgane. Die einzelnen Sanktionen können miteinander verbunden werden.*»[3].

- Empfehlung Nr. R(98)7 des Ministerkomitees an die Mitgliedstaaten des Europarates betreffend ethische und organisatorische Aspekte der Gesundheitsfürsorge in Gefängnissen angenommen am 8. April 1998:

  § 13: «*Das Arztgeheimnis sollte garantiert sein und in gleich striktem Masse beachtet werden, wie dies in der allgemeinen Bevölkerung gehandhabt wird.*».

Es ist als Zeiterscheinung interpretierbar, dass im Hippokratischen Eid das Einhalten oder Missachten der Schweigepflicht dem Arzt Wohlergehen oder Verfluchung bringt, im Strafgesetzbuch und in den Standesregeln der FMH Zuwiderhandlungen mit Gefängnisstrafe, Busse und saftigen Sanktionen belegt werden können, während hingegen in der Empfehlung des Europarates keine Stellung zu Übertretungen genommen wird.

Diese drei «Edikte», formuliert als Eid, Gesetz und ethische Empfehlung, machen deutlich, dass die Verankerung des Arztgeheimnisses in drei wichtige Aspekte der Arzt-Patienten-Beziehung hinein greift, nämlich in diejenige von Treu und Glauben, in die der gesetzlichen Ordnung sozialer Beziehungen und in jene, die grundlegende Werte des menschlichen Zusammenlebens definieren.

---

3 BONDOLFI et al., *op.cit.*, S. 447.

B. Sinn und Zweck der Schweigepflicht

«*Die Schweigepflicht schützt das Vertrauensverhältnis des Hilfesuchenden zum medizinischen Helfer*»[4]. Sie hat, sozusagen als Schutzmantel, jeden Patientenkontakt zu begleiten und ist eines der wichtigsten und wirksamsten Elemente in der Arzt-Patienten-Beziehung, da sie Vertrauensbildung fördert. Vertrauen ist Grundbedingung für das Gelingen jeden therapeutischen Handelns.

C. Andere Grundbegriffe, die das Arzt-Patienten-Verhältnis definieren

Die Qualität der therapeutischen Beziehung wird von der Ausstrahlung ärztlicher Kompetenz, Zuverlässigkeit und Empathie wesentlich geprägt. Gesundheitsfürsorge und Übelvermeidung (*primum nihil nocere*) sollen das ärztliche Handeln lenken.

Jeder Kontakt zwischen Arzt und Patient berührt ausserdem:

- Die *Anamnese*, d.h. die sprachlich vermittelte Vergegenwärtigung der Krankheitswahrnehmung durch ihre Geschichte;
- Die *Diagnose*, d.h. die medizinische Beurteilung der Symptome durch den Arzt und schliesslich;
- Den *Therapieplan* als Folge einer Urteilsbildung, welche auf Anamnese und Diagnose beruhen.

Dazu kommen *Wahrhaftigkeit* und konstruktiver Einsatz der *Macht* als bestimmende Wesenszüge der Beziehungsgestaltung[5].

Wahrhaftigkeit deckt sich z.T. mit der Respektierung der Autonomie des Gesprächspartners. Sie fordert einerseits vom Arzt, dass er vor jeder medizinischen Untersuchung oder vor jedem Eingriff den Patienten über Vor- und Nachteile und ev. negative Folgen offen orientiert und dessen «Einverständniserklärung» (*informed consent*) einholt (§ 14 des Annexes der Empfehlung Nr. R(98)7. Andererseits gehören auch – im gegenteiligen Sinne – Informationen des Arztes an den Patienten dazu, warum die

---

4 BONDOLFI et al., *op. cit.*, S. 303.

5 BONDOLFI et al., *op. cit.*, S. 92.

ser eine bestimmte Hilfeleistung – z.B. eine länger dauernde Klinikbehandlung oder eine Psychotherapie – nicht erhält. Eine therapeutische Indikation darf dem Patienten nicht bloss deshalb verschwiegen werden, weil die entsprechende Behandlung zurzeit nicht bezahlt wird. «Nackte» Wahrheiten über Diagnose und Prognose sollten ausserdem so erklärt werden, dass sie für den Patienten sowohl verständlich wie erträglich sind.

Macht begleitet den Umgang zwischen Arzt und Patient regelmässig. Nebst einem Wissensunterschied führt die vorhandene Abhängigkeitssituation zu einem Zustand mangelnder Selbständigkeit des Insassen. Durch die Grundeinstellung der Hingabe und durch genügend Empathie lässt sich das strukturelle Machtgefälle zwischen Patient und behandelndem Arzt bis zu einem gewissen und zugleich moralisch akzeptablen Grade minimieren.

Aus ethischer Sicht sind drei weitere Prinzipien mit dem medizinischen Handeln verbunden: *Solidarität, Autonomie und Gerechtigkeit*[6].

- *Solidarität* fordert, dass der Stärkere dem Schwächeren beistehe. Gegenüber körperlich Kranken erweist sich das Solidaritätsgefühl oft ausdauernder als gegenüber psychisch Kranken, deren Verhaltensstörungen – z.B. Unruhe, irrationale Angst, Bedrohlichkeit oder Rückzug – weniger selbstverständlich als Krankheit erkannt werden als die Beschwerden und Behinderungen körperlich Kranker.
- *Autonomie* bedeutet nicht, dass jeder Mensch unabhängig von Umgebungseinflüssen frei über sich bestimmen kann. Bei jeder Person ist ein gewisser, individuell umschriebener Spielraum der Selbstbestimmung durch ihre Umgebung zu respektieren. Auch juristisch Urteilsunfähigen steht ein solcher Spielraum zu.
- *Gerechtigkeit* besagt nicht, dass allen das Gleiche zusteht, sondern «Jedem das Seine», nämlich das individuell Benötigte. Werden für Gesundheit wichtige Ressourcen wie z.B. Diagnostik, Medikation oder Psychotherapie knapp, verlangt Gerechtigkeit, Prioritäten zu setzen oder Rationierungen einzuführen. Zweifelsohne reagieren Insassen, und ich nehme an auch Insassinnen, äusserst empfindlich auf sog. Ungerechtigkeiten. Diese betreffen vorallem ungleiche

6 BONDOLFI et al., *op. cit.*, S. 303.

Behandlung, entwertende Bemerkungen, ethnische Diskriminierung und müssen selbstverständlich vermieden werden.

Natürlich erleichtert eine Prise Humor und gemeinsames, herzhaftes Lachen am rechten Ort und zur rechten Zeit das Zusammenleben in vielen schwierigen Situationen; Sarkasmus oder Zynismus hingegen dürfen keinen Platz haben, sie sind Symptome eigener Probleme oder des *Burnout Syndroms*.

Aus diesen Darlegungen geht hervor, dass das Nachdenken über Arztgeheimnis und Grundbegriffe gleichzeitig Überlegungen über den Aufbau und die Gestaltung des Arzt-Patienten-Verhältnisses nach sich zieht. Die obenerwähnten Überlegungen gelten aufgrund des Äquivalenzprinzips auch für die Beziehungsgestaltung zwischen Arzt und Strafgefangenen.

II. Das Arztgeheimnis im Strafvollzug

«Äquivalenzprinzip» bedeutet gemäss § 19 der Empfehlung Nr. R(98)7 des Europarates, dass «*Gefängnisärzte alle Insassen nach denselben Regeln ärztlicher Kunst behandeln sollten, wie dies unter freiheitlichen Bedingungen geschieht.*».

In der Spezialsituation «Strafvollzug» sind jedoch diesbezüglich einige Besonderheiten zu berücksichtigen, wie folgende Beispiele aus der Anstaltspraxis deutlich machen. Aus dem Vollzugsdreieck «Beziehungen» ist ersichtlich, dass drei Ebenen unterschieden werden können, nämlich diejenige zwischen Arzt und Gefangenen, Arzt und Personal und jene zwischen Personal und Gefangenen. Im Folgenden werden Beispiele gegeben, welche diese drei Aspekte betreffen:

A. Ebene Arzt – Gefangene

1. Ärztliche Schweigepflicht im Praxisalltag

Bereits beim Erstkontakt während der Eintrittsuntersuchung wird in der Strafanstalt Pöschwies jedem Neuling klar gemacht, dass der Gefängnisarzt der Schweigepflicht unterstellt ist und diese nur nach (schriftlicher) Entbindung aufgehoben werden kann. Der Insasse erlebt die Umsetzung unmittelbar, indem er seine schriftliche Einwilligung geben muss um:

- Die arbeitsmedizinische Beurteilung an den Gewerbedienst weiterzuleiten, damit die Zuteilung einer für ihn gesundheitsschädigenden Arbeit vermieden werden kann, oder
- Beim Vorhandensein von bestimmten Krankheiten (z.B. Zuckerkrankheit, Lungenasthma, Epilepsie, Herzprobleme, etc.) potentiell lebensbedrohliche Diagnosen dem Gefängnispersonal mitzuteilen, damit er in einer Notfallsituation (speziell auch in der Nacht) besser geschützt werden kann;
- Desgleichen wird zum Einholen früherer Spitalberichte seine schriftliche Einwilligung benötigt und ausserdem bei seiner Entlassung oder beim Übertritt in ein anderes Gefängnis die Öffnung des Arztgeheimnisses an den Insassen delegiert, indem Krankenakten und Röntgenbilder ihm persönlich zuhanden des nachbetreuenden Arztes übergeben werden[7].

Die Respektierung des Arztgeheimnisses – wie in Freiheit – beginnt somit beim Erstkontakt, begleitet die Arzt-Patienten-Beziehung während der Haftzeit und über die Entlassung hinaus: Medizinische Akten müssen aus rechtlichen Gründen 10 Jahre lang aufbewahrt werden. Während dieser Zeit ist die Weitergabe von Daten nur mit Einwilligung des Ex-Strafgefangenen erlaubt. Natürlich muss die Aufbewahrung der Dossiers unter Verschluss erfolgen und uneinsehbar für nicht-ärztliches Personal und andere Insassen sein.

---

7 K. BOLLI, *Gefängnismedizin und Arztdienst in der Kantonalen Strafanstalt Pöschwies*, Regensdorf 2000 (siehe Anhang).

2. Hindernisse beim Aufbau der Arzt-Patienten-Beziehung

Vonseiten des Insassen können Misstrauen und emotionale Widerstände entstehen, falls dieser z.B. glaubt, der Arzt sei Interessevertreter der Justiz; dies spielt besonders bei der psychiatrischen Betreuung und Begutachtung eine grosse Rolle.

Vonseiten des praktisch tätigen Arztes mögen Ablehnung und innere Widerstände, z.B. im Zusammenhang mit der Art des Deliktes, störend auftreten, wobei Gründe dafür in des Arztes eigener Schattenproblematik zu suchen sind. Derartigen Komplikationen kann entgegengewirkt werden, indem einerseits der Erstkontakt mit dem Gefangenen ohne Einbezug des begangenen Deliktes stattfindet, anderseits der Arzt seine eigenen «Schattenseiten» immer wieder reflektiert.

3. Sogenannte «Täter» als Patienten des Gefängnisarztes

Um therapiebedürftige Täter als Patienten zu behandeln, sind sie als Partner zu gewinnen. Trotz heute mehrfach gegenläufiger Entwicklungen kommt der Wahrnehmung dieser Patienten als Menschen eine immense Bedeutung zu. Es ist, mit andern Worten, ein definiertes Ziel, innerhalb der Arzt-Patienten-Beziehung ein Arbeitsbündnis zu etablieren, welches dem Patienten mit der Zeit erlaubt, einen besseren Umgang mit seinen gesundheitlichen Belangen zu erlernen. Im Einzelkontakt empfiehlt es sich gerade bei schwierigen Patienten aus einer Haltung der Unbefangenheit (ohne Wertung aufgrund von Delikten), mit toleranter Konstanz und aufmerksamer Präsenz für ihn da zu sein, um ihn dort zu erreichen, wo er tatsächlich steht. Mit Blick auf die im Strafvollzug anzutreffenden Persönlichkeitsstrukturen wird klar, in welch hohem Masse hier neben der normalen ärztlichen Tätigkeit intensive Beziehungsarbeit zu leisten ist. Diese geht vielfach über weite Strecken zulasten des Arztes. Die Gefahren von Resignation, Erschöpfung und *Burnout* sind ständige Begleiter.

4. Gewaltanwendungen des Insassen: Selbst- und Fremdgefährdung

Oft ist der Anstaltsarzt Klagemauer und hat für Insassen, die unter grossem Druck stehen eine Ventilfunktion; durch Übernahme von Ombudsfunktionen kann er helfen, den Aggressionspegel in der Anstalt zu senken. Ein intaktes Vertrauensverhältnis in der Arzt-Insassen-Beziehung erleichtert durch Herabsetzung der Hemmschwelle «Gefangenen in Not» den Zugang zum Arzt, womit beispielsweise eine Verbesserung der Suizidprophylaxe erreicht wird. Drohungen von Gewaltanwendung, Hungerstreik, Therapieverweigerung, psychische Ausnahmezustände und Haftreaktionen können zu Problemsituationen führen, bei denen vorerst das aufklärende Gespräch mit dem Betroffenen gesucht werden muss und bei Aussichtslosigkeit eine Information an die Anstaltsleitung erfolgen muss, dies ev. nach Kontaktaufnahme mit dem Kantonsarzt.

5. Besonders schwierige Insassen

Generelles Defizit bei sehr vielen delinquenten Menschen, die wir zu betreuen haben, ist unter dem Titel «Borderline» oder einer vergleichbaren Persönlichkeitsstruktur (antisoziale Persönlichkeitsstörung) anzusiedeln. Ein Kernelement dieser Art Persönlichkeit ist der mangelnde Umgang mit Grenzen, was zu Grenzverletzungen führt. Weil diese nicht ertragen werden, kommt es zu Spaltungsphänomenen, die in unsere Beziehungsebenen einbrechen. Uns allen bekannte Muster laufen ab: Entweder werden wir von diesen Insassen im höchsten Grade überschätzt oder zutiefst verletzt, entwertet, vor Situationen gestellt, in denen unser Entscheiden und Handeln als falsch ausgelegt wird. Wir sprechen hier von Beziehungsfallen und dem Phänomen Doppelbindung *(double-bind).*

Bleibt dieser Sachverhalt unbeachtet, kommt es unweigerlich zu transdisziplinären Problemen, Missverständnissen und emotional gefärbten Zerwürfnissen, die uns sehr belasten und langfristig ausmergeln, ins *Burnout* führen. Vordringliches Ziel des Beziehungskontextes in Gefängnissen muss sein, der subjektiven Notwendigkeit dieser Spaltungen entgegen zu wirken, d.h. einerseits zu lernen, Gegensätzliches, Widersprüchliches, Schmerzliches und Unliebsamkeiten zu ertragen, andererseits, ev. mit supervisorischer Hilfe, therapeutische Ansätze zu finden.

B. Ebene Arzt – Anstaltspersonal

Arztkollegen, die in Bezirksgefängnissen arbeiten, treffen manchmal auf Situationen, in denen es sehr schwer ist, die Schweigepflicht einzuhalten, da die Funktion des medizinischen Hilfspersonals auch vom Vollzugspersonal übernommen werden muss. Das Gebundensein an das Arztgeheimnis verursacht nicht selten ein Spannungsfeld, da verschiedene Interessen der am Vollzug beteiligten Personen aufeinander stossen. Hier sei jedoch von Erfahrungen in einer grossen Strafanstalt berichtet, wo Probleme mit der Schweigepflicht entstehen können im Kontakt mit:

- *Direktion und Sozialdienst*: wünschen vielfach zur Erarbeitung eines Vollzugskonzeptes, oder bei Gewalttätigkeiten, Sanktionen etc. Informationen zu bekommen über die gesundheitliche Situation oder Verletzungen von Insassen. Auch die Betreuung von Drogenkonsumenten kann den Gefängnisarzt in eine Konfliktsituation bringen. Einerseits ist hier die strikte Einhaltung des Arztgeheimnisses besonders wichtig, da der Kontakt von diesen Insassen nur offengehalten wird, wenn sie sich sicher fühlen. Beratung, Begleitung, Gesundheitsprophylaxe sowie Motivation zur Neuorientierung und Abstinenz können nur in einem Vertrauensverhältnis wirksam stattfinden. Andererseits muss auch die Institution Vertrauen in den Arzt haben, dass dieser seine Stellung nicht missbraucht.

- *Betreuer (und auch Werkmeister)*: verstehen oft nicht, warum wir ihnen Insassen, die Träger des HIV – oder Hepatitis – Virus sind, nicht namentlich melden (damit sie sich vor Ansteckung besser schützen könnten). Das Gesetz verbietet uns dies eindeutig. Bei der Behandlung von Notfällen haben auch wir uns immer so zu verhalten, als ob die Patienten infiziert und ansteckend sein könnten. Ebenso führen Krankschreibungen, deren Gründe wegen der Schweigepflicht nicht dargelegt werden können, zu Unverständnis und Diskussionen. Depressive Insassen können nach Aussen gegenüber Betreuern oder Mitgefangenen das Bild des aggressiven Machos zeigen – während sie in der Sprechstunde ein depressives Zustandsbild offenbaren und zu weinen beginnen, wenn man sie emotional erreicht. Verständlicherweise geraten Lehr- und Werkmeister in Schwierigkeiten, wenn z.B. ein Lehrling wegen chronischer Krankheit sehr häufig ausfällt und somit die Abschlussprüfung in Frage gestellt wird. Gleichzeitige Krankschreibung mehrerer Insassen aus demselben Gewerbe kann eine Kettenreaktion auslösen: Terminarbeiten können nicht eingehalten werden Werkmeister verzweifeln, werden unter dem Vorwand der ärztlichen Schweigepflicht nur mangelhaft informiert, reagieren aggressiv gegen Insassen (die als Simulanten gesehen werden) und gegen den Arzt (der in ihren Augen die Realität nicht sieht).

- Da *Sicherheits- und Vollzugspersonal* den Arzt bei der Visite von Gefangenen auf der Sicherheitsabteilung zu begleiten hat, kann hier die Einhaltung des Arztgeheimnisses nicht erfüllt werden, worüber sich diese Insassen oft beschweren. Leibesvisitationen gehören gemäss § 72 des Annexes in den Aufgabenbereich des Sicherheits- und Vollzugspersonals, weil damit das Vertrauensverhältnis zum Gefängnisarzt nicht belastet werden soll. Natürlich sind bezüglich Körperkontrollen bei Frauen spezielle Richtlinien zu beachten. Sinngemäss gilt dasselbe für die Durchführung vollzuglich angeordneter Teste (UP's auf Drogen und Atemtest auf Alkohol). Ein gut funktionierender Gesundheitsdienst, der nicht mit administrativen und Sanktionsmassnahmen belastet ist, kann besser zur Bildung eines guten Anstaltsklimas und damit zur Sicherheit beitragen.

C. Ebene Insassen – Institution

Wesentliche Voraussetzung für die Umsetzung therapeutisch wirksamer Arzt-Patienten-Kontakte ist die Akzeptanz der geschilderten ärztlich-ethischen Grundhaltung durch die Institution. Wir haben gesehen, wie wichtig und segensreich der Schutzmantel des Arztgeheimnisses für Insassen ist; doch kann er auf Institutionsebene auch problematische Auswirkungen haben und «Geschrei» auslösen. In einigen Beispielen wurde bereits geschildert, wie unangepasste ärztliche Handlungen und Verordnungen unter dem Siegel der Schweigepflicht das «ausgewogene Funktionieren» einer Institution ins Wanken bringen können. Arztgeheimnisse werden als «geheime Beziehungen» interpretiert, die nicht einsehbar sind und deshalb beim Vollzugspersonal Ängste entstehen lassen, die zu Unverständnis, Wut und Sabotage der Zusammenarbeit führen können.

Auch bei Insassen hören wir oft «Schreie». Stellvertretend dafür möge als Beispiel eine Statuette dienen, die ein Gewalttäter, wegen Mord und Totschlag schon länger als 23 Jahre in Haft, in Holz geschnitzt hat um seine Gefühle von Verlassenheit, Macht- und Hoffnungslosigkeit zum Ausdruck zu bringen. Dieses «Übergangsobjekt» hat ihm geholfen, seine Verzweiflung zu ertragen. Auf der einen Seite ist die symbiotische Mutter-Kind-Beziehung dargestellt, auf der andern Seite der Verzweiflungsschrei nach Vertrauen und Zuwendung, der Schrei aus dem hungrigen Bauch (unter Verwendung der Vorlage von Edvard MUNCH's berühmten Bild «Geschrei»).

Als Gefängnisärzte stehen wir zwischen den Schreien der Hilfesuchenden und denen des Vollzugspersonals, und üben das Aushalten von Zerreissproben, die typisch sind für den Spannungsfeld-Charakter dieses Arbeitsplatzes.

III. Vermeiden problematischer Nebenwirkungen des Arztgeheimnisses

Die Erfahrung zeigt, dass sich auf einer Umgangsbasis, die durch sorgfältige gefängnismedizinische Personalausbildung vorbereitet ist, und mit einer Diskussionskultur, in der die eingangs erwähnten Grundbegriffe (nämlich: fachliche Kompetenz, Empathie, Wahrhaftigkeit, Solidarität usw.) Anwendung finden, immer Problemlösungen finden lassen. Zur Schaffung gegenseitigen Vertrauens hat sich die Offenlegung von Hintergründen und Zielen der ärztlichen Behandlung in interdisziplinären Gesprächen bewährt. Auf diese Art und Weise konnten wir in den letzten Jahren praktisch immer einen Konsens finden. Entscheidend ist zweifellos, dass Gleichgewicht herrscht zwischen dem Vertrauen, das sich bei den Insassen dank dem Arztgeheimnis bildet, und demjenigen zwischen Arzt und Vollzugspersonal, das sich auf kreative Gesprächsbereitschaft und arbeitsmedizinische Betreuung stützt.

IV. Schlussfolgerungen

Die ärztliche Schweigepflicht schützt die Vertrauensbeziehung zwischen Insassen und Arzt. Vertrauen ist Grundbedingung für jegliches Gelingen ärztlicher Betreuung. Dem Arztgeheimnis kommt damit ein sehr hoher Stellenwert zu, der auch in den gesetzlich und standespolitisch vorgesehenen Sanktionen bei Missachtung dieses Gesetzes zum Ausdruck gebracht wird.

Wichtige Voraussetzung für die Umsetzung therapeutisch wirksamer Arzt-Patienten-Kontakte ist die Akzeptanz der geschilderten ärztlich-ethischen Grundhaltung und speziell des Arztgeheimnisses durch die Institution, die ebenfalls von einem gut funktionierendem gefängnismedizinischen Dienst profitiert.

Problematische Auswirkungen der Schweigepflicht auf den institutionellen Rahmen, ausserhalb der direkten Arzt-Patienten-Beziehung, sind durch kreative Gespräche zu minimieren, wobei uns mit der Empfehlung Nr. R(98)7 des Europarates über ethische und organisatorische Aspekte der Gesundheitsfürsorge in Gefängnissen eine nützliche Diskussionsbasis zur Verfügung steht.

Das Arztgeheimnis im Vollzugsalltag: Einige Überlegungen zur Situation im deutschen Justizvollzug

Bernhard Wydra, Bayerische Justizvollzugsschule, Leitender Regierungsdirektor (D)

Zusammenfassung: Das konfliktträchtige Thema des Arztgeheimnisses im Vollzugsalltag wurde in Deutschland durch das 4. Strafvollzugsänderungsgesetz ab dem 1. Dezember 1998 im Rahmen der datenschutzrechtlichen Vorschriften des Strafvollzugsgesetzes (StVollzG) gesetzlich geregelt. Diese Regelung im § 182 StVollzG wird im einzelnen dargestellt. Danach gibt es eine gesetzliche Anerkennung der innerbehördlichen Schweigepflicht für Ärzte im Vollzug. Gegenüber dem Anstaltsleiter als dem Verantwortlichen für den gesamten Vollzug in der Anstalt ist diese Schweigepflicht gelockert beziehungsweise durchbrochen: Im Kernbereich der anstaltsärztlichen Tätigkeit gemäss §§ 56 bis 66 StVollzG hat der Arzt die Befugnis zur Offenbarung von Geheimnissen, soweit dies für die Aufgabenerfüllung der Vollzugsbehörde unerlässlich oder zur Abwehr von erheblichen Gefahren für Leib und Leben des Gefangenen oder Dritter erforderlich ist. In anderen Bereichen ist er – wie der Psychologe und der Sozialarbeiter – zur Offenbarung von Geheimnissen verpflichtet, soweit dies für die Aufgabenerfüllung der Vollzugsbehörde oder zur Abwehr von erheblichen Gefahren für Leib und Leben des Gefangenen oder Dritter erforderlich ist. Die Probleme der neuen Regelung werden kurz erörtert. Darüber hinaus werden weitere Möglichkeiten der Durchbrechung der Schweigepflicht aufgezeigt. Es wird auch klargestellt, dass die neue Regelung keine endgültige Lösung des Konfliktthemas beinhaltet, dass sie aber als guter Ausgangspunkt für einen konstruktiven Umgang damit gesehen werden kann.

Résumé: En 1998, le thème controversé du secret médical en milieu pénitentiaire a été réglé en Allemagne par la 4ème modification de la Loi sur l'exécution des peines (StVollzG), plus précisément dans le cadre des dispositions sur la protection des données. L'auteur présente en détail cette nouvelle disposition (§ 182 StVollzG). Il existe désormais une reconnaissance légale du secret médical en milieu pénitentiaire. A l'encontre du directeur de l'établissement comme du responsable de l'exécution des peines dans l'établissement, le secret médical est assoupli respectivement rompu. Dans le cadre strict de l'activité médicale en milieu pénitentiaire selon §§ 56 à 66, le médecin a l'autorisation de divulguer un secret dans la mesure où cela est indispensable pour permettre aux autorités de remplir leurs tâches ou pour repousser un grave danger pour l'intégrité corporelle ou la vie d'un détenu ou d'un tiers. Dans d'autres domaines, il a, comme c'est le cas pour le psychologue et le travailleur social, l'obligation de divulguer un secret, dans la mesure où cela est indispensable pour permettre aux autorités de remplir leurs tâches ou pour repousser un grave danger pour l'intégrité corporelle ou la vie d'un détenu ou d'un tiers. Les problèmes soulevés par la nouvelle réglementation sont brièvement discutés dans le cadre de cette contribution. En dehors de cela, l'auteur présente également d'autres exemples de rupture du principe du secret. Il démontre également clairement que la nouvelle disposition n'apporte pas de solution définitive à cette thématique controversée, mais qu'elle peut être considérée comme un bon point de départ pour une réflexion constructive.

I. Vielen Dank für die Einladung zu dieser Tagung. Ich empfinde es als besondere Ehre, bei Ihrer Tagung zu einem hoch interessanten Thema einen Beitrag aus der Sicht des deutschen Justizvollzugs leisten zu dürfen. Im Rahmen meines Referates will ich die aktuelle Rechtslage zur Schweige- und Offenbarungspflicht von Ärzten im deutschen Justizvollzug darstellen und dabei auf einige Aspekte der fachwissenschaftlichen Diskussion eingehen.

II. Wir haben in Deutschland seit dem 1. 12. 1998 im § 182 Strafvollzugsgesetz (StVollzG) eine gesetzliche Regelung der Frage der Schweige- und Offenbarungspflicht von Ärzten, Psychologen und Sozialarbeitern im Vollzug.

Bevor ich auf die Einzelheiten dieser Regelung näher eingehe, will ich auf eine Besonderheit bei ihrem Zustandekommen hinweisen. Das 4. Strafvollzugsänderungsgesetz, das diese Regelung brachte, hatte als Mittelpunkt die Schaffung von bereichsspezifischen Datenschutzregelungen für den Vollzug. Dafür hat das Bundesverfassungsgericht im sog. Volkszählungsurteil die verfassungsrechtlichen Erfordernisse festgelegt.

Dort hat es die «informationelle Selbstbestimmung» als Grundrecht ausgestaltet. Es gewährleistet die Befugnis des Einzelnen, grundsätzlich selbst über die Preisgabe und Verwendung seiner persönlichen Daten zu bestimmen. Der Betroffene muss in der Lage sein zu erkennen, wer was wann und bei welcher Gelegenheit über ihn weiss. Die Schweige- und Offenbarungspflicht von Ärzten und Therapeuten ist so gewissermassen beiläufig in das Gesetz eingeflossen. Angesichts der Bedeutung dieses Problems im Spannungsfeld zwischen Heilbehandlung, Patient und Strafvollzug ist das zunächst überraschend.

A. Der § 182 StVollzG regelt den Schutz besonders sensibler Daten im Vollzug. Dazu gehören unter anderem religiöse oder weltanschauliche Daten. Einen Schwerpunkt bilden diejenigen personenbezogenen Daten, die einem Arzt, Psychologen oder Sozialarbeiter von einem Gefangenen als Geheimnis anvertraut oder sonst über den Gefangenen bekannt geworden sind. Diese unterliegen nach § 203 Strafgesetzbuch (StGB) einer strafrechtlich sanktionierten Schweigepflicht; darauf nimmt § 182 StVollzG ausdrücklich Bezug.

Erstmals wird hier die sog. innerbehördliche oder innerorganisatorische Schweigepflicht im Vollzug geregelt. Dabei wird versucht, sie durch Offenbarungsbefugnisse und Offenbarungspflichten mit den allgemeinen Vollzugsaufgaben in Einklang zu bringen.

In § 182 Abs. 2 Satz 1 StVollzG wird ausdrücklich bekräftigt, dass die Schweigepflicht des Arztes und der therapeutischen Fachdienste auch innerhalb der Vollzugsbehörde gilt. Das ist eine bedeutsame Klarstellung. Bisher war die innerbehördliche Schweigepflicht im Vollzug nicht allgemein anerkannt. Sie wurde zwar aus standesethischen Erwägungen stets in weitestgehendem Umfang gefordert. Aus der umfassenden Verantwortung des Anstaltsleiters für den gesamten Vollzug gemäss § 156 Abs. 2 Satz 2 StVollzG wurden aber Einschränkungen der Schweigepflicht geltend gemacht. Die Rechtsprechung und die überwiegende Meinung in der Literatur sah die Gesamtverantwortung auch für die gesundheitliche Betreuung der Gefangenen gem. §§ 56 ff, 158 StVollzG letztlich beim Anstaltsleiter. Deshalb hat man auch die Schweigepflicht des Arztes nicht als unbegrenzt betrachtet. In Einzelfällen wurde die Befugnis des Arztes zur Offenbarung von Tatsachen abgeleitet, die ihm bei der Behandlung von Gefangenen bekannt geworden oder anvertraut worden sind. Da spezielle Rechtsgrundlagen fehlten, wurden die Grenzen für die Offenbarungsbefugnis des Arztes mit Hilfe einer Güter- und Interessenabwägung nach den Grundsätzen des rechtfertigenden Notstandes gezogen.

Die Anerkennung der innerbehördlichen Schweigepflicht und die Regelung ihrer Grenzen in § 182 Abs. 2 StVollzG stellt damit eine Präzisierung und Klärung des Problems der ärztlichen Verschwiegenheit dar, die man dem geltenden Recht vorher nicht entnehmen konnte.

B. Für den Verlauf der Grenzen der ärztlichen Schweigepflicht sieht das Gesetz folgende Unterscheidungen vor.

1. Im Rahmen der allgemeinen Gesundheitsfürsorge gemäss §§ 56–66 StVollzG, also im Kernbereich der anstaltsärztlichen Tätigkeit, begnügt sich das Gesetz mit einer blossen Befugnis des Arztes zur Offenbarung von Geheimnissen, soweit dies für die Aufgabenerfüllung der Vollzugsbehörde unerlässlich oder zur Abwehr von Gefahren für Leib und Leben des Gefangenen oder Dritter erforderlich ist. Die hohen Schranken des «soweit» – Satzes gewährleisten einen weiten Raum für die ärztliche Schweigepflicht. «Unerlässlich» für die Aufgabenerfüllung der Vollzugsbehörde bedeutet etwa nach den Formulierungen des Bundesverfassungsgerichtes, dass andernfalls der Strafvollzug als Institution zusammenbrechen würde oder dass die Zwecke des Strafvollzugs (vor allem das Bemühen um die Wiedereingliederung des Gefangenen in die Gesellschaft) ernsthaft gefährdet würden. Einen solchen Fall könnte man etwa dann annehmen, wenn der Arzt in der Sprechstunde erfährt, dass ein Gefangener von einem Angehörigen mit Heroin versorgt wird und durch den Handel damit in der Anstalt für sich eine subkulturelle Machtposition aufbaut, durch die er eine Anzahl von Mitgefangenen in seiner Abhängigkeit hält. Die Offenbarung von Daten zur Abwehr von erheblichen Gefahren für Leib und Leben des Gefangenen ist beispielsweise dann erforderlich, wenn der Arzt bei einer Untersuchung Verletzungen feststellt, die dieser Gefangene aufgrund von Misshandlungen durch Mitgefangene davongetragen hat, die weitergehen werden; durch eine Trennung im Rahmen der Unterbringung könnte der Gefahr der Misshandlungen begegnet werden.

Die blosse Befugnis statt einer Verpflichtung zur Offenbarung von Geheimnissen beim Arzt trägt dabei der Tatsache Rechnung, dass der Gefangene sich den Arzt nicht auswählen kann und für die Erhaltung seiner Gesundheit existentiell auf den Anstaltsarzt angewiesen ist. Das Ermessen des Arztes zur Ausübung seiner Offenbarungsbefugnis kann im Einzelfall angesichts der in Frage stehenden Rechtsgüter häufig soweit reduziert sein, dass sie sich zu einer Offenbarungspflicht verdichtet, z.B. wenn es konkret um eine schwere Körperverletzung eines Bediensteten geht, die bei einem geplanten Ausbruch begangen werden soll.

2. Ausserhalb des genannten Kernbereichs der anstaltsärztlichen Tätigkeit steht dem Arzt – wie den anderen therapeutischen Fachdiensten – die Schweigepflicht nur nach Massgabe des § 182 Abs.2 Satz 2 StVollzG zu. Das bedeutet, dass der Arzt verpflichtet ist, personenbezogene Daten über den Gefangenen, die er im Rahmen sonstiger Vollzugsaufgaben erlangt hat, dem Anstaltsleiter zu offenbaren, soweit dies für die Aufgabenerfüllung der Vollzugsbehörde oder zur Abwehr von erheblichen Gefahren für Leib und Leben des Gefangenen oder eines Dritten erforderlich ist. Als Beispiele für sonstige Vollzugsaufgaben, bei denen der Arzt Kenntnisse über den Gefangenen erlangen kann, wurden im Gesetzgebungsverfahren etwa die Mitwirkung bei der Aufstellung des Vollzugsplans (§ 67 StVollzG) oder bei der Entscheidung über Lockerungen des Vollzugs und Urlaub sowie der Stellungnahme zur bedingten Entlassung im Rahmen der entsprechenden Konferenzen (§ 159 StVollzG) genannt. In diesen Zusammenhang gehören auch psychotherapeutische Gespräche, die nicht zur Gesundheitsfürsorge im engeren Sinn zählen.

Die schon bisher in den Fällen des rechtfertigenden Notstandes anerkannte Offenbarungsbefugnis wird zum grossen Teil ersetzt durch eine Offenbarungspflicht, soweit dies für die Aufgabenerfüllung der Vollzugsbehörde oder zur Abwehr von erheblichen Gefahren für Leib und Leben des Gefangenen oder Dritter erforderlich ist.

Die Offenbarungspflicht bei der zweiten Alternative ist relativ unproblematisch; sie ergab sich auch nach den bisherigen Grundsätzen schon in den Fällen, in denen sich die Offenbarungsbefugnis im Hinblick auf eine konkrete Gefahr für Leib und Leben zu einer Pflicht verdichtete. Darüber hinaus garantieren die Voraussetzungen «erheblich» und «erforderlich», dass nicht jede denkbare leichte Gefahr zur Offenbarung verpflichtet, sondern nur eine solche, deren Ausmass das Recht auf informationelle Selbstbestimmung des Gefangenen überwiegt. Danach würde die Gefahr von leichten Verletzungen nicht ausreichen, ebensowenig wie die Verfolgung bereits begangener Delikte, es sei denn es ergäbe sich daraus eine konkrete (Wiederholungs-) Gefahr für Leib und Leben Dritter.

Problematisch erscheint die Offenbarungspflicht bei der zweiten Alternative «Aufgabenerfüllung der Vollzugsbehörde»; denn diese ist vom Wortlaut her nicht eingeschränkt, etwa durch ein «erheblich» oder durch eine Klausel, die die Offenbarung als letzte aller denkbaren Massnahmen darstellt. Hier setzt denn auch die heftigste Kritik an der neuen Regelung an. Es wird ein umfassender Zugriff des Anstaltsleiters befürchtet, und zwar auch auf die Inhalte psychotherapeutischer Behandlung.

C. In dieser Situation ist – wie bei allen gesetzlichen Regelungen – die systematische Auslegung des Gesetzeswortlautes mit den üblichen juristischen Methoden notwendig, um einen klaren Umgang mit den auftauchenden Problemen zu ermöglichen. Die Auslegung der umstrittenen Offenbarungspflicht muss sich daran orientieren, dass von der in § 182 Abs. 2 Satz 1 StVollzG normierten innerbehördlichen Schweigepflicht noch etwas übrigbleibt. Es darf also nicht beliebig vom Anstaltsleiter definiert werden, was zur Aufgabenerfüllung der Vollzugsbehörde erforderlich ist. Vielmehr sind die Vorschriften des Strafvollzugsgesetzes für die Definition heranzuziehen. Dafür eignet sich insbesondere der § 2 StVollzG, der die Aufgaben des Vollzugs festlegt, nämlich die Resozialisierung des Gefangenen und den Schutz der Allgemeinheit vor weiteren Straftaten während des Vollzugs, sowie der § 7 StVollzG, der den Vollzugsplan regelt, in dem die wesentlichen Aufgaben des Vollzugs für den einzelnen Gefangenen zu konkretisieren sind. Geht man ferner bei einer systematischen Auslegung von einer Orientierung an der oben beschriebenen relativ unproblematischen Offenbarungspflicht bei erheblichen Gefahren für Leib und Leben des Gefangenen oder Dritter aus, dann gebietet die wörtliche und teleologische Auslegung des Begriffes «Aufgabenerfüllung des Vollzugs» eine Beschränkung auf diejenigen Tatsachen, die dafür erheblich und erforderlich sind. Erheblich sind demnach nur Tatsachen mit besonderem Gewicht, etwa solche, die unmittelbar zu einer sofortigen Änderung des Vollzugsplans führen müssten. Aus der

Erforderlichkeit ist abzuleiten, dass die Tatsachen nur in der jeweils schonendsten Form offenbart werden dürfen. Beispielsweise ist eine detaillierte Information über die sadistischen Phantasien eines aggressiven Sexualstraftäters zu unterlassen, wenn der Hinweis genügt, dass er seine deliktische Problematik noch nicht bewältigt hat.

Die systematische Auslegung ergibt eindeutig, dass die Durchbrechung der Schweigepflicht nur zum Schutz höherrangiger Rechtsgüter zugelassen ist.

D. Hervorzuheben ist, dass der Gesetzgeber eine Offenbarungsbefugnis oder Offenbarungspflicht nicht von einer Schweigepflichtsentbindung durch den Patienten im Strafvollzug abhängig gemacht hat. § 182 StVollzG hat vielmehr eine bereichsspezifische Rechtfertigung für die Offenbarung gegenüber dem Anstaltsleiter geschaffen, die neben die sonstigen Offenbarungsbefugnisse tritt, die gemäss §182 Abs. 2 Satz 4 unberührt bleiben. Sonstige Offenbarungsbefugnisse ergeben sich insbesondere aus den Rechtfertigungsgründen der Einwilligung des Verletzten, seiner mutmasslichen Einwilligung und des rechtfertigenden Notstandes. Eine Offenbarungspflicht besteht ferner aufgrund von §138 StGB, der die Nichtanzeige konkret geplanter Straftaten wie zum Beispiel Mord, Totschlag, Geiselnahme, Raub, räuberische Erpressung oder Brandstiftung unter Strafe stellt. Bei den schwersten dieser Straftaten, nämlich etwa bei Mord, Totschlag, Geiselnahme und erpresserischem Menschenraub, gibt es nicht einmal eine Ausnahme für Ärzte und Rechtsanwälte als Verteidiger, die sonst bezüglich der Zeugnisverweigerungsrechte privilegiert sind. Die bereichsspezifische Rechtfertigung einer Offenbarung an den Anstaltsleiter ohne eine Schweigepflichtsentbindung durch den Gefangenen ergibt sich dabei nicht nur als «notwendige Folge der Verantwortung des Anstaltsleiters für seine Anstalt und seiner Weisungsbefugnis», wie es in der Begründung des Rechtsausschusses des Deutschen Bundestages heisst. Wegen des rechtsstaatlichen Bestimmtheitsgebotes und der Rechtsschutzgarantie des Art 19 Abs. 4 GG muss eine Entscheidung des Anstaltsleiters – z. B. die Versagung von Lockerungen des Vollzugs oder von Urlaub – substantiierte Angaben in den Gründen vorweisen, bei denen er auf den Arzt oder die anderen therapeutischen Fachdienste angewiesen ist. Ein nicht näher begründetes Veto seitens des Arztes oder der anderen Fachdienste würde dabei nicht ausreichen. Falls die substantiieren Angaben nur über eine Einwilligung des Patienten beigesteuert werden könnten, hätte dieser wohl gravierendere Beeinträchtigungen seines Persönlichkeitsrechts als durch Offenbarung einzelner entscheidungserheblicher Tatsachen hinzunehmen; denn über die Erheblichkeit für die Entscheidung befinden nach der geltenden Regelung der Arzt und die Fachdienste.

E. Damit der Gefangene über die mögliche Offenbarung an den Anstaltsleiter nicht im Unklaren gelassen wird, schreibt § 182 Abs. 2 Satz 5 StVollzG die entsprechende Belehrung des Gefangenen vor. Dadurch soll bereits vor Beginn einer Therapie dem Gefangenen verdeutlicht werden, dass bei der intramuralen Behandlung keine uneingeschränkte Schweigepflicht besteht.

F. Die Einschränkungen der Schweigepflicht bestehen im übrigen auch bei Ärzten und Psychologen ausserhalb des Vollzugs, sofern sie mit der Untersuchung oder Behandlung eines Gefangenen beauftragt werden. Das wird in § 182 Abs. 4 StVollzG ausdrücklich klargestellt. Damit wird verdeutlicht, dass es im Vollzug keine aus der Verantwortung des Anstaltsleiters völlig herausgenommene Therapiebereiche geben kann.

G. Adressat der Offenbarung von ärztlichen oder therapeutischen Geheimnissen ist der Anstaltsleiter (§ 182 Abs.2 Satz 2 StVollzG). Dieser ist nur innerhalb der engen Grenzen des § 182 Abs. 3 StVollzG zu deren Verarbeitung oder Nutzung berechtigt. Er kann unter den genannten Voraussetzungen die unmittelbare Offenbarung gegenüber bestimmten Anstaltsbediensteten allgemein zulassen (§ 182 Abs.3 Satz 2 StVollzG), zum Beispiel gegenüber den bestellten Abteilungsleitern einer Anstalt, wenn diesen die Befugnis zur Erteilung von Lockerungen des Vollzugs übertragen wurde. In §182 Abs. 4 StVollzG ist darüber hinaus festgelegt, dass Ärzte oder Psychologen ausserhalb des Vollzugs den Anstaltsarzt oder den Anstaltspsychologen unmittelbar informieren können.

III. Mir ist bewusst, dass mit der Regelung des § 182 StVollzG das Problem der ärztlichen Schweigepflicht im Vollzug und deren Durchbrechung nicht endgültig gelöst ist. Das wäre sicherlich von einer gesetzlichen Regelung zu viel erwartet. Ich glaube aber, dass die neue Regelung einen guten Ausgangspunkt für die Lösung der auftauchenden Probleme bei der ärztlichen Schweigepflicht bietet, wenn man sie im Gesamtzusammenhang mit dem Schutz von Leben und Gesundheit anderer sowie mit der Verhinderung von Straftaten aus dem Vollzug sieht. Bei einer restriktiven Interpretation in diesem Sinne ermöglicht die neue Norm meines Erachtens ein konstruktives Zusammenarbeiten zwischen Anstaltsleiter und Arzt.

Le médecin auxiliaire de la justice

Dr. med. Daphné Berner, médecin cantonal, Neuchâtel

Résumé: Tout médecin peut se retrouver «auxiliaire», que ce soit d'une administration, d'une autorité ou de la justice. La situation se reconnaît et se caractérise par l'existence d'une double allégeance, doublée très souvent d'une obligation, non de moyens comme l'est habituellement le contrat de mandat du médecin, mais de résultat. Le résultat attendu étant la guérison de la personne, guérison plus sociale que purement médicale. Le psychiatre ne se limite plus aujourd'hui à être celui qui fait le partage entre la folie et la raison, il explique les raisons ayant conduit à un crime, laissant croire qu'il saura soigner. Gageons que le juge se félicite de pouvoir déléguer au psychiatre la question de la dangerosité et lui faire endosser la responsabilité de déterminer la durée d'un internement de sécurité. Mais faut-il se satisfaire de cet état de fait? L'auteur en doute et estime urgent de redistribuer les rôles: à la psychiatrie le soin et le savoir de ce qu'est la folie, à la justice la responsabilité de trancher de la dangerosité et, partant, de la durée d'un internement.

Zusammenfassung: Jeder Arzt kann sich in der Rolle einer Hilfsperson für die Verwaltung oder Justizbehörden wiederfinden. Diese Situation ist dann durch ein sog. doppeltes Mandat gekennzeichnet, welches sich darin äussert, dass der Behandlungsvertrag zwischen Arzt und Patient nicht wie üblich als Auftragsverhältnis ausgestaltet ist, sondern es wird von den Behörden ein Werkvertragsverhältnis erwartet, in dem entgegen dem Mandatsverhältnis ein Erfolg geschuldet wird. Das erwartete Resultat sollte die Heilung des Patienten sein, jedoch wird mehr eine Heilung im sozialen Sinne, als im medizinischen erhofft. Die heutige Psychiatrie beschränkt sich nicht mehr auf die Unterscheidung von Wahnsinn und Vernunft, sondern erklärt auch die Gründe, welche zu einem Verbrechen geführt haben und lässt die Umwelt glauben, dass diese behandelt werden könnten. Dadurch sind die Richter versucht, die Frage der Beurteilung der Gefährlichkeit einer Person an den Psychiater zu delegieren und diesem auch die Verantwortung über die Festlegung der Dauer einer angeordneten Sicherheitsverwahrung zu überbinden. Müssen wir uns jedoch mit diesem Sachverhalt abfinden? Die Autorin bezweifelt dies und ist der Meinung, dass die Rollen zwischen Justiz und Psychiatrie neu verteilt werden müssen. Der Psychiatrie obliegt es, zu bestimmen, was als Wahnsinn gilt und wie diese Erkrankungen behandelt werden; der Justiz fällt demgegenüber die Verantwortung zur Bestimmung der Gefährlichkeit eines Täters und der Dauer einer Verwahrung zu.

I. Les médecins auxiliaires types

L'association de ces 2 vocables évoque quasi immédiatement deux professions médicales qui connaissent aujourd'hui un regain de popularité. Preuves en sont le nombre de séries télévisées et les succès en librairie de thrillers américains mettant en scène tant le médecin légiste que l'expert psychiatre.

A. Le médecin légiste

Scully, l'héroïne des X-files est médecin, mais surtout pathologue. La doctoresse Kay Scarpetta, de Patricia Cornwell est cheffe du service de médecine légale du comté de Virginie et passe son temps à traquer les serial-killers. Le médecin légiste est l'exemple type du médecin auxiliaire de la justice. Technicien et scientifique, il est celui dont les examens et les conclusions rapporteront les preuves permettant de confondre un coupable, mais aussi celui qui sera à même d'innocenter une personne inculpée à tort.

B. L'expert psychiatre

Cette profession également connaît un regain de popularité et d'intérêt. Toutes les séries policières ont aujourd'hui leur «profiler», c'est à dire leur psychiatre versé dans l'étude du comportement humain. Du siècle dernier jusqu'à très récemment, la première mission de l'expert psychiatre consistait à faire le partage entre la folie et la raison et à éviter que la justice ne tienne pour responsable celui qui avait agi en raison d'une maladie affectant son jugement. J'ai le souvenir d'un agriculteur qui était accusé d'avoir laissé périr son troupeau par manque de soins. L'expert a cependant pu démontrer qu'au moment des faits, le malheureux était atteint d'une telle mélancolie qu'il se laissait lui-même mourir de faim. L'enquête a abouti à un non-lieu et le suspect de cruauté envers les animaux fut exempté de toute peine. Enfin, il était inutile d'instaurer un traitement obligatoire, car une fois guéri, cet agriculteur n'avait pas besoin des objurgations de la justice pour faire tout ce qui était en son pouvoir afin de ne pas rechuter. Malheureusement, toutes les situations ne sont pas si claires.

Selon les règles déontologiques, il n'est pas admissible d'être à la fois le thérapeute et l'expert. Un expertisé doit en effet toujours être en mesure d'identifier clairement une situation expertale et prendre conscience que l'expert n'est pas un thérapeute. Il n'y a pas de relation de confiance, pas de confidentialité, tout ce qui est dit peut être utilisé par l'expert. Mais, dans la pratique et en dehors du tribunal, la dichotomie des rôles n'apparaît souvent pas d'emblée. Le médecin, habitué à la relation d'aide, s'aperçoit rapidement qu'il est devenu l'auxiliaire d'un tiers, que ce dernier soit juge, président de l'autorité tutélaire, tuteur ou chef du bureau des autos etc.

C. La médecine pénitentiaire

Il paraît aujourd'hui aller de soi de donner aux détenus les soins que leur état requiert, qu'il s'agisse de traiter des affections préexistantes, physiques ou psychiques, mais aussi les pathologies directement liées à l'emprisonnement (angoisses, dépression, risque suicidaire). Pourtant, tant du point de vue historique que géographique, la situation que nous vivons est plutôt exceptionnelle. La surmortalité chez les prisonniers reste la règle dans la plupart des pays du tiers monde. Pensons aux conditions de détention des génocidaires du Rwanda. Chez nous aussi, comme en témoigne l'impressionnante mortalité des prisonniers de guerre allemands après la seconde guerre mondiale, ce phénomène, même occulté par la réconciliation européenne, n'en demeure pas moins avéré. Et dire qu'il s'agit-là d'un pays démocratique.

II. Autres types d'auxiliaires: exemples pris au hasard d'une pratique quotidienne

- 2 heures du matin: vous êtes le généraliste d'un petit village et cette nuit- là, de garde. On vous appelle au poste de police, il s'agit de pratiquer une alcoolémie. La situation est simple, même s'il s'agit d'un de vos patients.

- 8 heures du matin: le président de l'autorité tutélaire sollicite votre aide pour établir un certificat d'hospitalisation à des fins d'assistance. Une nonagénaire refuse de prendre ses médicaments, s'est disputée avec les infirmières des soins à domicile et n'ouvre plus sa porte aux aides-familiales. D'après un voisin, le deux-pièces cuisine serait dans un état de saleté indescriptible et la dame ne mangerait plus. Vous connaissez cette nonagénaire, elle vous a souvent parlé de sa peur de mourir à l'hôpital, de son désir de rester chez elle. Mais le président de l'autorité tutélaire insiste: «*peut-on décemment tolérer de nos jours, qu'une personne meure de faim chez elle?*».

- 10 heures: on vous appelle depuis l'aéroport tout proche, il faut venir d'urgence et calmer une personne faisant une crise clastique sur le tarmac, l'avion doit décoller dans l'heure qui suit. Il s'agit du renvoi d'un étranger dans le cadre des mesures de contrainte. Simulation, crise d'angoisse ou pur désespoir? Dans l'hypothèse où vous acceptez de faire l'injection calmante, restez-vous un simple auxiliaire de l'autorité de renvoi ou devenez-vous son complice? Les réponses à cette question diffèrent et, pour ma part, je n'ai en ce domaine aucune certitude de ce qu'il convient de faire ou ne pas faire, pour bien faire, mais une seule conviction, ne jamais faire acte de médecin uniquement parce que c'est ce que l'on attend de vous, mais seulement parce que l'état du patient le réclame.

- 15 heures: consultation hebdomadaire d'Addicte, jeune homme fort sympathique que vous connaissez depuis qu'il est enfant. Son suivi médical est devenu une obligation légale après jugement. Vous l'avez convoqué, car une lettre du juge vous demande le résultat de contrôles d'urine récents. Comme le jeune homme fume toujours du cannabis, les tests seront positifs. Faut-il dire son fait au juge? Vous avez pour principe de ne jamais faire de tests inutiles.

- Vous êtes médecin de prison, la direction décide de sanctions disciplinaires à l'encontre d'un détenu pour consommation de drogues dures durant le congé. Personne ne s'est encore aperçu de rien car les symptômes sont peu apparents, mais vous, vous savez que ce détenu est profondément déprimé et craignez un passage à l'acte auto-agressif. La direction prendra-t-elle ombrage d'un certificat médical préconisant de renoncer à la mise au cachot?

- Vous êtes médecin d'un hôpital psychiatrique et votre division fermée comporte trois patients hospitalisés sur la base de l'art. 43 CPS. Mais la psychiatrie a ses limites. S'agissant du premier arrivé, vous ne pouvez honnêtement prétendre le soigner, encore moins le guérir. Est-il seulement atteint d'une affection psychiatrique? C'était l'avis de l'expert au moment du jugement, mais vous ne partagez pas ses conclusions. En tous les cas, vous vous sentez totalement démunie et ne connaissez aucune thérapie efficace. En existe-t-il seulement une? Allez-vous avouer votre impuissance à l'autorité pénale? Le ferez-vous sachant qu'il y a de fortes chances que votre avis ait pour conséquence le renvoi de votre patient dans un pénitencier?

Comme vous le voyez, il y a mille et une façons et situations différentes où le médecin se retrouve comme par enchantement, auxiliaire, que ce soit d'un tribunal ou d'une autre autorité, tant civile qu'administrative.

III. La double allégeance et l'obligation de résultat

A. La double allégeance

Les situations décrites ci-dessus illustrent le problème de la double allégeance. On attend du médecin qu'il hospitalise une personne âgée non parce que c'est médicalement indiqué, mais parce qu'il est, de nos jours, humainement impossible de laisser une vieille femme mourir de faim à domicile, même si elle en exprime le désir. On demande au médecin d'hospitaliser en milieu psychiatrique, la femme qui, parce qu'elle vient de perdre son enfant, hurle sur son balcon depuis bientôt une heure, ameutant les voisins et la police, ce non parce qu'elle est folle et a besoin de soins psychiatriques, mais parce que la manifestation bruyante de son chagrin dérange. Ces types de situations mettent toujours le médecin mal à l'aise, et c'est normal, car sa vocation première est de soulager, de soigner lorsqu'il en a les moyens et de guérir dans l'hypothèse où la guérison est du domaine du possible mais non de moduler ses soins pour tenter de satisfaire à d'autres impératifs, tels l'ordre public. A ce propos, j'ai souvenir d'un cas où le tribunal avait ordonné un traitement d'Androcur, l'expert ayant préconisé ce type de médication. Douze ans plus tard, le médecin responsable du suivi médical imposé signale l'abandon de ce traitement en raison d'effets secondaires importants. Le tribunal ne l'entendit pas de cette oreille et me pria de trouver un autre médecin disposé à reprendre le traitement préconisé douze ans plus tôt. Le juge tint à peu de chose près les propos suivants: «*peu importe que le patient souffre des effets de sa médication, l'intérêt à protéger le public de tels individus l'emporte*». Il est évident que pour ma part, je ne connais pas de médecin qui traite simplement parce que la justice l'ordonne et j'en suis bien aise quand on sait où cela peut mener.

Relation de confiance, acte d'autorité, ces deux rôles sont bien distincts et devraient le rester. Mais les choses ne sont pas si simples, et comme vous l'ont montré les quelques exemples précités, le médecin est souvent pris dans un conflit de loyauté et de plus sommé de guérir!

B. L'obligation de résultat: illustration par les mesures pénales

Un domaine qui illustre bien la problématique de la double allégeance et surtout de l'obligation de résultat est celui des mesures pénales. C'est un domaine dans lequel je baigne, pourrait-on dire, depuis plus de douze ans, puisque à Neuchâtel, le code de procédure pénale confie au médecin cantonal la surveillance et l'exécution des mesures pénales des art. 43 et 44 CPS, à l'exclusion des art. 42 et 100 bis CPS. Il m'incombe donc de choisir l'institution adéquate lorsque le tribunal a décidé d'une hospitalisation ou d'un internement au sens de l'art. 43. Le dilemme n'est pas bien grand, tant l'éventail des établissements est restreint. Ce sera l'hôpital psychiatrique ou le pénitencier.

C'est aussi au médecin cantonal de désigner les médecins ou psychologues responsables d'un suivi médical ambulatoire ordonné par le juge. Et je puis vous assurer que confier officiellement ce type de mandat demande beaucoup de persuasion. Le médecin hésite, car il n'est à l'aise que dans la relation duelle et répugne à la triangulation. Quelle doit être son attitude lorsque le juge le questionne? Que peut-il lui dire, a-t-il le droit de mentir par omission? Et s'il dit la vérité, son patient serait-il en droit de l'accuser d'avoir violé le secret médical? Bien qu'il me paraisse difficile, à première vue, qu'un condamné à un traitement ambulatoire intente avec succès un procès contre son médecin sur la base de l'art. 321 CPS, cela n'empêche nullement le médecin de s'apercevoir, mais un peu tard comme dit la fable, qu'il s'est lui-même placé dans ce conflit de loyauté. Il devra constater que son rôle de soignant s'est doublé du rôle de policier et qu'il sera malgré lui co-responsable de ce que son patient considérera - et à juste titre parfois – comme une sanction imméritée. Soigner comporte déjà pas mal d'aléas et de déconvenues, il n'y a pas lieu de se charger d'une autre responsabilité, le médecin doit s'occuper de la santé de son patient, non de son parcours judiciaire, point à la ligne. Et croyez-moi, pendant longtemps j'ai eu du mal à comprendre pourquoi le médecin traitant, alors même qu'il avait d'excellentes relations avec son patient et que son discours attestait d'un contre transfert positif, hésitait à accepter un mandat de traitement imposé. A l'époque, certains acceptaient en recourant à un subterfuge que je trouvais inutilement complexe: le médecin généraliste continuait à suivre son patient, mais j'étais invitée à confier le mandat officiel à un médecin ou à une institution tiers.

Cette façon de procéder est, à peu de choses près, celle du service de médecine pénitentiaire vaudois, lequel utilise la CIC (commission interdisciplinaire consultative) comme courroie de transmission des informations à caractère médical. Cette commission pluridisciplinaire est l'instance qui dialogue avec les autorités judiciaires. Elle établit les rapports annuels et donne les préavis requis en cas de libération. Mais le patient est-il dupe? Personnellement, je n'en suis pas convaincue. Sur quoi peut bien reposer le rapport du médecin tiers ou de la CIC si ce n'est sur ce que le thérapeute aura rapporté de son patient?

Autre exemple très simple et courant de ces situations de double allégeance: les demandes du juge concernant le résultat des tests d'urine des toxicomanes dont la peine a été suspendue au profit d'un traitement ambulatoire. A une certaine époque, le juge estimait normal d'en recevoir régulièrement copie, réagissant vite et avec sévérité lorsque le résultat rapportait la preuve d'une continuation de la consommation. «*Considérant qu'Addicte ne fait aucun effort réel pour se sortir de sa dépendance*», pouvait-on lire dans l'ordonnance du juge qui mettait dès lors fin à la mesure et décidait de l'exécution du solde de peine. Aujourd'hui, grâce au maintien du dialogue entre magistrat et centre de traitement, les juges neuchâtelois ne sanctionnent plus qu'exceptionnellement les rechutes.

Je pense que la plupart des incompréhensions mutuelles dans les traitements imposés par décision de justice proviennent de ce que la justice attend du médecin non seulement qu'il soulage et soigne le condamné, mais qu'il le guérisse! Le patient condamné n'a pas le choix, il doit guérir ou exécuter! Le mandat du médecin, de tous temps considéré comme comportant une obligation de moyens, devient un mandat avec obligation de résultat. En cas d'échec, il y a exécution de la peine, ce qui revient à dire que le patient est sanctionné pour n'avoir pas guéri. Drôle de médecine que celle qui fait de votre médecin l'allié de celui qui vous condamne pour n'avoir pas réussi à guérir. Car c'est tout autre chose de guérir d'une mélancolie, d'un délire psychotique paranoïaque que de guérir d'une dépendance ou d'une propension à commettre certains types de délits. La guérison, dans ces derniers cas, ne dépend pas tant de l'habileté du médecin à trouver la médication adéquate que de la décision propre du toxicomane ou du criminel à modifier son comportement.

S'agissant de la toxicomanie, j'ai souvent l'impression que la justice agit de manière illogique et contradictoire. En effet, depuis plusieurs années déjà, les tribunaux ne sollicitent plus d'expertises s'agissant des toxicomanes, ce serait gâcher des deniers publics. En effet, ils savent, pour l'avoir si souvent lu, que les experts psychiatres retiennent quasiment d'office une responsabilité restreinte selon le degré de dépendance. Tous diront que la prison ne saurait guérir et qu'une prise en charge médicale serait plus indiquée. En règle générale, le tribunal suit l'avis de l'expert et ordonne ainsi un traitement. Mais si le tribunal retient la maladie du toxicomane, il ne le considère pas comme un malade ordinaire, puisqu'il le sanctionne en cas de rechute, donc s'il ne guérit pas. Pour lui, le toxicomane est quelqu'un qui serait un peu moins responsable des ses actes mais le serait tout à fait de sa guérison. Tout cela est bien étrange, ne trouvez-vous pas?

IV. L'ambiguïté du rôle de l'expert psychiatre

La difficulté du rôle du médecin pénitentiaire découle de son mandat: guérissez les patients qu'on vous confie. Et guérir, dans ce contexte, signifie le plus souvent éradiquer le risque de récidive. Comment se fait-il que la justice espère tant de la médecine et lui réclame l'impossible? La lecture de nombreuses expertises psychiatriques m'a convaincue que ce sont les médecins eux-mêmes, notamment les psychiatres, qui sont responsables de cet état de fait. Il y a peu de temps encore, la mission première de l'expert était d'opérer un partage entre la folie et la raison et d'éviter que la justice ne tienne pour responsable celui qui a agi en raison d'une maladie affectant d'une manière irrémédiable son jugement. Aujourd'hui, il semble que nous assistons à un glissement subtil de la mission de l'expert psychiatre, qui ne s'attache plus à déterminer la responsabilité des individus, mais cherche les déterminants du crime. En d'autres termes, il explique l'incompréhensible.

Je citerai ici les propos du Dr. Michel DUBEC, expert national français. L'article est daté d'octobre 1999 et m'a paru très pertinent, tant il est vrai que l'on a tendance à trouver très convaincantes les thèses nous confortant dans nos opinions: «*Ce n'est plus l'acte que l'on prétend juger aujourd'hui mais le sens de l'acte. Face à un crime insoutenable on est tellement déconcerté qu'on cherche à y mettre du sens. Après cette quête, on franchit un pas de plus, celui de prêter au sujet, entendez le prévenu, ce sens décelé comme une intention préalable à l'acte*». Simplement, ceci revient à dire cela: un crime passionnel, le juge comme tout un chacun le comprend aisément, en revanche le crime atroce d'un violeur sadique qui s'en prend spécifiquement à des enfants pré-pubères, on aimerait comprendre....Pourquoi? Et il faut bien le reconnaître, les experts sont passés maîtres dans l'art de construire, a posteriori, les déterminants d'un crime, déterminants qui sont le plus souvent ignorés du criminel lui-même. Plus la construction est habile et convaincante, plus le juge aura tendance à conclure que ceux qui comprennent si bien doivent forcément savoir soigner, et donc guérir. Comme si comprendre ou donner à croire que l'on a compris est gage de succès thérapeutique!

Le nombre des internements sur la base de l'art. 43 CPS est en augmentation, m'a-t-on laissé entendre. Est-ce à dire que les criminels sont aujourd'hui plus souvent qu'hier atteints de maladies psychiatriques? J'en doute. A mon sens, cette tendance pourrait s'expliquer, en partie, par un plus large usage de la nomenclature psychiatrique dont les items recouvrent l'ensemble des activités humaines, qu'elles soient délictueuses ou non. Prenons les perversions, sont-ce des maladies ou des comportements délictueux et dommageables pour autrui? Après tout, Mohamet II, l'empereur turc qui prit Constantinople, était clairement pédophile, toutefois personne ne songeait à le prendre pour un fou. Il était simplement assez puissant pour n'avoir aucun compte à rendre à ses victimes.

Ainsi, sorti du terrain sûr de la constatation d'une schizophrénie, d'une psychose maniaco-dépressive, l'expert en vient à s'aventurer sur un autre terrain. Il tente d'expliquer, par une construction psychologique plus ou moins étayée, ce qui s'est passé dans la tête du prévenu pour le conduire à accomplir un forfait paraissant irrationnel ou du moins peu compréhensible. Loin de moi l'idée de blâmer la démarche qui consiste pour le juge à essayer de comprendre les mobiles et les motivations cachés d'un criminel. Toute l'histoire du droit s'inscrit dans une évolution allant de la justice élémentaire du vieux droit germanique «œil pour œil, dent pour dent» à des jugements nuancés tenant compte tant de la nature du délit que de la personnalité de l'accusé. Cependant, à vouloir tout expliquer, l'expert risque de devenir un simple auxiliaire du procès, penchant tantôt du côté de la défense, tantôt du côté de l'accusation, au gré des normes sociales du moment.

Il est ainsi intéressant de remarquer que la notion d'irresponsabilité est moins souvent retenue depuis ces quinze dernières années sans que cette évolution repose sur le moindre substrat scientifique. Plus l'expert s'éloigne des maladies clairement délimitées, plus il se dirige vers des diagnostics aléatoires ou purement descriptifs: pyromane, pervers polymorphe, toxicomane. Il s'agit de pathologies pour lesquelles il n'est pas évident de proposer un traitement ayant des chances de succès prévisibles et mesurables. Pourtant les juges partent du principe que ceux qui ont si bien su comprendre les motivations d'un criminel sauront aussi les guérir.

Mais la psychiatrie possède-t-elle des outils qui modifient la personnalité? De quels traitements, spécifiques aux perversions, dispose-t-elle? A ma connaissance, les succès canadiens dans la resocialisation des pédophiles est corrélée à l'essor d'un réseau de structures de contrôle social, non au succès de la psychiatrie. Le pédophile, par exemple, est-il réellement malade ou a-t-il simplement commis un délit? Les opinions à ce sujet semblent aujourd'hui pencher en faveur de la maladie puisque l'on ordonne des traitements. Conséquence? La guérison ne pouvant être admise que si l'expert atteste que le risque de récidive a été définitivement écarté, les mesures de l'art. 43 CPS ressemblent à s'y méprendre au bannissement d'autrefois qui mettait ainsi la collectivité publique à l'abri des criminels les plus endurcis. Aujourd'hui, l'on n'abandonne plus le criminel sur une île perdue des antipodes, il suffit de demander aux psychiatres des services de médecine pénitentiaire de les guérir.

Cette médicalisation de la criminalité arrange probablement tout le monde aujourd'hui. Elle a cependant des effets pervers. Par exemple, le toxicomane qui, en état de manque, subtilise un porte-monnaie qui s'offre à lui car dépassant du sac à main béant de la femme le précédant dans la rue, n'est pas irresponsable. Comme ne l'est pas non plus celui qui, au guidon de son vélomoteur, se livre à des cambriolages ou des vols à l'arraché. La stabilisation de sa dépendance amènera vraisemblablement le premier à renoncer à ses larcins, mais je doute que le second renonce à son mode d'action lorsqu'il convoitera d'autres biens. Trop médicaliser déresponsabilise et incite le public à douter de la justesse de notre justice: est-il juste qu'un voleur «clean» soit aujourd'hui plus lourdement condamné qu'un voleur toxicomane?

V. Conclusion

J'appelle de mes vœux une psychiatrie plus modeste dans ses prétentions à tout soigner, mais aussi une justice qui assume sa responsabilité s'agissant des personnes qu'elle condamne. Si la psychiatrie est habile à construire, a posteriori, la palette des déterminants ayant abouti à un crime, il lui est bien difficile, voire impossible dans la plupart des cas, de convaincre l'autorité de la présence de déterminants prouvant la guérison d'un criminel. Personne n'est devin. Certaines études, menées aux Etats-Unis dans les années 80, laissent même entendre que les psychiatres le seraient moins que la moyenne des gens, dès lors qu'ils auraient tendance à systématiquement sur-pronostiquer la dangerosité. Statistiquement l'on sait que dans les problèmes d'alcoolisme et de toxicomanie, 1/3 des personnes guérit, 1/3 tiers se stabilise et 1/3 se péjore. On ne possède aucun chiffre pour les délinquants sexuels, mais l'évolution ne doit guère être différente. Ce qui semble certain, c'est qu'il est impossible de prédire à coup sûr, à quel tiers une personne donnée appartiendra.

J'appelle donc de mes vœux une psychiatrie qui refuse de revêtir le costume du devin comme une justice qui n'abandonne plus la responsabilité des internements qu'elle décide au seul corps médical. Mais qui peut me jurer que tout le monde, sauf moi, ne s'accommode pas fort bien de la situation actuelle?

Das psychiatrische Gutachten

Dr. med. Ruedi Osterwalder, eh. Chefarzt der Kantonalen Klinik Wil, eh. Leiter des Sozialpsychiatrischen Dienstes des Kt. St. Gallen, Lehrbeauftrager an der Universität St. Gallen

Zusammenfassung: Psychiatrische Gutachten beeinflussen wesentlich den Entscheid, wie und wo ein Täter seine Freiheitsstrafe oder seine Massnahme zu absolvieren hat. Zwei wichtige Fragestellungen beschäftigen den Gutachter: Es ist einerseits die Frage nach der Schuldfähigkeit des Täters; diese ist abhängig von der Fähigkeit des Täters, zu verstehen und/oder zu wollen. Die zweite Frage betrifft die Prognose, beziehungsweise die Gefährlichkeit eines Täters bezüglich weiterer krimineller Handlungen. Vor allem die Prognosegutachten stellen eine grosse Herausforderung für den Experten dar. Obwohl Skalen entwickelt werden, welche anhand von bewertbaren Faktoren die Risiken durch Punktezuteilungen berechenbar machen, ist nach wie vor eine Gesamtschau durch den erfahrenen Experten erforderlich. «Gefährlichkeit» ist ein komplexer Begriff. Schwerwiegende Entscheide in diesem Bereich sollten von interdisziplinären Teams getroffen und verantwortet werden.

Résumé: L'expertise psychiatrique influence fondamentalement la décision de savoir où et comment le condamné va exécuter sa peine ou sa mesure. Deux questions importantes occupent l'expert: la première est relative à la responsabilité pénale du délinquant qui dépend de sa capacité de comprendre et/ou d'agir. La seconde relève du pronostic respectivement de la dangerosité de l'auteur quant à d'éventuelles activités criminelles futures. L'établissement d'un pronostic constitue en particulier un défi important pour les experts. Malgré tout, l'appréciation d'ensemble d'un expert confirmé reste nécessaire, bien qu'entre temps des tabelles aient été mises à disposition du praticien pour, au moyen d'une notation par point, évaluer le niveau des risques. La dangerosité est un concept complexe. Toute décision importante dans ce domaine devrait être prise et assumée par des équipes interdisciplinaires.

I. Einleitung

Die psychiatrischen Gutachten haben einen beachtlichen Anteil am Entscheid, wie ein Betroffener beurteilt wird und in welcher Institution er schlussendlich seine Freiheitsstrafe oder seine Massnahme zu absolvieren hat. Damit besteht ein unmittelbarer Bezug zu Ihrem Tagungsthema.

Psychiatrische Begutachtungen werden in vielen Bereichen zur Beurteilung beigezogen. Ich verzichte jedoch darauf, in diesem Rahmen die zivilrechtlichen und versicherungsrechtlichen Aspekte zu diskutieren, ich beschränke mich auf den strafrechtlichen Bereich.

Meine persönlichen Erfahrungen basieren auf meiner Tätigkeit als Leiter des Sozialpsychiatrischen Dienstes des Kantons St. Gallen während 6 Jahren, darauf war ich 11 Jahre Chefarzt der Kantonalen Psychiatrischen Klinik in Wil. Heute doziere ich an der Universität St. Gallen in der juristischen Abteilung im Rahmen eines Lehrauftrages für forensische Psychiatrie. Die Gutachtertätigkeit nehme ich im Rahmen meiner jetzigen Privatpraxis wahr. Über viele Jahre war ich im Ausbildungszentrum für Strafvollzugspersonal in Fribourg tätig. Der Kontakt und der dauernde Gedankenaustausch mit Mitarbeiterinnen und Mitarbeitern aus dem Strafvollzug, den Bezirksgefängnissen und den Massnahmenvollzugsanstalten war für mich immer sehr bereichernd.

Im strafrechtlichen Bereich ist das psychiatrische Gutachten erforderlich oder wünschenswert zur:

- Beurteilung der Zurechnungsfähigkeit von Straftätern zum Zeitpunkt der Tat;
- Beurteilung der Therapiemöglichkeiten zwecks Verminderung der Rückfallgefahr in Delikte, damit verbunden Vorschläge bezüglich Massnahmen;
- Beurteilung der Prognose vor probeweiser Entlassung aus Massnahmen;

- Einschätzung der Gefährlichkeit bei bedingter Entlassung aus dem Strafvollzug;
- Beurteilung der Notwendigkeit der Verwahrung nach Strafvollzug.

Ihnen ist bekannt, dass die psychiatrischen Gutachten in den letzten Jahren vermehrt Gegenstand kritischer Beurteilung wurden. Tragische Ereignisse haben das Bewusstsein geweckt, dass psychiatrische Beurteilung und Betreuung auch nur Menschenwerk ist und absolute Aussagen bezüglich Gefährlichkeit vom Psychiater nicht erwartet werden können. In der Definition der Gefährlichkeit hat dies in der «Botschaft» des Bundesrats zur Änderung des Schweizerischen Strafgesetzbuches vom September 1998 Niederschlag gefunden. Dort heisst es: «*Die psychische Störung kann allenfalls ein Element sein, das im Zusammenspiel mit weitern Elementen auf eine erhebliche Wiederholungsgefahr schliessen lässt, denn Gefährlichkeit ist keine dem Täter innewohnende Eigenschaft sondern das Ergebnis eines komplexen Zusammenwirkens von Persönlichkeitsmerkmalen, Lebensumständen und Umweltbedingungen*».

Bei der psychiatrischen Beurteilung eines Täters sind zwei Dinge auseinander zu halten. Für das urteilende Gericht ist es wichtig, die Zurechnungsfähigkeit oder, nach neuer Terminologie, die Schuldfähigkeit eines Täters zum Zeitpunkt der Tat durch einen Experten beurteilen zu lassen. Von dieser nicht ganz einfachen Fragestellung ist die andere abzugrenzen, die oft folgenschwerere Fragestellung nach der Prognose bezüglich deliktischer Rückfallswahrscheinlichkeit. Diese Risikoeinschätzung interessiert momentan die Politik und die Bevölkerung emotional mehr als die fachlich korrekte Beurteilung der Zurechungsfähigkeit zum Zeitpunkt der Tat.

II. Beurteilung der Zurechnungsfähigkeit

In der bereits erwähnten Botschaft des Bundesrates wird im Art. 17 der Begriff der Zurechnungsfähigkeit fallengelassen, die Grundbedingungen der Schuldfähigkeit sind aber die selben wie im jetzt geltenden Strafgesetz. Es heisst: «*Nach der biologisch psychologischen Methode, die wir beibehalten, wird vorausgesetzt, dass sich der Täter in einem anormalen psychischen Zustand befand, demzufolge er seiner Fähigkeit zu verstehen und/oder zu wollen beraubt war*». Diesen anormalen psychischen Zustand bezeichnen wir als psychische Störung. Wir verzichten dabei auf die im geltenden Recht verwendeten, heute jedoch von der Psychiatrie als überholt angesehenen Begriffe der Geisteskrankheit, des Schwachsinns und der Störung des Bewusstseins. «*Der Begriff der psychischen Störung erfasst insbesondere Störungen organischer Herkunft, sodann die Persönlichkeits-, Verhaltens- und Entwicklungsstörungen aber auch vorübergehende anormale psychische Zustände, die heute unter den Begriff der Bewusstseinsstörung fallen. Indessen führt nicht jede psychische Störung zur Schuldunfähigkeit. Diese wird allein durch eine schwere psychische Störung begründet. Die psychische Verfassung des Täters muss sich krass vom Durchschnitt, wie ihn die übrigen Rechtsobjekte, insbesondere aber auch andere Verbrecher repräsentieren, abheben, damit er als voll schuldunfähig gilt*». Der Begriff der schweren psychischen Störung gilt auch für die verminderte Schuldfähigkeit.

Die Formulierung in der Botschaft des Bundesrates nimmt damit die heute weitgehend verbreitete Praxis der forensisch tätigen Psychiater auf, nur schwere psychische Störungen als Begründung einer verminderten Zurechnungsfähigkeit anzuführen. Dies steht im Gegensatz zur oft geäusserten, etwas saloppen Formulierung, dass jeder Täter, der von einem Psychiater beurteilt wird, so oder so einen sogenannten «Psychiaterrabatt» bekomme.

Ein strafrechtlich psychiatrisches Gutachten sollte in seiner Formulierung gewisse Regeln beachten. Die Vereinheitlichung der Abfassung solcher Gutachten machen es den Gerichten und anderen Interessierten einfacher, diese oft umfangreichen Dokumente zu lesen und zu interpretieren.

Folgendes Gutachten-Aufbauschema hat sich eingebürgert und in der Praxis bewährt:

- Kurze Einleitung, Schilderung der Situation;
- Wiederholung der Fragen;
- Angaben der Quellen; Reihenfolge: Akten, Krankengeschichte, Auskünfte, bzw. Auskunftspersonen;
- Schilderung des Tathergangs;
- Lebensgeschichte: Familienanamnese, Geburt und frühe Kindheit, Kindheit (Schule, Elternhaus, etc.), Jugendalter (persönliche Entwicklung, Berufswahl, Berufsidentifikation, Arbeitsstellen, Ablösung von zu Hause, ideeller Ausbau der Identifikation, Interessen,

Kameraden, Ziele, Freizeitgestaltung, Religion im weitesten Sinne);

- Eigene Beobachtungen und Untersuchungen, kurzer Psychostatus, Mikroanamnese der psychischen Befindlichkeit zum Zeitpunkt der Tat, psychologische Testergebnisse;
- Diagnose:
  - Übersetzung der Diagnose, Erklärung, was an der Diagnose wesentlich ist;
  - Erläuterung, welchem gesetzlichen Begriff die Diagnose entspricht, Begründung;
  - Beschreibung der Folgen, welche die Diagnose im konkreten Leben des Patienten hat;
  - Beurteilung des Geisteszustandes zum Zeitpunkt der Tat mit differenzierter Diskussion der Zurechnungsfähigkeit. Ab schnitt der Prognose mit Therapiemöglichkeiten, zuerst all gemein, dann konkret im Sinne von Massnahmen, welche zu empfehlen sind.
- Sehr kurze, zusammenfassende Beantwortung der Fragen (hier keine Begründung mehr).

Wie schon erwähnt, spielt in der Beurteilung der bereits erwähnte Begriff der Gefährlichkeit eine wichtige Rolle. Dazu die Botschaft des Bundesrates: «*Die heutige Praxis geht in der Regel davon aus, dass Gefährlichkeit, insbesondere bei Personen mit einer psychischen Störung anzunehmen ist, und mit ärztlichen Massstäben gemessen werden kann. Demgegenüber kommen verschiedene Untersuchungen über den Zusammenhang zwischen psychischer Krankheit und Gefährlichkeit zum Schluss, dass die Gefährlichkeit psychisch kranker Menschen nicht signifikant höher ist als die der seelisch gesunden. Schwere Straftaten werden von psychisch Kranken nicht häufiger und nicht weniger häufig begangen als von andern Mitgliedern der entsprechenden Bevölkerungsgruppen. Psychische Krankheit ist somit für sich allein betrachtet nicht mit Gefährlichkeit gleichzusetzen. Gefährlichkeit ist kein medizinischer Befund, sondern das Ergebnis einer umfassenden Risikoanalyse. Insoweit ist es unzulässig, die Person des Täters nur aufgrund von früheren oder gegenwärtigen psychischen Störungen als gefährlich zu klassifizieren*».

Es ist sinnvoll, die Meinung des Psychiaters auch zur Frage der Gefährlichkeit einzuholen, da gewisse Krankheitszustände damit in Verbindung stehen können, aber nicht müssen. Die Gesamtbeurteilung: «gefährlich oder nicht gefährlich» sollte jedoch nicht vom Psychiater allein, sondern vom Gericht oder von interdisziplinär zusammengesetzten Kommissionen beurteilt werden.

III. Prognosegutachten

«*Es ist sehr schwer, eine genaue Voraussage zu machen, vor allem über die Zukunft*» (Mark TWAIN)

Aus einfühlbaren Gründen wird die Frage der Prognose bezüglich Rückfällen in Delikte immer wichtiger. Die kritische Diskussion über die Treffsicherheit psychiatrischer Prognosegutachten ist ihnen bekannt. Dabei muss grundsätzlich darauf hingewiesen werden, dass der Experte eine beratende Funktion hat und damit nicht die volle Verantwortung für die Entscheide von Gerichten und Justizorganen zu tragen hat. Es geht aber nicht darum, sich aus der Verantwortung zu stehlen. Ich denke, alle beteiligten Menschen und Behörden haben die Verantwortung solidarisch zu tragen, nachdem die Entscheide nach bestem Wissen und Gewissen gefällt worden sind. In der Regel geht es darum, drei Elemente zu gewichten, bevor entschieden wird:

- Risikoeinschätzung
- Verhältnismässigkeit
- Gesetzlicher Rahmen

Ich persönlich finde die Entwicklung nach dem Fall Hauert entlastend, dass für schwerwiegende Entscheide Kommissionen gebildet wurden, welche alle Aspekte der Gefährlichkeitsbeurteilung zu werten haben. Gerade im Bewusstsein, dass mit der Prognosebeurteilung schwerwiegende Folgen verbunden sein können, lassen es wünschenswert erscheinen, dass nicht eine Person allein diese fällen muss.

In den letzten Jahren hat sich die Psychiatrie bemüht, Instrumente zu entwickeln, welche die Prognose nicht nur intuitiv erfassen lassen, sondern aufgrund von Skalen und möglichst objektivierbaren Kriterien bessere Beurteilungskriterien anbieten sollen.

A. Faktoren für eine Prognosebegutachtung (W. Rasch)

Das Ausgangsdelikt:	- Statistische Rückfallwahrscheinlichkeit (Basisrate) - Situative Eingebundenheit des Deliktes - Ausdruck einer vorübergehenden Krankheit - Zusammenhang mit der Persönlichkeit - Motivationale Zusammenhänge
Die prädeliktische Persönlichkeit:	- Kindheitsentwicklung und Faktoren einer Fehlentwicklung - Soziale Integration - Lebensspezifische Umstände (Pubertät, Adoleszenz etc.) - Art und Dauer von krankhaften Verhaltensausfälligkeiten
Die postdeliktische Persönlichkeitsentwicklung:	- Anpassung - Nachreifung - Entwicklung von Copingmechanismen - Umgang mit bisheriger Delinquenz - Persistieren deliktspezifischer Persönlichkeitszüge - Aufbau von Hemmungsfaktoren - Folgeschäden durch Institutionalisierung

Der soziale Empfangsraum:	- Arbeit - Unterkunft - Soziale Beziehungen - Kontrollmöglichkeiten - Konfliktbereiche, die rückfallgefährdende Situationen wahrscheinlich machen - Verfügbarkeit von Opfern

B. Grundlegende Anforderungen an ein Prognosegutachten (A. MÖLLER, Ph. MAIER)

- Eigene Untersuchungen des Begutachteten;
- Aktenstudium bzw. kritische Einbeziehung der Vorgeschichte, insbesondere der erkennbaren Zusammenhänge mit gewaltprovozierenden Situationen, konstellativen Faktoren wie Alkohol, Entwicklungen hinsichtlich Art und Ausmass von Gewaltanwendung (Waffengebrauch usw.);
- Einbeziehung von Haft- und Massnahmenerfahrungen, Therapiebemühungen und -erfolgen;
- Transparenz der letztendlich getroffenen gutachterlichen Aussagen durch Bezugnahme auf deutlich deklarierte, in ihrer Wertigkeit im Hinblick auf die Fragestellung belegte Kriterien.

Wenn man die Diskussion der letzten Jahre beobachtet wird deutlich, dass eine Verschiebung innerhalb dieser Kriterien stattgefunden hat. Wenn früher mehr das Verhalten im Strafvollzug oder im Massnahmenvollzug beurteilt wurde, wird heute bei der Beurteilung der Gefährlichkeit mehr die deliktische Vorgeschichte und die Persönlichkeitsstruktur des Täters gewichtet.

Momentan sind diverse psychiatrische Experten daran, die Instrumente zu verfeinern, welche es ermöglichen, aufgrund von Skalen die Gefährlichkeit einzustufen. Solche Instrumente haben den Vorteil, dass sie auch ermöglichen, wissenschaftlich zu evaluieren, ob die Prognosebeurteilung zutraf oder nicht. In einem Übersichtsartikel A. MÖLLER und Ph. MAIER aus der Psychiatrischen Universitätsklinik Zürich und aus dem Obergericht des Kantons Zürich zum Schluss: «*Zwar zeigen die exemplarisch besprochenen Studien, dass eine Prognose zu Aussagen führen kann, die sich auch noch nach Ablauf von Jahren überzufällig häufig als zutreffend erweisen. Im Einzelfall wird die auch längerfristige Gültigkeit einer Prognose dann anzunehmen sein, wenn es sich um früher mit relativ grosser Häufigkeit und in unterschiedlichen situativen Zusammenhängen gezeigtes Verhalten handelt. Eine Prognose wird längerfristig kaum zu stellen sein, wenn das zu prognostizierende Verhalten bisher selten und in sehr spezifischen Situationen zusammenhängend gezeigt wurde, über deren mögliche Rekonstellierung nur spekuliert werden kann*».

C. Variablen in positivem Zusammenhang mit dem Risiko künftiger Gewaltanwendung («Gefährlichkeitsprognose»)

Männliches Geschlecht	Sadistische Erlebensmomente
Jüngeres Lebensalter (etwa <40 Jahre)	Antisozialer Lebensstil (Diagnose der antisozialen Persönlichkeitsstörung)
Anamnese von fremdgerichteten Gewalthandlungen	Alkohol-/Drogenanamnese
Gewalthandlungen unter Gebrauch von Waffen	Komplex von Kränkbarkeit/Erregbarkeit/ Impulsivität (Borderline-Diagnose)
«Schwere» der Gewalthandlung	Mangelnde Behandlungsbereitschaft/-fähigkeit

D. *Prognose und tatsächlicher Verlauf (A. MÖLLER, Ph. MAIER)*

1. Günstig – Kein Deliktrezidiv

- 93 % (KLASSEN UND O'CONNOR 1988)
- 58 % (SEPEJAK et al. 1983)
- 64 % (LIDZ et al. 1993)

2. Ungünstig – Deliktrezidiv

- 59 % (KLASSEN UND O'CONNOR 1988)
- 61 % (SEPEJAK et al. 1983)
- 53 % (LIDZ et al. 1993)

Ich denke, dass es in Zukunft vor allem aus wissenschaftlichen Überlegungen heraus wichtig sein wird, Bewertungsskalen für die Prognosestellung zu verwenden. Diese dürfen aber nie allein ausschlaggebend für die Schlussbeurteilung sein. Die klinische Erfahrung, die Intuition, die Erfahrungen des betreuenden Personals müssen genauso gewichtet und gewertet werden. Es ist, nach DITTMANN, eine Gesamtschau erforderlich.

Als prognostisch ungünstige Persönlichkeitsstrukturen haben sich z.B. folgende heraus kristallisiert:
- Die Borderline Persönlichkeitsstörung
- Die antisoziale Persönlichkeitsstörung

E. *Diagnostische Kriterien für eine Borderline Persönlichkeitsstörung (DSM IV)*

- Verzweifeltes Bemühen, tatsächliches oder vermutetes Verlassenwerden zu vermeiden;
- Ein Muster instabiler, aber intensiver zwischenmenschlicher Beziehungen, das durch einen Wechsel zwischen den Extremen der Idealisierung und Entwertung gekennzeichnet ist;
- Identitätsstörung: ausgeprägte und andauernde Instabilität des Selbstbildes oder der Selbstwahrnehmung;

- Impulsivität in mindestens zwei potentiell selbstschädigenden Bereichen (Geldausgaben, Sexualität, Substanzmissbrauch, rücksichtsloses Fahren, «Fressanfälle»);
- Wiederholte suizidale Handlungen, Selbstmordandeutungen oder -drohungen, Selbstverletzungsverhalten;
- Affektive Instabilität infolge einer ausgeprägten Reaktivität der Stimmung (z.B. hochgradige episodische Dysphorie, Reizbarkeit oder Angst, wobei diese Verstimmungen gewöhnlich einige Stunden und nur selten mehr als einige Tange andauern);
- Chronische Gefühle der Leere;
- Unangemessene, heftige Wut oder Schwierigkeiten, die Wut zu kontrollicren (z.B. häufige Wutausbrüche, andauernde Wut, wiederholte körperliche Auseinandersetzungen);
- Vorübergehende, durch Belastungen ausgelöste paranoide Vorstellungen oder schwere dissoziative Symptome.

F. Diagnostische Kriterien für eine antisoziale Persönlichkeitsstörung (DSM IV)

a) Es besteht ein tiefgreifendes Muster von Missachtung und Verletzung der Rechte anderer, das seit dem 15. Lebensjahr auftritt. Mindestens drei der folgenden Kriterien müssen erfüllt sein:

- Versagen, sich in bezug auf gesetzmässiges Verhalten gesellschaftlichen Normen anzupassen, was sich in wiederholtem Begehen von Handlungen äussert, die einen Grund für eine Festnahme darstellen;
- Falschheit, die sich in wiederholtem Lügen, dem Gebrauch von Decknamen oder dem Betrügen anderer zum persönlichen Vorteil oder Vergnügen äussert;
- Impulsivität oder Versagen, vorausschauend zu planen;
- Reizbarkeit und Aggressivität, die sich in wiederholten Schlägereien oder Überfällen äussert;
- Rücksichtslose Missachtung der eigenen Sicherheit bzw. der Sicherheit anderer;
- Durchgängige Verantwortungslosigkeit, die sich im wiederholten Versagen zeigt, eine dauerhafte Tätigkeit auszuüben oder finanziellen Verpflichtungen nachzukommen;

- Fehlende Reue, die sich in Gleichgültigkeit oder Rationalisierung äussert, wenn die Person andere Menschen gekränkt, misshandelt oder bestohlen hat.

b) Die Person ist mindestens 18 Jahre alt.

c) Eine Störung des Sozialverhaltens war bereits vor Vollendung des 15. Lebensjahres erkennbar.

d) Das antisoziale Verhalten tritt nicht ausschliesslich im Verlauf einer Schizophrenie oder einer manischen Episode auf.

III. Schlussbemerkungen

Gestatten Sie mir, zum Schluss noch einige Punkte anzuführen, welche mit meinem Erleben als Experte zu tun haben. Folgende Einflüsse können den Experten beeinflussen:
- Angst vor Tätern, Behörden, Öffentlichkeit;
- Mut zum Nichtwissen;
- Einfühlbarkeit und Mitleid mit dem Täter;
- Sympathie/Antipathie;
- Vermischung mit eigener Biografie;
- Zeitdruck;
- Beeinflussung durch Umgebung;
- Nichteinbezug des betreuenden Personals;
- Politischer Druck.

Es ist wichtig, dass man diese Gefahren kennt, und sich bewusst damit auseinander setzt. Da es heutzutage modern ist, von Schlüsselqualifikationen zu sprechen, möchte ich für den psychiatrischen Experten folgende Schlüsselqualifikationen wünschen:

- *Wissen*: Das Wissen sollte sich nicht nur auf das Medizinisch-Psychiatrische beschränken, sondern der psychiatrische Experte sollte auch die Bedürfnisse und die Möglichkeiten der Justiz, des Strafvollzugs und des Massnahmenvollzugs kennen. Damit werden unrealistische Beurteilungen und Forderungen vermieden.

- *Disziplin*: Der Experte soll unbeirrt durch alle möglichen Beeinflussungen seine Untersuchungen vornehmen. Gutachten brauchen Zeit, sie sind oft für einen Täter von entscheidender Bedeutung. Der Täter hat ein Anrecht auf eine sorgfältige Expertenarbeit.

- *Demut*: Oft ist die Versuchung gross, sich zu Aussagen hinreissen zu lassen, zu denen man nicht 100 %-ig stehen kann, man möchte aber als Experte nicht zu viele Fragen offen lassen. Ich denke aber, dass in dem Bereich, welchen ich heute vorgestellt habe, oft vieles offen und unbeantwortet bleiben muss. In diesem Sinne meint Demut, dass man zu seinen Grenzen stehen kann.

Literaturverzeichnis

DITTMANN V., Zur Methodik der psychiatrischen Begutachtung im Strafrecht, *TW Neurologie Psychiatrie*, Mai 1991, 5, 235-250.

DITTMANN V., Grundlagen und Technik der psychiatrischen Begutachtung in schweizerischen Strafrecht, *TW Neurologie Psychiatrie Schweiz*, 1991, 5, 209-222.

DITTMANN V., Kriterien zur Beurteilung des Rückfallrisikos besonders gefährlicher Straftäter, *Arbeitsinstrument der Fachkommission des Strafvollzugskonkordats des Nordwest- und Innerschweiz*, Version 2, Dez. 1999.

HOFFMANN-RICHTER U., DITTMANN V., Forensik zwischen Alltag, Recht und Psychiatrie, *Psychiatrie Praxis,* 1996, 23.

KNECHT Th., Das Problem der Gefährlichkeitsprognose, *Kriminalistik Schweiz* 1996, 6.

MÖLLER A., MAIER Ph., Möglichkeiten der forensischen Legalprognose, *Schweizer Archiv für Neurologie und Psychiatrie*, 2000, Vol. 151-3.

NEDOPHIL N. et al., *Forensische Psychiatrie*, Stuttgart 1996.

RASCH W., *Forensische Psychiatrie*, Stuttgart 1999.

SASS H., WITTCHEN H.-U., ZAUDIG M., *DSM-IV: Diagnostisches und Statistisches Manual Psychiatrischer Störungen*, Horgrefe 1998.

WEBER F., KOCH U., LEYGRAF N., Die Gefährlichkeitsprognose im klinischen Kontext des psychiatrischen Massregelvollzugs, *Psychother. Psychosom. Med. Psychol.*, 1996, 46, 312-317.

L'indépendance professionnelle du personnel de santé travaillant en milieu pénitentiaire

Bruno Gravier, psychiatre, chef du Service de médecine et de psychiatrie pénitentiaires du Canton de Vaud

Résumé: Depuis quelques années plusieurs textes émanant de législations nationales, mais surtout des différentes instances internationales ont réaffirmé un certain nombre de principes qui doivent servir de référence à l'organisation des soins en milieu pénitentiaire. Equivalence des soins avec le milieu extérieur, refus d'associer les équipes de soins aux aspects de contrôle sécuritaire, autonomie du soignant et respect de son indépendance professionnelle. Le respect de ces principes ne fait pas obstacle au développement d'un partenariat avec des équipes qui ont d'autres missions que le soin. Ils permettent cependant de fonder une médecine communautaire en milieu pénitentiaire et autorisent celle-ci à ne pas rester passive face aux violences et aux tensions qui traversent quotidiennement l'institution pénitentiaire et l'exposent à tous les dévoiements éthiques. Même s'il est mal accepté le secret médical évite bien des dérives et rappelle le caractère intangible de l'intimité de la relation médecin/malade. Il n'empêche pas cependant que des échanges existent et permettent une approche du détenu dans un partenariat qui évite les clivages. L'indépendance des équipes de soins en milieu pénitentiaire doit être renforcée par un rattachement clair de celle-ci aux autorités sanitaires, voire aux hôpitaux. L'institution carcérale ne peut qu'en être bénéficiaire, ne serait-ce que par la garantie d'un accès facilité aux soins spécialisés et le renouvellement des équipes de soins. Il est certain que le monde carcéral est un monde difficile et que le regard extérieur que peut porter le médecin est souvent difficile à accepter, ne serait-ce que par sa valeur de témoignage. Seul le développement d'une conflictualité constructive entre les différentes équipes peut permettre de dépasser ces tensions et amener l'indispensable progrès

Zusammenfassung: Seit einigen Jahren haben zahlreiche nationale sowie internationale Texte Grundsätze festgelegt, die sich auf die Organisation des Gesundheitswesen im Freiheitsentzug beziehen: Gleichstellung der Behandlungen im Freiheitsentzug wie in der Aussenwelt, Verweigerung des Einsatzes des Gesundheitspersonals mit Sicherheitsaufgaben; Autonomie und berufliche Unabhängigkeit des Pflegepersonals. Der Respekt dieser Grundsätze soll aber nicht verhindern, dass eine partnerschaftliche Zusammenarbeit mit weiteren Anstaltsdiensten entsteht und möglich ist. Diese Prinzipien erlauben, eine medizinische Versorgung im Freiheitsentzug zu gewährleisten. Diese medizinische Versorgung darf auch nicht passiv bleiben gegenüber Gewalttätigkeiten und Spannungen, die tagtäglich im Vollzug geschehen können und die in sich die Gefahr bergen, ethische Aspekte zu gefährden. Selbst wenn die ärztliche Schweigepflicht nicht immer vollumfänglich akzeptiert ist, vermeidet sie gravierende Fehler und erinnert an den unantastbaren Charakter der Arzt-Patient-Beziehung. Das Arztgeheimnis geht nicht so weit, dass der notwendige Gedankenaustausch mit anderen Anstaltsdiensten verhindert wird. Dieser Austausch soll auch erlauben, den Gefangenen in partnerschaftlicher Zusammenarbeit zu betreuen. Die Unabhängigkeit des Pflegepersonals im Freiheitsentzug muss durch eine klare Angliederung an die Strukturen der Gesundheitsbehörden und/oder Spitäler noch verstärkt werden. Der Freiheitsentzug kann davon nur profitieren, da einerseits die Garantie eines direkteren Zuganges zu spezialisierten Behandlungen besteht und auf der anderen Seite die Gefängnismedizin generell aufgewertet wird. Die Welt des Gefängnisses ist eine spannungsreiche Welt, einzig eine konstruktive Konfliktkultur zwischen den verschiedenen Anstaltsdiensten erlaubt es, diese Spannungen zu überwinden.

I. Introduction

Le monde pénitentiaire a bien du mal à reconnaître une place au discours médical. Les débats qui se tiennent régulièrement et qui posent la question de l'indépendance du personnel de santé travaillant en prison sont, à mon avis, le reflet des forces et des faiblesses de la médecine en milieu pénitentiaire.

Force d'une pratique en pleine mutation, en constante urgence de développement face aux défis qui sont les siens. Force aussi d'une pratique professionnelle qui s'exerce de plus en plus en équipe et non plus dans l'isolement et qui développe au fil du temps des réflexions et des approches qui autorisent les équipes médicales à se poser comme interlocuteurs et partenaires des autorités pénitentiaires et non plus comme auxiliaires à peine tolérés dans une institution peu encline à accepter les regards extérieurs. Mais, faiblesse d'un groupe professionnel qui a du mal à se constituer en tant que tel et à se faire entendre pour développer une pratique reconnue et respectueuse des valeurs médicales, inscrite dans une véritable politique sanitaire.

La médecine pénitentiaire se préoccupe du détenu, de ses conditions de vie et de ses pathologies dans son actualité et son devenir. Mais, plus encore que toute autre pratique médicale, elle se doit d'être attentive aux conditions éthiques dans lesquelles sont prodigués les soins. Ces interrogations éthiques sur notre place dans la prison sont quotidiennes. Le soignant est, la plupart du temps, insuffisamment formé et souvent peu conscient des enjeux auxquels il doit faire face lorsqu'il est interpellé dans des situations où les conflits de loyauté sont multiples et les repères habituels du soin bouleversés.

L'urgence et la violence imprègnent ce quotidien. Les soignants, comme tous les acteurs du monde pénitentiaire, doivent souvent agir sous la pression et dans la précipitation. Pourtant, la prison est bien un lieu où des décisions devraient être particulièrement pesées et réfléchies autant dans leurs implications cliniques et thérapeutiques qu'en raison des conséquences des actes posés pour la sécurité d'autrui et le respect de la personne. Un tel contexte fait vivre encore trop souvent au soignant le désaveu de sa fonction, de son identité et de sa mission de soin.

La question de l'indépendance professionnelle du personnel soignant est plus que d'actualité dans les débats qui existent à l'heure actuelle au sein de nombreuses instances de notre pays et au moment où des choix et des modèles divergents sont adoptés d'un canton à l'autre.

II. L'indépendance professionnelle des soignants: un principe central

Les textes et les déclarations concernant l'indépendance professionnelle des personnels de santé en milieu pénitentiaire sont nombreux (cf. annexe) et témoignent unanimement du souci des différentes instances internationales de garantir un exercice professionnel le plus conforme possible à l'exercice de la médecine en dehors des prisons. Au fil des textes s'est d'ailleurs dégagé un principe général d'équivalence des soins entre les soins proposés aux détenus et ceux dont peut bénéficier la population générale. C'est d'ailleurs l'occasion de rendre hommage au Prof. BERNHEIM qui a largement contribué à imposer cette idée et qui a indiqué certains axes forts à travers une réflexion éthique constante[1]. Le principe d'équivalence, comme tout principe général, doit, d'ailleurs faire l'objet d'une constante adaptation au regard de l'évolution des soins, de l'élaboration des politiques et de tout ce qui témoigne de la difficulté de notre société à assumer le coût d'une médecine performante.

Nonobstant les conditions propres au milieu carcéral, une des premières interrogations concerne directement le statut des praticiens: médecine d'institution, la médecine pénitentiaire dans son souci d'équivalence doit-elle se rapprocher de la médecine de ville, de la médecine hospitalière ou doit-elle s'orienter vers la constitution d'une médecine communautaire qui intègre les contraintes de l'institution dans les principes fondateurs de l'acte médical?

Le principe général d'équivalence souffre de quelques exceptions qui prennent en considération autant la particularité du lieu que celle des patients qui y séjournent et qui illustrent cette question. La question du libre choix du médecin, par exemple, est une de ces exceptions. S'il est soigné par un praticien qui a sa totale responsabilité médicale, le détenu dans la plupart des établissements n'en est pas moins confié à une équipe qu'il ne peut choisir comme lorsqu'un patient est admis dans n'importe quelle institution. La question du choix du praticien dans une équipe procède alors de la démarche interne à l'équipe qui peut assumer ce choix lorsque des difficultés surgissent.

---

1 J. BERNHEIM, Ethique en médecine pénitentiaire, *Médecine et Hygiène*, 1991, 49, 2494-2501.

Il n'est pas rare qu'un détenu, un de ses proches, son avocat ou toute autre personne sensible à sa situation demande l'intervention d'un soignant, le plus souvent il s'agit de psychiatre ou de psychologue, extérieur à l'équipe qui œuvre dans la prison. Cette demande, le plus souvent, bien plus que la demande d'un autre regard, est l'expression d'une volonté de disqualification de l'équipe ou de l'institution, écho de la pathologie du patient ou d'autres conflits qui peuvent pourtant difficilement être gérés sans une vision qui intègre tous les paramètres de l'institution et de la situation personnelle et pénale du détenu. Il n'est pas rare non plus que des intervenants de la prison, pris dans le clivage que suscitent certains patients, revendiquent à sa place un changement de thérapeute.

La question du libre choix si souvent invoqué par les uns et les autres dès lors que le médecin pénitentiaire dérange ou confronte tantôt son patient, tantôt ses partenaires, devient alors tentative de récusation de celui qui dérange les uns ou les autres, invalidation du médecin par le soupçon qu'il fait peser sur lui. S'il ne peut être alors soutenu par un lien qui l'institue, malgré sa différence, dans la communauté où il exerce, il est alors en grand danger. Ce qui ne veut pas dire que la médecine pénitentiaire doive faire l'économie d'un regard tiers et extérieur sur la qualité de sa pratique, bien au contraire.

Une autre préoccupation qui s'inscrit en filigrane de ces textes et qui souligne la question de l'indépendance professionnelle est le refus clairement exprimé d'associer les équipes médicales ayant une fonction de soin dans les établissements pénitentiaires aux aspects de contrôle sécuritaire pouvant vite conduire à des dévoiements de l'éthique médicale. Il s'agit là encore d'un principe central et fondateur, maintes fois réaffirmé, mais finalement beaucoup plus fragile qu'on ne le pense. Il est, en particulier, partout rappelé que les fouilles corporelles ne peuvent être effectuées par le personnel médical de l'établissement, appelé à établir une relation de soins. Cette évidence mérite d'être rappelée car il est surprenant de constater que cette mission figure encore dans le cahier des charges de certains de nos collègues travaillant dans les prisons suisses. Les pressions qui existent pour demander aux personnels médicaux de pratiquer ces fouilles sont loin d'être anecdotiques.

Rappelons quelques-uns de ces textes:

Association médicale mondiale, Déclaration de Tokyo, (10-10-1975):
«Le médecin doit avoir une indépendance clinique totale pour décider des soins à donner à une personne placée sous sa responsabilité médicale. Le rôle fondamental du médecin est de soulager les souffrances de ses semblables et aucun motif d'ordre personnel, collectif ou politique ne pourra prévaloir contre ce noble objectif».

Conseil international des infirmières: Déclaration sur le rôle de l'infirmière dans les soins aux détenus et aux prisonniers, Singapour, (08-1975):
«Les infirmières employées dans les services de santé des prisons n'assument pas de fonctions relatives à la sécurité du milieu carcéral comme, par exemple, la fouille corporelle».

Recommandations du Comité de prévention contre la torture du Conseil de l'Europe (4-06-1993):
«Le CPT considère qu'il est important que le statut du personnel de santé dans les prisons soit aligné aussi étroitement que possible sur celui des services de santé dans la communauté en général. Quel que soit son statut, les décisions cliniques du médecin pénitentiaire ne doivent dépendre que de critères professionnels. Le CPT rappelle par ailleurs que le médecin pénitentiaire est un médecin traitant; il ne doit pas être appelé à certifier qu'un détenu est apte à subir une punition, pas plus qu'il ne doit procéder à des fouilles ou à des examens corporels demandés par une autorité».

Recommandation R(98)7 du comité des ministres du conseil de L'Europe relative aux aspects éthiques et organisationnels des soins de santé en milieu pénitentiaire (avril 1998):
«Les médecins exerçant en prison devraient assurer à chaque détenu la même qualité de soins que celle dont bénéficient les malades ordinaires. Les besoins de santé du détenu devraient toujours constituer la préoccupation première du médecin.

Les décisions cliniques et toute autre évaluation relatives à la santé des personnes incarcérées devraient être fondées uniquement sur des critères médicaux. Le personnel de santé devrait pouvoir exercer son activité en toute indépendance, dans la limite de ses qualifications et de ses compétences.

Les infirmiers et les autres membres du personnel de santé devraient accomplir leur travail sous la responsabilité directe du médecin-chef, qui ne devrait pas déléguer au personnel paramédical des tâches autres que celles qui sont légalement et déontologiquement autorisées. La qualité des prestations médicales et des soins infirmiers devrait être évaluée par une autorité sanitaire qualifiée».

Loi du 18 janvier 1994 relative à la santé publique et à la protection sociale (France):
«*Le service public hospitalier assure, (...) les examens de diagnostic et les soins dispensés aux détenus en milieu pénitentiaire et, si nécessaire, en milieu hospitalier. Il concourt, dans les mêmes conditions aux actions de prévention et d'éducation pour la santé organisées dans les établissements pénitentiaires.*»

Cette dernière référence à la législation française me semble importante au regard de la grande remise en cause actuelle du fonctionnement pénitentiaire français après la publication de livre du Dr. VASSEUR sur sa pratique quotidienne à la prison de la Santé[2] puis les rapports publiés sur la question et qui stigmatisent autant les atteintes quotidiennes à la dignité que les insuffisances des structures et des possibilités de soins[3].

Une telle remise en question, pourtant nécessaire tant l'indignité est grande dans les prisons françaises (on peut à ce sujet consulter les rapports très documentés produits par l'Assemblée nationale et le Sénat français[4]) n'aurait pas été possible sans cette loi qui réaffirme la possibi-

2 V. VASSEUR, *Médecin-chef à la prison de la santé*, Paris: le cherche-midi, 2000.

3 P. RADIER, *La gestion de la santé dans les établissements du programme 13000. Evaluation et perspectives,* 1999.

4 J.-J. HYEST, G.-P. CABANEL, *Prisons: une humiliation pour la République*, Rapport de la commission d'enquête sur les conditions de détention dans les établissements pénitentiaires en France, créée en vertu d'une résolution adoptée par le Sénat le 10 février 2000. Sénat, session ordinaire de 1999-2000, no 449, Tome 1, 200 p.; J. FLOCH, *La France face à ses prisons*, Commission d'enquête de l'Assemblée nationale sur la situation dans les prisons françaises, 6 juillet 2000, no 2521.

lité d'un regard médical indépendant de tout lien statutaire et financier de l'autorité pénitentiaire.

La question est bien là, même dans un pays comme la Suisse où les conditions d'incarcération sont bien meilleures: le soin et la sécurité sont des missions totalement distinctes qui obéissent à des logiques différentes et se réfèrent à des déontologies distinctes. Cette distinction entre les missions n'empêche pas, néanmoins, que les uns et les autres aient à travailler dans le respect des prérogatives et des exigences de la fonction des uns et des autres.

Pour le personnel soignant, indépendance professionnelle ne signifie pas irresponsabilité par rapport à l'institution dans laquelle il travaille, ceci est aussi une évidence qu'il convient de rappeler. Au contraire, la réaffirmation d'une indépendance professionnelle claire devrait permettre une prise de responsabilité de meilleure qualité par rapport aux situations auxquelles le personnel soignant est confronté, en particulier, celles qui pourraient avoir pour conséquence un risque pour la société. Il est utile de rappeler que tout médecin dans une pratique en dehors du milieu pénitentiaire est amené à s'interroger sur sa prise de position face à une situation que le droit suisse qualifie d'état de nécessité.

L'indépendance statutaire est la garante de l'autonomie du soignant dans son quotidien, l'organisation et la gestion du soin (entretiens, suivi des traitements, prise des rendez-vous, etc.). La gestion des situations d'urgence et de crise fait aussi appel à cette nécessaire indépendance, ne serait -ce que pour répondre d'abord en fonction de critères éthiques et déontologiques (question de l'appréciation du discernement dans des états d'agitation).

Cette indépendance s'inscrit dans une interdépendance avec les partenaires pénitentiaires en regard des impératifs de sécurité, de gestion de la peine, voire des contrats interdisciplinaires qui permettent de gérer conjointement des interfaces complexes (méthadone)[5]. Le soin ne peut être pensé dans l'abstraction de ce qui organise le quotidien du détenu: son régime pénitentiaire (préventive ou exécution de peine) jusqu'à

[5] C. DEVAUD, B. GRAVIER, La prescription de méthadone dans les prisons: entre réalités et contraintes, *Médecine & Hygiène*, 1999, 57, 2045-2049.

l'organisation interne du pénitencier. La fonction soignante en général, et infirmière en particulier, s'apparente, par moment à une image de «gare de triage» pour essayer de penser et d'organiser cette interaction avec tous ceux qui s'occupent du détenu. Celles-ci sont particulièrement complexes.

III. Violences, tensions et frictions

Je vais, pour essayer de faire avancer le débat, présenter un certain nombre de cas de figure illustrant les tensions qui peuvent survenir et qui légitiment pleinement une indépendance professionnelle réaffirmée et instituée qui ne peut être remise en cause par l'autorité qui accueille l'équipe soignante. Ces situations existent dans toutes les prisons et ne se veulent pas le reflet d'une vision manichéenne des rôles des uns et des autres. Elles indiquent, par contre, qu'avant toute chose l'arbitrage doit s'effectuer dans la référence à des notions fondatrices du fonctionnement social.

En premier lieu, tout le monde sait que la prison est le lieu de beaucoup de situations violentes: violences individuelles exercées contre autrui ou contre soi, expression de personnalités pathologiques ou de situations existentielles difficiles; violences liées au contexte du groupe: violences de clans, affrontements culturels; violences liées au contexte pénitentiaire ou judiciaire: protestations spontanées ou organisées contre les conditions de détention; violences liées au fonctionnement institutionnel: excès dans la répression qui peut aller plus loin que ne l'exigent les règles de surveillance; violences des détenus vis-à-vis d'autres détenus vulnérables ou désignés, exclusions plus subtiles, délation etc.[6]. Tous les cadres pénitentiaires sont attentifs à ce que ces débordements soient les plus rares possibles, mais les loyautés existent, la tradition carcérale tolère souvent difficilement les intrusions qui remettent en cause petits arrangements et cécités partielles. La gestion pénitentiaire est toujours au risque de ces dérapages ou de situations anomiques.

---

6 B. GRAVIER, V. LEGOFF, C. DEVAUD, Gewalt im Gefängnis, In M. EISNER, P. MANZONI (Eds.), *Gewalt in der Schweiz,* Zürich: Ruegger Verlag, 1998, 265-285.

Une pratique médicale indépendante peut éviter que des situations ne s'enkystent et peut permettre que le débat sur les pratiques s'instaure, même si ce débat n'est pas facile et même s'il est vécu par beaucoup de personnels comme une atteinte à leur intégrité personnelle et professionnelle. Au contraire la possibilité et l'existence de ce débat sont la meilleure garantie du respect de cette intégrité. Je rappellerai l'expérience des équipes soignantes de la prison de Champ-Dollon qui, par la pratique systématique des constats de lésions traumatiques, a observé au fil du temps une diminution très significative de ces constats en relation avec des violences imputées au personnel de surveillance[7].

En second lieu, les situations où la pratique du médecin est sur le fil, soumise à des déchirements personnels mais aussi au désaveu de ses partenaires institutionnels, à la pression des avocats des familles, des détenus tant sont fortes les émotions qui s'y rattachent sont nombreuses: refus de soin, grèves de la faim, interrogation sur la compatibilité de l'état de santé avec la détention, etc. Toutes ces situations font vaciller et seule une analyse patiente et répétée des cas peut permettre de construire au cas par cas des attitudes qui prennent en compte autant la réalité clinique du détenu, les inquiétudes ou à l'inverse les désirs de rétorsion qu'il peut susciter. Toute situation est susceptible de se reproduire et l'attitude qui apparaît parfaitement légitime dans un cas peut paraître dans un autre contexte dérisoire ou illégitime. Là encore les administrations prises dans la tourmente et malgré leur rigueur, si elles sont nos interlocuteurs de référence, ceux avec qui nous devons construire une réponse digne, ne peuvent être ceux qui imposent la réponse ou qui arbitrent. «*Témoigner, constitue un devoir éthique*», écrit une collègue travaillant dans une grande prison parisienne[8], car témoigner au sein de la prison, auprès des autres soignants, auprès des instances sociales permet d'éviter que les situations ne se figent, ne s'enkystent et ne pérennisent des dénis de droit. Les situations de sanctions sont aussi sources de bien des conflits. Le médecin a le pouvoir redoutable de suspendre une sanction disciplinaire. Malheur à lui cependant s'il s'y risque et que le détenu use de cette prise de position pour défier l'institution. Le médecin a aussi la possibilité ou,

---

[7] D. BERTRAND, R. LA HARPE, J.L. MARTIN, O. PLAUT, Constatation des violences chez les personnes arrêtées ou détenues: rôle préventif du médecin, *Bulletin de Criminologie*, 1996, 9-19.

[8] D. FAUCHER, Médecin en détention: soignant et témoin, *La lettre de l'Espace éthique*, 2000, n° 12-13-14, 39-40.

parfois, le devoir de proposer un isolement pour des raisons médicales. Là aussi, tous les glissements sont possibles, toutes les équipes et en premier lieu les équipes médicales, peuvent être tentées d'user de ces prérogatives pour déguiser une sanction en acte médical ou inversement pour suspendre médicalement une sanction qu'on ne veut pas voir appliquer. Là encore, l'indépendance professionnelle, ne peut que clarifier les problématiques en amenant des positions de responsabilité.

Les situations de traitement sous contraintes sont nombreuses en milieu pénitentiaire. En premier, lieu toute contention médicale, toute injection contrainte en cas d'agitation se doit de respecter les principes en vigueur dans toute institution qui prodigue des soins. Seule la perte du discernement rend licite l'administration contrainte de substances sédatives. C'est là aussi un grand sujet d'incompréhension devant des détenus agités ou simplement en colère, et qui pourraient indéniablement profiter d'une sédation mais la refusent provoquant la montée en symétrie de l'institution. L'escalade violente est souvent la conséquence de telles situations. On peut comprendre l'impatience des équipes pénitentiaires face à la prudence des équipes médicales. Le risque est aussi majeur de voir l'usage du médicament devenir un élément régulateur et un élément disciplinaire de la vie pénitentiaire. Cela s'est vu et parfois en toute bonne foi. Rappelons aussi les excès qui ont pu survenir dans les pratiques d'expulsion et qui ont conduit à la création d'une commission d'enquête.

Les situations d'injonction thérapeutique et de traitement ordonné par l'autorité judiciaire sont aussi des sources de grandes tensions. Là encore, cependant il est bon de rappeler inlassablement que le soin est incompatible avec la mission de pronostic qui relève de l'appréciation de l'expert et qu'il est illusoire et surtout contre productif pour la sécurité publique d'exiger du médecin pénitentiaire qu'il dévoile régulièrement son opinion quant à l'évolution d'un patient dont on connaît la violence et la complexité des relations dans lesquelles il peut entraîner un thérapeute[9]. Il est aussi essentiel de bien distinguer dans de telles mesures ce qu'il en est du contrôle social et de la mission de soin. Le constat répétitif qu'un patient vient nous voir parce que l'autorité le lui demande mais qu'il n'en a nulle

---

9 B. GRAVIER, La prise en charge psychothérapique des délinquants particulièrement dangereux au cours de l'exécution de leur sanction, in S. BAUHOFER, P.-H. BOLLE, V. DITTMAN (Eds.), *Délinquants dangereux,* Zürich: Ruegger Verlag, 2000, 273-286.

envie et qu'il n'en ressent aucunement le besoin, ne doit pas placer le médecin lui-même en situation d'obligation de soin et de patient. Il ne peut alors qu'en devenir l'objet et l'otage au détriment de toute démarche institutionnelle féconde.

Une dernière situation ou l'indépendance professionnelle est souvent mise à mal est question du témoignage en justice. Droit légitime et essentiel au procès pénal, il peut être aussi source de tous les dérapages. Bien souvent la démarche de remise en question n'est qu'illusoire et illusionne jusqu'au thérapeute. Elle tient plus de l'opportunisme que de la prise de conscience d'une souffrance interne. Prévenus et avocats – en dehors de toute injonction de soin – n'auront de cesse dans un tel contexte, ce qui peut paraître légitime dans la perspective d'une défense qui cherche à faire feu de tout bois, de souligner la bonne volonté thérapeutique de celui qui doit répondre de ses actes. Le médecin en milieu pénitentiaire est aux premières loges, soumis à des convocations répétées en raison de sa qualité de témoin privilégié qui pourra le cas échéant et avec un certain crédit contredire les opinions des experts. De là, ma réticence majeure à accepter un tel exercice qui ne rajoute rien dans la plupart des cas à l'éclairage de la situation, mais qui ne peut que nuire à l'établissement d'un authentique échange thérapeutique.

IV. Le secret médical

Celui-ci est une des valeurs cardinales de l'acte médical. Pomme de discorde et épine irritative dans les rapports entre soignants et institution pénitentiaire, il est sans cesse objet de reproches, de dérision ou d'incompréhension. Le secret médical, au-delà de l'information elle-même, protège une forme d'intimité que l'emprisonnement met en péril: «*la fonction de protection symbolique attribuée aux soignants tient d'abord aux divers signes et moyens d'une restauration d'une personnalisation. Les services de soin peuvent être des lieux où la personne incarcérée n'est pas vue, surveillée, mais regardée, et cet autre regard porté conforte une identité singulière toujours menacée par le sentiment d'atemporalité et d'indifférenciation*»[10]. Il s'agit d'un rapport particulier

---

[10] D. LHUILIER, Souffrance, demandes et usages de soins dans l'institution carcérale, *Bulletin de psychologie*, 2001, 54 (2), 452, 159-168.

du détenu à lui-même constamment menacé par la volonté de fausse transparence qui hante l'institution pénitentiaire. Version moderne du panoptique, le détenu devrait être cerné dans toutes ses coordonnées pour que l'on puisse préparer sa réinsertion. «*Nous travaillons tous au service du détenu*» entendons-nous bien souvent, témoignage d'un angélisme naïf qui voudrait méconnaître que l'enfermement est avant tout prise de pouvoir sur autrui, même si cette prise de pouvoir se veut bienveillance. «*Sous la connaissance des hommes et sous l'humanité des châtiments, se retrouvent un certain investissement disciplinaire des corps, une forme mixte d'assujettissement et d'objectivation, un même pouvoir-savoir*», écrivait Michel FOUCAULT[11]. Le respect du secret médical permet de garantir que la mission de soin ne soit pas dévoyée par la mission de l'institution pénitentiaire.

Le danger ressenti par l'institution pénitentiaire à l'évocation du secret médical est bien plus symbolique et fantasmatique que réel. Il est en effet de la responsabilité du médecin de s'assurer, comme dans toute collectivité, que la santé du personnel, quel qu'il soit, n'est pas mise en péril et de concourir à la mise en œuvre des mesures de prévention adéquates. Beaucoup de situations peuvent être gérées dans un partenariat respectueux des uns et des autres. Le droit suisse, de plus, à la différence d'autres pays, permet une relative souplesse dans l'usage du secret puisque l'autorisation du patient permet de faire partager les informations à des tiers.

Par contre, le principe fondamental du secret médical est que le patient en est le maître, tandis que le médecin n'en est que le détenteur. Faire du secret médical un secret partagé avec les équipes pénitentiaires comme le souhaitent certains, ferait courir le risque de déposséder le patient de la maîtrise de son secret et de sa confidentialité. Le principe du secret médical permet d'éviter les dérives et intrusions abusives dans l'intimité du patient et de préserver ce qui fait l'essence incernable et inaliénable de la relation médecin malade.

[11] M. FOUCAULT, *Surveiller et punir*, Paris: Gallimard, 1975.

V. Le rattachement à l'institution hospitalière

Celui-ci a été défini par la loi de 1994 en France, il est aussi effectif dans les cantons de Vaud et de Genève depuis quelques années. Les atouts de ce rattachement sont importants et je citerai les éléments soulignés par la Société Française de médecine légale dont nous avons pu apprécier le bien fondé dans notre pratique.

Ce rattachement protège les soignants d'être perçus comme des rouages de l'institution pénitentiaire. Il importe la tradition hospitalière de prise en charge globale du patient, particulièrement nécessaire chez des sujets porteurs où la fragilité psychique retentit sur le vécu corporel. Il offre des statuts permettant une perspective de carrière professionnelle et permettant le volontariat (possibilité de s'engager pour un temps défini en milieu pénitentiaire avec une possibilité statutaire de revenir à l'hôpital dès que l'épuisement arrive, le personnel n'est plus captif)[12].

Le rattachement universitaire qui doit compléter le rattachement hospitalier permet une reconnaissance de cette discipline dans sa spécificité comme s'adressant à un ensemble de situations médicales particulières où s'intriquent la prévalence de certaines pathologies somatiques (pathologies infectieuses, traumatiques, etc.) et des dispositions psychiques dans lesquelles les troubles du comportement occupent une place prépondérante. En ouvrant sur l'enseignement, on ouvre ainsi sur la recherche et sur la possibilité «*d'offrir à l'univers clos des prisons un lieu reconnu de transparence et de débats d'idées*».

Tout le monde dans nos prisons se plaint du manque de praticiens compétents en psychiatrie légale, du désintérêt des psychiatres en général pour cette implication. Le jour où l'on donnera à la médecine pénitentiaire un statut qui met les praticiens en situation d'égalité par rapport aux collègues œuvrant dans les institutions hospitalières, ces lacunes pourront rapidement être comblées. La reconnaissance de la formation des praticiens en milieu pénitentiaire est possible par la FMH, pour autant que les conditions d'exercice, d'encadrement et de formation répondent aux cri-

---

12 Les enjeux de la réforme de la médecine pénitentiaire, communication de la Société française de Médecine légale, 9 juin 1997.

tères de tous les services formateurs, exigences que peuvent remplir nos services dès lors qu'ils peuvent être inclus dans un ensemble hospitalier.

La médecine pénitentiaire est une discipline parfois lourde, mais elle peut être riche, attractive et porteuse de progrès pour autant qu'on lui en donne les moyens et qu'on ne se réfugie pas dans une méfiance craintive. L'expérience de notre service permet de témoigner des apports considérables pour la santé globale des détenus d'une indépendance statutaire reconnue. L'accès à toutes les filières de soins s'en trouve largement facilité.

Enfin, dans ces temps de rationnement des ressources, la gestion hospitalière des soins en milieu pénitentiaire permet de faire rentrer la prise en charge financière des soins dans le droit commun de la santé et en particulier de mettre les caisses d'assurance maladie devant leurs responsabilités tout en leur garantissant une adéquation entre les soins prodigués et les impératifs de santé tels qu'ils sont définis par les textes.

VI. Travailler ensemble: une conflictualité constructive

Une telle différence dans les missions coexistant dans une même institution conduit fatalement à des conflits répétés. Ces conflits sont inévitables et, peut-être, nécessaires, même s'ils sont parfois difficiles à vivre, car ils permettent un retour régulier à l'interrogation sur ce que nous faisons. Seule une interrogation constante peut éviter les glissements auxquels peut conduire toute institution fonctionnant sur le modèle totalitaire.

Je plaiderai pour une conflictualité constructive impliquant des lieux où peuvent s'élaborer les différences et divergences en respectant l'horizontalité dans les points de vue. L'indépendance professionnelle des équipes soignantes est à mon sens loin d'être un obstacle à la construction de pratiques conjointes respectueuses des missions des uns et des autres. Nous avons connu déjà plusieurs expériences qui autorisent quelque espoir dans ce domaine, je pense entre autre aux contrats interdisciplinaires que nous avons élaborés en exécution de peine pour la gestion des cures de méthadone afin de prendre en considération autant les aspects médicaux que les aspects liés à la capacité de travail de ces détenus.

Tout ce qui peut mettre en péril la capacité du soignant à s'opposer à ce qu'il ne trouve pas légitime et juste dans sa pratique est, à mon sens, à proscrire. Par contre, beaucoup de pratiques sont à élaborer et de lieux d'échanges sont à trouver à partir du moment où nous serons capables de dépasser ce qui se décline finalement comme les mille et une versions de la question du pouvoir au sein de l'institution pénitentiaire.

La question des identités professionnelles et de l'indépendance des soignants pose aussi la question de la volonté de transparence de l'institution dans laquelle nous travaillons. Il n'est pas simple d'aborder les pratiques différentes sans partir dans le désaveu mutuel alors que tout nous y incite, à commencer par le détenu qui trouve souvent un certain profit, conscient ou inconscient, à reproduire avec ses différents interlocuteurs le clivage avec lequel il se débat depuis toujours.

Il s'agit là d'une problématique qui met l'institution pénitentiaire au défi de s'engager dans une démarche de progrès et d'évolution. Ce progrès doit commencer par l'acceptation que la prison n'est pas un lieu d'extra-territorialité, qu'elle peut, comme beaucoup d'autres institutions, accepter des discours contradictoires et sortir de son monolithisme. Elle aurait tout à gagner à se doter de commissions d'éthique, comme les hôpitaux. Elle aurait tout à gagner aussi à ce que le pouvoir politique la dote d'instances de débats et d'arbitrage qui la sortent du ghetto en l'inscrivant dans des rôles sociaux conformes à ceux que l'on est en droit d'attendre d'une société démocratique. N'est-ce pas là une des voies essentielles pour amener les détenus vers la réinsertion sociale?

Annexe

Principaux textes internationaux définissant les règles de conduites médicales à tenir en milieu carcéral et les modalités de l'organisation des soins en prison.

A. Droits de l'homme en détention

1. Nations-Unies

- Déclaration universelle des droits de l'homme, Assemblée générale des Nations-Unies, 10-12-1948;
- Ensemble de règles minima pour le traitement des détenus, Conseil Economique et Social des Nations-Unies, 31-12-1957;
- Pacte international relatif aux droits civils et politiques, Assemblée générale des Nations-Unies, 16-12-1966;
- Convention contre la torture et autres peines ou traitements cruels, inhumains ou dégradants, Assemblée générale des Nations-Unies, 10-12-1984;
- Code de conduite destiné aux responsables de l'application des lois, Assemblée générale des Nations-Unies, 17-12-1979;
- Corps de Principes d'éthique médicale, OMS, Assemblée générale des Nations-Unies, 18-12-1982;
- Ensemble de principes pour la protection de toutes les personnes soumises à une forme quelconque de détention ou d'emprisonnement, Assemblée générale des Nations-Unies, 9-12-1988.

2. Europe (Conseil de l'Europe)

- Convention de sauvegarde des droits de l'homme et des libertés fondamentales, Rome, 4-11-1950;
- Détention et traitement des détenus dangereux, 24-09-1982;
- Règles pénitentiaires européennes, 24-09-1987;
- Convention européenne pour la prévention de la torture et des peines ou traitements cruels inhumains ou dégradants, 26-11-1987;

- Troisième rapport annuel d'activités du Comité de Prévention de la Torture, 1993;
- Recommandation 1235/94, relative à la psychiatrie et aux droits de l'homme, 12-04-1994;
- Recommandation R(98)7 du Comité des ministres du conseil de l'Europe relative aux aspects organisationnels des soins de santé en milieu pénitentiaire, 08-04-1998.

B. Règles professionnelles concernant l'éthique médicale en détention

1. Association médicale mondiale

- Serment de Genève, 09-1948;
- Code international d'Ethique médicale, 10-1949;
- Déclaration de Tokyo, 10-10-1975;
- Déclaration d'Helsinki, 06-1964;
- Déclaration de Lisbonne sur les droits du malade, 09-1981;
- Déclaration de Madrid sur l'autonomie et l'autorégulation professionnelle, 10-1987;
- Déclaration de Rancho Mirage sur les droits de l'homme, 10-1990;
- Directives adoptées à Malte en 1991 et complétées à Marbella en 1992 concernant les grèves de la faim;
- Recommandations de Budapest, 10-1993 sur les fouilles corporelles.

2. Association mondiale de Psychiatrie

- Déclaration d'Hawaii, 08-1977 concernant les conditions de la formation et du consentement du patient psychiatrique.

3. Conseil international des services médicaux pénitentiaires

- Charte d'Athènes, 11-09-1979, réaffirmant les principes essentiels de l'éthique médicale à l'égard des détenus.

4. Conseil international des infirmières

- Déclaration sur le rôle de l'infirmière dans les soins aux détenus et aux prisonniers, Singapour, 08-1975: «*Les infirmières employées dans les services de santé des prisons n'assument pas de fonctions relatives à la sécurité du milieu carcéral comme, par exemple, la fouille corporelle*».
- Déclaration sur le rôle de l'infirmière dans la sauvegarde des droits de l'homme, Brasilia, 06-1983.

Interdisziplinäre Zusammenarbeit: Illusion oder Notwendigkeit?

Hans-Ulrich Meier, HUM Consult, eh. Direktor Kantonalstrafanstalt Pöschwies, Zürich

Zusammenfassung: Der Referent beschreibt mögliche Spannungsfelder, die in den Strafvollzugsinstitutionen, zwischen Vertretern verschiedener Disziplinen, aufgrund ihrer unterschiedlichen Sichtweisen, auftreten können. Dadurch entstehen einzelne Subsysteme, die von den Insassen auch für ihre Interessen und Bedürfnisse instrumentalisiert werden können. Das Referat zeigt die Wichtigkeit der Einheitlichkeit in der Institution und im Team auf. Dadurch können positive Voraussetzungen für Lernprozesse von Insassen geschaffen werden. Ausserdem werden Voraussetzungen beschrieben, die nach Meinung des Autors für eine funktionierende interdisziplinäre Zusammenarbeit notwendig sind.

Résumé: L'auteur décrit certaines situations de tensions qui, dans les établissements d'exécution des peines et des mesures, peuvent surgir entre représentants de diverses disciplines ceci en raison de points de vue différents. Par conséquent, apparaissent des sous-systèmes particuliers qui peuvent être utilisés par les détenus pour leurs intérêts et leurs besoins propres. Cette contribution montre l'importance que revêt le fait d'agir de façon concertée et unie au sein de l'institution et de l'équipe. Ceci pourra favoriser le processus de prise en charge et d'éducation des détenus. En outre, l'auteur pose les conditions qui, selon lui, sont nécessaires au bon fonctionnement d'une collaboration interdisciplinaire efficace.

«*Jeder Berufsstand ist eine Verschwörung gegen die Laien*!»
G. B. SHAW

Dieses Zitat von G. B. SHAW gibt einen Hinweis auf einen Teil des Problems bei der interdisziplinären Zusammenarbeit. Die Laien sind, was die Wahrnehmung der Vollzugsrealität angeht, meistens die «Andern». Die verschiedenen Berufsgruppen nehmen aufgrund ihrer unterschiedlichen Rollen und Sichtweisen verschiedene Aspekte des Vollzuges wahr. Ihre differierende Wahrnehmung ist bei dieser Ausgangslage auch verständ lich. Die Frage stellt sich, wie wir mit diesen zum Teil unterschiedlichen Sichtweisen umgehen wollen.

Im Rahmen der Konzeptentwicklung für ein neues Weiterbildungsmodul am Schweizerischen Ausbildungszentrum habe ich in diesem Jahr zahlreiche Institutionen des Straf- und Massnahmenvollzuges besucht und Gespräche mit Vollzugsangestellten, Fachspezialisten und Direktoren geführt. Bei meinen Gesprächen lag der Schwerpunkt auf den Problemen im Umgang mit sogenannt psychisch auffälligen Insassen. Ein Gebiet, das vor allem die Zusammenarbeit zwischen Psychiatrie und Vollzug betrifft. Ich gehe davon aus, dass die Probleme, die ich bei diesen Gespräche wahrgenommen habe, vielfach im Bezug auf die interdisziplinäre Zusammenarbeit auftreten können. Sie werden je nach Institution unterschiedlich wahrgenommen. Ich erlaube mir deshalb, aufgrund meiner eigenen Erfahrung im Straf- und Massnahmenvollzug und der aktualisierten Sicht durch diese Gespräche, einige Überlegungen zum Tagungsthema beizusteuern. Grundsätzlich sind es aus meiner Perspektive primär zwei Spannungsfelder, die im Bezug auf die Zusammenarbeit zwischen verschiedenen Berufsgruppen sichtbar werden.

Einerseits die Spannung zwischen denjenigen Personen, die für die Gestaltung des Vollzugsalltags den 24-Stunden-Betrieb, die Wochenabläufe und das Funktionieren der Gesamtinstitution inklusive Sicherheit verantwortlich sind, und denjenigen Personengruppen und Fachspezialisten, die nur punktuell in diesem «Feld» des Straf- und Massnahmenvollzuges mitarbeiten.

Anderseits Spannungen zwischen fachlich verschiedenen Sichtweisen der mit den Insassen beschäftigten Disziplinen, vom Sicherheitsverantwortlichen über den Werkmeister und Arzt bis hin zum Seelsorger.

Hinter dieser Vielfalt der Meinungen stehen natürlich nicht nur verschiedene Welt- und Klientenbilder, sondern teilweise auch verschiedene Primäraufträge und Interessen. Wir haben es also im Vollzug mit verschiedenen Subsystemen zu tun, die ohne offene Kommunikation in Gefahr laufen, «ihre Weltsicht» als zentral zu beachten. So z.B. das Subsystem Arzt – Insasse, Sozialarbeiter – Insasse, Vollzugsmitarbeiter – Insasse usw. Sie treffen sich alle in ihrer Arbeit am Insassen. Grafisch könnte man diese Subsysteme z.B. so darstellen:

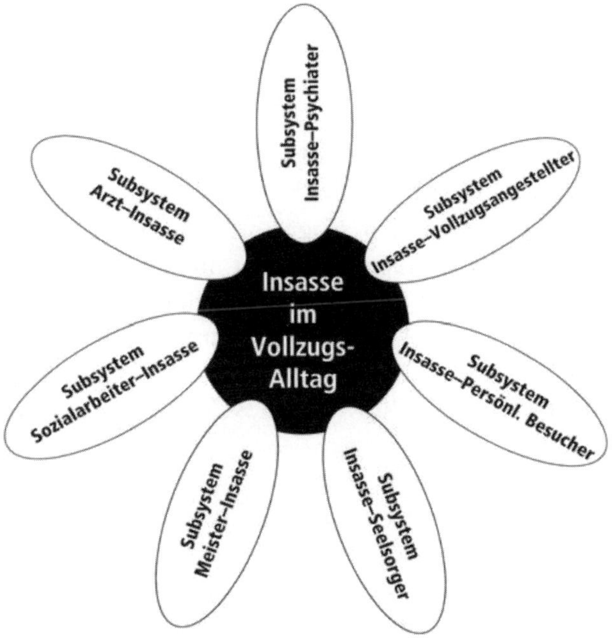

Viele Insassen versuchen natürlich, die einzelnen Subsysteme für ihre Interessen und für ihre Bedürfnisse zu instrumentalisieren und haben dafür schon infolge ihrer Vorgeschichte oftmals wirkungsvolle Techniken entwickelt. Sie kennen sicher Sätze wie:

- Sie sind der Einzige, dem ich hier vertrauen kann;
- Sie sind der Erste, der mir helfen kann;
- Sie dürfen das, was ich Ihnen anvertraue niemandem weitersagen, ich kann es nur Ihnen erzählen usw.

Es fällt nicht immer leicht, sich professionell zu verhalten und sich nicht geschmeichelt zu fühlen. Ich werde auf die Gefahr dieser Art von Kommunikation noch kurz zurückkommen.

In den meisten Institutionen, vor allem in den kleineren und in fast allen Bezirks- und Untersuchungsgefängnissen, fallen nun diese zuerst genannten Faktoren der des Spezialistentums und der der Teilzeitarbeit zusammen. Dies begünstigt mögliche Spannungsfelder zwischen verschiedenen Akteuren im Vollzug. Aufgrund meiner Gespräche glaube ich, drei Grundmuster von aussenstehenden Spezialisten im Umgang mit den Vollzugsinstitutionen, unterscheiden zu können:

- Diejenigen Ärzte, Psychiater, Seelsorger usw., die sich ausschliesslich mit dem Klienten befassen, die Randbedingungen des Vollzuges nicht einbeziehen und Mühe haben, die Massstäbe, Werte und Normen des stationären Umfeldes mit als Teil der Klientenrealität zu akzeptieren;
- Diejenigen, die versuchen sich so gut als möglich mit den Vollzugsbedingungen zu arrangieren, sich aber nicht weiter auf das System Strafvollzug einlassen und/oder sich nicht dafür interessieren;
- Diejenigen, welche die Zusammenarbeit mit der Institution und ihren Mitarbeitern suchen, die Unterstützung durch die Vollzugsmitarbeiter anstreben und ihr fachliches Wissen der Institution auch anbieten.

Die erste Variante führt meistens zu Konfliktsituationen, zu einer Abwehrhaltung und «Abstossungsreaktionen» durch die Vollzugsmitarbeiter und die Institutionsleitung. Die zweite Variante führt bestenfalls zu einem Nebeneinander und zu einer Duldung des Spezialisten durch die Vollzugsmitarbeiter und die Führungsverantwortlichen. Die dritte Variante wird sicher von der Mehrheit der aussenstehenden Fachleuten praktiziert. Das sich gegenseitige Respektieren und Informieren ist sicher eine Grundlage, ein guter Ausgangspunkt. Ist das aber schon interdisziplinäre Zusammenarbeit? Ich persönlich meine – nein! Interdisziplinäre Zusammenarbeit beinhaltet noch einiges mehr.

Gestatten Sie mir dazu eine Vorbemerkung zur Strafanstalt als Institution. Wenn wir uns fragen, was günstige Bedingungen sind in denen ein Insasse ein sozial erwünschtes oder ein deliktfreies Verhalten erlernt, dann können wir davon ausgehen, dass das Verhalten eines Individuums nicht nur anlagemässig und lebensgeschichtlich bestimmt ist, sondern immer auch das Ergebnis von aktuellen Interaktionen zwischen Individuum und Umwelt darstellt; in unserem Fall von Interaktionen zwischen Insasse und Vollzugsbedingung.

Totale Institutionen, wie z.B. das Gefängnis, decken einen grossen Teil des Lebensfeldes ihrer Klienten ab und das Gesamtgeschehen innerhalb der Institution hat deshalb einen wesentlichen Einfluss auf das Verhalten des einzelnen Eingewiesenen. Dass unter diesen Bedingungen eine möglichst grosse Einheitlichkeit in der Institution und im Team einen positiven «Aufforderungscharakter» des Systems Strafvollzug begünstigt, dürfte klar sein. Diese Einheitlichkeit ist aber nur mit einer funktionierenden Zusammenarbeit zu erreichen.

Was sind dazu die notwendigen Voraussetzungen:

- Interdisziplinäre Zusammenarbeit setzt zunächst einmal voraus, den jeweiligen Gesprächspartner und die andere Berufsgruppe als gleichwertig anzuerkennen;
- Die Spezialisten dürfen vom Vollzug her nicht als praxisferne Störer – die Vollzugsangestellten von den Ärzten und Psychiatern nicht als allenfalls schlecht ausgebildetes medizinisches Hilfspersonal betrachtet werden;
- Eine Fachgruppe, die nur ihre eigene Weltsicht akzeptiert, verlegt sich aufs Fordern an die jeweils anderen Partner. Unter Fordernden ist aber kaum Verständigung und interdisziplinäre Zusammenarbeit möglich, sondern nur der Rückzug oder das Nachgeben des jeweils Schwächeren.

Der Strafvollzug ist schon von seinem komplexen und widersprüchlichen Auftrag her, dem Gewährleisten von Sicherheit, sowie dem (Re-) Sozialisieren in Gefahr, von verschiedensten gesellschaftspolitischen Anliegen «zerrissen» zu werden. Ich denke, wir sind uns einig darüber, dass sich im Strafvollzug gesellschaftliche Probleme verdichtet abbilden. Dies gilt z.B. auch für die Häufung von Insassen mit psychischen Erkrankungen, wie Depression, Schizophrenie oder vor allem solche mit massiven Persönlichkeitsstörungen. Bereits die «normale» gesellschaftliche Lebensrealität stellt teilweise einander nur schwer oder sogar unverträgliche soziale Elemente gegenüber. Diese Spannungen akzentuieren sich im Strafvollzug in besonderem Masse. Diese Spannungsfelder müssen durch alle am Strafvollzug Beteiligten ausbalanciert werden, wenn ein gemeinsames Ziel angestrebt und im besten Fall erreicht werden soll.

Erschwerend kommt dazu, dass Insassen, vor allem solche mit Persönlichkeitsstörungen, oft die Tendenz haben ihr Umfeld aufzuspalten und in Gut und Böse einzuteilen. (Ich nehme an, dass Sie diese Mechanismen kennen.).

- Der gute Therapeut
- Der schlechte Aufseher
- Der zugewendete und gewährende Arzt
- Der fordernde Werkmeister
- Der verstehende Sozialarbeiter
- Der einengende Sicherheitsdienst usw.

Allerdings wird der «vermeintlich Gute» bei dieser Insassengruppe schnell seine positive Rolle verlieren, wenn die durch den Insassen angestrebten Ziele nicht erreicht werden können.

Warum ist interdisziplinäre Zusammenarbeit unter diesen Voraussetzungen besonders wichtig? Wenn wir die inneren Abspaltungen unserer Insassen durch eine schlechte Zusammenarbeit im «Aussen» nachvollziehen, verstärken und verfestigen wir diese innerpersonale Tendenz und verunmöglichen es dem Insassen, sich der Aussenrealität mit all ihren Facetten und realen Widersprüchen als Ganzem zu stellen. Nur dadurch ist ihm aber eine Auseinandersetzung mit seinen eigenen Persönlichkeitsdefiziten und Problemen möglich. Nur wenn sich die verschiedenen am Strafvollzug beteiligten «Partner» zu einer Einheitlichkeit im Bezug auf Vollzugsplanung und Vollzugsziele «zusammenraufen», ist ein Lernfeld Strafvollzug denkbar, indem sich die verschiedenen Faktoren nicht gegenseitig behindern oder gar aufheben. Um dies zu erreichen, ist sicher ein intensiver Dialog zwischen den einzelnen Fachrichtungen und Interessen notwendig, ebenso wie Offenheit und eine faire Streitkultur. «*Faires Streiten ist bekanntlich die Kunst sich in den Haaren zu liegen ohne die Frisur zu zerstören*». Für mich beinhaltet diese Formulierung ein stimmiges Bild. Faires Streiten setzt voraus, die Integrität und Intaktheit des Andern zu respektieren. Damit das möglich ist, braucht es für mich im interdisziplinären Dialog folgende Voraussetzungen:

- Es ist notwendig, die jeweiligen Aufträge, Konzepte und Weltanschauungen der andern Fachrichtung möglichst gut zu kennen und zu versuchen, sie zu verstehen;
- Es bedeutet den Verzicht darauf, allein über die richtigen Behandlungskonzepte und Wahrheiten zu verfügen. Es verlangt gegenseitige Toleranz und das Akzeptieren der jeweils andern Sichtweise;
- Es setzt die Bereitschaft zur Konsensfindung voraus.

Es ist mir klar, dass dies für beide Seite nicht immer einfach ist. Für den traditionellen Vollzugsmitarbeiter kann es Angst auslösen, das gewohnte Terrain zu verlassen. Eine solche Entwicklung ist nur mit einer konstanten praxisnahen und praxistauglichen Unterstützung durch Vorgesetzte und Fachspezialisten möglich. Angst vor Neuem ist eine schlechte Voraussetzung zum lernen. Der Ausspruch von einigen Vollzugsmitarbeitern, vor allem in kleineren Institutionen in Bezug auf Spezialisten: «*Immer wämmer sie bruuche würdet – sind die gschiede Sieche nöd da, und mir müend eus glich sälber hälfe*», ist in diesem Zusammenhang sicher ernst zu nehmen.

Vom Fachspezialisten verlangt dieser Prozess, das Vollzugspersonal als Träger eines spezifischen beruflichen Wissens, hinter dem vielfach langjährige Erfahrung steht, ernst zu nehmen und diese Erfahrung auch in die eigenen Empfehlungen und Entscheide mit einzubeziehen. Es ist für mich erstaunlich, wie wenig ein Teil der externen Fachspezialisten mit den Möglichkeiten und Grenzen des Vollzugsalltages vertraut ist. Wichtig ist auch, langjährige Vollzugsmitarbeiter nicht in eine Entwicklung zu drängen die sie überfordert oder ihnen die notwendige Hilfe und Weiterbildung zu verweigern. Durch die schwierigen Vollzugsbedingungen, die Zunahme von auffälligen Insassen und die massiven multikulturellen Probleme zeigen sich schon jetzt bei einem Teil der Vollzugsangestellten *Burnout-Syndrome*. Die personellen Ressourcen im U-Haftbereich sind grösstenteils noch minimal. Es gilt deshalb, nicht nur im Einzelfall, Unterstützung im individuellen Handeln anzubieten, sondern auch strukturelle personelle und bauliche Massnahmen zu ergreifen, die ein verantwortbares Arbeiten ermöglichen. Es besteht sonst die Gefahr, die Mitarbeiter an der «Front» durch zu viele Anforderungen und Differenzierungsmassnahmen zu überfordern oder gar zu verheizen. Das wäre die schlechteste Ausgangslage für ein gutes Lernfeld im Strafvollzug. Oder um mit einem Zitat von Urs FRAUCHIGER zu sprechen: «*Verheizte Menschen geben keine Wärme!*».

Wie soll also sinnvolle interdisziplinäre Zusammenarbeit aussehen? Alle Mitarbeitenden sollten sich bewusst sein, dass sie zwar mit verschiedenen Aufträgen, verschiedenem beruflichem Wissen und verschiedenen Erfahrungen, aber mit den selben Insassen arbeiten. So muss die Vollzugsplanung selbstverständlicherweise auch den Einbezug von somatischen oder psychiatrischen Therapiezielen umfassen. Das Zusammenspiel zwischen therapeutischer Arbeit und Alltagsgestaltung ist unabdingbar. Es erscheint mir realitätsfremd, wenn ein Fachspezialist, sei er Arzt oder Therapeut, sich einbildet, ohne entsprechenden Einbezug der Institution, erfolgreich sein zu können. Genau so wie der Arzt, z.B. bei einem epilepsiekranken Insassen auf die Aufmerksamkeit der Vollzugsmitarbeiter angewiesen ist und sie hoffentlich über die vorhandene Problematik informiert, genau so selbstverständlich scheint mir der Einbezug aller Beteiligten bei Depression, Wahnerkrankungen oder massiven Persönlichkeitsstörungen. Es ist mit bewusst, dass dies ein sensibler Bereich ist und der Insasse entsprechend einzubeziehen ist. Es geht aber bei dieser gegenseitigen Information, z.B. zwischen Alltagsgestaltung und Therapie, nicht um das «Transportieren» von intimem Therapiegeschehen, sondern um das notwendige Wissen für das gemeinsame Erreichen von Zielen und den Konsens über die Gestaltung des Vollzuges.

Statt der Abgrenzung der Subsysteme, z.B., Arzt – Insasse, Seelsorger – Insasse, Aufseher – Insasse, wie ich sie in der ersten Grafik gezeigt habe, wäre eine Vernetzung anzustreben. Die einzelnen Subsysteme haben soweit möglich untereinander Transparenz zu gewährleisten, sie treffen sich in der Arbeit am Insassen.

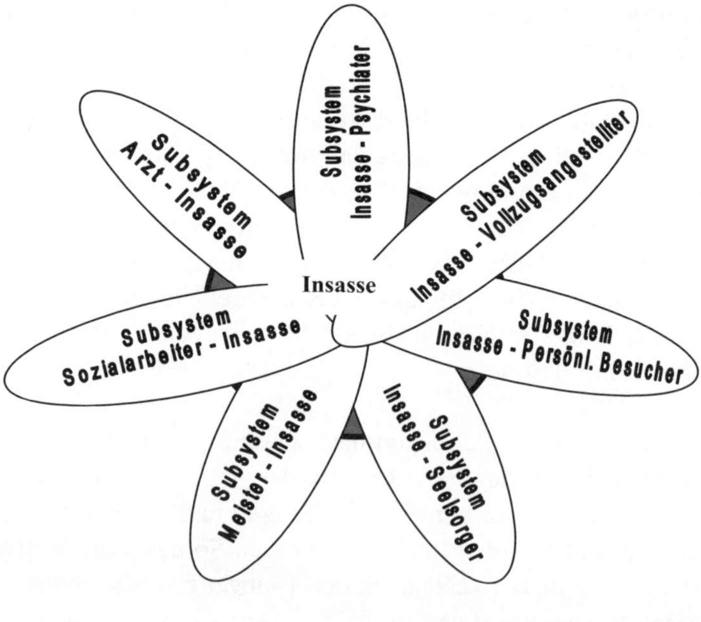

Natürlich wird es trotz dieser Zusammenarbeit im Strafvollzug wie in jedem sozialen Feld grundsätzlich immer mehrere «Verwerfungszonen» geben. Professionelle Arbeit heisst aber, diese Verwerfungen so zu bearbeiten, dass sie nicht zu virulenten Konflikten führen, die das Primärziel behindern. Aktuelle Konflikte sind nicht nur schlecht, sie können auch helfen, Spannungsfelder zu erkennen (sie weisen darauf hin).

Selbstverständlich ist mir bewusst, dass es auch bei einer optimalen Ausgangslage keine «einseitige Wirkung» des Strafvollzuges auf den Insassen geben kann. Die Möglichkeiten und Begrenzungen der jeweiligen Persönlichkeitsstruktur und die im Individuum verankerten Einstellungen entscheiden schlussendlich darüber, ob die Tat und der Straf- und Massnahmenvollzug eine einmalige «biographische Episode» darstellt oder immer wieder eine Dynamik zum Rückfall entwickelt. Dieses Wissen um die Interaktion zwischen Insassen und Vollzug entbindet uns aber nicht davon, den Vollzug durch unsere gemeinsame Arbeit optimal zu gestalten. Ich bin überzeugt davon, dass die Auseinandersetzungen mit dem Insassen in Bezug auf die Kernbereiche seiner Persönlichkeit nur während einem stationären Aufenthalt in dieser Intensität stattfinden kann. Wir sollten die Chance mindestens von unserer Seite her optimal nutzen.

Ausgangspunkt meines Exkurses über interdisziplinäre Zusammenarbeit war ein Auftrag des «Neuner»-Ausschusses und der KKJPD zur vermehrten und vertieften Ausbildung von Vollzugsmitarbeitern. Fort- und Weiterbildung auf allen Stufen sind ein zentrales Element für das gegenseitige Verständnis und das Gelingen interdisziplinärer Zusammenarbeit. Ich erlebe im Moment, (und nicht das erste Mal) dass die Absichtserklärungen der politisch Verantwortlichen mit den zur Verfügung stehenden personellen Ressourcen in einigen Vollzugsanstalten kaum zu erreichen sind. Wer keine personellen Reserven hat, kann keine Mitarbeiter und Mitarbeiterinnen in mehrwöchige Weiterbildungskurse schicken. Dies führt dazu, dass dort, wo die schwierigsten Probleme anfallen, (nämlich in Bezirks- und Untersuchungsgefängnissen) am wenigstens Weiterbildungsangebote besucht werden können.

Ich bin persönlich kein Freund von illusionären Zielsetzungen. Elias CANETTI sagt: «*Es ist schwer sich nur wenig vorzunehmen, aber genau davon hängt es ab, was einem gelingt.*».

Ich hoffe, dass Sie, wenn Sie von dieser Tagung nach Hause fahren, sich im Bezug auf das gegenseitige Gespräch und die interdisziplinäre Zusammenarbeit zwar wenig, aber etwas Konkretes und Umsetzbares vornehmen, und ich hoffe ausserdem, dass die verantwortlichen Politiker sich wenigstens an ihren eigenen Vorgaben und Forderungen orientieren. Oder um zu meinem Titel, «*interdisziplinäre Zusammenarbeit: Illusion oder Notwendigkeit?*» zurückzukehren, würde der Satz umformuliert etwa so lauten:

«*Wenn wir die Notwendigkeit der interdisziplinären Zusammenarbeit nicht einsehen, bleibt eine erfolgreiche Arbeit im Vollzug eine Illusion*».

Die Zusammenarbeit von Vollzugs- und forensischem Personal oder ein «mephistophelischer Kreis»?

Dr. iur. Martin-L. Pfrunder, Direktor der Strafanstalt Lenzburg

Zusammenfassung: Mehr als 80% des forensischen Patientengutes ist nicht in den Kliniken, sondern sitzt im Strafvollzug. Somit wird der Justizvollzug zur Endstation der forensischen resp. «karzeralen» Psychiatrie. Die Vollzugsangestellten sind die Hauptakteure im Umgang und in der Pflege des gefangenen Patientengutes; sie verbringen 95% der Gefängniszeit mit dem Kranken und die Mediziner 5%. An drei Fallbeispielen (wo Zwangsmedikation im Gefängnis indiziert gewesen wäre), wird gezeigt, dass weniger das Vollzugspersonal als vielmehr das medizinische Personal und die Klinik überfordert sind. Hier liegen die Gründe für das forensische Niemansland im geschlossenen Strafvollzug. Das Arzt resp. Patientengeheimnis schafft einen tiefen Graben, anstatt die dringend notwendige Zusammenarbeit von Vollzugs- und Medizinalpersonal zu fördern.

Résumé: Plus de 80% des patients relevant de la psychiatrie légale ne se trouvent pas en clinique mais en exécution des peines et mesures. Ainsi l'exécution de la Justice devient la station terminus de la psychiatrie médico-légale, respectivement «carcérale». Les agents de détention sont les acteurs principaux de l'encadrement et de la prise en charge du groupe de patients détenus. Ils passent 95% de leur temps de travail avec le malade, et le médecin 5%. A la lumière de trois cas (pour lesquels une médication forcée aurait été indiquée), l'auteur montre que c'est moins le personnel pénitentiaire que le personnel médical et de clinique qui est dépassé par la situation. Là se trouvent les véritables causes du *no man's land* médico-légal en établissement fermé. Le secret médical et le respect du patient créent un grand fossé entre personnel pénitentiaire et personnel médical au lieu de favoriser leur urgente et indispensable collaboration.

Der mephistophelische Kreis, der teuflische Kreis, ist ein Kreis, an dem eigentlich nur ein Teufel seine Freude hat, doch ist mir an dieser Tagung bislang noch kein Wesen mit Bocksfuss begegnet, und so ist auch niemand durch mein Referat betroffen. Nun aber in die Mitte dieses Kreises anhand eines Beispieles:

Am 09. 07. 1996 übernahmen wir in der Strafanstalt Lenzburg für ca. ein Jahr (dann wieder 1998 für 2 Monate und 1999 für 3 Monate) von der luzernischen Einweisungsbehörde den Gefangenen M. der laut Gutachten an einer Störung gemäss ICD F60.2, 60.0, 60.3 leidet, zu deutsch handelt es sich um eine hochgradig abnorme, psychopathische Persönlichkeit paranoider und emotional instabiler Prägung. Die psychische Krankheit des Gefangenen M. äusserte sich, indem er sich extrem laut, extrem aggressiv und körperlich drohend jedem Vollzugsangestellten (in der Folge VA genannt) entgegenstellte, VA anspuckte, sie tagtäglich mit extremen Schimpfworten wie «Dreckschweine», «Arschloch» etc. überhäufte und sie mit Drohgebärden von massiven Faustschlägen, welche jeweils wenige Millimeter vor dem Gesicht der VA endeten, provozierte. Weitere Symptome waren Auf- und Abgehen (tagelang) in der Zelle, alle 10 Minuten Händewaschen etc. Der Gefangene war ein grosser Mann von beeindruckender Körpergrösse.

Laut übereinstimmenden Aussagen zur unbestrittenen Diagnose des Gefangenen M. wäre seine Krankheit mit punktgenau wirkenden Medikamenten wenigstens soweit zu lindern gewesen, dass er sich im täglichen Umgang mit Mitgefangenen und VA normal und nicht derart provokant verhalten hätte. Nun war aber der Gefangene M. durch seine Krankheit nicht mehr urteilsfähig, hatte deswegen keinerlei Krankheitseinsicht und verweigerte jegliche Medikamentation. Die Ärzte/Ärztinnen, Forensiker/innen sagten uns, dass man dem Gefangenen M. mit Zwangsmedikation in der Klinik schon helfen könnte, man ihn aber nicht in die Klinik nähme, da er zu gefährlich sei und die Sicherheitsstrukturen der Klinik für solche Fälle nicht ausreichen würden. Deswegen müsse er im Gefängnis bleiben (nämlich im Hochsicherheitstrakt), aber dort könne man ihn nicht zwangsmedizieren, weil das Gefängnis keine Klinik sei und nur in der Klinik eine Zwangsmedikation juristisch erlaubt wäre. Da das krankheitsbedingte Extremverhalten des Gefangenen M. unserem Betreuungsteam nicht auf die Dauer zuzumuten war, wurde er periodisch, d.h. alle drei Monate unter vier geschlossenen Strafanstalten ausgetauscht.

So, da wären wir mitten im eingangs erwähnten Kreise, wo sich gemäss dem alten Spruche, Mephisto's Muhme, nämlich die Schlange, selbst in den eigenen Schwanz beisst.

Solche «Ping-Pong-Fälle» (nämlich Ping-Pong zwischen Medizin und Justiz) sind keineswegs seltene Einzelfälle; sie ereignen sich im Jahr mehrmals. So gab es bei uns kürzlich den Fall «MO», der unseres Erachtens ziemlich «betoniert» aus der Klinik zu uns zurückkam, und auf unsere erstaunte Frage nach dem «Warum» sagte der zuständige Forensiker: «*Wir müssen halt in der Klinik auch Rücksicht auf unsere anderen Patienten nehmen*».

Oder der Fall des Gefangenen B., der laut Brief der Klinik vom 2. Februar 1998 an einer paranoiden Schizophrenie leidet, sich in der Klinik aus der Fussfixation befreite, am nächsten Morgen die perorale Medikation verweigerte und zu einer weiteren allfälligen Medikation ein erneutes Polizeiaufgebot in der Klinik nötig machte. Anbetrachts dieser Situation beschloss die behandelnde Ärzteschaft, den Gefangenen wieder unbehandelt in die Strafanstalt Lenzburg zurückzuverlegen.

Der Justizvollzug wird in diesen Situationen zur Endstation der forensischen oder besser gesagt «karzeralen» Psychiatrie und wenn in der Folge von solchen Situationen von Seiten der Psychiater/innen von einer sog. Überforderung des Vollzugspersonals geredet wird, werde ich zornig, weil die Überforderung punkto Treatment weniger beim Vollzug als vielmehr bei der Forensik liegt.

Oder ein letzter Fall, nämlich derjenige des Gefangenen SH., der an einer paranoiden Schizophrenie gemäss ICD 10.1 F20.0 leidet, bereits Menschen tötete, einen Vollzugsangestellten fast tötete und bleibend schwer verletzte, dann zu uns in den Hochsicherheitstrakt kam, dort nachts vor Angst schrie, sich buchstäblich die Haare ausriss, sich ins Gesicht schlug, so dass er blaue Flecken hatte, Angst hatte, dass aus dem Heizkörper Giftgas ausströme, obwohl es wegen der Bodenheizung gar keinen Heizkörper gibt. Auch hier hätte dem Gefangenen sehr wohl mit einer Zwangsmedikation geholfen werden können, die aber von der Ärzteschaft im Gefängnis aus vorwiegend juristischen Gründen verweigert wurde. Erst nachdem sich die VA des Hochsicherheitstraktes mit mir zusammen weigerten, diesem grässlichen Trauerspiel noch länger hilflos zusehen zu müssen und wir den Gefangenen spontan und sofort via Einweisungsbehörde von Basel-Land zuhanden ihrer Forensik zur Verfügung stellten, wurde der Gefangene in der Psychiatrischen Klinik Rheinau endlich zwangsmediziert. Er ist wieder zurück in Lenzburg, es geht ihm viel besser, er leidet viel weniger unter sich und seiner Krankheit, weil er nach der ersten Zwangsmedikation wieder soweit urteilsfähig wurde, dass er einsieht, dass ihm die Medikation hilft und er sie auch freiwillig einnimmt.

Die Zwangsmedikation unterbricht in sehr vielen Fällen den Teufelskreis, doch irgendwer muss sie irgendwo machen und wenn es niemand wagt, den gefährlichen Gefangenen in der Klinik aufzunehmen und es auch niemand wagt, ihm die Depotspritze im Gefängnis selbst zu geben, dann leiden alle, der Gefangene selbst, seine Mitgefangenen und auch die Vollzugsangestellten, die mit dem Gefangenen das Leben und den Alltag teilen müssen.

Irgendwer muss irgendwo dieses forensische Niemandsland mutig betreten wollen und im Interesse des Gefangenenpatienten handeln, aber auch im Interesse des Vollzugspersonals, und es geht nicht mehr an, sich hinter allfälligen und potentiellen Verwaltungsgerichtsentscheiden zu verschanzen, die irgendwo vielleicht auch nicht weltfremde Richter fällen könnten – verschanzt man sich weiterhin, so wird die forensische Psychiatrie vollends zur reinen Geisteswissenschaft, so wie die Juristerei es seit eh und je ist.

Ein weiteres Thema ist in diesem Zusammenhang zu beleuchten. Zusammenarbeit setzt Partnerschaft voraus und zwischen dem/der Forensiker/in und dem/der Vollzugsmann-/frau verläuft, einen tiefen Graben ziehend, das sog. Arzt- resp. Patientengeheimnis. Der/die im Zuchthaus arbeitende Forensiker/in ist im Kanton Aargau, so wie in den meisten anderen Kantonen auch, Klinikangestellte und fühlt sich somit in erster Linie der Klinik und nicht dem Zuchthaus verpflichtet. Die Fachvorgesetzten der Forensiker/innen sitzen 20 km vom Gefängnis entfernt in der Klinik. Mit diesen Chefs, welche die Gefangenenpatienten nur vom Hörensagen und ev. vom Aktenstudium her kennen, besprechen sie ihre «Fälle» sowie den Verlauf der Therapien. Das führt gelegentlich sogar zu Ferndiagnosen und Ferngutachten von Forensiker, wie wir das kürzlich bei einem in unserem Hochsicherheitstrakt einsitzenden Gefangenen von Basel aus, mit Erstaunen erlebten.

Schon die geschilderten Grundvoraussetzungen führen dazu, dass sich einerseits der/die Forensiker/in nicht richtig dem Personal der Anstalt zugehörig fühlt, sich demzufolge auch nicht ganz akzeptiert fühlt und dadurch wiederum im Sinne einer Rückkoppelung vom Gros des Personals als Fremdling oder Exotin erlebt wird. Das von den Therapeuten so oft beklagte fehlende therapeutische Klima bleibt gezwungenermassen auf der Strecke.

Unsere Vollzugsangestellten haben ein grosses *Know-how* im Umgang sowie in der Lebensbegleitung von verhaltensgestörten Gefangenen entwickelt, machen doch letztere etwa gute 20% des Gefangenenbestandes aus und sitzt doch mehr als 80% des forensischen Patientengutes in den Gefängnissen und nicht in den Kliniken.

Die VA, die einen grossen Teil ihrer Lebensarbeitszeit mit verhaltensgestörten Gefangenen verbringen, haben oder hätten Fragen an die Forensiker/innen. Fragen, welche Gefangene therapiert werden können und welche nicht, damit das Vollzugspersonal keine falschen Erwartungen an die Forensiker/innen stellt. Fragen und dazu offene Antworten bezüglich Gefährlichkeit, generelle Fragen zur Therapie, z.B. wo ungefähr das Hauptproblem liegt, was etwa im Zentrum der Therapie steht, in welchen Bereichen Fortschritte zu erwarten oder zu verzeichnen wären, und wo das Vollzugspersonal unterstützend mitwirken kann. Ebenso wichtig erschiene es mir, dass auch der/die Forensiker/in seiner/-ihrerseits vom Vollzugsangestellten Informationen über das tägliche Allgemeinverhalten des therapierten Gefangenen bezieht, um so wiederum Rückschlüsse für den weiteren Verlauf der Therapie machen zu können.

Bei all diesen Fragen aber rasselt der Vorhang des sog. Arzt- resp. Patientengeheimnisses herunter und das Vollzugspersonal drückt sich daran die Nase platt. Ein Dialog, eine Zusammenarbeit findet kaum statt. Dies führt dazu, dass der Gewerbemeister, der Dienstchef oder auch der/die Sozialarbeiter/in vom Gefangenenpatienten selbst oft detailliert über den Therapieverlauf unterrichtet werden – der Therapeut, die Therapeutin erfährt aber nie etwas davon. Es nützt uns als VA wenig für unsere tägliche Arbeit mit den Verhaltensgestörten und Geisteskranken, wenn wir auf unsere Fragen von den Forensiker/innen hören, dass dieser oder jener Gefangene sehr, sehr krank sei oder dass die Dauer der Therapie etwa 45 Minuten betrage.

Der Vollzug ist qua Arzt- resp. Patientengeheimnis vom Wissen der Psychiatrie weitgehend ausgeschlossen, obwohl die Gesamtverantwortung für den Gefangenenpatienten ungeteilt bei den Vollzugsverantwortlichen liegt. Eine wirkliche Partnerschaft zwischen Vollzug und Therapie kann unter diesen Vorzeichen niemals stattfinden, besonders dann nicht, wenn die Forensiker/innen den Gefangenenpatienten als Privatpatienten betrachten, jedenfalls solange es sich nicht um einen akut gefährlichen Mann oder eine akut gefährliche Frau handelt; dann allerdings gerät die Forensik an ihre Grenzen, d.h. sie funktioniert eben nur im Normalbereich des Gespräches auf der Couch. Im Extrembereich aber verschiebt sie ihre Problematik etwa nicht in die Klinik, sondern in den Hochsicherheitstrakt der verschiedenen geschlossenen Strafanstalten. Zurzeit sind von unseren sechs Gefangenen im Hochsicherheitstrakt fünf anerkannt psychisch krank. In ganz seltenen Fällen und wo genügend Geld vorhanden ist, wird der akut gefährliche Gefangenenpatient in die dreifach so teure Klinik Rheinau verschoben, jedoch meist nur für ganz kurze Zeit.

Um uns in dieser Situation des «Auf sich alleine gestellt zu sein» zu helfen, haben wir in Lenzburg zwei Dinge getan:

- Erstens haben wir uns gemäss dem folgenden Schema vom für uns oft unklaren und unverständlichen Urteil der Forensiker gelöst und unsere Gesamtaufgabe in zwei Hälften geteilt, nämlich einerseits in eine medizinische Verantwortung (an der wir wegen dem Arzt- und Patientengeheimnis nicht mittragen können) und andererseits in eine Vollzugsverantwortung, die einzig und alleine bei uns liegt. Dazwischen tut sich der Graben des Arzt- resp. Patientengeheimnisses auf (wir, die VA wollen nicht auch noch parallel dazu den Graben des uns zur Verfügung stehenden Amtsgeheimnisses auftun und informieren unsere Doctores über alles).

Verhaltensgestörte Gefangene im Strafvollzug

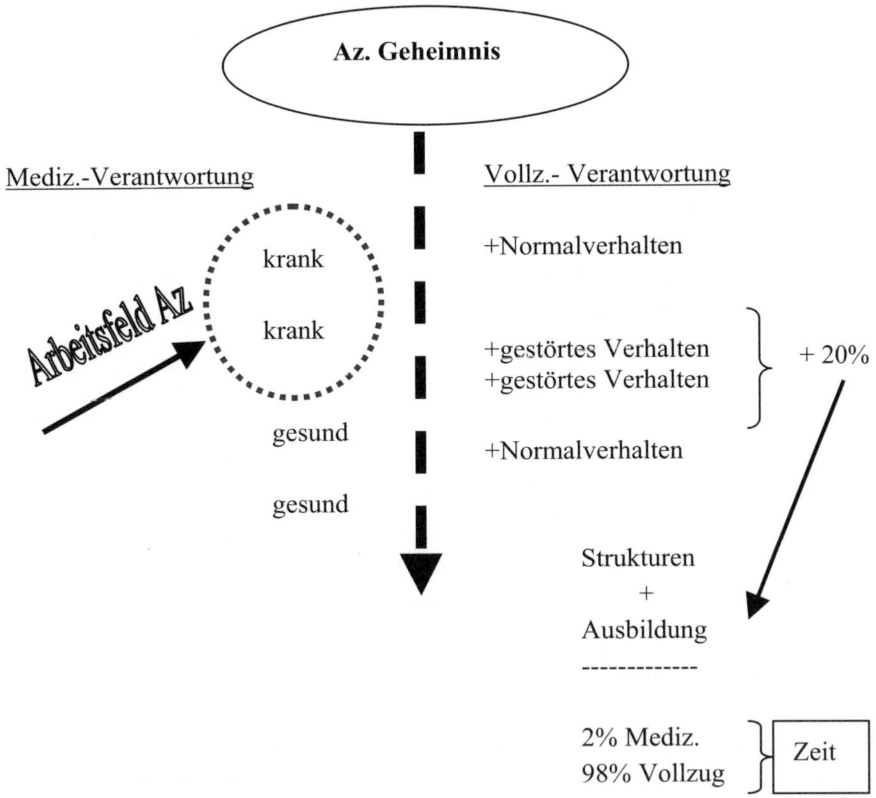

Dabei soll der Arzt oder die Ärztin bei ihrem Arbeitsfeld bleiben und nur beurteilen, ob ein Gefangener krank oder gesund ist. Da uns das aber wenig bei der täglichen Arbeit hilft, wenden wir:

- zweitens (gestützt auf diese Zweiteilung) unsere eigenen Kriterien an und beurteilen, ob sich der Gefangene u.E. normal oder gestört verhält. Der Adjunkt Vollzug und der Chef Sicherheitsdienst nehmen jeden Monat diese Beurteilung vor und das ergibt in der Regel eine Beurteilungsliste, auf welcher etwa 28% des Gefangenenbestandes auftauchen. Neben unserer eigenen Beurteilung steht jeweils die Beurteilung der Ärzte bezüglich Gesundheitszustand und da gibt es die unglaublichsten Dinge, wie z.B. Gefangene, welche der Arzt schwer geisteskrank taxiert und die wir als normal erleben und Gefangene, die wir als völlig «durchgeknallt erleben» und welche der/die Arzt/Ärztin als gesund erachtet. Folglich soll sich der Forensiker nur um die Kranken kümmern und wir kümmern uns (nebst allen Anderen) um die (Verhaltens-) Gestörten. Meist aber sind ärztliche und vollzugliche Beurteilungen deckungsgleich.

Die von uns erstellte Liste ist für unsere Ärzte nicht zugänglich, weil wir damit die Kunst der Seelenärzte nicht unnötig beeinflussen wollen, aber sie ist für uns Grundlage und Raster der monatlichen Forensikersitzung, an der alle Forensiker/innen, der Psychologe, der Krankenpfleger, der Adjunkt Vollzug und der Chef Sicherheitsdienst sowie der Direktor teilnehmen.

Die allerersten Sitzungen vor Jahren, an denen wir meist nach dem Prinzip der «Holschuld» Fragen stellen mussten, waren anfänglich harzig und mühsam. Heute hat sich mehr oder weniger ein fliessendes Klima des gegenseitigen Vertrauens eingependelt und wir möchten diese Sitzungen nicht mehr missen. Uns interessieren Therapiedetails, wo und wann der Patient den ersten Geschlechtsverkehr und wie, überhaupt nicht, aber wir möchten wissen, ob eine Therapie vorangeht oder ob sie harzt, was wir dazu beitragen können punkto Vollzugsumgebung etc.

Sodann nimmt ein Forensiker einmal im Monat an der Sozialdienstkonferenz teil, informiert sich und bringt sich selbst mit seinen Anliegen ein.

Soweit so gut. Unsere fünf Dienstchefs, die je über das Weekend das Haus verantwortlich leiten, wurden vorstellig und möchten ebenfalls mehr über den Allgemeinzustand des einen oder anderen Gefangenenpatienten informiert sein. Dieses Anliegen ist berechtigt und so werden wir einmal im Monat an der Dienstchefsitzung generell über akute Probleme kranker Gefangener orientieren und Fragen beantworten, soweit es für den Dienst und die Führung des Gefangenenpatienten nötig erscheint. Das Wissen um eine latente Suizidgefährdung oder gar Aggression nützt wenig, wenn es nicht weitergeleitet werden darf.

Abschliessend habe ich Wünsche:

- Wünsche an unsere Politiker/innen, dass sie uns die dringend nötigen Mittel in die Hand geben, um die uns auferlegten Aufgaben strukturell und ausbildungsmässig anzugehen. Man kann nicht nur immer einseitig die Aufgaben und die Verantwortungen aufstocken und die dazu notwendigen Kompetenzen und Mittel einfrieren.

- Ich wünsche mir aber auch von unseren Forensikern/innen, dass sie sich vermehrt und intensiver hinter die Fachaufgabe des psychisch kranken Gefangenen «knien» und schwer unter ihrer Krankheit leidende Gefangene entweder ohne juristische Wenn und Aber in ihren Kliniken zwangsmedizieren oder aber letztere in den Anstalten zwangsmedizieren. Es ist ein Gebot der Menschlichkeit, urteilsunfähigen, schwer leidenden Menschen ohne jegliche Krankheitseinsicht zu helfen.

- Ich wünsche mir aber auch eine freiere Information von Seiten der Forensiker, damit wir alle zusammen unsere Vollzugsarbeit auch am forensischen Patientengut noch besser machen.

La médecine pénitentiaire du point de vue des services de probation

Luisella de Martini, Service de probation, Lugano, Présidente de l'Association suisse de probation

Résumé: Si les prisons ont notamment pour objectif de «mettre de côté» des individus pendant un laps de temps plus ou moins long, il n'en demeure pas moins que ceux-ci font tout de même et toujours partie de la société. Cela va de soit. Personne ne conteste cette affirmation. Mais la parole des services de probation ne reste qu'un murmure dans le monde carcéral. Si nous reconnaissons volontiers à la prison une fonction soignante (dernier filet d'une protection sociale défaillante et sélective) pour certains individus rejetés et vivant en marge de notre société, la prison reste encore et toujours surtout handicapante. L'institution carcérale demande souvent le prix fort. En prison, nous traitons des individus, nous nous occupons d'eux, de leurs besoins primaires, de leurs maladies, de leurs droits, de leur vie sociale et intime, mais nous ne pouvons en définitive que créer des malades. Comme si cela relevait de la normalité des choses, le «mal de prison» guette tout individu et ne peut être soigné! Des murs, des règles uniformisantes, la cohabitation forcée, les espaces restreints, la rupture des liens sociaux, la création de référents d'identification artificiels etc., forgent «l'Homme détenu» et sa cosmogonie. Dès lors, ses expériences sensorielles, physiques et sociales ne peuvent qu'en être altérées. La cohésion sociale a son prix. Dans l'imaginaire collectif, la peine, absente de la place publique, a perdu sa visibilité, voire sa légitimité. Ce faisant, c'est l'ensemble du monde car céral qui se remet en question. Cela va du professionnel en manque de crédibilité au condamné qui n'en finit pas de payer sa dette.

Zusammenfassung: Wenngleich die Gefängnisse dazu gemacht sind, um Personen für einen kürzeren oder längeren Zeitabschnitt «wegzuschliessen», sind sie nichtsdestotrotz immer ein Teil der Gesellschaft. Dies versteht sich von selbst. Niemand bestreitet diese Aussage. In der Welt der Gefängnisse wird die Stimme der Bewährungshilfe jedoch kaum wahrgenommen. Obschon wir dem Gefängnis für einige randständige Personen eine positive Wirkung, im Sinne eines Auffangnetzes einer selektiven und nicht immer ausreichenden sozialen Unterstützung, zuerkennen, bleibt es vor allem schädigend. Das Gefängnis fordert somit häufig einen grossen Tribut von den Eingewiesenen. In den Gefängnissen werden die Eingewiesenen behandelt, man beschäftigt sich mit ihren Grundbedürfnissen, man kümmert sich um ihre Krankheiten, um ihre Rechte, sowohl um ihr Privatleben als auch um ihren Intimbereich; trotzdem werden ein Gefängnis Kranke Menschen geschaffen. Wie wenn es in der Natur der Sache liegen müsste, der Prisonisierungseffekt betrifft alle Betroffenen, und kann nicht behandelt werden! Die Gefängnismauern, gleichmachende Regelwerke, die Zwangsgemeinschaft, die beschränkte Bewegungsfreiheit und der Unter- oder Abbruch des sozialen Beziehungsgefüges sowie das Erschaffen von künstlichen Identifikationsmerkmalen prägen den eingesperrten Menschen und die daraus entstehende Kosmogonie; von da ab verkümmern seine sinnesbezogenen und körperlichen sowie sozialen Erfahrungen. In der gesellschaftlichenVorstellung hat die Gefängnisstrafe, welche aus dem öffentlichen Räum verschwunden ist, ihre Sichtbarkeit, ja ihre Glaubwürdigkeit verloren. Draus folgt, dass das gesamte Gefängnisumfeld sich in Frage stellt: vom Mitarbeiter, wegen mangelnder Glaubwürdigkeit, bis zu den Gefangenen, die nicht aufhören, ihre Schuld zu bezahlen.

I. Introduction

Se préparer à un programme d'intégration sociale présuppose une bonne santé. La santé, comme nous l'avons vu, d'après la définition de l'OMS, est «*un état de complet bien-être physique, mental et social ne consistant pas seulement en une absence de maladie ou d'infirmité*» (définition OMS – 1946 – dictionnaire médical).

C'est donc dans l'optique du retour à la liberté, de la sortie de prison, que j'ai la tâche, aujourd'hui, de vous donner quelques pistes de réflexion pour la discussion qui se déroulera en conclusion de ces journées. Mais, j'espère surtout que les mots et les idées que nous aurons échangées, ne resteront pas enfermés dans cette Aula, mais nous suivront dans nos pratiques quotidiennes.

La parole de la probation est un murmure dans le monde de la prison! Rassurez-vous, je n'ai pas été piquée par la poésie et ce n'est pas par souci de valorisation ou pour mendier un peu de considération de votre part que je m'exprime ainsi. D'une part, je ne suis pas suffisamment masochiste pour cela et suis, d'autre part, trop convaincue de l'importance de la fonction que j'assure depuis plus de vingt ans dans le monde de la Justice. Simplement, notre parole est la parole de l'absence. En effet, le portail du pénitencier fait la séparation. La probation (au sens strict) arrive après: après le juge, le directeur, le surveillant, le médecin généraliste, le psychiatre. Tout ce qui aura été ou n'aura pas été fait, nous ne pourrons que le regretter ou le saluer, mais, pour chaque assistant social, il s'agira de la donne de départ dans le cadre du mandat de patronage.

Je profite donc aujourd'hui d'une représentation importante des fonctions de «la pénitentiaire» pour vous soumettre quelques constats et quelques vœux concernant le sujet qui nous occupe.

Me plaçant à l'extérieur des murs et du côté du travailleur social, je traiterai de quelques effets de la prison: entre prison «soignante» et prison «handicapante», de la fonction de la prison et de ses services dans l'idéal de la probation, des problèmes de la collaboration et en particulier du secret médical, pour terminer avec des vœux à l'adresse des institutions pénitentiaires et de ses services.

II. Les effets de la prison

Je commencerai par rappeler certains effets que je considère comme positifs et qui méritent d'être soulignés.

A. La prison «soignante»

Pour certaines catégories de détenus, la prison remplit une fonction de soin:

- En premier lieu pour les *toxicomanes*. Nous les connaissons bien; ils sont des clients habituels et même affectionnés. Nous les voyons arriver tels des fantômes, maigres et éteints, en état d'épuisement physique et mental. Il m'arrive de penser qu'un lien de complaisance existe parfois entre les autorités et ce type de détenu, si ce n'est parfois une certaine forme de complicité dans la décision d'enfermement. En prison, les toxicomanes sont en effet quittes de devoir engager leur personne ainsi que leur propre responsabilité. Bien au contraire, ils peuvent clamer haut et fort la contrainte qu'on leur impose, leur état de victime, tout en étant soignés, stabilisés et surtout protégés.

- En second lieu pour les *marginaux* (souvent étrangers) exclus de la société et de l'accès, non seulement au bien-être, mais aussi aux services, notamment aux services de santé. Pour eux aussi la prison représente une pause où retrouver la «force de vivre». Les Tessinois qui liront ces mots penseront à Antonio: un homme d'une cinquantaine d'années, à l'accent italien très marqué, déstabilisant depuis de nombreuses années ses jeunes défenseurs commis d'office. En effet, pour lui, passer devant le juge n'est qu'une sorte d'enchère qu'il tente de jouer à la hausse afin d'obtenir une peine maximale condamnant des vols qu'il aura lui-même dénoncés à la police.

La prison peut aussi garantir un dépistage de certaines maladies mentales ou de troubles de la personnalité parfois insoupçonnés (car bien compensés jusqu'à l'acte délictuel [passage à l'acte]) ou bien dissimulés jusqu'au moment de l'incarcération, catalyseur des troubles préexistants. Sur le plan somatique aussi, il n'est pas rare que certaines maladies soient diagnostiquées par le médecin de la prison (surtout pour des personnes provenant de milieux défavorisés).

Mais la prison est aussi soignante pour les malades mentaux qu'elle accueille et cela vraisemblablement de plus en plus souvent. Ces patients agressifs et inquiétants (psychotiques déstabilisés et décompensés, toxicomanes dits à double diagnostic, troubles de la personnalité etc.) étaient autrefois pris en charge par la psychiatrie. Faute de lieux adéquats combinant contrôle social et reconnaissance du droit aux soins, ils se retrouvent aujourd'hui à porter la casquette du délinquant et à allonger de leur nom la liste des détenus.

La prison est aussi soignante lorsqu'elle porte son attention sur la santé des individus, sur une hygiène et une stabilisation des modes de vie, sur des campagnes de prévention, sur le contrôle des consommations présentant un risque de dépendance (alcool – tabac – médicaments – stupéfiants).

B. La prison «handicapante»

La prison est handicapante car elle est cause de séquelles physiques, mentales et sociales pour les personnes qu'elle renferme. Le discours sur les effets négatifs de la prison est notoire mais aussi très idéologisé. Tout en faisant mienne la définition de l'OMS et de l'Observatoire de la probation, je ne soulèverai que certains arguments en relation avec la santé au sens large du terme. Pour restreindre encore ce vaste champ d'étude, j'ai choisi d'orienter mes propos sur certains effets physiques, mentaux et sociaux, le plus souvent passés sous silence par les professionnels et par les détenus eux-mêmes comme s'ils relevaient de la *normalité des choses.* Cependant, ces séquelles sont souvent importantes et vont désormais accompagner les personnes ayant vécu une incarcération plus au moins longue.

1. Sur le plan physique

Je remarque que la vie dans un espace de déambulation restreint, durant plusieurs mois, voire des années, rend le détenu incapable de soutenir l'effort d'une marche ou d'un travail prolongé selon les exigences du milieu externe, malgré un entraînement physique régulier (sport – gymnastique). A ceci s'ajoute un changement de perception dans la relation espace/temps avec perte des rythmes qui marquent normalement le «temps social». Les séquelles se présentent lors des premières sorties, du passage en section ouverte, de la mise au travail. Ainsi, fatigue, stress, irritabilité, accompagnés d'incrédulité et de sentiment d'inadéquation, rendent la confrontation avec le monde extérieur moins attractive que ce que le détenu attendait et de ce dont il rêvait, enfermé dans sa cellule, les yeux rivés vers «l'ouverture»: la fenêtre et la télé. Le besoin de prison-protection se fait pressant. Les échecs à la sortie se multiplient et ceci particulièrement pour ce qui concerne les catégories de détenus les plus fragiles (toxicomanes - personnes avec troubles du comportement – détenus condamnés à de longues peines).

2. Sur le plan mental

La limitation de la diversité des perceptions sensorielles inscrit la prison dans l'ordre d'une expérience non reproductible, inoubliable et à de nombreux égards sécurisante, donc à fort risque de dépendance:

- l'ouïe se limite au son des voix, des clefs, des portes. Les bruits de la société n'arrivent, estompés, que par l'intermédiaire de la radio ou de la télé;
- la vue est constamment limitée et verticale;
- le toucher, perdant la sensation du corps de l'autre, perd en même temps la reconnaissance de son propre être physique (de là souvent des gestes qui marquent le corps, tels qu'automutilations, tatouages, etc.);
- l'odorat ne sert plus qu'à l'analyse d'odeurs répétitives et limitées (odeurs de prison);
- le goût se forge sur une alimentation programmée et répétitive, même si calibrée et variée.

La perte et la chute des «murs», qui définissent l'espace vital du détenu, deviennent ainsi un phénomène angoissant, mais reste dans le domaine de l'inavouable ! Personne ne pourra jamais dire: «*la prison me manque*», au mieux il dira: «*je me sens fatigué, j'ai de la peine à m'endormir sans le bruit des clefs*», au pire ses gestes et ses actes s'inscriront dans une spirale qui l'amènera à un retour en milieu fermé.

3. Sur le plan social

Les relations sociales dans la prisons sont homosexuelles (je ne pense pas forcément au plan intime) et elles tendent à l'homogénéité absolue de l'échange: tout le monde se connaît et se reconnaît. L'inconnu (étranger), l'autre (divers) n'est pas accepté. On se réunit en de petits groupes uniformisés par le type de discours, de culture, de nationalité, de délit, de problème, de milieu social d'origine. Cet effet, cumulé avec la rupture ou la réduction des liens sociaux précédents, correspond à l'appauvrissement du réseau d'échange et de solidarité, objets qui sont à la base même de la définition d'intégration sociale. Le nouveau réseau qui s'établit (celui de la prison et des codétenus) et qui remplacc le réseau d'origine comporte une solidarité pathogène, avec des règles et des principes fondés sur la résistance et la survie de l'individu-détenu, en opposition à la prison (c'est-à-dire: autorité, règles sociales). De ce type de solidarité, porté à l'extrême, résulte une dette permanente envers le groupe des pairs et amène souvent à la récidive.

La prison, comme toute institution totale, requiert l'infantilisation de sa clientèle. Cet impératif comporte pour le détenu la perte de maîtrise, au bénéfice de l'établissement, sur l'organisation et les tâches de la vie quotidienne ainsi que sur la programmation de son futur. Ceci d'autant plus que le temps ne lui appartient pas (ou plus). A contrario, l'individu en rapport avec la probation et face à son intégration sociale, est interpellé dans sa citoyenneté: individu responsable de soi même, de ses actes passés et futurs, conscient de sa place et de son rôle social.

De plus, dans ce microcosme de cohabitation forcée qu'est la prison, où souvent le surpeuplement restreint encore plus l'espace de vie et annule la distance sociale, la capacité de relativisation est compromise. Tout est vécu dans l'absolu et l'immédiat (*hic et nunc*). La peur d'être oublié ou «écrasé» nécessite souvent un passage à l'acte (violence) et engendre une incapacité à établir une échelle de priorités selon l'importance des faits, des mots et des gestes. Ce qui prévaut c'est la défense de soi et de sa propre identité. Nous connaissons bien ces manifestations. En prison, espace dans lequel le temps se perd, par définition tout est urgence et tout est dans l'agir.

Bref, en prison nous traitons des individus, nous nous occupons d'eux, de leurs besoins primaires, de leurs maladies, de leurs droits, de leur vie sociale et intime, mais nous ne pouvons que créer des malades physiques, mentaux et sociaux. Des exemples:

- Rudolf: 35 ans: pris en charge par la probation après 15 ans de prison. Bon travailleur, obstiné et obsessif très fonctionnel, il vient de se marier. Il accepte n'importe quel travail, car il n'arrive pas à supporter l'inactivité. Mais, surtout il est incapable de rester en relation avec des gens, qu'ils soient des pairs ou des supérieurs. Il perd un travail après l'autre pour des litiges portants sur de petites choses, il se sent sous pression, il devient agressif, il entame une action de séparation avec sa femme. Il se renferme sur lui-même. Il cherche de petits espaces, sans bruit et isolés. Finalement, il trouve sa solution: chauffeur de camion! La route est sa liberté et la cabine sa protection.

- Roberto: condamnation à perpétuité. Libération conditionnelle après de multiples crises et refus de sa part criés et mis en acte lors de chaque passage à des phases d'ouverture majeure. Le seul travail accepté: aide à l'intendance dans un monastère. Son hobby (obsession) est celui d'avaler des kilomètres en vélo; son destin: une rente AI. Il n'a pas 40 ans et il est absolument incapable de rester avec des tiers.

- Un couple allemand: perpétuité. Après 10 ans de prison et de luttes acharnées pour décrocher des congés, ce couple obtient partiellement gain de cause. Je les accompagne pour quelques heures en ville. Je passe les chercher au pénitencier, ils sont prêts, heureux et tirés à quatre épingles. Ils ont un programme chargé entre visites de lieux et courses à faire. A Lugano, nous parquons la voiture et ils sont tout de suite perdus. Ils ne reconnaissent plus rien, le bruit et les voitures les soûlent. Une demi-heure s'écoule à peine et ils me prient de les ramener à la Stampa.

Tout ceci pour dire que ce n'est pas tellement la garantie des soins qui nous préoccupe. La pyramide que M. DE SINNER nous a montré (des fondements soins à la pointe de la médecine curative) est bien présente dans nos pénitenciers même si à des degrés différents (selon la taille de l'institut, nous rend attentif M. LUGINBÜHL) je n'ai point de doute là dessus. Le système est certainement perfectible dans ses modalités de prise en charge et des garanties à donner, mais la tension et le souci existe. C'est bien par contre «le mal de prison» que nous ne sommes pas capables de voir et de soigner. Médecine et institutions sont les grandes absentes dans les exemples que je viens de citer. Et je vous assure qu'il ne faut pas porter sur les épaules des dizaines d'années de détention pour contracter «le mal de prison». La prison existe me direz vous et, en dépit de la révision du code pénal (qu'on espère pour bientôt), elle continuera à exister pour certaines catégories de détenus. Nous en sommes conscients.

III. La fonction de la prison et de ses services dans l'idéal de la probation

La fonction de la prison et de ses services dans l'idéal de la probation se veut principalement être:

- Une phase dans la vie d'une personne permettant de mettre ou remettre de l'ordre. Sortit d'un contexte qu'il ne maîtrise plus, prit entre désir (pulsion) – attentes sociales (rôle) – compétences (potentiel personnel), l'individu (ou certains individus) se doit de faire une halte (imaginez, à certain moment, de pouvoir descendre du carrousel de la vie, surtout quand vous avez l'impression que la vitesse dépasse vos capacités à suivre) sans les effets pervers de la négation sociale;
- Un lieu où acquérir une conscience de soi et des compétences sociales (c'est à dire, se découvrir soi même en tant qu'être complet avec ses propres capacités et faiblesses) et où accomplir des expériences relationnelles – formatives – professionnelles positives;
- Ou encore une brèche dans l'espace et le temps qui permettrait aux personnes dont nous nous occupons de combler leurs déficits.

Pour en arriver à cet idéal, il faut que la prison occupe (ou réoccupe) sa place dans la société. Qu'elle cesse de rester aux frontières, endroit au règne le chaos, le bruit, le désordre et la monstruosité que la société refoule et craint. Il faut que nous, les professionnels, soyons prêts à sortir du silence et à diriger nos paroles et nos activités à l'intérieur et vers l'extérieur.

Et les services de médecine dans ce contexte? Je les verrais moins axés sur l'individu et le soin, mais plutôt dirigés vers le groupe et la prévention. Je rêve d'une médecine sociale (je ne sais même pas si le terme existe), mais qui serait pour moi une sorte d'équipe pluridisciplinaire (intervenants de la prison et du réseau externe) qui rencontre, non plus en priorité des individus, mais des groupes de personnes sur des thèmes de santé, d'hygiène, d'éthique ou autres. Pour moi (et je m'excuse si dans mon élan et ma naïveté j'offense quelqu'un), il faut renoncer à la médicalisation de «tout le mal de vivre de la prison», et être beaucoup plus présents sur les effets, les conséquences de la détention, tout en assurant, bien sûr, le soin de la maladie.

IV. Problème de collaboration entre professionnels de la santé et de la probation

Il subsiste encore un problème qui touche la collaboration avec les professionnels de la santé et qui a été soulevé lors de ce séminaire: celui du secret médical. Je ne me lancerai pas dans un tel débat dans lequel je n'ai pas de réponses aux questions qui se posent. Je veux simplement partager avec vous mes propres doutes et quelques questions. Ainsi, je me demande (et avec moi les collègues de la probation) comment élaborer un programme de réinsertion sociale avec ou pour une personne que nous savons atteinte dans son état de santé physique ou mentale, sans connaître les limites et la portée de ces atteintes? *Segreto di Pulcinella*! Que protège le secret médical, dans un contexte où l'individu est dépouillé, fouillé, expertisé, observé, décortiqué? Quel sens y aurait-il de garder des informations qui permettraient de comprendre des gestes, des actes autrement inexplicables et qui amènent le détenu à des limitations dans son régime de détention ou à des sanctions? Comment reconstruire l'individu fragmenté par ces regards multiples que sont ceux de la justice, sinon à travers une remise en commun de ces mêmes regards? Comment prévenir ou protéger la personne et le contexte qui l'accueille (prison ou société) de la répétition d'actes inscrits dans une pathologie? La simple confirmation que le patient soumis à un traitement thérapeutique se présente aux rendez-vous avec le médecin peut-elle suffire quand il s'agit de personnes condamnées pour des délits portant atteinte à autrui? Comment garantir au condamné le respect de ses droits et en même temps respecter ceux de la victime passée ou potentielle lorsque nous nous inscrivons dans un mandat d'autorité et que nous acceptons une relation triangulaire?

Je respecte le droit à l'intégrité de la personne. Je comprends la séparation entre fonction d'expert et fonction thérapeutique. Moi-même, dans les recommandations que je réserve à chaque nouveau collaborateur (fixe ou temporaire), j'affirme que, dans le contexte où nous travaillons qui fait de chaque détenu, de sa personne, de son histoire et de son intimité, le domaine de tout le monde (prison ou communauté externe à travers les médias), nous devons garantir, de la manière la plus stricte, la discrétion sur les souffrances et les questions que chacun exprime ou pose dans notre bureau. Je revendique un partage des informations qui fondent et rendent mon travail possible. Toutefois, les modalités et le contenu de ce partage restent encore à discuter, mais le principe demeure.

V. Conclusion

Pour terminer, j'aimerai demander à tous les professionnels de la pénitentiaire de tenir plus compte de «l'après». Les prisons sont faites pour «contenir» une personne pendant un temps plus ou moins long, mais la société quant à elle se doit de les accueillir pour toujours. En attendant que la loi et les pratiques gardent le plus possible de coupables dans leur environnement, il faut que les possibilités qui nous sont offertes, en termes de régimes pénitentiaires, soient exploitées au mieux. Plus une personne reste enfermée, plus intensément et plus longtemps sera-t-elle atteinte du «mal de prison», donc socialement inadaptée.

Je demande aussi que nous puissions résoudre les oppositions, nos oppositions (conflits?) pour que, ensemble, nous formions des équipes (interdisciplinaires). Attention! Je ne prône pas l'uniformisation de nos visions respectives ou de nos rôles; s'il y a une richesse à sauver dans la justice et l'exécution des peines, elle réside justement dans cette multiplicité de regards, de ressources et de stratégies. Le problème est de faire jouer cette richesse dans une tension dialectique et fonctionnelle vers la reconnaissance et la réalisation communes d'un but: construire, reconstruire l'individu qui nous est confié, lui apprendre le respect de soi-même et de son entourage, lui apprendre ses droits (celui d'être consulté par exemple sur le secret médical qui le concerne) et l'aider à exercer ses devoirs. Et peut-être pourrons-nous arrêter de ne former que des «camionneurs» et des «moines».

Frauen im Gefängnis: spezifische Gesundheitsprobleme

Daniela de Santis, Präventionsbeauftragte, Anstalten in Hindelbank

Zusammenfassung: Wenn wir von Gesundheit sprechen, meinen wir in der Regel nicht nur das körperliche Wohlbefinden, sondern schliessen die Psyche mit ein. Gerade im Strafvollzug kommt dem psychischen Befinden eine grosse Bedeutung zu. Es sind nicht das Essen, die Zellen oder die hygienischen Umstände, welche in erster Linie zu gesundheitlichen Problemen führen. Es sind vor allem die Gefühle der Ohnmacht, des «Ausgeliefert seins», die Handlungsunmöglichkeit und das Fernsein von der Familie, den Kindern, welche eine grosse psychische Belastung bedeuten. Häufig sind dies die Gründe für Krankheiten wie Verspannungsschmerzen, Magen- Darmbeschwerden, Depressionen und ähnlichem. Für Suchtkranke bietet der Vollzug leider eher selten die Grundlage für einen anhaltenden Ausstieg aus der Sucht. Dafür aber zumindest eine Verbesserung der physischen Gesundheit. Im Frauenvollzug ist es von grosser Bedeutung, ob die Insassinnen Ansprechpartner/innen haben, zu welchen ein Vertrauensverhältnis aufgebaut werden kann. Bietet der Vollzug Möglichkeiten Defizite zu erkennen, diese aufzuarbeiten und so bessere Zukunftsperspektiven zu eröffnen, werden alle davon profitieren.

Résumé: En général, lorsque nous parlons de la santé, nous entendons à la fois le bien-être physique mais également le bien-être psychique de l'individu. En milieu pénitentiaire précisément, la question de l'état de santé psychique revêt une grande importance. Ce ne sont pas les repas, les cellules ou les conditions d'hygiène qui, en première ligne, conduisent à des problèmes de santé. Avant tout ce sont les sentiments d'impuissance et de totale dépendance, l'impossibilité d'agir, l'éloignement de la famille et des enfants qui affectent le psychisme des détenues et qui sont fréquemment à l'origine de troubles gastro-intestinaux, contractures, dépressions etc. Pour les toxicomanes, le milieu pénitentiaire ne sert que peu souvent de tremplin pour se sortir de la toxicodépendance. Mais il permet à tout le moins une amélioration de leur santé psychique. En outre, il est primordial que les détenues aient des partenaires de discussion avec lesquels elles puissent construire une relation de confiance. Si le milieu pénitentiaire permet de reconnaître chez l'individu des déficits socio-psychiques, de les combler et ainsi d'ouvrir de meilleures perspectives d'avenir, chacun en profitera.

I. Einleitung

Ich möchte Ihnen nicht verschweigen, dass mir dieses Referat einige Bauchschmerzen verursacht hat. Bauchschmerzen über die Frage, was sind spezifische Gesundheitsprobleme im Gefängnis und welche davon sind Frauenspezifisch? Ich habe keine einzige Stunde im Männervollzug gearbeitet und kann somit nur auf Aussagen von Dritten zurückgreifen. Wenn ich einige Aspekte nicht anspreche so deshalb, weil ich davon ausgehe, das diese nicht unbedingt Frauenspezifisch sind.

Das Frauen sich von Männern nicht nur physisch unterscheiden, wird wohl niemand bezweifeln, ebensowenig dass sie kommunikativer und emotional gesteuerter sind als Männer. Es ist oft ihre Emozionalität und nicht selten die dadurch entstandene Abhängigkeit gegenüber den Partnern, wie auch die soziale Misere, welche sie in die Kriminalität führen. Und es sind genau die selben Gründe, welche im Vollzug spezielle Beachtung und Fürsorge benötigen. Ich möchte hier nicht den Eindruck erwecken, das die bösen Männer die Schuld an den Problemen der Frauen tragen und die Frauen nur arme Opfer sind. So einfach ist es (leider) bei weitem nicht. Nichts desto trotz kommen unsere Insassinnen oft aus Kulturen und Schichten, in welchen die Lebensumstände für Frauen doch noch um einiges schwieriger sind als hier in der Schweiz. Häufig haben sie keine Ausbildung, einige sind gar Analphabetinnen. Sie haben von Kindesbeinen an gelernt, sich dem Mann unter zu ordnen. Ihre Aufgabe ist es, das soziale Gefüge der Familie aufrecht und zusammen zu halten. Die Familie steht an erster Stelle. Für ihr Wohlergehen wird fast jedes Opfer erbracht, ganz besonders wenn es um das Wohl der Kinder geht.

II. Mütter

Wie hoch der Anteil der Ausländer/innen in der Gefängnisspopulation ist, brauche ich Ihnen nicht näher darzulegen. Allerdings möchte ich kurz darauf eingehen, wie viele unserer Insassinnen Mütter sind.

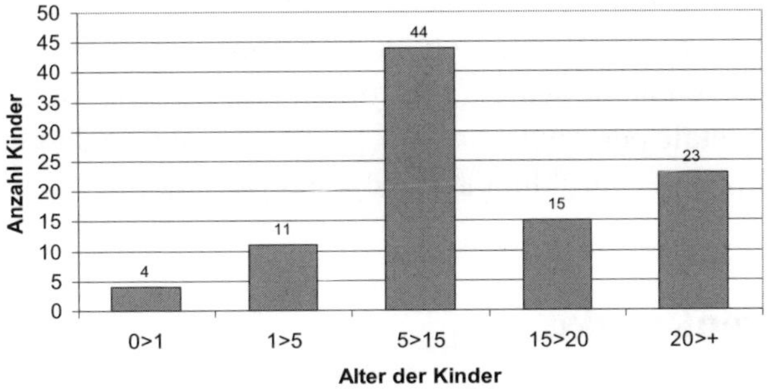

Am 30. Oktober 2000 befanden sich in Hindelbank 80 Frauen.
Davon waren 48 Mütter mit total 97 Kindern.

Gerade bei Müttern wurden die Delikte oft aus sozialer Not begangen. Mit der Haft der Mutter wird die Situation der Kinder in der Regel noch schlechter, was wiederum für die Mutter einen fast unerträglichen Stress bedeutet. Die Tatsache, dass die Kinder nicht nur von den Müttern, sondern oft auch von den Geschwistern getrennt werden, der Kontakt nur noch sporadisch und meist aus grosser Distanz möglich ist, verschärft die Situation. Wenn man berücksichtigt, das viele unserer Insassinnen Alleinerziehende sind, wird das Ausmass der Misere verständlich. Die Schuldgefühle, die Ohnmacht, Wut (nicht selten über sich selbst) machen den Aufenthalt im Vollzug schwierig. Nicht nur der Vollzug an und für sich.

Ein Mitglied des integrierten Forensischen Dienstes erklärte erst kürzlich, dass der Vollzug die Gefühle des «Ausgeliefert seins», der eigenen Ohnmacht, Wut und Frustration auslösen. Gefühle, welche denjenigen einem erlebten Sexuellen Missbrauches nahe kommen. Dies scheint auch einer der Gründe zu sein, weshalb besonders oft bei Drogenkonsumentinnen, im Verlauf ihrer Inhaftierung, Gewalt und frühere sexuelle Missbräuche wieder ins Bewusstsein rücken. Damit die Frauen allerdings über diese schmerzlichen Erfahrungen sprechen, braucht es ein grosses Mass an Vertrauen, Zeit und Geduld.

Dass das Betreuungspersonal vorwiegend aus Frauen besteht, ist gerade in diesem Kontext wichtig, da die Übergriffe häufig von Männern verübt wurden und das Vertrauensverhältnis diesen gegenüber oft sehr gestört ist. Dass die Verarbeitung solcher Traumas nur mit einer fachlichkompetenten Begleitung möglich ist, steht ausser Zweifel. Für einige Insassinnen ist es wichtig, dass dies durch eine Therapeutin geschieht. Aber nicht nur für die Psychotherapeuten sind diese Frauen eine Herausforderung. Auch vom Anstaltspersonal wird ein grosses Quantum an Geduld, sozialer Kompetenz und Einfühlungsvermögen abverlangt.

III. Drogenkranke

Das es für Suchtkranke an und für sich schon nicht einfach ist ohne ihre Droge aus zu kommen, wissen wir. Auch, dass deshalb alle Hebel in Bewegung gesetzt werden, um sich den jeweiligen Stoff zu besorgen. Es wird für uns verständlicher, wenn wir ihre Geschichte kennen. Man darf nicht vergessen, dass vor dem Einstieg in die Sucht, aber auch während der Sucht viele Verletzungen, physischer und psychischer Art, erlebt wurden, welche in unbetäubtem Zustand mit ganzer Macht wieder in das Bewusstsein eindringen.

Auch Schuldgefühle gegenüber der Familie, den Kindern, für welche sie nie da waren, die mangelnden Zukunftsperspektiven machen es schwer, der Versuchung zu widerstehen, die Gefühle zu betäuben. Schliesslich wissen die Süchtigen sehr genau, womit sie ihre Gefühlswelt stillegen können. Zumal das Gefängnis tatsächlich nicht immer die beste Perspektive für die Zukunft bietet. Wieviel Zeit von Seiten des Personals für diese Frauen von Nöten wäre um wenigstens einiges auffangen zu können liegt auf der Hand.

Trotzdem, für einige Suchtkranke hat der Vollzug auch positive Seiten. Das Drogenkranke in der Regel nebst der Sucht an verschiedensten Erkrankungen wie beispielsweise Infektionen, Anämie, stark verkommene Zähne und ähnlichem leiden, ist bekannt. Häufig sind auch Unterleibsinfekte, welche zum Teil über längere Zeit verschleppt wurden. Immer wieder werden bei Drogenkranken schwerwiegende Gesundheitsprobleme wie Hepatitis oder HIV überhaupt erst im Gefängnis erkannt. Bei solchen Befunden braucht es dann eine umfassende medizinische und beraterische Betreuung der Frauen. Besonders auch im Hinblick auf die Tatsache, dass viele von ihnen im käuflichen Gewerbe tätig waren und zum Teil nach der Entlassung auch wieder dorthin zurückkehren werden. Der Vollzug bietet zumindest die Möglichkeit, die körperliche Gesundheit wieder einigermassen herzustellen. Die Therapeuten helfen so gut wie möglich einige ihrer Erfahrungen zu verarbeiten. Und manchmal bleibt von unseren Bemühungen mehr hängen als wir erst glaubten. Und sei es nur, dass beim Konsum etwas mehr Vorsicht geboten wird. Hin und wieder erfahren wir sogar, das ein vermeintlich «hoffnungsloser Fall» nach der Entlassung doch den Ausstieg geschafft hat.

IV. Das mangelnde Selbstvertrauen

Kürzlich hat eine Insassin mir von ihren Problemen in den Urlauben erzählt. Sie wurde zu einigen Jahren Haft verurteilt. Nach über drei Jahren Gefängnis kann sie seit wenigen Monaten in Urlaub. Ihr Partner, welchen sie seit Beginn der Haft kennt, holt sie in den Anstalten ab. In den fünf Stunden dauernden Freigängen fuhren sie bisher in einen nahe gelegenen Wald. Dort hielten sie ein Picknick ab, bevor er dann zu seiner, wie er meint, wohlverdienten Entspannung kommt. Noch schlimmer verliefen die Wochenendurlaube. Von den Anstalten fuhren sie an den Wohnort, wo erst mal für das Wochenende eingekauft wurde. Danach auf direktem Weg nach Hause. Diese Wochenenden verliefen alle nach dem selben Schema; kochen, essen, Sex, schlafen, Sex usw. Klar ist, dass die Insassin selbst kochen durfte, sie arbeitet schliesslich auch in den Anstalten in der Küche und macht das mit links. Auch das Aufräumen bevor es wieder in die Anstalten zurück ging, durfte sie natürlich selbst übernehmen. Ihre Bedürfnisse und Wünsche wurden nie in Betracht gezogen. Das Sie gerne auch einmal «verwöhnt» worden wäre oder mal gerne zum Tanzen gegangen wäre, schien nicht zu interessieren. Das die Frau sich an mich gewannt hat, schickte eine lange Zeit der Vertrauensbildung und von seiten der Frau ein hohes Mass an «Verzweiflung» voraus. In vielen Gesprächen haben wir dann erreicht, dass sie die Kraft aufbrachte ihrem Partner unmissverständlich die eigenen Bedürfnisse darzulegen.

Diese Geschichte demonstriert recht gut, wie «gefangen» die Frauen, (meist aus einer sozial schwachen Schicht), auch heute noch sind. Gefangen nicht nur im Vollzug, gefangen in sich selbst, in ihrer Kultur, in ihrer Geschichte. Eingeengt durch ihr Rollenverständnis und der Angst, den Partner zu verlieren, falls sie seine Wünsche nicht prompt erfüllen. Ich kann ihnen versichern, diese Insassin ist leider kein Einzelfall. Ähnliche Urlaubserlebnisse bekommen wir ab und zu mal zu hören.

Das wir Frauen an und für sich kommunikativ sind, wissen wir. Vorausgesetzt Man/Frau lässt uns zu Wort kommen, hört uns zu und nimmt uns ernst. Müssen Problemen verschwiegen, verdrängt oder dürfen nicht ausgesprochen werden, neigen Frauen vielfach dazu, zu somatisieren. Die häufigsten Symptome sind dann; Kopfschmerzen, Rückenschmerzen, verspannter Nacken, Bauch- Unterleibsschmerzen bis hin zu massiven Essstörungen und nicht selten Depressionen. Das Frauen sich schneiden um «Druck» abzulassen, erleben wir recht oft.

Die Symptome sind zwar häufig mit ein paar Tabletten im ersten Moment zu beheben, aber eben nur kurzfristig. Längerfristig braucht es eindeutig mehr Zeit, Geduld und ein «Eingehen» auf ihre Probleme. Tun wir dies nicht freiwillig bei anscheinend geringfügigen Problemen, werden sie uns längerfristig mit massiven, psychischen sowie körperlichen Beschwerden dazu «zwingen». Den wie stark der Gesundheitszustand vom subjektiven, psychischen Befinden abhängig ist, dürfte heute unbestritten sein.

In Hindelbank versuchen wir, so oft als möglich, mit einem breiten und vielseitigem Angebot an komplementärer Medizin zu arbeiten. Aber dies ist auch aufwendiger als eine Tablette zu verabreichen und muss aus zeitlichen Gründen leider in den Hintergrund rücken. Auch wenn wir wissen, dass auf lange Sicht gesehen diese Art von Therapie gekoppelt mit der Schulmedizin sicherlich nicht teurer, wohl aber eben «kompletter» wäre.

V. Schlussfolgerungen

Zusammengefasst könnte man sagen, Frauenspezifische Arbeit im Vollzug heisst:

- Ein Klima zu schaffen, in welchem die Frauen lernen sich und ihre Fähigkeiten zu erkennen;

- Die eigenen Ressourcen müssen bewusst gemacht und gefördert werden;
- Es gilt neue Strategien zu erarbeiten;
- Defizite wahrzunehmen und zu verringern;
- Sie müssen die Möglichkeit haben, das mangelnde Selbstvertrauen aufzubauen und über ihre Probleme zu sprechen;
- Ein gesundes Körperbewusstsein sollte aufgebaut und das Wissen über Gesundheit, Ernährung, Hygiene, Psychohygiene gefördert werden.

Geben wir ihnen diese Instrumente, können wir damit rechnen, das die Gesundheit sich verbessert und der Start in eine Zukunft ausserhalb der Gefängnismauern eine bessere Chance hat.

Burnout und Gesundheit des Vollzugspersonals

Willi Nafzger, Psychotherapeut, Pädagogischer Leiter, SAZ, Freiburg

Zusammenfassung: Stress und *Burnout* haben nicht die gleichen Entstehungsbedingungen. Während das Phänomen «Stress» vor allem darauf beruht, dass auf länger andauernde Anspannungen keine entsprechenden Entspannung folgen, liegt die Ursache des *Burnout* eher auf der Frage nach dem «Sinn» der Arbeit, des Lebensstiles und des Lebensentwurfes. Deshalb muss eine Stressprophylaxe anders gestaltet werden als die Verhütung und die Hilfe bei einem *Burnout*-Syndrom. Stress ist leichter zu therapieren als *Burnout*; *Burnout* sitzt tiefer.

Résumé: Le stress et le syndrome du *Burnout* n'ont pas les mêmes origines. Alors que le phénomène du stress repose sur une tension continue qui ne trouve aucune détente correspondante, la cause du *Burnout* est davantage en lien avec la question du sens donné au travail, du style et des projets de vie. La prophylaxie du stress doit être réalisée de manière différente de la prévention et de l'aide mises en œuvre en matière de *Burnout*. Le stress est plus facile à soigner que le syndrome du *Burnout*, ce dernier étant ancré plus profondément.

Um die heutige Situation (*Burnout* im Strafvollzug) besser verstehen zu können, scheint es mir angezeigt, einen kurzen historischen Rückblick vorzuschieben.

In der Nacht vom 8. auf den 9. Oktober 1901 übersiedelte der ganze Strafbetrieb mit 213 Sträflingen von Ötenbach in die neue Anstalt in Regensdorf, um dort einen den Anforderungen der modernen Strafvollzugswissenschaften angemessenen Betrieb aufzunehmen. Die progressive Strafhaft wickelte sich nach den Grundsätzen des Vollzugsgesetzes 1871 für sämtliche Anstaltsinsassen, die zu mindestens einem Jahr Strafhaft verurteilt waren, ab. In der zweiten Stufe der Haft arbeitete der Gefangene tagsüber in einem der gemeinsamen Arbeitssäle, wobei ihm, abgesehen vom notwendigen Gespräch mit dem Aufseher, Schweigen auferlegt war. Dieses Schweigegebot wurde allerdings nicht rigoros durchgesetzt.

Der moralischen und intellektuellen Bereicherung diente die Anstaltsschule, die vom Anstaltspfarrer und einem Lehrer geführt wurde. Die Fächer waren Rechnen, Deutsch, Französisch und Ethik. Zum Besserungsprogramm gehörten des weiteren Gottesdienste und Übungen im Kirchengesang.

Der Mitarbeiter hatte damals im Grunde genommen noch keinen Beruf, sondern eine Funktion zu erfüllen: Aufschliessen, Zuschliessen, Aufpassen, Überwachen und Bewachen. Zwischen Aufseher und Insassen bestand eine wesentliche Distanz: die Trennung Mitarbeiter und Insassen war ziemlich klar und eindeutig, was die persönlichen Beziehungen betraf. Eine Fachausbildung der Angestellten wurde auch in den folgenden Jahren nicht vorgesehen. In Deutschland wurde seit der Mitte des 19. Jahrhundert die Ausbildung der Gefängnisangestellten angeregt, und mancherorts wurden sogar Fachkurse institutionalisiert. Auf eine entsprechende Forderung in der Schweiz 1874 führte Guillaume in Neuenburg einen einwöchigen Kurs für Oberaufseher durch, der aber trotz positiver Aufnahme nicht wiederholt wurde. So blieb weiterhin die Ausbildung des Personals den Anstaltsdirektoren überlassen.

In der damaligen Zeit zeigten sich wahrscheinlich noch keine Symptome von *Burnout*. Eher solche von Stress, nämlich Belastungen, Antrengungen, Ärgernisse, Hetze usw. So definiert nämlich der ungarisch-kanadische Mediziner Hans SELYE den Begriff «Stress» den er im Jahre 1950 in die Biologie eingeführt hatte. Stress zeigt sich vor allem dort, wo zwischen den Anspannungen keine Erholungsphasen eingeschaltet werden. Denn: Anspannung und Belastung sind *per definitionem* noch keine Stressfaktoren; sie entwickeln sich dazu erst dann, wenn – um ein Bild zu gebrauchen – die Feder nur noch angespannt ist und keine Entspannung mehr dazwischen liegt. So definierte SELYE die beiden Begriffe von «Distress» (der krankmachende Stress) und «Eustress» (die gesunde Anspannung).

Der Begriff des *Burnout* hat dagegen einen anderen Ansatz: *Burnout* hat es mit Beziehungen zu tun; Beziehung zu sich selbst, zu anderen Menschen und zur Tätigkeit. Eine Beziehung gestaltet sich nie nur mechanisch, sachlich, sondern in einer Beziehung ist immer das «Herz» auch dabei. D.h. es sind Gefühle, die sich einstellen, sobald Menschen mit Menschen zu tun haben. Und solche Beziehungen benötigen auf beiden

Seiten Energien, denn es geht auf beiden Seiten um einen existentiellen Austausch. Es geht um Menschen und nicht um Sachen.

Die spezielle psychische Problematik des *Burnout* hat zuerst 1974 FREUDENBERGER beschrieben. Er beobachtete bei in ehrenamtlichen Hilfsorganisationen tätigen Menschen, die sich noch voll und ganz bei ihrer Tätigkeit eingesetzt und mit viel Begeisterung einige Monate gearbeitet hatten, eine Reihe charakteristischer Symptome wie Erschöpfung, Reizbarkeit Zynismus, usw., die er im Kontrast zu anfänglichen «lodernden Begeisterung» als «abgebrannt» bezeichnete.

Die heutigen Menschen, die im Straf- und Massnahmenvollzug arbeiten – und da meine ich nun alle: vom Nachtwächter, Betreuer und Aufseher bis zum Direktor – verrichten nicht mehr in erster Linie eine Funktion, sondern sie üben einen Beruf aus. Und in diesem Beruf spielt die Beziehung zu Menschen und zur Sache eine wesentliche Rolle. Wenn wir den Begriff der Resozialisierung ernst nehmen und davon ausgehen, dass während des Straf- und Massnahmenvollzuges mit den Insassinnen und Insassen gearbeitet werden muss, dann ist doch gerade die Tätigkeit der Mitarbeiterinnen und Mitarbeiter von grosser Bedeutung. Es spielt eine Rolle, wie die Frauen und Männer mit den Insassinnen und Insassen umgehen, d.h., wie sie Nähe und Distanz vorleben, wie sie Forderungen durchsetzen, wie sie loben und tadeln. In diesen Situationen lernen die Insassinnen und Insassen mit anderen Rollen umzugehen. Es ist möglich, anderes Verhalten wahrzunehmen und sich damit auseinanderzusetzen, um es vielleicht einzuüben. Die Mitarbeiterin und der Mitarbeiter müssen nicht nur funktionieren, sondern es wird wichtig, wie sie leben und vorleben. Sie sind nicht mehr nur ein Rädchen im Getriebe des Vollzugsapparates, das mechanisch funktioniert, sondern als Menschen sind sie herausgefordert, sich in zahlreichen Beziehungen zu zeigen.

Durch die Einführung des Gruppenvollzuges in vielen Anstalten, durch den Einbezug der Mitarbeiterin und des Mitarbeiters in viele Tätigkeiten innerhalb der Anstalt, durch die Ausbildung in Freiburg, durch die vielen Forderungen von aussen, entsteht ein enormer Druck auf alle in den Institutionen Arbeitenden. Nicht zu verkennen ist auch die geistesgeschichtliche Situation, in der wir uns befinden: die Zunahme auf vielen Lebensgebieten der psychologischen, psychiatrischen und pädagogischen Diskurse. Das Menschenbild hat sich dadurch enorm verändert. Viele

Menschen haben in der heutigen Zeit den Eindruck, dass, in Bezug auf den Menschen, vieles bis alles veränderbar und machbar ist. Die Wissenschaftsgläubigkeit und der Machbarkeitswahn beflügeln solche Phantasien noch massiv. Dass bestimmte Krankheiten nicht heilbar sind und dass bestimmte Menschen mit bestimmten psychischen Störungen nicht therapierbar sind, ist eine Wahrheit, die zum Teil nur schwer über die Lippen geht.

In diesem Kontext stehen diejenigen, die im Straf- und Massnahmenvollzug arbeiten. Was sollten die nicht alles vollbringen und können. Und dies vor allem auf der Ebene der Beziehungen. Frauen und Männer, die im Vollzug arbeiten, sind herausgefordert, das, was sie schon können und dazu gelernt haben, umzusetzen, indem sie nicht nur funktionieren, sondern das leben und vorleben. Es ist nicht mehr die Situation von 1901, als die neue Anstalt in Regensdorf bezogen wurde. In der damaligen Zeit gab es auch Persönlichkeitsstörungen. Nur nannte man sie damals Psychopathen. Aber durch die grössere Distanz zu den Insassen und durch den Umstand, dass dieses ganze psychiatrische/psychologische Gebiet auf die alleinige Zuständigkeit der Fachleute geschoben wurde, waren diese Krankheitsphänomene eher ein Gegenstand des Staunens, des Ärgernisses und Ohnmacht als ein Gegenstand der nach Fachwissen rief.

Durch die vermehrten Beziehungen werden solche Krankheitsphänomene sichtbarer. Um Beispiele zu nennen: Gerade Menschen mit dissozialen Persönlichkeitsstörungen provozieren immer wieder Beziehungsabbrüche und manifestieren ein fehlendes Schuldbewusstsein, Missachtung sozialer Regeln und fehlende Empathie. Die *Borderline*-Persönlichkeiten mit ihrem Hang, alles schwarz oder weiss zu sehen, können ganze Teams spalten und erreichen es sehr schnell, dass sich die Mitarbeiterinnen und Mitarbeiter gegenseitig aufbringen. Gerade, um bei diesem Beispiel zu bleiben, Persönlichkeitsstörungen verlangen klare Abmachungen, klare Regeln, eine Haltung die streng, gerecht und fordernd ist, aber auch wohlwollend. Dies erfordert von den Mitarbeiterinnen und Mitarbeiter sehr viel Beziehungsenergie und einen grossen Aufwand. Beziehungen brauchen enorm viel Energie. Alle, die im Vollzug arbeiten, stehen ständig in Beziehungen und die Erfahrungen, die sie dabei machen, prägen vielfach neue Beziehungen.

Anfänglich «lodernde Begeisterungen», um mit FREUDENBERGER zu sprechen, brennen plötzlich ab. Es ist nicht der Stress, es sind die Beziehungen, die Kräfte rauben. Die Zeit in diesem Vortrag ist zu kurz bemessen, um nun ein Prophylaxe- und Heilungsprogramm zu entwerfen und vorzustellen. Einige Punkte möchte ich aber doch vortragen, die sich sofort anwenden und in die tägliche Arbeit integrieren lassen.

Viele Mitarbeiterinnen und Mitarbeiter sehen in ihrem Berufsalltag die kleinen Erfolge nicht mehr. Sei es, dass sie von zu grossen idealen Vorstellungen ausgehen, sei es, dass der Gefängnisalltag solche kleinen Erfolge niederwalzt, d.h., dass sie schon wahrgenommen, aber sofort als zu gering auf die Seite geschoben werden, sei es, dass die Betriebsblindheit solche Kleinigkeiten gar nicht mehr aufnimmt. Vor lauter grossen psychologischen und pädagogischen Idealen, werden die kleinen Blumen am Wegrand nicht mehr gesehen. Die Konsequenzen einer solchen Haltung zeigen sich in einem chronischen Gejammer und Geseufze, das nur noch mehr hinabzieht und krank macht. Ein Grund liegt sicher auch darin, dass zum Teil von aussen zu hohe und zu grosse Ansprüche gestellt werden: Was soll der Strafvollzug nicht alles bewirken und in die Wege leiten?

Der Strafvollzug gleichsam als *Deus ex machina*, der alles das bewirken sollte, was niemand sonst leisten kann. Und auf der anderen Seite ist es doch wieder «nur» der Strafvollzug, dem man dies oder jenes zu erreichen nicht zutraut. Ich glaube, dass wir mit dieser Ambivalenz leben müssen, mit dieser zum Teil schwarz-weiss-Einfärbung. Nur diese Art von Wahrnehmung kostet alle, die im Straf- und Massnahmenvollzug arbeiten, viel Energie – eben *Burnout*.

Was ist zu tun?

- Mitarbeiterinnen und Mitarbeiter stärken einander das Selbstwertgefühl, indem sie einander auf die kleinen und kleinsten Erfolge im Arbeitsalltag aufmerksam machen und dies einander auch mitteilen;
- Mitarbeiterinnen und Mitarbeiter widerstehen dem negativen Gejammer und bringen den Mut auf, zu sagen: Ich sehe es anders;
- Mitarbeiterinnen und Mitarbeiter pflegen ausserhalb der Gefängnismauern gesunde Beziehungen und pflegen Tätigkeiten, die nichts mit dem Gefängnis zu tun haben;

- Mitarbeiterinnen und Mitarbeiter halten sich nicht in Illusionen auf, sondern orientieren sich an der Realität.

Was ist machbar, was ist zu tun, was können wir tun?

Politikerinnen und Politiker nehmen die heutige Situation des Personals im Straf- und Massnahmenvollzug wahr und planen erst nach dem Gespräch mit denen, die im Vollzug arbeiten, neue Forderungen und Auflagen. Die Arbeitssituationen im Straf- und Massnahmenvollzug werden nicht einfacher, sondern immer schwieriger, herausfordender und anspruchsvoller, aber auch interessanter. Es sind die Mitarbeiterinnen und Mitarbeiter – und zwar die Direktionen eingeschlossen –, die am intensivsten und nächsten mit den Insassinnen und Insassen zusammenarbeiten müssen. Sie sind es, die die Resozialisierung bewirken können.

Tragen wir Sorge zu ihnen! Sie sind im Strafvollzug der Zukunft ein kostbares Gut!

Podiumsgespräch

Prof. Andrea Baechtold, Institut für Strafrecht und Kriminologie, Universität Bern

Nach einer Reihe wohl vorbereiteter, sorgfältig dokumentierter und gut formulierten Referate riskiert der Teilnehmer an einem abschliessenden Podiumsgespräch, dass seinem weitgehend improvisierten Votum diese Qualitäten abgesprochen werden und dass der inhaltliche «Mehrwert» seines – eben nur ganz kurzen – Beitrages von den Teilnehmern als gering bewertet wird. Um dieser Gefahr ein Stück weit zu entgehen, habe ich mir die Frage gestellt, welche wichtigen, handlungsleitenden Folgerungen aus der zu Ende gehenden Veranstaltung gezogen werden können. Meine Frage war nicht, was andere tun könnten und sollten (etwa die Exponenten des Gesundheitswesens, die Politiker etc.), sondern was im Strafvollzug selbst unternommen werden könnte. Ich muss mich dabei im folgenden auf zwei Antworten beschränken.

Erstens: In verschiedenen Beiträgen (z.B. BOLLI, LUGINBÜHL, DE SANTIS) ist darauf hingewiesen worden, dass die medizinische Versorgung der inhaftierten Personen je nach Auftrag und Grösse der Anstalt und insbesondere auch nach Massgabe der inhaftierten Klientele (Männer oder Frauen, Drogenabhängige und/oder Personen aus anderen Kulturen und/oder ...) unterschiedlichen Bedürfnissen entsprechen muss und auch an sehr unterschiedliche Strukturen und Ressourcen gebunden ist. Daraus ist offensichtlich der Schluss zu ziehen, dass die konkrete Ausgestaltung der medizinischen Versorgung im Freiheitsentzug anstaltsbezogen festzulegen ist. Das bedeutet allerdings nicht, dass sich die medizinische Versorgung in den Anstalten generellen Festlegungen von vorne herein entzieht. Obwohl also nur differenzierte, lokale Lösungen eine bedarfsgerechte medizinische Versorgung in Einrichtungen des Freiheitsentzugs sicherzustellen vermögen, lassen sich auf der Grundlage der Vorarbeiten von BOLLI allgemeine Leistungsstandards durchaus angeben, z.B. für Eintrittsuntersuchungen, die allgemeine medizinische Grundversorgung, die Notfallmedizin sowie präventivmedizinische Massnahmen.

Ich plädiere dafür, dass sich die Anstaltsmediziner (sie werden dies nach dem Referat von MEIER zweifellos in Verbindung mit den Anstaltsleitern tun) unverzüglich daran machen, diese allgemeinen (und ggf. natürlich auch zu differenzierenden) Leistungsstandards detailliert und präzise zu umschreiben. Ein derartiger, breit abgestützter Leistungskatalog verhindert nicht bloss, dass einzelne Vollzugseinrichtungen gegeneinander ausgespielt werden (von wem auch immer), er ist auch eine unerlässliche Grundlage für die Qualitätssicherung. Darüber hinaus wird ein allgemeines Einvernehmen über die medizinischen Leistungsstandards auch deshalb mehr und mehr unverzichtbar, weil nur mit solchen inhaltlichen Standards der Tendenz begegnet werden kann, die medizinischen Versorgungsleistungen im Vollzug (wie übrigens auch andere Leistungen) indirekt über die Vorgabe von Ressourcen zu definieren.

Zweitens: Die Referentinnen und Referenten aus der Vollzugspraxis haben (unterschiedlich dosiert) auf die Diskrepanz zwischen den Leistungsanforderungen und den im Vollzug zur Verfügung stehenden Ressourcen hingewiesen, dies sowohl für den Vollzug generell und bezogen auf die medizinische Versorgung. Solche Feststellungen sind gewiss berechtigt, aber weder neu, noch werden sie ausschliesslich mit Blick auf den Strafvollzug erhoben. Es genügt m.E. nicht, die Knappheit an Ressourcen zu beklagen. Vollzugsbehörden, Anstaltsleitungen und Anstaltsmediziner sollten sich m.E. vermehrt fragen, welche Leistungen tatsächlich im Rahmen des Strafvollzugs erbracht werden müssen und ob die zur Verfügung stehenden anstaltsexternen Ressourcen tatsächlich optimal genutzt werden. Im Sinne einer Anregung dazu nachstehend zwei Beispiele.

Kleine Untersuchungsgefängnisse verfügen naturgemäss über keinen hausinternen Gesundheitsdienst; für die medizinische Versorgung ihrer Klientele werden häufig von Fall zu Fall die örtlich praktizierenden Ärzte oder der regionale Notfalldienst beigezogen. In etlichen Kantonen betreiben der Kanton oder die Gemeinden indessen regionale Ambulatorien (für somatisch und/oder psychisch Kranke), welche sich im Grunde genommen für eine verbindliche und umfassende Zusammenarbeit mit dem lokalen Untersuchungsgefängnis anbieten würden. Nicht selten ist den Verantwortlichen der kleinen Untersuchungsgefängnisse auch nicht bekannt, dass in der Region spezialisierte Fachstellen, z.B. für Alkohol- oder Drogenabhängige, durchaus bereit und in der Lage wären, nach Bedarf Leistungen im Untersuchungsgefängnis zu erbringen. Werden solche externen Leistungserbringer zur Entlastung der Untersuchungsgefängnisse überall optimal einbezogen?

Mein zweites Beispiel betrifft den Vollzug längerer Freiheitsstrafen: Obwohl die entsprechenden Vollzugseinrichtungen unbestritten qualitativ und quantitativ beachtliche medizinische Leistungen anbieten müssen, sollten wir uns vom Gedanken trennen, dass diese Anstalten auch im Gesundheitsbereich tatsächlich «alles selbst machen» müssen. Ich verweise nicht bloss auf die Möglichkeit, erheblich erkrankte Inhaftierte entweder in ein öffentliches Spital oder in die Bewachungsstation am Inselspital in Bern (bzw. das Quartier Cellulaire im Kantonsspital Genf) einzuweisen und auf das Instrument des Strafunterbruchs (Art. 40 StGB), sondern namentlich auf die neuere Praxis des Bundesgericht zum «Vollzug in angepasster Form» (BGE 106 IV 321 und 103 Ib 184). Danach können Haft- und Straferstehungsfähigkeit auseinanderfallen: Wer aus gesundheitlichen Gründen nicht in der Lage ist, seine Strafe in einer Strafanstalt zu erstehen, kann u.U. seine Freiheitsstrafe durchaus in einer anderen «stationären Einrichtung» erstehen. Gerade chronisch kranke und/oder ältere Verurteilte könnten auf der Grundlage dieser Differenzierung ihre Strafe auf Dauer durchaus ausserhalb der traditionellen Vollzugseinrichtungen verbüssen: in einem Pflegeheim, einem Altersheim, einem Fürsorgeheim etc. Wird dieses Instrument optimal eingesetzt, können Vollzugsanstalten (und ihre für den Gesundheitsbereich verantwortlichen Dienste) von oft aufwendigen Insassen auf Dauer entlastet werden. Wird der «Vollzugs in angepasster Form» in der Praxis tatsächlich hinreichend genutzt?

Médecine et détention: principaux éléments de synthèse

Prof. Nicolas Queloz, Faculté de droit, Université de Fribourg

Résumé: Cette synthèse vise à mettre en évidence les principales lignes de force des réflexions menées sur le thème «*Medizin und Freiheitsentzug – Médecine et détention*». Elle permet aussi de relever quelques aspects importants de cette thématique qui, faute de temps, n'ont pas pu être abordés ou suffisamment développés.

Zusammenfassung: Diese Synthese erlaubt uns einige Höhepunkte der Thematik «*Medizin und Freiheitsentzug – Médecine et détention*» zusammenzufassen. Zusätzlich werden auch noch nachträglich einige wichtige Aspekte dieser Thematik erwähnt, die nicht oder nicht genügend präsentiert wurden

I. Introduction

Cette mise en lumière de quelques aspects importants des réflexions proposées dans les pages ci-dessus est un dû que vous avez amplement mérité, fidèles lectrices et lecteurs qui avez eu l'endurance d'arriver au terme de ce «marathon» de contributions relatives au thème si vaste des rapports entre la médecine et la privation de liberté en milieu carcéral.

Le but de cette synthèse n'est pas d'être exhaustif, car il serait impossible de rendre compte de toute la richesse des contributions qui précèdent. Notre objectif est d'abord de fermer la boucle qui a été ouverte par Philippe DE SINNER dans l'introduction de cet ouvrage. Nous allons donc mettre en lumière, de notre propre point de vue (forcément subjectif), les lignes de force ou les apports et les atouts qui nous semblent avoir marqué nos débats. Mais nous relèverons aussi brièvement, dans l'autre colonne de ce bilan, ce qui nous paraît manquer ou ne pas avoir été dit ou suffisamment développé au cours de nos réflexions: nous estimons en effet que ces points non traités font aussi pleinement partie de la thématique «*Medizin und Freiheitsentzug – Médecine et détention*» que nous avons étudiée.

II. Relations entre détention, médecine et santé

C'est à dessein que nous avons centré nos réflexions sur le thème «*Médecine* et détention» et non pas «*Santé* et détention». La thématique que nous avons traitée est en effet plus spécifique et surtout nous avons voulu l'inscrire dans une réflexion sur les interactions et collaborations entre les acteurs du système pénitentiaire – acteurs médicaux et non médicaux – en relevant que la frontière entre ces groupes n'est pas toujours évidente à tracer. Cependant, cette thématique ne nous a évidemment pas épargné une réflexion bénéfique sur la santé en milieu carcéral et, parce que ce milieu est ouvert vers l'extérieur, sur la santé dans la dynamique des échanges entre le milieu carcéral et l'environnement extérieur (dedans ←→ dehors). D'un point de vue sanitaire en particulier, la prison n'est pas une institution «totale», cloisonnée, fermée ou coupée du reste du monde, notamment parce que:

- les détenus y importent leur état de santé, maladies, infections, troubles
- et ils les exportent également de la prison vers la liberté…

Nous tenons à rappeler que l'entrée et l'acceptation des médecins et des hygiénistes dans les prisons, au 19e siècle, se sont faites sur la base de la priorité suivante: ils devaient œuvrer à enrayer les risques d'épidémie, voire de contamination que représentaient les détenus pour la population libre. Or, plus récemment, c'est à nouveau le problème d'une épidémie, celle du sida, qui a conduit la France par exemple à admettre «*la nécessité de sortir définitivement de son ghetto la médecine en milieu carcéral*» (COLIN/JEAN, 1997, 26) en décidant du transfert des soins offerts en détention du ministère de la Justice au ministère de la Santé publique (décret de mars 1993, puis loi de janvier 1994). En effet: «*Si la porosité des murs* (des prisons) *est grandissante, la santé des détenus est non plus seulement un problème interne à gérer autant que les moyens disponibles le permettent mais un enjeu de santé publique*» (LHUILIER, 2000, 192).

En outre, dans certaines circonstances, la prison peut devenir non plus seulement un espace «pathogène» (favorisant par exemple les infections virales: cf. ROTILY, 1998; ou le suicide, principale cause de décès en prison: cf. BOURGOIN, 1998; GUILLONNEAU/KENSEY, 1997), mais aussi un univers «soignant» (cf. DE MARTINI ci-dessus), de pause, de traitement, de rétablissement, de convalescence (cf. DE SANTIS ci-dessus). Le danger pour tout acteur de santé en milieu carcéral «*serait de rester dans un désir idéal de réparation. L'acteur de santé doit pouvoir s'engager dans un processus de co-responsabilité, sans culpabilisation ni accusation, envers le détenu et envers les représentants institutionnels*» (CHEVRY/PLANCHE, 1997, p. 143).

Ceci nous permet de mettre en évidence les principales sources des fondements juridiques et éthiques de l'organisation des soins de santé en milieu pénitentiaire (cf. Figure 1), cette figure étant une représentation imagée qui complète et englobe la Recommandation R(98)7 du Conseil de l'Europe.

Figure 1: Médecine et détention: édifice juridique et éthique de l'organisation des soins de santé en milieu pénitentiaire

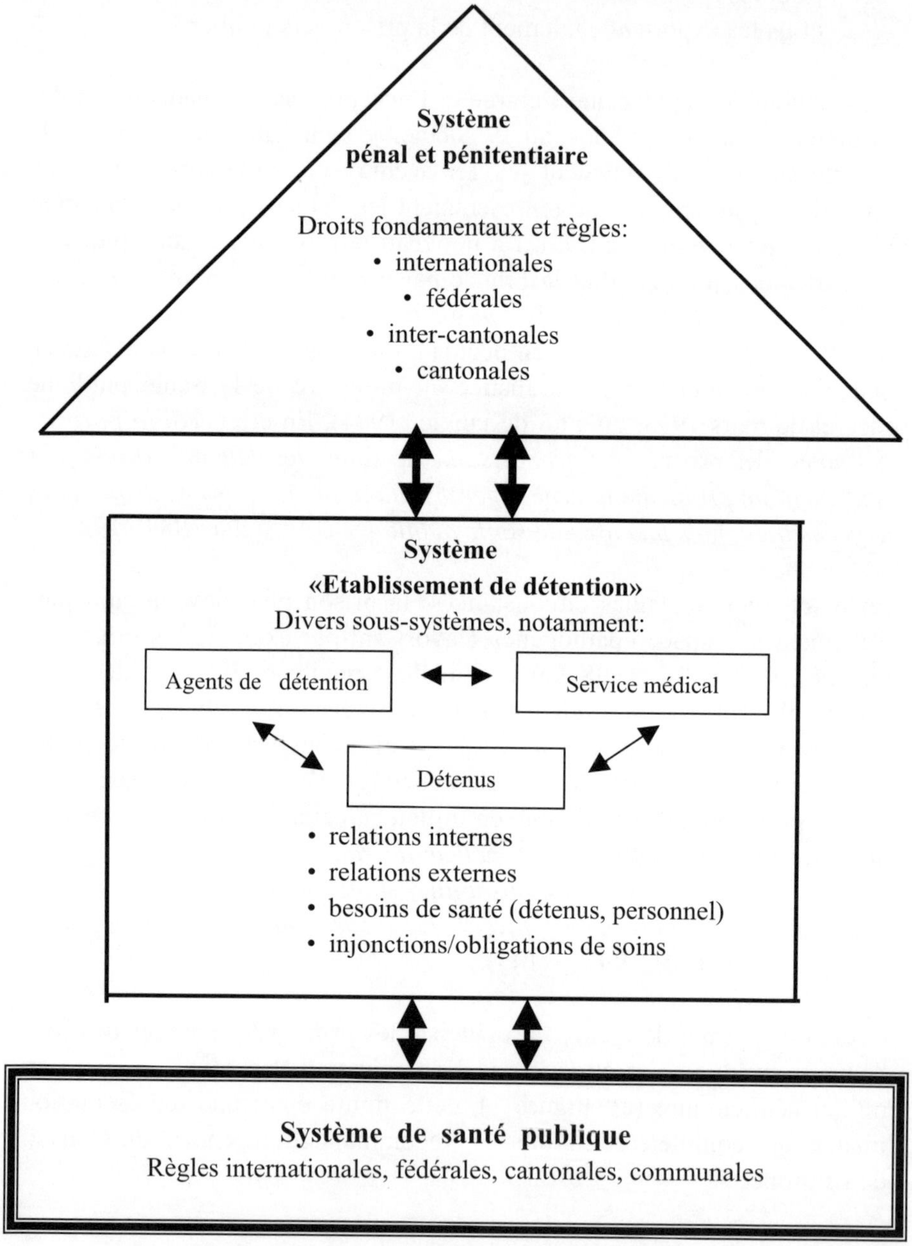

III. Buts du séjour en prison

En ce qui concerne les buts attribués au séjour en établissement pénitentiaire pour les détenus condamnés, il est intéressant de constater que les textes juridiques, d'une part ne se recoupent pas (puissent-ils alors au moins se compléter!), d'autre part sont silencieux sur la punition proprement dite (but inavouable ou indicible parce que si évident?).

D'après les *Règles pénitentiaires européennes* (du 12 février 1987), les buts du traitement pénitentiaire sont (art. 3):

- de préserver la santé des détenus,
- de sauvegarder leur dignité,
- de développer leur sens des responsabilités
- et de les doter de compétences leur permettant de se réinsérer dans la société, de vivre dans la légalité et de subvenir à leurs besoins.

Selon le *Code pénal suisse*, la privation de liberté doit être exécutée de manière à (art. 37 ch. 1):

- exercer sur le détenu une action éducative,
- préparer son retour à la vie libre,
- favoriser en outre la réparation du tort causé à la victime.
- Enfin, les établissements doivent pourvoir aux besoins de la vie morale, culturelle et corporelle des détenus (art. 46 ch. 2).

Un premier constat est que le droit pénal suisse n'accorde pas explicitement d'attention à la santé – qui constitue par contre le premier objectif consacré par les Règles européennes – mais ne fait allusion, et seulement en fin de liste, qu'aux besoins spirituels et corporels des détenus. Cela me semble significatif d'un changement d'attitude que nous devons opérer. En effet, pour le Conseil de l'Europe, le principe fondamental est que la santé ne doit pas être altérée par la détention. En droit suisse en revanche, prévaut surtout l'idée que la détention ne doit pas être perturbée par des problèmes de santé… Ceci découle clairement de l'art. 40 CPS, qui prescrit que «*L'exécution d'une peine privative de liberté ne doit être interrompue que pour un motif grave*» (alinéa 1) et que si le détenu, pour des raisons de santé, doit être transféré dans un hôpital, «*la durée de ce séjour sera imputée sur la peine*» (alinéa 2).

Pour accorder à la santé des détenus la priorité qu'elle mérite, notre droit et nos pratiques doivent opérer un considérable retournement de perspectives: comme cela a été relevé dans nos débats, ni la Confédération, ni les cantons n'ont vraiment perçu les obligations et changements de mentalité découlant de la Recommandation R(98)7 du Conseil de l'Europe[1] (cf. aussi RIKLIN ci-dessus, qui réclame une réglementation fédérale des conditions et modalités des traitements médicaux en prison).

Le second constat est qu'aucun des textes mentionnés n'exprime l'idée de sanction, de punition. Est-ce si difficile à écrire que le séjour carcéral sert à faire subir une peine ou cela représente-t-il un but si ancien (cf. la notion d'expiation) et si évident qu'il est devenu inutile de le dire? Ne faut-il pas rappeler que «*La prison a pour fin la sanction et la correction d'une transgression des règles sociales*» (LHUILIER, 2000, 194)? Il y a donc, jusque dans les textes légaux, une peur de dire les mots, une réticence à admettre que la détention sert d'abord à punir et que, ce faisant, par la privation de liberté ainsi que par les autres privations qu'elle entraîne, elle marque le corps et la santé du détenu, ce qui a fait dire à bon nombre d'auteurs (depuis M. FOUCAULT et son *Surveiller et punir* de 1975) que la privation de liberté est aussi un châtiment corporel. Sans l'exprimer en ces termes, bien des personnes ayant contribué à nos débats ont décrit de nombreux troubles somatiques causés par la vie en prison.

IV. Principales lignes de force de nos débats

Complémentairement aux remarques ci-dessus, nous allons maintenant mettre en lumière quelques aspects marquants ou les principales lignes de force de nos débats sur le thème «*Medizin und Freiheitsentzug – Médecine et détention*».

---

1 Comme dans d'autres domaines d'ailleurs: cf. QUELOZ (1998) en ce qui concerne la justice des mineurs.

A. 1ère ligne de force: centrer la santé au cœur des logiques d'action pénitentiaire

Sous l'angle de la santé, il faut relever la double nature de la prison, qui est à la fois source d'améliorations (y compris des conditions élémentaires de vie de bon nombre de détenus, en matière de logement, d'hygiène, d'alimentation, de soins) mais qui peut aussi être une source pathogène et mortifiante.

Les divers buts de l'exécution de la peine privative de liberté d'une part (qui, comme nous venons de le rappeler, ne font pas l'unanimité et peuvent aussi se révéler contradictoires) et cette double nature de la prison d'autre part, nous conduisent à insister également sur les diverses logiques d'action qui sont à l'œuvre en milieu pénitentiaire:

- logique administrative, voire bureaucratique
- logique légaliste
- logique carcérale, sécuritaire
- logique économique, gestionnaire
- logique éducative, resocialisatrice
- logique curative, thérapeutique
- logique …?

Questions: ces diverses logiques sont-elles complémentaires? concurrentes? paradoxales? Si la logique des soins ou curative y est représentée, en revanche y a-t-il et à quel niveau, une logique ou une perspective globale de la santé et de la qualité de la vie en prison? En outre, il faut prêter une grande attention au fait que des logiques contradictoires constituent une source importante de conflits et donc de tensions, de stress (cf. à ce sujet: DE CONINCK/LOODTS, 1999; CABEZA, 2000), de pertes d'énergie et d'atteintes à la santé aussi bien du personnel pénitentiaire que des détenus eux-mêmes qui en subissent les contre coups.

Enfin, que ces logiques soient complémentaires ou contradictoires (voire carrément conflictuelles), ne doit pas nous faire oublier que les relations sociales quotidiennes au sein de l'institution carcérale, surtout entre détenus et surveillants, se construisent à la croisée, voire en marge (au creux, dans les failles) de ces logiques institutionnelles: surveillants et détenus développent des stratégies de négociation, de coopération, d'interdépendance (réciprocités, dons et contre-dons) que LHUILIER (2000) qualifie de «*troc relationnel*» et qui sont d'autant plus fortes qu'il s'agit de réguler des tensions (non seulement interpersonnelles, mais institutionnelles), à la recherche constante d'un équilibre acceptable, mais fragile et toujours à renégocier.

B. 2e ligne de force: la santé et le traitement des détenus comme cibles par excellence d'une collaboration interdisciplinaire dans les prisons

En dépit (ou peut-être à cause) de ces buts et de ces logiques d'action souvent paradoxaux, une 2ème ligne de force de nos débats consiste dans l'importance, tant soulignée, de la collaboration interdisciplinaire dans l'intérêt prioritaire des détenus.

Il faut en effet rappeler, avec bon nombre de personnes responsables des contributions qui précèdent, que:

- Sans créer un climat de confiance ou de bonnes conditions psychologiques (cf. DE SINNER),
- on ne peut pas permettre un dialogue et des échanges ouverts entre divers acteurs, de professions et de disciplines différentes
- et l'on ne peut pas aboutir à cette «*conflictualité constructive*» (cf. GRAVIER), à cette «*faire Streitkultur*» (cf. MEIER) et finalement à cette «*konstruktive interdisziplinäre Verständigung*» (cf. BOLLI),
- ni, par conséquent, assurer la santé et respecter la dignité des détenus ainsi que des divers acteurs impliqués.

C. 3e ligne de force: le secret médical ne doit pas être opposé au devoir d'information des acteurs pénitentiaires

Si une telle atmosphère et un tel contexte de travail peuvent être mis en place, ce qui nécessitera aussi de créer des espaces ou instances d'arbitrage ou de médiation, alors la sacro-sainte question des secrets – et du secret médical en particulier – doit être résolue de façon:

- à ne pas en faire un tabou,
- ni un instrument de rétention de savoir et de pouvoir,
- mais de sorte que ce secret (ou *Schweigepflicht*) soit tempéré par un devoir ou une obligation d'information et de communication

(*Meldepflicht* ou *Offenbarungspflicht*) à l'égard des autres intervenants, dans l'intérêt d'un détenu en particulier, voire de l'ensemble des détenus et du personnel pénitentiaire (cf. à ce sujet ce qui est prescrit par la loi allemande sur l'exécution des peines (WYDRA ci-dessus) et les travaux en cours dans le canton de Berne).

D. 4e ligne de force: «prisons des villes» et «prisons des campagnes»; une organisation des soins différente, mais des standards de qualité identiques

Il a été maintes fois répété, dans les contributions et débats, que la question de l'accès aux soins de santé et de la palette des offres se pose de façon bien différente dans les petites prisons de district (obligées à des collaborations externes), qui n'ont pas les moyens dont disposent les plus grands établissements pénitentiaires (avec d'importantes ressources médicales internes).

Il est évident qu'en termes organisationnels, les questions de santé en milieu carcéral doivent être résolues différemment dans les «*prisons des villes*» que dans les «*prisons des campagnes*» (pour reprendre la jolie terminologie de COMBESSIE, 1996): les petits établissements doivent mettre en place un système de services de santé qui favorise de bonnes et efficaces collaborations avec le réseau sanitaire de la région environnante.

En revanche, aux niveaux éthique et des standards de qualité des soins et des ressources de santé, on ne peut évidemment admettre ni différences ni exceptions qui aboutiraient à officialiser l'existence de prisons de 1ère, de 2e voire de 3e classes! Cela serait absolument contraire aux buts et principes fondamentaux des Règles pénitentiaires européennes, de la recommandation R(98)7 du Conseil de l'Europe ainsi que du droit pénal et d'exécution des sanctions en Suisse. L'objectif essentiel est donc d'offrir des soins médicaux de qualité dans toute prison, quels que soient sa taille, son environnement et son système d'organisation. Dans ce but, il est indispensable que les autorités soutiennent en Suisse le développement de la médecine pénitentiaire (ou *Gefängnismedizin*: cf. BOLLI, GRAVIER, LUGINBÜHL ci-dessus).

E. 5ème ligne de force: la prison, dernier lieu d'enfermement psychiatrique?

Plusieurs personnes ont rappelé à quel point il y a eu, ces dernières années, une augmentation dans les prisons des détenus souffrant de troubles psychiatriques et donc une augmentation des besoins de soins spécifiques à leur égard. Nous ferons à ce sujet deux remarques:

- La première concerne le fait que le monde carcéral est, d'une façon générale, «*devenu un réceptacle où aboutissent toutes les marginalités. Il existe une tendance lourde pour que la prison devienne de plus en plus le lieu d'accueil ultime des personnes rejetées par les dispositifs socio-sanitaires du milieu libre, au premier rang desquelles les personnes présentant des troubles psychiatriques, les toxicomanes et les étrangers en situation irrégulière*» (COLIN/JEAN, 1997, 28-29). Cette tendance lourde, selon laquelle la prison joue le rôle de réceptacle de dernière extrémité des politiques sociales, vaut assurément aussi en Suisse et pour les trois mêmes «catégories problématiques»[2].

- La seconde remarque a trait spécifiquement à cette forte augmentation de détenus souffrant de troubles psychiatriques dans les prisons. Depuis le 18e siècle, la prison a dû servir à la fois de cellule monastique (isolement, recueillement, amendement), d'atelier socioprofessionnel (formation, travail, discipline économique) et d'hôpital (soins, traitement, voire thérapie)[3]. Or, en ce début de

---

2 En Suisse, la part importante de détenus étrangers dans les prisons (45 à 51% de toutes les personnes incarcérées depuis 1995 et, dans certains pénitenciers (longues peines) de 65 à 75% de la population moyenne carcérale), y compris de ceux qui ne sont pas en situation administrative irrégulière, pose surtout des problèmes de bonne cohabitation quotidienne, en raison de la variété et de l'hétérogénéité des cultures qui y sont représentées (plus de 70 nationalités différentes, représentant tous les continents). A cela s'ajoute l'effet négatif des mesures de contrainte et de détention imposées par la LFSEE (Loi fédérale sur le séjour et l'établissement des étrangers), révisée et renforcée en 1994. «*Dass Strafvollzug in der Schweiz im Wesentlichen Strafvollzug an Ausländern ist, in erheblichem Masse an Ausländern ohne Wohnsitz in der Schweiz, wird offensichtlich tabuisiert*» (BAECHTOLD, 2000, 268).

3 Cf. DE CONINCK (2001) pour un très bon rappel de l'évolution de la philosophie pénitentiaire.

21e siècle, les prisons (suisses notamment) servent-elles surtout d'hôpitaux, voire d'asiles psychiatriques puisque ces derniers se sont ouverts, «communautarisés» et refusent l'enfermement des cas les plus lourds? N'en donner que cette image serait assurément très réducteur, voire caricatural; mais il est vrai que cette facette est devenue un aspect important, voire imposant et préoccupant de la réalité carcérale actuelle. Comme le souligne bien CHANTRAINE (2000, 302), une réponse fondée à la question ci-dessus devrait éclairer le fâcheux «*cercle vicieux, constitué d'abord par le fait que l'augmentation des soins psychologiques et psychiatriques en prison donnerait aux magistrats l'assurance que les détenus seront pris en charge psychologiquement en prison, ensuite que cette assurance déboucherait sur des condamnations à des peines de prison plus nombreuses pour les personnes ayant des troubles psychologiques et qu'enfin ce phénomène serait à son tour à l'origine d'une demande et d'une nécessité d'un renforcement supplémentaire des soins psychologiques en prison ... part active de l'institution elle-même dans le recrutement des détenus*».

N'oublions pas enfin le regard critique (cf. BERNER ci-dessus ou KUNZ, 2000) que l'on peut porter sur l'utilisation excessive de la nomenclature psychiatrique (le fameux diagnostic «mondialisé» des maladies mentales[4]) ainsi que sur l'application de l'art. 43 CPS (en particulier l'alinéa 2 du chiffre 1: «*internement des délinquants qui, en raison de leur état mental, compromettent gravement la sécurité publique*») comme nouvelle forme de bannissement. L'anthropologue et philosophe du droit vise juste lorsqu'il écrit (ASSIER-ANDRIEU, 1996, 275-276): «*La justice pénale moderne a pu se départir de ses contenus religieux... Faute d'un statut clairement repensé, la psychiatrie est entrée comme par méprise dans l'édifice judiciaire, en lieu et place des fonctionnaires cléricaux des âmes. La fonction de scrutateur des consciences et de décrypteur de l'inconscient était disponible; elle était même fixée par des cadres légaux dans la matrice médiévale de ce que nous nommons les systèmes pénaux modernes...*».

---

4 Diagnostic of Mental Diseases (actuellement DMS-IV) venu des USA.

V. Conclusion

A. *Autres aspects à ne pas négliger*

Rappelons d'abord, pour clore ce bilan, qu'il y a bien d'autres aspects du thème «*Médecine et détention*» que nous n'avons pas pu traiter ou qui n'ont pas été suffisamment développés dans nos travaux, notamment:

- Toutes les questions de toxicodépendances (aux produits tels que tabac, alcool, drogues, médicaments (anxiolytiques, barbituriques, etc.), qu'elles touchent les détenus ou le personnel pénitentiaire;
- Les privations relationnelles, affectives, sexuelles, comme facteurs de trouble de la santé;
- Les efforts et ressources des détenus pour l'entretien de leur propre santé: le «culte du corps» ou les médecines alternatives ont-ils fait leur apparition en prison et sous quelles formes? Il est en effet très important de ne pas oublier la responsabilité du détenu face à sa propre santé, face au suivi et à la prise d'un traitement, comme attitude active opposée à une médicalisation et médicamentation passives. C'est donc aussi un rôle essentiel des professionnels (médicaux et non médicaux) du monde carcéral que d'encourager une telle mentalité;
- Les problèmes de santé des proches des détenus et du personnel pénitentiaire;
- Les problèmes spécifiques de santé des détenus étrangers;
- L'impact du vieillissement des populations carcérales, lié notamment à l'allongement de la durée moyenne des séjours en prison (cf. KUHN, 2000), comme risques de détérioration de la santé des détenus;
- Les problèmes de santé après la détention et le suivi médical ultérieur à la libération; etc.

B. *6ème ligne de force: sortir de nos murs, échanger, dialoguer. Conditions essentielles de santé pour des réflexions et des actions renouvelées*

Enfin, nous tenons à souligner que des Journées, débats et réflexions tels que ceux que nous avons organisés sur le thème «*Medizin und Freiheitsentzug – Médecine et détention*» valent la peine d'être initiés et vécus parce qu'ils permettent, y compris par les discussions de coulisse et à l'occasion de repas en commun, de faire en quelques jours bien plus de progrès dans l'ouverture, la compréhension et la collaboration qu'on ne pourrait le faire en plusieurs mois, années, voire jamais. Le dialogue, l'échange, la confrontation tissent des liens précieux et construisent des ponts entre professions, disciplines, secteurs d'activités: si cela est bénéfique à la santé d'esprit des divers acteurs pénitentiaires, notre vœu est que la qualité de la vie et donc la santé des détenus en tirent aussi le meilleur parti.

A toutes celles et ceux qui partagent cette conviction, nous donnons donc rendez-vous pour les 3èmes Journées pénitentiaires de Fribourg que nous ferons tout pour organiser en novembre 2002, selon le rythme bisannuel désormais établi et sur un thème que nous souhaitons tout aussi passionnant.

Auf Wiedersehen – Au revoir – Arrivederci!

Références bibliographiques

ASSIER-ANDRIEU L., *Le droit dans les sociétés humaines*, Paris, Nathan, 1996.

BAECHTOLD A., Strafvollzug und Strafvollstreckung an Ausländern: Prüfstein der Strafrechtspflege oder bloss «suitable enemies»? *Schweizerische Zeitschrift für Strafrecht – Revue pénale suisse*, 2000, 3, 245-269.

BAUHOFER S., BOLLE P.H., DITTMANN V. (Eds.), «*Gemeingefährliche*» *Straftäter – Délinquants «dangereux»*, Chur/ Zürich, Verlag Rüegger, 2000.

BOURGOIN N., Le suicide en prison, *Les Cahiers de la sécurité intérieure*, 1998, no 31 Prisons en société. Les conditions de la détention, 229-238.

BOURGOIN N., GIRARD C., Les automutilations et les grèves de la faim en prison, *Revue de science criminelle et de droit pénal comparé*, 2000, 3, 657-666.

CABEZA D., Murmures carcéraux: expérience professionnelle en milieu pénitentiaire et stress du personnel, *Kriminologisches Bulletin – Bulletin de criminologie*, 2000, 1, 39-81.

CHANTRAINE G., La sociologie carcérale: approches et débats théoriques, *Déviance et Société*, 2000, 3, 297-318.

CHEVRY P., PLANCHE C., Quelques réflexions de terrain sur la place de l'acteur de santé en milieu carcéral, *Revue française des affaires sociales*, 1997, 1, 137-148.

COLIN M., JEAN J.P., Droit aux soins et amélioration de la condition des détenus: deux objectifs indissociables, *Revue française des affaires sociales*, 1997, 1, 17-29.

COMBESSIE PH., *Prisons des villes et des campagnes*, Paris, Editions Ouvrières, 1996.

COMBESSIE PH., *Sociologie de la prison*, Paris, La Découverte, 2001.

CONSEIL DE L'EUROPE, *Le surpeuplement des prisons et l'inflation carcérale: Recommandation no R(99)22 et Rapport*, Strasbourg, Editions du Conseil de l'Europe, 2000.

DE CONINCK G., LOODTS P., Les risques professionnels des surveillants de prison, *Revue internationale de criminologie et de police technique et scientifique*, 1999, 1, 81-98.

DE CONINCK G., *La formation des surveillants de prison: mission impossible?* Paris, L'Harmattan, 2001.

DITTMANN V., Was kann die Kriminalprognose heute leisten? in BAUHOFER/BOLLE/DITTMANN, *op. cit.*, 2000, 67-95.

FAUGERON C., CHAUVENET A., COMBESSIE PH., *Approches de la prison*, Paris/Bruxelles, De Boeck, 1996.

GUILLONNEAU M., KENSEY A., La santé en milieu carcéral. Éléments d'analyse démographique, *Revue française des affaires sociales*, 1997, 1, 41-59.

KUHN A., *Détenus. Combien? Pourquoi? Que faire?* Berne, P. Haupt, 2000. »

KUNZ K.L., Soziales Lernen ohne Zwang. Ein Programm für den Strafvollzug der Zukunft, in KUNZ K.L., *Bürgerfreiheit und Sicherheit*, Bern, Peter Lang, 2000, 171-202.

LHUILIER D., La santé en prison: permanence et changement, in VEIL/LHUILIER, *op. cit.*, 2000, 187-216.

QUELOZ N., L'édifice de la nouvelle justice pénale pour les mineurs construit par les Nations Unies: ses implications, pour la Suisse en particulier, in JAFFE PH. (Ed.), *Challenging Mentalities – Défier les mentalités*, Ghent, Children's Rights Centre, 1998, 293-307.

ROTILY M., L'usage de drogues en milieu carcéral: approche épidémiologique, *Les Cahiers de la sécurité intérieure*, 1998, no 31 Prisons en société. Les conditions de la détention, 195-210.

SENN GROMELLE A., DE AGAZIO M.T., Le traitement pénitentiaire: la question de la participation du surveillant à sa mise en œuvre, *Revue internationale de criminologie et de police technique et scientifique*, 1999, 1, 55-80.

VEIL C., LHUILIER D. (sous la direction de), *La prison en changement*, Toulouse, Érès, 2000.

EUROPARAT

EMPFEHLUNG Nr. R(98)7 [1] DES MINISTERKOMITEES AN DIE MITGLIEDSTAATEN BETREFFEND ETHISCHE UND ORGANISATORISCHE ASPEKTE DER GESUNDHEITSFÜRSORGE IN GEFÄNGNISSEN

(angenommen vom Ministerkomitee am 8. April 1998 anlässlich der 67sten Zusammenkunft der Abgeordneten)

In Anwendung des Art. 15b der Statuten des Europarates, und

- in Anbetracht, dass medizinisches Handeln in Freiheit und in Gefängnissen denselben ethischen Grundsätzen unterstellt sein sollte;

  Gleiche Ethik wie in Freiheit

- im Bewusstsein, dass die Respektierung der Gefangenengrundrechte für Häftlinge dasselbe Angebot prophylaktischer Behandlung und Gesundheitsfürsorge wie in Freiheit erfordert;

  Gleiche Behandlung wie in Freiheit

- erkennend, dass der Gefängnisarzt sich oft in einer schwierigen Situation befindet, indem er zwischen den Interessen der Gefängnisdirektion sowie jener der Gefangenen steht, weswegen er sich an strikte ethische Richtlinien halten sollte;

  Dilemmasituation des Arztes

- in Anbetracht, dass eine klare Definition des Rechts auf Gesundheitsfürsorge im Freiheitsentzug sowie der spezifischen Aufgaben von Arzt und medizinischem

  Klare Aufgaben-definition

---

[1] In Übereinstimmung mit Regel 10.2c der Verfahrensbestimmungen über Zusammenkünfte der Ministerialdelegierten, wünscht die dänische Delegation folgende Einschränkung zu machen: „Paragraph 72 des Annexes ist für Dänemark insofern nicht akzeptabel, als er erlaubt Leibesvisitationen durch Nicht-Mediziner auszuführen. Ausserdem darf, nach Meinung dänischer Behörden, eine Untersuchung intimer Körperhöhlen nur mit dem Einverständnis der betroffenen Person durchgeführt werden".

Personal sowohl im Interesse des Gefängnisarztes, des übrigen medizinischen Personals, der Insassen als auch der Gefängnisadministration ist;

- in Anbetracht, dass gewisse spezielle problematische Situationen in Gefängnissen, wie z.B. Überbelegung, Infektionskrankheiten, Drogenprobleme, Geisteskrankheiten, Gewalt, Isolationshaft oder Leibesvisitationen die strikte Einhaltung der ethischen Regeln bei der Ausübung der ärztlichen Tätigkeit erfordern; *Einhaltung der ethischen Regeln speziell in problematischen Situationen wird gefordert*
- eingedenk der Europäischen Menschenrechtskonvention, der Europäischen Sozialcharta sowie des Übereinkommens über Menschenrechte und Biomedizin; *Quellenangaben*
- eingedenk der Europäischen Konvention über Prävention von Folter, unmenschlicher oder entwürdigender Behandlung oder Bestrafung, und der Empfehlungen betreffend Gesundheitsdienst in Gefängnissen, zusammengefasst im 3. Allgemeinen Rapport über die Aktivitäten des europäischen Komitees für die Prävention der Folter und unmenschlicher oder entwürdigender Behandlung oder Bestrafung; *Quellenangaben*
- sich beziehend auf die Empfehlung No. R(87)3, die europäischen Gefängnisregeln, welche die Einhaltung minimaler Standards von Menschlichkeit und Menschenwürde garantieren helfen; *Quellenangaben*
- sich erinnernd an die Empfehlung No. R(90)3, betreffend medizinische Forschung an Menschen sowie an die Empfehlung No. R(93)6, welche gefängnisspezifische und kriminologische Aspekte bezüglich der Kontrolle von übertragbaren Krankheiten, inkl. AIDS und damit verbundene Gesundheitsprobleme in Gefäng *Quellenangaben*

nissen betrifft und schliesslich an die Leitlinien der WHO aus dem Jahr 1993 über HIV und AIDS in Gefängnissen;

- im Bewusstsein der Empfehlungen 1235 (1994) über Psychiatrie und Menschenrechte, und 1257 (1995) über Haftkonditionen in Mitgliedstaaten des Europarates, ausgearbeitet von der Parlamentarischen Versammlung des Europarates; *Quellenangaben*
- hinweisend auf die Prinzipien medizinischer Ethik bezüglich den Schutz von Inhaftierten und Gefangenen gegen Folterung und andere grausame, unmenschliche oder degradierende Behandlung oder Bestrafung, wie sie von der Generalversammlung der Vereinten Nationen 1982 angenommen worden sind; *Quellenangaben*
- hinweisend auf die speziellen Deklarationen des Weltärztebundes (World Medical Association (WMA), betreffend medizinische Ethik, insbesondere die Erklärung von Tokyo (1975), die Erklärung von Malta bezüglich Hungerstreikende (1991) und Erklärung über Leibesvisitationen von Gefangenen (1993); *Quellenangaben*
- Notiz nehmend von jüngsten Reformen verschiedener Mitgliedstaaten betreffend Struktur, Organisation und Reglementierung der gefängnismedizinischen Dienste, insbesondere im Zusammenhang mit Reformen ihrer Gesundheitssysteme; *Organisation und Reglementierung gefängnismedizin. Dienste*
- unter Einbezug der verschiedenen administrativen Systeme der Mitgliedstaaten, welche die Umsetzung von Empfehlungen auf Bundes- und nationaler Ebene erfordern; *Berücksichtigung admin. Strukturen von Mitgliedstaaten*

empfiehlt das Ministerkomitee, dass die Regierungen der Mitgliedstaaten:

- Bei Revision ihrer Gesetzgebung und ihrer Praxis auf dem Gebiet der gefängnismedizinischen Versorgung, den Prinzipien und Empfehlungen, welche im Annex dieser vorliegenden Empfehlung ausgeführt sind, Rechnung tragen; *Anwendung der Prinzipien und Empfehlungen*
- Die bestmögliche Verbreitung dieser Empfehlung und der erklärenden Bemerkungen garantieren, insbesondere bei allen Personen und Stellen, die für Organisation und Bereitstellung der Vorsorgebehandlung und der Gesundheitsdienste in Gefängnissen verantwortlich sind. *Verbreitung der Empfehlungen*

ANNEX ZU DER EMPFEHLUNG Nr. R(98)7

I. HAUPTASPEKTE DES RECHTS AUF GESUNDHEITSFÜRSORGE IM GEFÄNGNIS

A. Zugang zum Arzt

1. Beim Eintritt in ein Gefängnis und auch später während der Haftzeit sollten Gefangene, wenn es ihr Gesundheitszustand erfordert, jederzeit und ohne Verzug Zugang zu einem Arzt oder einer diplomierten Krankenpflegeperson haben, dies unabhängig von der Art des Haftregimes. Jedem Gefangenen sollte eine gründliche Eintrittsuntersuchung zugute kommen. Dabei sollten sich Schwerpunkte der Untersuchung auf psychische Krankheiten, Anpassungsstörungen an den Freiheitsent- *Eintrittsuntersuchung Zugang zum Arzt*

zug, Drogen-, Medikamenten- oder Alkoholentzugssymptomatik sowie infektiöse und chronische Krankheiten beziehen.

2. Um den Gesundheitsbedürfnissen der Gefangenen Genüge zu tun, sollten grössere Gefängnisse über vollamtliche Ärzte und diplomiertes Krankenpflegepersonal verfügen, je nach Anzahl und Rotationswewegungen der Insassen sowie ihrem durchschnittlichen Gesundheitszustand.

Kontingent des Medizinischen Personals entsprechend Anzahl Insassen und Erfordernissen

3. Ein Gesundheitsdienst in Gefängnissen sollte mindestens ein Ambulatorium und eine Behandlungsmöglichkeit für Notfälle zur Verfügung stellen können. Wenn der Gesundheitszustand der Gefangenen eine Behandlung erfordert, die nicht im Gefängnis durchgeführt werden kann, sollte alles daran gesetzt werden, dass diese, unter entsprechenden Sicherheitsbedingungen, in Gesundheitszentren ausserhalb des Gefängnisses stattfinden kann.

Lokalitäten des Gesundheitsdienstes

4. Gefangene sollten nötigenfalls jederzeit, tags- und nachtsüber, Zugang zu einem Arzt haben. In jeder Institution sollte dauernd eine kompetente Person, die Erste-Hilfe leisten kann, anwesend sein. Bei schweren Notfällen sollten Arzt, eine Pflegeperson und die Direktion alarmiert werden. Besonders wichtig ist die aktive Mithilfe des Gefängnispersonals.

Zugang zu Arzt, Erste Hilfe bei Notfällen

5. Der Zugang zu einer psychiatrischen Sprechstunde und Beratung sollte sichergestellt sein. In grösseren Gefängnissen sollte ein Team von Gefängnispsychiatern zur Verfügung stehen. Falls dies in kleine-

Psychiatrische Sprechstunde und Versorgung

ren Institutionen nicht möglich ist, sollte die psychiatrische Versorgung durch einen frei praktizierenden oder einen Spitalpsychiater garantiert sein.

6. Jeder Insasse sollte die Möglichkeit einer qualifizierten zahnärztlichen Behandlung haben. *Zahnärztliche Behandlung*

7. Die Gefängnisadministration sollte dafür besorgt sein, dass Kontakte sowie Zusammenarbeit mit staatlichen und privaten medizinischen Institutionen gesichert sind. Da es nicht leicht ist gewisse drogen-, alkohol- oder medikamentensüchtige Gefangene innerhalb der Gefängnisse adäquat zu behandeln, sollten externe Drogenspezialisten zur Beratung und nötigenfalls für Behandlungen engagiert werden. *Kontakte zu auswärtigen Medizinischen Institutionen, auswärtige Hilfe für Süchtige*

8. Gegebenenfalls sollten spezielle Betreuungsmöglichkeiten für Frauen in Haft vorgesehen werden. Schwangere sollten ärztlich kontrolliert werden und in einem dafür bestens geeigneten Spital ausserhalb des Gefängnisses gebären können. *Betreuung von Frauen in Haft und Schwangeren*

9. Patienten sollten zu Spitalvorführungen bei Bedarf von medizinischem oder Pflegepersonal begleitet werden. *Betreuung bei Spitalvorführungen*

B. Gleichwertige Fürsorge

10. Gesundheitspolitik im Freiheitsentzug sollte in die nationale Gesundheitspolitik integriert sein und mit ihr im Einklang stehen. Ein gefängnisärztlicher Dienst sollte imstande sein medizinische, psychiatrische und zahnärztliche Betreuung zu leisten *Gleiche Gesundheitsfürsorge wie ausserhalb der Gefängnisse, Hygiene, Zweitmeinung*

sowie Programme für Hygiene und Prophylaxe anbieten zu können, im gleichen Rahmen wie sie die übrige Bevölkerung geniesst. Gefängnisärzte sollten die Möglichkeit haben, Spezialisten bei zu ziehen. Wird eine Zweitmeinung verlangt, ist es Aufgabe des Dienstes dies zu ermöglichen.

11. Der Gesundheitsdienst sollte über genügend qualifiziertes medizinisches Personal, Krankenpfleger/innen und medizinisch-technische Angestellte sowie über geeignete Lokalitäten, Installationen und technische Ausrüstung verfügen, die in Qualität mit denjenigen unter freiheitlichen Bedingungen vergleichbar, wenn nicht gar identisch sind.

Medizinisches Personal und medizinische Lokalitäten, Ausrüstung wie in Freiheit

12. Verstärkte Aufmerksamkeit sollte das Gesundheitsministeriums, gemäss der nationalen Gesetzgebung, der Überwachung von Hygiene, Betreuungsqualität und Organisation der Gesundheitsdienste in den Gefängnissen schenken. Zwischen dem Gesundheits- oder andern zuständigen Ministerien sollte eine strikte Trennung der Verantwortlichkeit und Kompetenzen etabliert werden, um eine Zusammenarbeit zur Erstellung einer integrierten Gesundheitspolitik innerhalb der Gefängnisse zu ermöglichen.

Öffentliche Aufsicht über Gefängnis-medizinische Dienste

C. Einverständnis des Patienten und Arztgeheimnis

13. Das Arztgeheimnis sollte garantiert sein und in gleich striktem Masse beachtet werden, wie dies für die allgemeine Bevölkerung gilt.

Arztgeheimnis

14. Sofern Gefangene nicht an einer Krankheit leiden, die sie unfähig macht, die Art ihres Leidens zu erkennen, sollten sie stets berechtigt sein dem Arzt vor jeder medizinischen Untersuchung oder vor jedem Eingriff ihr aufgeklärtes Einverständnis zu geben, unter Vorbehalt der gesetzlich vorgesehenen Ausnahmen. Die Gründe für jede Untersuchung sollten den Insassen deutlich erklärt und von ihnen verstanden werden. Die Indikationen für jegliche Medikation sowie auch die möglicherweise auftretenden Nebenwirkungen sollten den Insassen erklärt werden.

Einverständnis des Gefangenen für medizinische Handlungen, Aufklärungspflicht

15. Das aufgeklärte Einverständnis sollte auch im Falle von psychisch kranken Gefangenen eingeholt werden, ebenso in Situationen, da sich medizinische Aufgaben und Sicherheitsaspekte nicht decken, z.B. im Falle von Behandlungs- oder Nahrungsverweigerung.

Einverständnis von psychisch kranken Gefangenen

16. Jedes Abweichen vom Prinzip der freien Selbstbestimmung in bezug auf die Einwilligungserklärung sollte gesetzlich begründet und von denselben Prinzipien geleitet werden, die auch in der allgemeinen Bevölkerung gelten.

Abweichungen vom Prinzip der Selbstbestimmung

17. Gefangenen in Untersuchungshaft sollte auf eigene Kosten gestattet sein, eine Konsultation bei ihrem Hausarzt oder bei einem andern Arzt ausserhalb des Gefängnisses zu verlangen.

Freie Arztwahl in Untersuchungshaft

Verurteilte Gefangene können eine medizinische Zweitmeinung verlangen.

Zweitmeinung

Der Gefängnisarzt sollte diesen Vorschlag wohlwollend erwägen. Die Entscheidung indes liegt schliesslich in seiner Verantwortung.

18. Kein Gefangener sollte ohne Mitgabe der kompletten Krankengeschichte in ein anderes Gefängnis verlegt werden. Das Dossier sollte so mitgegeben werden, dass das Arztgeheimnis sicher gewahrt bleibt. Die Gefangenen sollten über die Weitergabe ihrer Krankengeschichte informiert werden. Sie sollten, im Rahmen der nationalen Gesetzgebung, die Möglichkeit haben dagegen Einspruch zu erheben.

Weitergabe der Krankengeschichte bei Gefängniswechsel

Allen entlassenen Gefangenen sollte zuhanden des Hausarztes eine schriftliche Zusammenfassung ihrer Krankengeschichte ausgehändigt werden.

Arztbericht bei Entlassung

D. Berufliche Unabhängigkeit

19. Gefängnisärzte sollten alle Insassen nach denselben Regeln ärztlicher Kunst behandeln, wie dies unter freiheitlichen Bedingungen geschieht. Die Gesundheitserfordernisse des Insassen sollten immer erstes Anliegen des Arztes sein.

Ärztliche Behandlung wie in Freiheit

20. Klinische Entscheidungen sowie jegliche andere Beurteilungen, welche die Gesundheit der Gefangenen betreffen, sollten ausschliesslich von medizinischen Kriterien geleitet sein. Das Personal des Gesundheitsdienstes sollte, innerhalb seiner Qualifikationen und Kompetenzen, vollkommen unabhängig handeln können.

Medizinische Beurteilung und Entscheidungen wie unter freiheitlichen Bedingungen, Unabhängigkeit des med. Personals

21. Krankenpfleger, Schwestern und jegliches andere Personal des Gesundheitsdienstes sollten ihre Aufgaben unter der direkten Verantwortlichkeit des leitenden Gefängnisarztes ausführen. Dieser soll an paramedizinisches Personal nur Aufgaben delegieren, die gesetzlich erlaubt und berufsethisch vertretbar sind. Die Qualität der medizinischen und pflegerischen Versorgung sollte von einer qualifizierten Gesundheitsbehörde kontrolliert werden. *Verantwortlichkeiten*

22. Die Entlohnung des medizinischen Personals sollte nicht geringer sein als diejenige in andern öffentlichen Gesundheitsbereichen. *Besoldung der Medizinalpersonen*

II. Die besondere Rolle des Gefängnisarztes und des übrigen medizinischen Personals im Kontext des Freiheitsentzuges

A. Generelle Anforderungen

23. Erste Aufgabe des Gefängnisarztes ist es adäquate medizinische Versorgung sowie Beratung aller Gefangenen, für die er gesundheitsdienstlich zuständig ist, zu gewährleisten. *Aufgaben des Gefängnisarztes*

24. Seine Aufgabe sollte ebenfalls Beratung der Direktion bezüglich Ernährung und Lebensverhältnisse der Gefangenen sowie Hygiene und sanitäre Einrichtungen umfassen. *Weitere Aufgaben des Gefängnisarztes*

25. Das medizinische Personal sollte fähig sein Gesundheit betreffende Informationen und nötigenfalls auch qualifizierte Ausbildung *Berufliche Fähigkeiten des Medizinischen Personals*

an Gefängnisleitung und –personal zu vermitteln.

B. Gesundheits - Information, - Prävention und – Erziehung

26. Beim Eintritt ins Gefängnis sollte jede Person über Rechte, Pflichten und interne Hausregeln informiert werden sowie Hinweise erhalten wie und wo Hilfe und Rat gesucht werden können. Diese Information sollte für alle Gefangenen verständlich sein. Analphabeten sollten spezielle Erklärungen erhalten.

Information der Gefangenen beim Eintritt

27. In allen Gefängnisinstitutionen sollte ein Gesundheitserziehungsprogramm ausgearbeitet werden. Sowohl Gefangene als auch administratives Personal sollten eine Broschüre mit Basisinformationen über Gesundheitsförderung und -fürsorge im Freiheitsentzug erhalten.

Gesundheitserziehungs-progrsamm für Gefangene und Personal

28. Spezielle Erläuterungen sollten die Vorteile von freiwilligen und anonymen Untersuchungen bezüglich übertragbarer Krankheiten aufzeigen und auf die möglichen negativen Konsequenzen von Hepatitis, Geschlechtskrankheiten, Tuberkulose oder HIV-Infektion hinweisen. Diejenigen, die sich testen lassen, sollten medizinisch nachbetreut werden.

Freiwillige Testung und Information wegen Infektionskrankheiten

29. Das Gesundheitserziehungsprogramm sollte zum Ziel haben Entwicklung von gesundem Lebensstil zu fördern und Insassen zu befähigen, adäquate Entscheidungen zu treffen bezüglich der eigenen Gesundheit sowie derjenigen ihrer Familie, um ihre

Ziele des Gesundheitsprogramms

persönliche Integrität zu erhalten und zu schützen sowie das Risiko von Sucht und Rückfällen zu vermindern. Dieser Ansatz sollte Insassen motivieren, an Gesundheitsprogrammen teilzunehmen, die sie in verständlicher Weise lehren, wie und wodurch Gesundheitsrisiken möglichst gering gehalten werden können.

C. Spezielle Pathologien und Gesundheits prophylaxe in Gefängnissen

Protokollierung von Gewalteinwirkungen beim Eintritt

30. Anlässlich der Eintrittsuntersuchung der Insassen sollten jegliche entdeckten Anzeichen von Gewaltanwendung vom Arzt vollständig notiert werden, zusammen mit den Angaben des Gefangenen und den ärztlichen Schlussfolgerungen. Mit dem Einverständnis des Gefangenen sollten diese Informationen auch der Direktion zugänglich gemacht werden.

Weiterleitung von Informationen bei Gewaltanwendungen

31. Jegliche Information über Gewaltanwendung, die gegen Insassen während der Haftzeit begangen wird, sollte an die zuständigen Behörden weitergeleitet werden. Generell sollte dies nur mit der Einwilligung der betroffenen Insassen geschehen.

Anwendung des Notstandsgesetzes nach Feststellung von Gewaltanwendungen

32. Ausnahmsweise und jedenfalls unter strikter Beachtung ärztlicher Ethikregeln, kann die vom Insassen erklärte Einwilligung als nicht unbedingt erforderlich erachtet werden. Dies speziell dann, wenn der/die Arzt/Ärztin der Meinung ist, dass er/sie sowohl gegenüber dem Patienten als auch gegenüber der Gefängnisbelegschaft übergeordnete Verantwortung trägt und einen schweren Zwischenfall, der reelle Ge-

fahr bedeutet, zu rapportieren hat. Der Gesundheitsdienst sollte, falls er dies als notwendig erachtet, periodisch statistische Daten über beobachtete Verletzungen erheben, und diese, unter Beachtung der nationalen Gesetzgebung über Datenschutz, der Gefängnisleitung und den zuständigen Behörden übermitteln.

33. Dem Aufsichtspersonal sollte eine adäquate Ausbildung über Gesundheitsfragen gegeben werden, um sie zu befähigen, bei Gefangenen entdeckte physische und psychische Gesundheitsprobleme zu rapportieren.

Medizinische Ausbildung des Aufsichtspersonals

D. Professionelle Ausbildung des medizinischen Gefängnispersonals

34. Gefängnisärzte sollten sowohl in Allgemeinmedizin wie auch in Psychiatrie gut bewandert sein. Ihre Ausbildung sollte theoretisches Basiswissen, Verstehen des Gefängnisumfeldes und dessen Auswirkungen auf die ärztliche Arbeit im Gefängnis, eine Evaluation ihrer Berufskenntnisse sowie auch ein Ausbildungspraktikum unter der Aufsicht eines erfahrenen Berufskollegen umfassen. Ebenso sollte ihnen regelmässige Weiterbildung zugestanden werden.

Aus- und Weiterbildung der Gefängnisärzte

35. Dem übrigen gefängnismedizinischen Personal sollte ebenfalls eine adäquate Ausbildung vermittelt werden und Wissen über Arbeitsabläufe in Gefängnissen und einschlägige Gefängnisregeln umfassen.

Ausbildung des medizinischen Personals

III. Organisation der Gesundheitsfürsorge in Gefängnissen unter Berücksichtigung einiger häufiger Probleme

A. Übertragbare Krankheiten, speziell: HIV-Infektion und AIDS, Hepatitis, Tuberkulose

36. Um sexuell übertragbare Krankheiten zu verhindern, sollten in Gefängnissen geeignete prophylaktische Massnahmen getroffen werden.

Prophylaxe gegen sexuell übertragbare Krankheiten

37. HIV Teste sollten nur mit dem Einverständnis der Gefangenen, anonym und gesetzlich konform durchgeführt werden. Eingehende Aufklärung sowie Beratung sollten vor und nach der Testung stattfinden.

Einwilligung für die HIV-Testung Beratung

38. Die Isolierung eines an einem infektiösen Zustand leidenden Patienten ist nur gerechtfertigt, wenn dies auch ausserhalb des Gefängnisbereichs mit derselben medizinischen Begründung gemacht würde.

Isolierung bei Infektionskrankheiten

39. Für HIV-positive Personen sollte keinerlei Absonderung ins Auge gefasst werden, mit Ausnahme der im Paragraph 40 erwähnten Vorgaben.

Absonderung von HIV-Positiven

40. Schwer erkrankte Aids-Patienten sollten, wenn immer möglich, ohne totale Isolierung in der gefängnisinternen Krankenabteilung behandelt werden. Patienten, die vor der Übertragung infektiöser Krankheiten anderer Patienten geschützt werden müssen, sollten nur isoliert werden, wenn dies ihretwillen notwendig ist, um Anstek-

Absonderung in schweren Fällen von AIDS

ungen zu vermeiden. Dies betrifft hauptsächlich Patienten mit schwer beeinträchtigtem Immunsystem.

41. Wenn Fälle von Tuberkulose entdeckt werden, sollten alle nötigen Massnahmen ergriffen werden, um die Ausbreitung dieser Infektion zu verhindern, in Übereinstimmung mit der in diesem Gebiet gültigen Gesetzgebung. Für die therapeutischen Interventionen sollten gleiche Massstäbe wie ausserhalb der Gefängnisse angewendet werden.

Massnahmen bei Tuberkulose

42. Da die Ausbreitung von Hepatitis B allein mit Hepatitis B-Impfung verhindert werden kann, sollte diese Insassen und Personal angeboten werden. Information und adäquate prophylaktische Möglichkeiten sollten vorhanden sein, angesichts der Tatsache, dass Hepatitis B und C hauptsächlich durch intravenösen Drogengebrauch sowie Kontamination mit Samenflüssigkeit und Blut übertragen werden.

Hepatitis B-Impfung, Information und Prävention für blutübertragbare Krankheiten

B. Drogen-, Alkohol- und Medikamenten sucht: Führung der Apotheke und Verabreichung von medikamentöser Behandlung

43. Die Betreuung alkohol- und medikamentenabhängiger Insassen muss ausgeweitet werden, unter Berücksichtigung der offerierten Dienstleistungen an Drogensüchtige, wie sie von der Kooperationsgruppe zur Bekämpfung des Drogenabusus und -schwarzhandels („Pompidou Gruppe“) empfohlen wurden. Deshalb ist es notwendig, dem medizinischen und betreuenden

Betreuung Drogensüchtiger

Personal eine ausreichende Ausbildung zu geben und die Zusammenarbeit mit externen Beratungsdiensten zu verbessern, damit nach der Entlassung in die Freiheit eine ununterbrochene Begleittherapie gesichert ist.

44. Der Gefängnisarzt sollte die Insassen zur Benützung der sozialen oder psychotherapeutischen Hilfestellungen ermutigen, um das Risiko des Drogen- Medikamenten- und Alkoholabusus zu bekämpfen. *Hilfestellungen für Süchtige*

45. Die Behandlung der Entzugssymptome bei Drogen-, Alkohol- und Medikamentenabusus sollte durch dieselben Behandlungsrichtlinien wie in der Öffentlichkeit erfolgen. *Behandlung bei Entzug*

46. Wenn Gefangene sich einer Entzugsbehandlung unterwerfen sollten sie vom Arzt ermutigt werden, sowohl während der Haftzeit wie auch später nach der Entlassung die notwendigen Schritte zu unternehmen, um Rückfälle in die Sucht zu vermeiden. *Entzugsbehandlung, Vermeidung von Rückfällen*

47. Personen im Freiheitsentzug sollten einen internen oder aussenstehenden spezialisierten Berater konsultieren können, der ihnen sowohl während, wie auch nach der Entlassung die nötige Unterstützung geben kann. Diese Berater sollten auch bei der internen Ausbildung des Gefängnispersonals mitwirken können. *Spezialisierter Berater für Suchtkranke*

48. Wenn möglich sollten die Insassen die ihnen verschriebenen Medikamente auf sich tragen können. Indes sollten ihnen *Medikamentenabgabe*

Medikamente, die bei Überdosierung gefährlich sind, vorenthalten und dosisgerecht „auf Sicht“ abgegeben werden.

49. Bei Bedarf sollte der Gefängnisarzt in Zusammenarbeit mit dem verantwortlichen beratenden Apotheker eine umfassende Liste der im Arztdienst gebrauchten Medikamente und Betäubungsmittel aufstellen. Die Medikamentenverschreibung sollte ausschliesslich in der Verantwortlichkeit des Arztes bleiben und Medikamente sollten nur durch dazu autorisiertes Personal abgegeben werden. *Führung der Apotheke*

C. Nicht hafterstehungsfähige Personen: Schwere körperliche Behinderung; Hohes Alter; In kurzer Zeit zum Tode führende Krankheit

50. Gefangene mit schwerer physischer Behinderung und diejenigen in hohem Alter sollten so untergebracht werden, dass sie ein möglichst normales Leben führen können und nicht von der übrigen Gefangenenbelegschaft getrennt sind. Strukturelle Umbauten sollten für Rollstuhlabhängige und andere Behinderte nach denselben Richtlinien wie in der Öffentlichkeit durchgeführt werden. *Physisch behinderte und alte Gefangene*

51. Die Entscheidung, wann todkranke Patienten in ein öffentliches Spital überwiesen werden müssen, sollte aufgrund medizinischer Überlegungen gemacht werden. Während der Wartezeit auf eine derartige Überführung sollten diese Patienten in der Endphase ihres Leidens auf der Krankenstation des Gefängnisses eine optimale *Todkranke Patienten*

Betreuung erhalten. Für diese Fälle sollte, ausserhalb des Vollzugsrahmens, ein periodischer Aufenthalt in auswärtigen Spitälern vorgesehen sein. Eine mögliche Begnadigung oder vorzeitige Entlassung aus medizinischen Gründen sollte geprüft werden.

D. Psychiatrische Symptome, Geisteskrankheiten, Schwere Persönlichkeitsstörungen, Suizidrisiko

52. Die Gefängnisadministration und das für psychische Gesundheit zuständige Ministerium sollten gemeinsam einen psychiatrischen Dienst für Gefangene organisieren. *Psychiatrischer Dienst für Gefangene*

53. Dienststellen für psychische Gesundheit und Sozialdienste der Gefängnisse sollten sich zur Aufgabe machen, Hilfe und Beratung für Insassen anzubieten um deren Problembewältigungs- sowie Adaptationsfähigkeiten zu stärken. Diese Dienste sollten die Aktivitäten, ihren Aufgaben entsprechend, koordinieren. Sie sollten beruflich unabhängig sein, unter besonderer Berücksichtigung der spezifischen Gefängnisbedingungen. *Unabhängige Dienststellen für psychische und soziale Probleme der Gefangenen*

54. Verurteilten Sexualdelinquenten sollten sowohl eine psychiatrische und psychologische Untersuchung gewährt werden, als auch eine Behandlung während und nach der Haftzeit. *Betreuung von Sexualdelinquenten*

55. Schwer geisteskranke Gefangene sollten in einer speziell ausgestatteten Spitalabteilung untergebracht und von qualifiziertem *Schwer geistig Kranke Gefangene*

Personal betreut werden. Die Entscheidung, Insassen in ein öffentliches Spital einzuliefern, sollte von einem Psychiater gefällt werden, die Einwilligung der zuständigen Behörden vorbehalten.

56. In den Fällen, da für psychisch Kranke strenge Haft nicht vermieden werden kann, sollte diese auf ein absolutes Minimum reduziert und sobald als möglich durch eine dauernde sowie individuelle pflegerische Betreuung ersetzt werden. *Strafmass von psychisch kranken Gefangenen*

57. In Ausnahmesituationen mag bei psychisch schwer kranken Patienten für kurze Zeit eine zwangsmässige Ruhigstellung ins Auge gefasst werden, bis eine medikamentöse Beruhigungsmassnahme zu wirken beginnt. *Zwangsmassnahmen zur Ruhigstellung psychisch Kranker*

58. Das Suizidrisiko sollte sowohl vom medizinischen wie auch vom Betreuungspersonal andauernd beurteilt werden. Physische, zur Vermeidung von Selbstverletzungen geeignete Massnahmen, nahe und andauernde Beobachtung, Gespräche sowie stützende therapeutische Kontakte sollten in Krisenmomenten nach Bedarf eingesetzt werden. *Suizidprophylaxe*

59. Die therapeutische Nachbehandlung für entlassene Gefangene sollte von externen, spezialisierten Diensten bereit gestellt werden. *Therapie nach Haftentlassung*

E. Therapieverweigerung, Hungerstreik

60. Im Falle von Therapieverweigerung sollte der Arzt verlangen, dass der Patient in Ge- *Therapieverweigerung*

genwart eines Zeugen eine schriftliche Erklärung unterschreibt. Der Arzt sollte dem/der Patienten/in die Vorteile der medizinischen Behandlung und mögliche Therapiealternativen ausführlich darlegen und ihn/sie vor Folgen warnen, die durch Verweigerung entstehen. Es sollte sichergestellt sein, dass der/die Patient/in seine/ihre Situation vollständig versteht. Wenn Sprachschwierigkeiten das Verständnis erschweren, sollte ein erfahrener Übersetzer gesucht werden.

61. Eine medizinische Untersuchung eines im Hungerstreik stehenden Insassen sollte nur mit ausdrücklicher Einwilligung des Patienten stattfinden, ausgenommen Fälle mit ernsthaften psychischen Störungen, die schliesslich in eine psychiatrische Klinik verlegt werden müssen.

Hungerstreik

62. Hungerstreikenden sollte eine objektive Aufklärung über die gesundheitsschädigenden Folgen ihrer Handlung gegeben werden, damit sie die Gefahren eines längerdauernden Hungerstreiks erkennen.

Aufklärung von Hungerstreikenden

63. Wenn sich der Zustand des im Hungerstreik stehenden Patienten erheblich verschlechtert, ist es Pflicht des Arztes, seine Bedenken der zuständigen Behörde mitzuteilen und eine Massnahme gemäss der nationalen Gesetzgebung zu ergreifen (unter Anwendung der Berufsregeln).

Massnahmen bei Verschlechterung des Zustandes von Hungerstreikenden

F. Gewalt im Gefängnis: Disziplinarische Verfahren und Sanktionen, Disziplinarische Isolationshaft, Physische Zwangsmassnahmen, Höchstes Sicherheitsregime

64. Gefangene, die triftige Gründe haben sich vor Gewaltanwendungen durch Mitgefangene, inklusive eventueller sexueller Aggressionen, zu fürchten, die kürzlich von andern Gefangenen angegriffen oder verletzt worden sind, sollten unter verstärkten Schutz des Aufsichtspersonals gestellt werden können.

Massnahmen bei drohender Gefahr von Gewaltanwendung

65. Es sollte nicht Aufgabe des Arztes sein, Gewaltanwendung des Gefängnispersonals zu bewilligen oder zu untersagen. Dieses muss die Verantwortung zur Aufrechterhaltung von guter Ordnung und Disziplin selbst übernehmen.

Arzt und Gewaltanwendung durch Gefängnispersonal

66. Bei einer Sanktionierung durch Bestrafung mit Isolationshaft sowie bei jeder anderen disziplinarischen Bestrafung oder Sicherheitsmassnahme, die den physischen oder psychischen Gesundheitszustand des Gefangenen schädigen könnten, sollte das gefängnismedizinische Personal auf Verlangen des Gefangenen oder des Personals medizinische Hilfe oder Behandlung anbieten.

Medizinische Massnahmen bei Sanktionen und Isolationshaft

G. Spezielle Gesundheitsprogramme: Sozialtherapeutische Programme, Familiäre Bindungen und Aussenkontakte, Mutter und Kind

67. Sozialtherapeutische Programme sollten

Sozialtherapeutische

nach nach den öffentlich geltenden Richtlinien organisiert und sorgfältig supervisiert werden. Ärzte sollten sich bereit erklären, mit allen betroffenen Diensten konstruktiv zusammenzuarbeiten, in Hinsicht darauf, Gefangene für die Nutzung solcher Programme zu motivieren und sich soziale Kompetenz anzueignen, die helfen mag die Risiken der Rückfallkriminalität nach Entlassung zu reduzieren.

Programme Rückfallprophylaxie

68. Es sollte die Möglichkeit erwogen werden, dass Insassen die Erlaubnis erhalten während Besuchen mit ihren Sexualpartnern ohne visuelle Überwachung zusammenzusein.

Familienzimmer

69. Sehr jungen Kindern sollte das Zusammenleben mit ihren inhaftierten Müttern ermöglicht werden, im Hinblick darauf, dass diesen erlaubt wird, ihnen soviel Zuwendung und Betreuung angedeihen zu lassen, wie es für einen guten Gesundheitszustand und die Erhaltung einer psychoaffektiven Bindung notwendig ist.

Kleinkinder

70. Für Mütter mit Kindern sollten spezielle Einrichtungen (Krippen, Tageskinderhort) vorgesehen werden.

Kinderkrippen

71. In die administrative Entscheidung, ob Kinder in einem bestimmten Alter von ihren Müttern getrennt werden müssen, sollten Ärzte nicht einbezogen werden.

Arzt und administrative Trennung von Mutter und Kind

H. Leibesvisitationen, Medizinische Expertisen, Medizinische Forschung

72. Leibesvisitationen gehören zu den Aufga-

Leibesvisitationen

ben der administrativen Behörde und Gefängnisärzte sollten nicht in diese Verfahren hineingezogen werden. Eine intime medizinische Untersuchung sollte indes von einem Arzt/Ärztin ausgeführt werden, sofern ein objektiver medizinischer Grund besteht, der seine/ihre Beteiligung erfordert.

73. Gefängnisärzte sollten keine medizinischen oder psychiatrischen Gutachten für Verteidigung oder Anklage erstellen, es sei denn auf formales Verlangen des Gefangenen oder des Gerichtes. Auch sollten sie sich nicht als medizinische Experten für eine Gerichtsverhandlung von Untersuchungshäftlingen zur Verfügung stellen. Untersuchungsmaterial sollten sie höchstens für diagnostische Teste und ausschliesslich zu medizinischen Zwecken sammeln und analysieren.

Gerichtsgutachten Medizinische Experten für Gerichte

74. Medizinische Forschung an Gefangenen sollte in Übereinstimmung mit den Grundsätzen ausgeführt werden, wie sie formuliert worden sind in den Empfehlungen Nr. R(87)3 betreffend „Europäischen Gefängnisregeln", Nr. R(90)3 betreffend „Medizinische Forschung an Menschen" und Nr. R(93)6 betreffend „Gefängnisspezifische und kriminologische Aspekte bezüglich Kontrolle übertragbarer Krankheiten, inklusive Aids und damit verbundene Gesundheitsprobleme in Gefängnissen".

Medizinische Forschung an Gefangenen

Empfehlungen Nr. R(98)7 des Ministerskomitees an die Mitgliedstaaten betreffend ethische und organisatorische Aspekte der Gesundheitsfürsorge in Gefängnissen

Kommentar

ALLGEMEINE BETRACHTUNGEN (KOMMENTAR ZUR PRÄAMBEL)

Allgemein kann der ärztliche Verhaltenskodex definiert werden als „*Spezialethik, die an die Bedingungen der Berufsausübung angepasst ist. [...] Der Verhaltenskodex muss die richtige Ausübung eines Berufes unter Berücksichtigung seiner Einbettung in eine Gesellschaft garantieren, die ihrerseits global reguliert wird durch die Moral, die Gesetze, das Recht*“[1]

Der medizinische Verhaltenskodex ist seit dem zweiten Weltkrieg nach und nach kodifiziert worden, unter anderem auch unter der Ägide der Weltgesundheitsorganisation (WHO)[2]. Dennoch bestehen grosse Unterschiede zwischen den Ländern Europas, und zur Zeit sind die Sanktionen bei einer Regelverletzung höchst unterschiedlich. Im übrigen muss daran erinnert werden, dass der Geist der medizinischen Leitbilder, trotz der zur Zeit beobachteten nationalen Unterschiede, seine Wurzeln in sehr alten Texten findet, so im „Eid des Hippokrates“, der bis ins 20. Jh. die wichtigste ethische Basis darstellt.

Es ist grundlegend, mit Nachdruck darauf hinzuweisen, dass – trotz der Besonderheiten des medizinischen Handelns im Freiheitsentzug – die grossen Prinzipien und die medizinische Berufsethik, wie sie in den international anerkannten Texten dargelegt werden, auch bei der Ausübung medizinischer Tätigkeiten im Freiheitsentzug beachtet werden müssen[3].

Auf europäischer Ebene sollten die folgenden Texte als grundlegend anerkannt werden: die Konvention zum Schutz der Menschenrechte und der

---

[1] Vgl. erster Teil der französischen Version.
[2] Vgl. erster Teil der französischen Version.
[3] Vgl. erster Teil der französischen Version.

Grundrechte von 1950, die europäische Sozialcharta von 1961, die europäische Konvention zur Verhinderung der Folter und unmenschlicher oder erniedrigender Strafen von 1987, die Konvention über die Menschenrechte und die Biomedizin von 1997, die Empfehlungen Nr. R (90) 3 über die medizinische Forschung am Menschen, Nr. R (93) 6 betreffend die Strafvollzugs- und kriminologischen Aspekte der Kontrolle der übertragbaren Krankheiten und insbesondere von AIDS und die damit in Zusammenhang stehenden Probleme der Gesundheit im Freiheitsentzug, Nr. R(87)3 über die europäischen Strafvollzugsgrundsätze, ebenso die Empfehlungen 1235 (1994) über die Psychiatrie und die Menschenrechte und 1257 (1995) über die Haftbedingungen in den Mitgliedstaaten des Europarates, wie sie durch die Generalversammlung vorbereitet worden sind.

In Anbetracht der besonderen Bedingungen im Freiheitsentzug, unter Einbezug der Sicherheitsaspekte, muss festgestellt werden, dass die medizinische Tätigkeit im Milieu des Freiheitsentzugs mit Risiken behaftet ist, weil medizinische und Sicherheitskriterien mitunter zueinander in Opposition stehen.

In diesem Umfeld sind die Bejahung eines soliden medizinischen Verhaltenskodexes und das Herauskristallisieren von wichtigen ethischen Grundsätzen für eine angepasste medizinische Betreuung der Gefangenen wichtig. Es ist nötig, Prinzipien und Empfehlungen zu entwickeln, die geeignet sind, eine adäquate medizinische Berufsausübung im besonderen Rahmen des Freiheitsentzugs zu gewährleisten.

Wie bereits im dritten allgemeinen Tätigkeitsbericht des europäischen Komitees zur Verhütung von Folter und unmenschlichen und erniedrigenden Strafen erwähnt, haben sich die nachfolgenden Prinzipien nach und nach entwickelt, um die hauptsächlichen Kriterien, auf denen die Pflege der Gefangenen beruht, zu definieren: der Zugang zum Arzt, die Gleichwertigkeit der Pflege, die Zustimmung des Patienten und die Vertraulichkeit sowie die berufliche Unabhängigkeit.

Die Beachtung dieser Prinzipien erscheint heute als fundamental, um eine adäquate Pflege in den Gefängnissen gewährleisten zu können; aus diesem Grund sind diese Prinzipien Gegenstand der vorliegenden Empfehlung. Darüber hinaus werden in dieser Empfehlung einige konkrete und für das Milieu des Freiheitsentzugs spezifische Situationen behandelt, um die ethischen Grundsätze zu umschreiben, die das Handeln des Gesundheitspersonals im Freiheitsentzug bestimmen müssen.

KOMMENTAR ZU DEN EMPFEHLUNGEN DES ANHANGS

I. Hauptaspekte des Rechts auf Gesundheitspflege im Freiheitsentzug

A. *Zugang zum Arzt*

1. Beim Eintritt ins Gefängnis sollte jeder Gefangene unverzüglich Zugang zu einem Mitglied des Gesundheitsdienstes haben. Das Eintrittsgespräch und die medizinische Eintrittsuntersuchung, die auch eine Beurteilung der geistigen Gesundheit umfassen kann, sollten durch einen Arzt vorgenommen werden (vgl. Paragraph 29 der Empfehlung Nr. R(87)3 über die europäischen Strafvollzugsregeln); die Verfügbarkeit des Personals muss indessen berücksichtigt werden, so dass der erste Kontakt des neueintretenden Gefangenen mit dem Gesundheitsdienst zuweilen auch mit einer diplomierten Krankenschwester oder einem diplomierten Krankenpfleger unter der Verantwortung eines Arztes stattfinden kann. Jedes Begehren nach einer Konsultation oder Pflegemassnahme, die nur durch einen diplomierten Arzt ausgeführt werden kann, muss weitergeleitet werden können. Während der Haft sollte jeder Gefangene jederzeit Zugang zu einem Arzt oder qualifiziertem Pflegepersonal haben, ohne unangemessene Wartefrist.

2. Kleinere Betriebe, vor allem wenn sie mehrheitlich junge Gefangene in gutem Gesundheitszustand aufnehmen, können teilzeitlich angestelltes Gesundheitspersonal beschäftigen, das aus qualifizierten Ärzten und qualifiziertem Pflegepersonal sowie aus Vertretern aller anderen Gesundheitsberufe besteht. Demgegenüber sollten die grossen Anstalten über vollzeitlich tätiges Gesundheitspersonal verfügen, das gegebenenfalls vor allem ausserhalb der ordentlichen Konsultationszeiten von aushilfsweise tätigem Personal unterstützt wird. Gesundheitspersonal, das im Freiheitsentzug arbeitet, sollte periodisch auch ausserhalb der Mauern tätig sein können.

3. Die Gesundheitsdienste der Institutionen des Freiheitsentzugs sollten über eine Struktur verfügen, die die Durchführung von ambulanten Konsultationen sowie die Notfallversorgung gewährleistet. Zu diesem Zwecke sollte jede Institution permanent eine ausgebildete Person zur Verfügung haben, die in der Lage ist, erste Hilfe zu leisten; ein Arzt sollte jederzeit, auch ausserhalb der ordentlichen Arbeitszeiten, gerufen werden können. Die Notfallversorgung darf durch keine nichtmedizinischen Kriterien verzögert werden. Die Gefangenen sollten ebenfalls Zugang zu

öffentlichen Pflegeeinrichtungen haben, dies im Rahmen einer allgemeinen Strategie, sie vermehrt am Leben der Gemeinschaft teilhaben zu lassen. Um diesem Ziel nachzuleben, müssen unter Umständen externe Berater eingesetzt werden, die den Arzt unterstützen, oder aber der Gefangene muss ausserhalb der Mauern versorgt werden.

4. Der Zugang zu einem Arzt muss rund um die Uhr sichergestellt werden, was, je nach Grösse der Institution, die Intervention eines teilzeitlich angestellten Mitarbeiters nötig macht. Erste Hilfe muss jederzeit geleistet werden können. Im Notfall muss die Anstaltsleitung alarmiert werden. Die aktive Mithilfe und das Engagement des Vollzugspersonals sind von herausragender Bedeutung. Erste Hilfe sollte zu dessen Ausbildungsprogramm gehören.

5. In Anbetracht der zahlreichen psychiatrischen Probleme unter den Gefangenen ist es von höchster Wichtigkeit, dass nicht nur die grossen Betriebe, sondern auch die kleinen, isolierten Gefängnisse über eine multidisziplinäre psychiatrische Equipe verfügen, die aus Psychiatern, Psychologen, Psychotherapeuten, Ergotherapeuten und Beratern zusammengesetzt ist. Psychiater, die vollzeitlich in grossen Anstalten arbeiten, könnten die kleinen Gefängnisse regelmässig besuchen.

6. Ein qualifizierter Zahnarzt sollte im Minimum die zahnärztliche Notfallbehandlung garantieren, ebenso die planbare Zahnpflege, je nach Länge der Strafe und je nach Vollzugsregime. Allgemein sollten die Leistungen des Zahnarztes die Bedürfnisse der Gefangenenpopulation abdecken, insbesondere jene der drogenabhängigen Gefangenen, deren Zähne sich häufig in einem schlechten Zustand befinden.

7. Es ist entscheidend, dass die Gefängnisverwaltung eng mit den öffentlichen und privaten Einrichtungen für Drogenabhängige zusammenarbeitet, vor allem zum Zeitpunkt der Entlassung, wenn die Modalitäten der Betreuung nach dem Freiheitsentzug geregelt werden. Es ist sehr nützlich, wenn ein Mitarbeiter die Funktion eines Bindegliedes wahrnimmt und dafür sorgt, dass eine solche Zusammenarbeit in jedem Fall von Drogenabhängigkeit stattfindet.

8. Wenn bei einer Gefangenen eine Schwangerschaft diagnostiziert wird, sind die Gefängnisbehörden in Anbetracht des verletzlichen Zustandes, in dem sich die werdende Mutter befindet, verpflichtet, darüber zu wachen, dass diese durch den gefängnisärztlichen oder einen externen ärztlichen Dienst richtig betreut wird. Welcher Weg auch immer gewählt

wird – schwangere Frauen entlassen und nach der Entbindung wieder inhaftieren oder sie im Gefängnis behalten, um die Haft nicht zu unterbrechen – sollte die Pflege vor, während und nach der Geburt in jedem Fall in einem externen Spital erfolgen. Eine Geburt sollte nie in einem Gefängnis stattfinden.

9. Die Bedingungen einer Überführung von Gefangenen in ein Spital sollten immer dem Gesundheitszustand angepasst sein, sowohl in Bezug auf die Transportmodalitäten wie auch in Bezug auf die Schnelligkeit. Wenn die Pflege in einer gesicherten Abteilung eines öffentlichen Spitals stattfindet, ist eine gute Zusammenarbeit zwischen der Spitalabteilung und dem Gesundheitsdienst des Gefängnisses wichtig. Diese Zusammenarbeit kann insbesondere dann gewährleistet werden, wenn das medizinische und Pflegepersonal der Spitaleinheit zum Bestand des Gesundheitspersonals des Gefängnisses gehört.

B. *Gleichwertigkeit der Pflege*

10. Der Gesundheitsdienst einer Institution des Freiheitsentzugs sollte seine Leistungen (allgemein medizinische Versorgung, zahnmedizinische Versorgung, Präventionsprogramme, z.B. Früherkennung von Krebserkrankungen) unter vergleichbaren Bedingungen anbieten können wie das öffentliche Gesundheitswesen. Die Wahl von Spezialisten (Ärzte, Phytotherapeuten usw.) sollte nach demselben Prinzip der Gleichwertigkeit gewährleistet sein. Ausser in den vom Gesetz speziell vorgesehenen Situationen, liegt der Entscheid, eine Zweitmeinung einzuholen, ausschliesslich beim für die Gesundheit der Gefangenen verantwortlichen Arzt. Wenn das Einholen einer Zweitmeinung nötig ist, liegt es in der Zuständigkeit des Gesundheitsdienstes des Gefängnisses, einen externen Arzt beizuziehen.

11. Um das Prinzip der Gleichwertigkeit der Pflege zu garantieren, sollten die zuständigen Behörden darüber wachen, dass das medizinische, Pflege- und technische Personal sowie die Lokalitäten, Installationen und das Material, das den Gesundheitsdiensten zur Verfügung gestellt wird, den Anforderungen genügt. Im übrigen sollte die Organisation des Gesundheitsdienstes funktionell sein und sich an den Strukturen orientieren, die ausserhalb der Gefängnisse zur Verfügung stehen; auf die spezifischen Aspekte des Gefängnisses ist indessen Rücksicht zu nehmen. Für jeden Patienten sollte ein medizinisches Dossier (Krankengeschichte) errichtet werden, das die Gesamtheit der Informationen enthält, die nötig sind, um eine angemessene medizinische Betreuung zu gewährleisten

(Anamnese, Diagnose(n), Behandlung(en), spezielle Untersuchungen und Konsultationen, usw.). Eine gute Organisation des Gesundheitsdienstes ist eine wichtige Voraussetzung, damit die angebotene Pflege dem Anspruch der Gleichwertigkeit mit der Pflege ausserhalb des Gefängnisses genügt.

12. In den meisten europäischen Ländern ist das Gesundheitswesen in den Strafanstalten dem Justizministerium (oder, in einigen Fällen, dem Innenministerium) unterstellt, und die Gesundheitsdienste werden durch die Strafvollzugsadministration organisiert. Nur wenige Länder haben die Gesundheitspflege in die Verantwortung des Gesundheitsministerium gegeben.

In der Empfehlung wird kein bestimmtes Modell für die Erbringung von Pflegeleistungen und die institutionelle Vernetzung vorgegeben. Die Empfehlung unterstreicht dennoch, dass das Gesundheitsministerium eine grössere Verantwortung haben sollte, insbesondere in Bereichen wie der Überwachung der Hygiene, der Beurteilung der Angemessenheit der erbrachten Pflege sowie deren Organisation in den Strafanstalten.

Um eine optimale Pflege der Gefangenen zu gewährleisten und das Prinzip der Gleichwertigkeit des Pflegeangebots inner- und ausserhalb der Gefängnisse sicherzustellen, sollten die verschiedenen Ministerien und betroffenen Dienststellen eine gemeinsame Politik für das Gefängnissystem erarbeiten. Diese Politik würde eine enge Zusammenarbeit und eine klare Definition der Verantwortlichkeiten verlangen.

C. *Einwilligung des Patienten und Arztgeheimnis*

13. Dieses Kapitel behandelt einen zentralen Aspekt der ärztlichen Ethik, weil sowohl die Einwilligung in ärztliches Handeln wie auch die Vertraulichkeit Konzepte und Werte darstellen, die heutzutage einstimmig anerkannt sind, auf der Ebene des ärztlichen Verhaltenskodexes und der Berufsethik ebenso wie auf juristischer Ebene. In der Tat stellen die Freiheit zur Einwilligung in ärztliches Handeln und die Vertraulichkeit nicht nur Grundrechte des Menschen dar, sondern sie bilden auch den „Zement“ des Vertrauens, das in der Beziehung zwischen einem Arzt und einem Patienten nötig ist, speziell in der Welt des Gefängnisses, wo die freie Arztwahl für die Gefangenen meistens nicht möglich ist. Der Arzt und das Pflegepersonal sollten nicht nur die Vertraulichkeit der Konsultationen garantieren, sondern auch darauf achten, dass die Krankengeschichten der Gefangenen an einem sicheren Ort, der die Vertraulichkeit

garantiert, aufbewahrt werden. Zum Beispiel können die medizinischen Akten in einem Raum aufbewahrt werden, zu dem nur das ärztliche und Pflegepersonal Zutritt haben, oder sie werden in einem Schrank eingeschlossen, mit alleinigem Zugriff des Gesundheitspersonals.

14. Die Ausarbeitung einer „freien und aufgeklärten" Zustimmung zu medizinischem Handeln setzt die Existenz von Einsicht voraus, die in Bezug auf die betreffende Situation (*in concreto*) immer sorgfältig abgeklärt werden sollte, insbesondere bei Personen, bei denen eine psychiatrische Pathologie vorliegt oder die an einer Krankheit leiden, die ihre Einsichts- und Entscheidungsmöglichkeiten beeinträchtigen könnte. Wenn nötig, kann der im Vollzugsmilieu tätige Arzt die Meinung eines Psychiaters beiziehen, wenn er einen vernünftigen Zweifel an der Entscheidungsfähigkeit eines Kranken hegt.

Wenn die Einsichtsfähigkeit vorhanden ist, muss die Zustimmung zu ärztlichem Handeln immer wie folgt sein:

- frei: Die Freiheit zur Zustimmung umfasst hauptsächlich eine Entscheidfällung, die frei von allem Zwang oder äusseren Druck ist; der Arzt muss darauf achten und sich versichern, dass die Zustimmung nicht wegen einer irgendwie gearteten Vergünstigung persönlicher oder medizinischer Natur und ohne direkten Bezug zur fraglichen Situation erfolgt;

- aufgeklärt (informiert): Der Patient kann seinen Willen nur äussern, wenn er über alle für den Entscheid nötigen Kenntnisse verfügt; so muss der Patient detailliert über die Diagnose und die Krankheitsprognose, die Behandlung und die damit verbundenen Risiken, allfällige Behandlungsalternativen und die Risiken bei einer Nichtbehandlung informiert werden.

15. Dieser Abschnitt behandelt zwei andere wichtige Aspekte der Einwilligung des Patienten zu ärztlichem Handeln. Zunächst ist festzuhalten, dass die Einwilligung auch bei Patienten mit psychiatrischen Krankheiten erreicht werden sollte, sofern die Entscheidungsfähigkeit erhalten ist; die Einwilligung des Patienten ist gerade bei psychiatrischen Erkrankungen besonders wichtig, um zu einem „therapeutischen Bündnis" zu gelangen, das eine bessere Mitwirkung an der Behandlung durch den Patienten bewirkt. Weiter muss auch an die Situation gedacht werden, in der ein entscheidungsfähiger Gefangener nach vollständiger und detaillierter Information eine Behandlung ablehnt: In einem solchen Fall handelt es sich um eine informierte „Nichteinwilligung", zu der jeder

Patient berechtigt ist. Indessen ist zu berücksichtigen, dass eine solche „Nichteinwilligung" auf einem nicht medizinisch begründeten Konflikt beruhen kann. Dies ist insbesondere dann der Fall, wenn sich der Patient wegen eines Entscheides einer gerichtlichen oder administrativen Behörde in einem Hungerstreik befindet; in solchen Fällen muss der Arzt den Gesundheitszustand einer Person beurteilen, ohne dass er in den Prozess, der dem schlechten Gesundheitszustand zugrunde liegt, eingreifen kann. Hier ist es von besonderer Wichtigkeit, in der Krankengeschichte detailliert festzuhalten, dass der Patient tatsächlich entscheidungsfähig ist und er seine Verweigerung äussert, nachdem er detailliert informiert worden ist.

16. In Ergänzung der obenstehenden Ausführungen muss festgehalten werden, dass jedes Abweichen vom Prinzip der freien und informierten Einwilligung von entscheidungsfähigen Personen einer gesetzlichen Grundlage bedarf und nur unter aussergewöhnlichen Umständen erlaubt ist, so wie dies auch ausserhalb der Mauern gilt. Dies trifft insbesondere für ansteckende Krankheiten zu, wie z.B. die Tuberkulose, die im Milieu des Freiheitsentzugs vermehrt vorkommt (prekärer Gesundheitszustand der Gefangenen, Promiskuität usw.), oder einige sexuell übertragbare Krankheiten (Syphilis usw.). Im übrigen bleiben Notfälle vorbehalten, in denen der Arzt gehalten ist, alle zur Wiederherstellung der Gesundheit nötigen Massnahmen zu ergreifen, sofern die kranke Person entscheidungsunfähig ist (z.B. nach einem Trauma mit anschliessendem Koma); in diesen Situationen wird die Einwilligung des Patienten vermutet.

17. Dieser Abschnitt umschreibt die Bedingungen, unter denen ein Gefangener das Recht auf eine Zweitmeinung geltend machen kann. Es ist interessant festzustellen, dass dieses Recht häufig an ökonomische Grenzen stösst, weil logischerweise der Patient oder dessen Angehörige die dadurch entstehenden Kosten übernehmen müssen; tatsächlich stösst dieses Recht, obwohl es jedem Gefangenen zusteht, immer wieder an Grenzen, weil die wirtschaftliche Situation der einzelnen Gefangenen höchst ungleich ist.

18. Wenn ein Gefangener in ein anderes Gefängnis überführt wird, muss dessen Krankengeschichte oder, je nach den Umständen, ein ärztlicher Bericht an den Arzt weitergeleitet werden, der die ärztliche Betreuung am neuen Haftort übernehmen wird. Es ist wichtig, dass der Gefangene über die Weiterleitung der Krankengeschichte oder ärztlicher Berichte informiert wird, und er sollte die Möglichkeit haben, dies abzulehnen. Wird der Gefangene entlassen, sollten alle nützlichen Informationen

an den behandelnden Arzt weitergeleitet werden, sofern der Patient damit einverstanden ist, so dass eine geeignete Weiterbehandlung möglich ist.

D. *Berufliche Unabhängigkeit*

19. Die im Freiheitsentzug tätigen Ärzte sollten sich bemühen, die Gefangenen kurativ und präventiv so zu behandeln, wie sie es ausserhalb der Mauern ebenfalls täten, und in ihren klinischen Entscheiden vor allem anderen den Gesundheitszustand ihrer Patienten zu berücksichtigen. Wenn die gesundheitliche Situation eines Gefangenen eine Spezialbehandlung erfordert, die nur ausserhalb des Gefängnisses möglich ist und deshalb einen Transport nötig macht, darf die Gefängnisverwaltung auf keine Art und Weise den ärztlichen Entscheid beeinflussen. Sie ist indessen allein zuständig, um die Sicherheitsmassnahmen während des Transportes festzulegen.

20. Das ärztliche und Pflegepersonal sollte seine beruflichen Aktivitäten einzig auf Kriterien medizinischer Natur abstellen, trotz der Tatsache, dass es auch die Sicherheitsaspekte, die jeder Vollzugsanstalt zu eigen sind, berücksichtigen muss. Die Unabhängigkeit des Gesundheitspersonals kann beispielsweise durch die Anbindung an einen öffentlichen Gesundheitsdienst oder die Supervision durch eine unabhängige und anerkannte Gesundheitsbehörde (Berufsorganisation, Universitätsinstitut usw.) gewährleistet werden.

21. Diese berufliche Unabhängigkeit sollte durch eine regelmässige Kontrolle der durch den Gesundheitsdienst erbrachten Leistungen ergänzt werden; die Durchführung der Kontrolle ist Sache einer qualifizierten Gesundheitsbehörde. Weiter sollte der Gesundheitsdienst eines Gefängnisses über ein genügendes Budget verfügen, damit er seine Aufgabe gemäss den vorgegebenen Zielen erfüllen kann. Der Rückhalt bei einer unabhängigen und anerkannten Behörde in Bezug auf eine angemessene Verwaltung der dem Gesundheitsdienst zustehenden Finanzen ist ebenfalls ein wichtiges Element, um eine qualitativ hochstehende Pflege der inhaftierten Personen zu gewährleisten.

22. Um über eine genügende Anzahl qualifizierter Ärzte zu verfügen, die geeignet und fähig sind, im Vollzugsmilieu zu arbeiten, ist es wichtig, dass die Entschädigung nicht tiefer ist als in anderen Bereichen des öffentlichen Gesundheitswesens. So kann vermieden werden, dass sich die Pflegequalität verschlechtert.

II. Die besondere Rolle des Arztes und des übrigen medizinischen Personals im Kontext des Freiheitsentzugs

A. *Allgemeine Bedingungen*

23. Die wichtigste Aufgabe eines Arztes, der in einer Institution des Freiheitsentzugs praktiziert, ist die des behandelnden Arztes aller Gefangenen, indem er sein Mandat so ausübt, wie es in den vorstehenden Abschnitten beschrieben worden ist. Es müssen dennoch zwei wichtige, einengende Faktoren berücksichtigt werden: Einerseits haben die Gefangenen keine freie Arztwahl (unter dem Vorbehalt des Rechts auf eine Zweitmeinung); der Gefängnisarzt ist vertraglich verpflichtet, die medizinische Betreuung ausnahmslos aller Gefangenen sicherzustellen, weil sein Mandat von öffentlichem Interesse ist; andererseits führen die Zwänge, die durch die Sicherheitsaspekte und manchmal durch die prozessualen Untersuchungshandlungen bedingt sind, eine „Dreiecksdimension" in das normalerweise bilaterale Verhältnis zwischen Arzt und Patient ein, weil Arzt und Patient gezwungenermassen die Anforderungen dieses dritten Partners (Vollzugsverwaltung, Gerichtsbehörden) erfüllen müssen, da diese ebenfalls einen Auftrag von öffentlichem Interesse wahrnehmen (Durchführung der gerichtlichen Handlungen gemäss den gesetzlichen Vorgaben, Vollzug einer Freiheitsstrafe unter Berücksichtigung der Sicherheit, je nach Gefährlichkeit der Gefangenen oder der Fluchtgefahr usw.).

Trotzdem haben der Arzt und das übrige Gesundheitspersonal, unter Berücksichtigung der speziellen Gegebenheiten eines Gefängnisses, wo sich in einem geographisch eingeschränkten Raum viele Personen aufhalten, eine wichtige Aufgabe des öffentlichen Gesundheitswesens, denn sie müssen nicht nur die Gesundheit jedes einzelnen Gefangenen überwachen, sondern auch diejenige des ganzen Gefängniskollektivs; diese Aufgabe ist umso wichtiger, als die meisten Mitgliedstaaten des Europarates mit einer beträchtlichen Überbelegung der Gefängnisse und der damit in Zusammenhang stehenden Risiken (Gewalt unter Gefangenen, Gefahr der Verbreitung übertragbarer Krankheiten usw.) konfrontiert sind. Unter diesen Umständen muss das Gesundheitspersonal auch auf die Hygiene, die Ernährung, den minimalen Lebensraum, der jedem Gefangenen zur Verfügung stehen sollte, usw. achten; wenn das eine oder andere dieser Kriterien nicht erfüllt wird, obliegt es dem Arzt, die zuständigen Stellen darauf aufmerksam zu machen, damit diese für Abhilfe sorgen.

24. Die Anstaltsleitung ist in letzter Instanz für die Gesundheit und das Wohlergehen der ihr anvertrauten Gefangenen verantwortlich. Um ihre Aufgabe wahrnehmen zu können, kann sie den Rat verschiedener Spezialisten einholen (Fachpersonal des Gesundheitsamtes, Amtsärzte, Diätspezialisten usw.). Der Gefängnisarzt ist gehalten, persönlich die Anstaltsleitung zu beraten, damit die Gesundheitspolitik in den verschiedenen Bereichen koordiniert wird.

25. Obwohl die jeweiligen Aufgaben und Kompetenzen des Gesundheits- und des Vollzugspersonals unterschiedlich, ja manchmal widersprüchlich sind, ist die Zusammenarbeit und der konstante Dialog zwischen diesen beiden Strukturen aufrechtzuerhalten, damit das Gesundheitspersonal der Gefängnisverwaltung Ratschläge und Empfehlungen zur Bewältigung von schwierigen Situationen, die direkt oder indirekt mit der Gesundheit einzelner Gefangener oder des Gefangenenkollektivs in Zusammenhang stehen, geben kann. Das Gesundheitspersonal kann ebenfalls bei der Ausbildung des Vollzugspersonals mitwirken, damit sich dieses Grundkenntnisse im Gesundheitsbereich aneignen und angemessene Verhaltensweisen in Situationen, in denen auch gesundheitliche Aspekte berücksichtigt werden müssen, erlernen kann (Verhalten gegenüber Personen mit einer übertragbaren Krankheit, geeignete Verhaltensweisen in Krisensituationen mit Gefangenen, die eine psychiatrische Problematik aufweisen).

B. *Information, Prävention, Gesundheitserziehung*

26. Im Rahmen der Information jedes Gefangenen beim Eintritt, sollten – in möglichst für alle verständlicher Form - auch präzise Angaben über die ärztliche Versorgung sowie über den Zugang zum Arzt gemacht werden. Diese Information muss umfassend und klar sein; sie wird sorgfältig auch Analphabeten verständlich gemacht, gegebenenfalls mit Hilfe von audiovisuellem Material.

27. Da viele Gefangene bei der Aufnahme in einem schlechten Gesundheitszustand und seit längerer Zeit nicht ärztlich betreut worden sind, ist der Zeitpunkt der Inhaftierung eine hervorragende Gelegenheit für das Gesundheitspersonal, Auskunft über die individuellen gesundheitlichen Probleme zu erhalten. Diese Tatsache allein rechtfertigt die Ausarbeitung eines Gesundheitserziehungsprogramms in allen Strafanstalten.

28. Neueingetretenen Gefangenen sollte eine individuelle Beratung über infektiöse Krankheiten, die sie sich vor der Inhaftierung zugezogen

haben könnten, angeboten werden. Die Gefangenen sollten die Möglichkeit haben, sich freiwillig einer Untersuchung zu unterziehen, um allfällige Ansteckungen mit Hepatitis, sexuell übertragbaren Krankheiten, Tuberkulose oder eine HIV-Infektion zu erkennen. Solche Abklärungen sollten durch eine obligatorische ärztliche Beratung begleitet werden, um Kranke über die Testergebnisse sowie die zu verfolgende Behandlung aufzuklären.

29. Diese Erziehungs- und Abklärungsprogramme haben nicht nur zum Ziel, die Gefangenen dafür zu sensibilisieren, dass es wichtig ist, ihre Gesundheit und damit zugleich den Respekt vor sich selbst zu verbessern, sondern auch, sie zu ermutigen, sich nach der Entlassung um eine gesunde Lebensweise zu bemühen, dies auch im Interesse ihrer Familie.

C. *Pathologische und präventive Besonderheiten im Freiheitsentzug*

30. Die Gesundheitsdienste in Anstalten des Freiheitsentzugs können zur Prävention von Gewalt gegen Gefangene beitragen, indem sie Verletzungen festhalten oder, gegebenenfalls, regelmässig allgemeine Informationen über das Problem der Gewalt im Gefängnis an die zuständigen Behörden weiterleiten.
Ein solches Vorgehen trägt direkt zur Förderung der Menschenrechte bei und passt gut zu den Zielsetzungen der europäischen Konvention zur Verhütung der Folter und von unmenschlichen oder erniedrigenden Strafen. Das Interesse solcher Schritte ist nicht nur im Aspekt der Behandlung von Gewaltopfern zu sehen, sondern auch und vor allem in der präventiven Dimension, die in Bezug auf nicht gerechtfertigte Rückgriffe auf Gewalt entfaltet wird.

31. Wenn eine inhaftierte Person über Gewaltanwendung gegen sie selbst berichtet, muss der Gefängnisarzt eine detaillierte Abklärung vornehmen; die Befunde werden in einem abschliessenden Bericht festgehalten, ebenso alle Zusatzabklärungen, die vorgenommen werden mussten (Röntgenaufnahmen, spezielle Abklärungen usw.). Der Arzt hält ebenfalls fest, welche Behandlung er verordnen musste. Nach einer solchen Abklärung sind zwei weitere Vorgehensweisen denkbar:

- die Weiterleitung eines ausführlichen ärztlichen Berichtes an die zuständige Behörde, mit dem Einverständnis des Opfers;

- das systematische Festhalten jeder ärztlichen Wahrnehmung von Gewalt nach entsprechenden Hinweisen, so dass regelmässig anonymisierte und vollständige statistische Daten an die zuständige Behörde weitergeleitet werden können.

32. Der Arzt kann in die Lage kommen, der Gefängnisverwaltung im Interesse eines einzelnen Gefangenen und/oder der Gemeinschaft aller Gefangenen einen schwerwiegenden Vorfall, der eine reelle Gefahr darstellt, mitzuteilen, dies in der Absicht, weiterer Gewalt zuvorzukommen und Personen zu schützen; in solchen Situationen ist die Zustimmung des Opfers weniger wichtig als das angestrebte allgemeine Wohl. Wenn es der Gesundheitsdienst für nützlich erachtet, kann er statistische Daten über festgestellte Gewaltanwendung sammeln, um sie der Gefängnisdirektion sowie den zuständigen Ministerien mitzuteilen, unter Berücksichtigung der jeweiligen nationalen Datenschutzgesetzgebung. Ein solches Vorgehen kann dazu beitragen, aggressives Verhalten und künftige Gewaltausbrüche zu vermeiden.

Solche Informationen könnten auch als Beweiselemente in Verfahren, in denen es um Polizeigewalt gegen verhaftete Personen geht, gebraucht werden und diesbezüglich eine dissuasive Wirkung entfalten.

33. Direktion und Personal von Gefängnissen sind oftmals die ersten Betroffenen, wenn verhaltensauffällige Gefangene entdeckt werden, die sich oftmals durch fremdgefährdendes und gewalttätiges Verhalten bemerkbar machen, was häufig Ausdruck von psychiatrischen Störungen ist (Psychosen, Depressionen). Der Gefängnisarzt und das Gesundheitspersonal können eine wichtige Rolle spielen, indem sie das Aufsichtspersonal regelmässig weiterbilden und beraten und es so in die Lage versetzen, allfällige Krisensituationen, an denen Gefangene mit psychischen Krankheiten beteiligt sind, zu meistern. In diesem Zusammenhang muss erneut die Wichtigkeit einer guten Zusammenarbeit von Betreuungs- und Gesundheitspersonal betont werden, denn eine gemeinsame Betreuung kann eine frühzeitige Erkennung und damit eine bessere Behandlung von Gefangenen, die unter psychiatrischen Störungen leiden, ermöglichen.

D. *Die Berufsausbildung des medizinischen Personals im Gefängniswesen*

34/35. In jedem Gefängnis kann das Gesundheitspersonal unter dem Gesichtspunkt der ärztlichen Ethik und der Patientenrechte mit heiklen Situationen konfrontiert werden (Verweigerung einer Behandlung durch einen entscheidungsfähigen Gefangenen, Konflikt zwischen dem Beachten der Schweigepflicht und den Interessen der Gefangenengemeinschaft, usw.). Deshalb müssen sowohl der Gefängnisarzt, wie auch das übrige Gesundheitspersonal über eine spezielle Ausbildung verfügen, die die Besonderheiten der medizinischen Tätigkeit im Strafvollzugsbereich berücksichtigt (Erwerb von Kenntnissen im Bereich des öffentlichen Gesundheitswesens zur Bewältigung von speziellen Problemen einer Gemeinschaft, die häufig durch Überbelegung charakterisiert ist; Grundkenntnisse in den Bereichen Psychiatrie, Drogenabhängigkeit, Alkoholismus oder Medikamentenabhängigkeit, usw.).

Das im Freiheitsentzug tätige Gesundheitspersonal sollte deshalb, im Rahmen der angebotenen Möglichkeiten, in den Genuss einer regelmässigen, berufsbegleitenden Weiterbildung kommen und Zugang zu Zusatzausbildungen haben (Berufsschulen, Universitäten usw.). Diese Weiterbildung sollte ebenfalls den Erwerb von Kenntnissen über das Funktionieren eines Gefängnisses, über gültige Strafvollzugsregeln sowie über internationale Normen betr. die Leitung eines Gefängnisses und die Behandlung der Straftäter umfassen. Eine solche berufliche Ausbildung würde es dem Gesundheitspersonal im Freiheitsentzug ermöglichen, durch die zuständigen Instanzen eine Anerkennung ihrer beruflichen Sonderstellung zu erhalten, die ihre Identität als Pflegende im Milieu des Freiheitsentzugs verstärken sowie die Qualität und die Besonderheit der im Gefängnis erbrachten Leistungen verbessern würde. Dies trifft ganz besonders für das in Gefängnissen tätige Pflegepersonal zu, das während langer Zeit aus dem Aufsichtspersonal rekrutiert wurde und die nötigen Kenntnisse in Form einer „Schnellbleiche" erhielt. Heutzutage geht die Tendenz in Richtung einer langsamen Reduktion dieser Kategorie von paramedizinischem Personal, zu Gunsten von qualifiziertem Pflegepersonal, das über eine vollwertige Berufsausbildung in allgemeiner und psychiatrischer Krankenpflege verfügt.

III. Die Organisation der Gesundheitspflege in den Gefängnissen, unter besonderer Berücksichtigung des Umgangs mit einigen aktuellen Problemen

A. *Übertragbare Krankheiten, insbesondere HIV-Infektion und AIDS, Tuberkulose und Hepatitiden*

36. Es kommt vor – diese Tatsache ist bekannt – dass es zu sexuellen Kontakten unter Gefangenen kommt. Ebenso ist allgemein bekannt, dass eine grössere Zahl von Gefangenen bereits bei ihrem Eintritt von sexuell

übertragbaren Krankheiten befallen sind. Unter diesen Bedingungen sollten angemessene prophylaktische Massnahmen ergriffen werden. Darunter könnte auch fallen, dass unter Berücksichtigung der jeweiligen nationalen Gesetzgebung und Praxis Präservative zur Verfügung gestellt werden.

37. Was die HIV-Infektion und AIDS betrifft, sollten die gleichen Prinzipien angewandt werden; es sollte vor allem die Empfehlung Nr. R(93)6 des Ministerkomitees betreffend die kriminologischen und Strafvollzugsaspekte der Kontrolle übertragbarer Krankheiten, insbesondere von AIDS und damit zusammenhängender Gesundheitsprobleme im Freiheitsentzug berücksichtigt werden. Weil dieser Krankheit oft mit irrationalen Ängsten begegnet wird, ist es wichtig, dass der HIV-Test auf freiwilliger Basis erfolgt und die Vertraulichkeit des Testresultates garantiert wird; eine Abweichung vom Prinzip der Freiwilligkeit kann nur in den Fällen erfolgen, die das Gesetz vorsieht.

38. Ein Patient, der an einer ansteckenden Krankheit leidet, darf nur aufgrund von medizinischen Kriterien isoliert werden (Ansteckungsgefahr); dabei gelten im Gefängnis die gleichen Grundsätze wie ausserhalb. Dieser Grundsatz der Nicht-Diskriminierung ist anerkannt und wird in verschiedenen internationalen Texten bestätigt (s. Einführung der vorliegenden Empfehlung). Er ist direkter Teil der Bestimmungen über den Schutz und die Förderung der Menschenrechte. Die Isolierung einer Person, die an einer ansteckenden Krankheit leidet, sollte gesetzeskonform und unter Berücksichtigung der speziellen Gegebenheiten des Freiheitsentzugs erfolgen.

39. Die Isolierung von HIV-positiven Personen sollte nur aufgrund von medizinischen Kriterien erfolgen; insbesondere sollte ein HIV-positiver Gefangener, der keine Symptome oder Komplikationen im Zusammenhang mit dieser Virusinfektion aufweist (eine Person in gutem Gesundheitszustand, allgemein „gesunder Virusträger“ genannt), Zugang zu allen Freizeitaktivitäten und Arbeitsplätzen haben.

40. Die HIV-positiven oder aidskranken Gefangenen sollten in den Genuss einer regelmässigen medizinischen Kontrolle kommen und Zugang zu präventiven Therapien erhalten (Prophylaxe gegen Lungenentzündung, eventuell Impfungen). Es wäre wünschenswert, die medizinische Betreuung solcher Patienten einem Spezialisten für Infektionskrankheiten anzuvertrauen, weil die Behandlung solcher Befunde ein hochspezialisiertes Wissen erfordert. Ernsthaft erkrankte Aidspatienten sollten

durch den Gesundheitsdienst des Gefängnisses auf angemessene Art betreut und bei Bedarf in die Gefängnisabteilung eines Spitals verlegt werden. Die gewichtigen Schwankungen, die im Verlauf dieser Krankheit beobachtet werden, sollten berücksichtigt werden, um den richtigen Aufenthaltsort bzw. dessen angemessene Einrichtung zu bestimmen. Diese Haltung ist die beste Garantie, um die Diskriminierung von HIV-positiven oder aidskranken Gefangenen zu verhindern, sofern die Entscheidungen ausschliesslich auf medizinischen Kriterien beruhen und/oder den Willen des Gefangenen berücksichtigen. Wenn ein Gefangener ein fortgeschrittenes Stadium von AIDS erreicht, ist es die Aufgabe des Gefängnisarztes, nach Absprache mit dem betroffenen Gefangenen, einen ausführlichen ärztlichen Bericht zuhanden der zuständigen Behörde zu erstellen, damit diese einen Entscheid über die Hafterstehungsfähigkeit fällen kann. Wenn Gefangene indessen unter schweren Krankheiten leiden, die mit AIDS in Zusammenhang stehen, und wenn ein grosses Risiko besteht, dass sie sich weitere Krankheiten zuziehen könnten, könnte es angezeigt sein, sie zu isolieren. Sie sollten im Rahmen des Möglichen über die ärztlichen Beweggründe für eine solche Massnahme und deren Vorteile informiert werden.

41. In allen Fällen von Tuberkulose sollte der lokale Lungenspezialist zugezogen werden, um Auskunft über die Erfordernisse einer Langzeitbehandlung zu erhalten, die diese Krankheit erfordert, entsprechend der gültigen Praxis und den verbindlichen Gesetzesbestimmungen.

42. Die Gesundheitsförderungs- und Gesundheitserziehungsprogramme für die Gefangenen sollten die Wichtigkeit einer effizienten Hepatitis B und C-Prävention betonen und besonders die Übertragungsrisiken durch Spritzen und sexuelle Beziehungen unterstreichen. Was die Hepatitis B-Prävention betrifft, sollten Personal und Gefangene für die Wichtigkeit von Impfungen sensibilisiert werden.

B. *Drogenabhängigkeit, Alkoholismus und Medikamentenabhängigkeit Führung der Apotheke und Medikamentenabgabe*

43. In den verschiedenen Mitgliedstaaten des Europarates bestehen verschiedene Ansätze für den Umgang mit Drogenabhängigen: Ob es sich nun um ambulante Therapien oder eine Betreuung in spezialisierten stationären Institutionen handelt, der Umgang mit Abhängigkeiten erfolgt nach unterschiedlichen Ansätzen, die überdies durch eine mehr oder weniger repressiv bzw. permissiv ausgestaltete staatliche Drogenpolitik mitgeprägt werden. Wenn man von diesem objektiven Tatbestand aus-

geht, besteht das wesentliche Prinzip der medizinischen Betreuung von Gefangenen darin, dass diese mit der gültigen Praxis des jeweiligen Landes übereinstimmen sollte. Die medizinische Betreuung von alkohol- und medikamentenabhängigen Gefangenen muss intensiviert werden.

44. In den Gefängnissen hält sich eine wesentlich grössere Zahl von Drogenabhängigen auf als in der zivilen Gesellschaft: Dieses Phänomen ist nicht nur das Ergebnis der Verfolgung des Drogenkonsums, sondern resultiert vor allem aus der Begleitkriminalität – vorwiegend Vermögensdelikte – zur Mittelbeschaffung für den Eigenkonsum. In Anbetracht dieser Umstände ist es entscheidend, den Drogenabhängigen eine angepasste sozialmedizinische Unterstützung anzubieten, so dass die zu langen Strafen verurteilten Gefangenen in Begleit- und Wiedereingliederungsprogramme, die auch nach dem Strafvollzug weitergeführt werden, integriert werden können, damit die Wiedereingliederung in die Gesellschaft erleichtert und eine neuerliche Marginalisierung und damit der Rückfall in den Drogenkonsum verhindert werden können. So gesehen ist es wichtig, dass die Entwicklung psychotherapeutischer Programme sowie die sozialmedizinische Unterstützung in den Gefängnissen im Einklang mit den allgemein gesellschaftlichen Entwicklungen im Bereich der Abhängigkeiten (Drogen, Alkohol, Medikamente) erfolgen.

45. Die Behandlung von Entzugssymptomen bei Alkohol-, Drogen- und Medikamentenabhängigen sollte in den Gefängnissen auf die gleiche Art erfolgen wie ausserhalb. So kann bei Drogenabhängigen entweder eine „klassische", medikamentenunterstützte, schnelle Entzugsbehandlung durchgeführt werden, oder es kann ein Methadonprogramm (Erhaltungsbehandlung) weitergeführt werden. Wenn ein Gefangener, der zu einer kurzen Strafe verurteilt ist, sich in einem Methadonprogramm befindet, ist es wichtig, dieses auch im Gefängnis weiterzuführen, damit eine angemessene Weiterbetreuung nach der Entlassung gewährleistet und damit das Risiko eines Rückfalls in den Konsum illegaler Drogen so klein wie möglich gehalten werden kann.

46. Um Rückfälle in die Drogenabhängigkeit zu vermeiden, empfiehlt es sich, in einigen Abteilungen des Gefängnisses drogenfreie Zonen einzurichten, wo die Gefangenen einverstanden sind, den Versuchungen des Drogenkonsums und des Kaufs unerlaubter Substanzen zu widerstehen. Die Gefangenen unterzeichnen einen Vertrag, in dem sie sich zur Abstinenz verpflichten und einem Programm von Urinproben, die nach dem Zufälligkeitsprinzip angeordnet werden, zustimmen. Wenn die Resultate negativ sind, kann man davon ausgehen, dass der Betroffene daran

arbeitet, einen Rückfall zu verhindern. Diese Massnahmen sollten ihn ermutigen, seine Lebensweise nach der Entlassung zu verbessern.

47. Eine gute Zusammenarbeit zwischen den spezialisierten Beratungsdiensten inner- und ausserhalb der Gefängnisse trägt zu einem sanften Übergang vom Gefängnis ins Leben in Freiheit bei und ermöglicht es, die medizinische Betreuung durch externe Dienste sicherzustellen.

48. Früher wurde die Gefängnisapotheke häufig durch unqualifizierte Mitarbeiter verwaltet, und die verordneten Medikamente wurden den kranken Gefangenen nur ausnahmsweise zur Selbstverwaltung übergeben. Die Gefangenen mussten sich viel mehr auf den Gesundheitsdienst begeben, um ihr Medikament in Empfang zu nehmen, und die Medikamente, die oral eingenommen werden, wurden häufig in Flüssigkeiten aufgelöst. Diese Praxis hat sich in vielen Ländern weiterentwickelt, und mehr und mehr werden nur noch diejenigen Medikamente einzeln abgegeben, die bei exzessivem Konsum eine Gefahr darstellen. Bei psychisch stabilen Gefangenen konnten durch die direkte Medikamentenabgabe schon gute Resultate erzielt werden, vor allem im Sinne einer Übertragung von Eigenverantwortung, denn nach der Entlassung müssen sich die Patienten von einem Arzt ein Rezept ausstellen lassen und das Medikament dann in einer Apotheke abholen. Diese Verhaltensweise visiert einmal mehr die Gleichbehandlung von Gefangenen und freien Patienten an und trägt überdies dazu bei, den Patienten für seine Krankheit zu sensibilisieren.

49. In Anbetracht der grossen Zahl von Medikamenten, die auf dem Markt sind, kann der Gefängnisarzt in Absprache mit einem Apotheker eine Liste mit den normalerweise verwendeten Medikamenten erstellen, so dass die therapeutische Wirkung gesteigert und das Budget geschont werden kann, ohne die Bedürfnisse der Gefängnispopulation zu vernachlässigen. Arzt und Pflegepersonal sind verpflichtet, sich laufend über Neuerungen in den Bereichen Pharmakologie und Therapie zu informieren.

C. *Hafterstehungsunfähige Personen: schwere körperliche Behinderung, hohes Alter, in kurzer Zeit zum Tode führende Krankheiten*

50. Schwer körperbehinderte und sehr betagte Personen sind normalerweise in den Gefängnissen nicht zahlreich vertreten. Um den Paragraphen 1 der europäischen Strafvollzugsregeln, der erwähnt, dass „der Freiheitsentzug unter materiellen und moralischen Bedingungen, die den

Respekt vor der Menschenwürde garantieren, durchgeführt werden muss", zu erfüllen, sollten Vorkehren getroffen werden, die mit der persönlichen Situation solcher Gefangener kompatibel sind (Einrichtung rollstuhlgängiger Zellen, Unterstützung bei der Verrichtung alltäglicher Geschäfte, usw.). Wenn ein Gefangener an einer Krankheit mit kurzfristig schlechter Prognose leidet, sollte er eine an seinen Zustand angepasste medizinische Betreuung erhalten, vor allem in Form einer Überführung in eine Gefängnisabteilung eines Spitals.

51. Zwecks Überprüfung der Möglichkeit einer Begnadigung oder einer vorzeitigen Entlassung, kann der Arzt gehalten sein, mit dem Einverständnis des kranken Gefangenen einen ärztlichen Bericht, der den Gesundheitszustand des Gefangenen beschreibt, zu verfassen und an die zuständige Behörde weiterzuleiten. Ein solcher Bericht kann bei Aidspatienten in der terminalen Phase verfasst werden, gemäss den in diesem Bereich bestehenden internationalen Empfehlungen und Weisungen, wie der Empfehlung Nr. (93) 6 betr. die kriminologischen und Strafvollzugsaspekte der Kontrolle von übertragbaren Krankheiten und insbesondere von AIDS und den damit zusammenhängenden Gesundheitsproblemen im Gefängnis, oder den Weisungen der Weltgesundheitsorganisation über die HIV-Infektion und AIDS im Gefängnis.

D. *Psychiatrische Symptome Psychische Störungen und schwere Persönlichkeitsstörungen Suizidgefahr*

52. Psychiatrische Symptome und psychische Störungen kommen bei Gefangenen häufig vor und können eine Haftreaktion darstellen, weil die Haft einen Abbruch der familiären Kontakte bewirkt; die Inhaftierung kann Angst vor anderen Gefangenen auslösen, die durch eine Angstreaktion noch verstärkt wird. Das Meistern solcher Situationen erfordert Zusatzqualifikationen auf Seiten des Arztes und des Pflegepersonals, die sie sich durch eine geeignete Ausbildung und durch die Erfahrung aneignen können. Die Strafvollzugsverwaltung und das für die psychische Gesundheit zuständige Ministerium sollten zusammenarbeiten, um einen psychiatrischen Dienst für die Gefangenen einzurichten. Überdies ist es wichtig, dass der Gesundheitsdienst auf die ganz- oder teilzeitliche Unterstützung durch Psychiater und Psychologen zählen kann, je nach Anzahl der zu betreuenden Gefangenen. Gruppentherapien, die durch kompetente Leiter durchgeführt werden, spielen ebenfalls eine wichtige Rolle. Dieses ganze Dispositiv ist auch nötig, um die Personen zu erkennen, die an einer schweren psychischen Krankheit und deshalb unter einem inakzeptablen Stress leiden.

53. In den Strafanstalten kümmern sich verschiedene Dienste um die Pflege und Betreuung der Gefangenen. Man kann nicht davon ausgehen, dass diese Dienste vollständig voneinander getrennt sind. Das trifft besonders auf den Dienst, der sich um die psychische Gesundheit kümmert sowie auf die verschiedenen Sozialdienste der Anstalten zu, die sehr ähnliche Zielsetzungen haben: Sie müssen den Gefangenen helfen, sich an die neue Umgebung im Gefängnis anzupassen und ihre persönlichen und sozialen Probleme zu lösen; sie müssen ihnen zeigen, wie sie den häufigen Stresssituationen während der Haft und oft auch vor der Entlassung begegnen können (Gefangene haben häufig Angst, familiäre Beziehungen wiederherzustellen, die nötigen Schritte zum Finden von Arbeit und Wohnung einzuleiten, usw.).

Weil die obenerwähnten Dienste ausserhalb ihrer besonderen Kompetenz- und Erfahrungsbereiche wichtige gemeinsame Ziele in der Behandlung der Gefangenen haben, sollten sie ihre Aktivitäten koordinieren, um übereinstimmende Unterstützung und Beratung anzubieten. Trotzdem sollte die berufliche Unabhängigkeit gewahrt werden.

54. Bei wegen Sexualdelikten verurteilten Gefangenen sind die damit zusammenhängenden Probleme so komplex, dass eine Behandlung häufig ergebnislos bleibt. Oft kommt man um einen langen Freiheitsentzug nicht herum, wenn man die Öffentlichkeit schützen will. Dieser Freiheitsentzug sollte durch eine geeignete Behandlung während und nach dem Vollzug ergänzt werden.

55. Gemäss dem Prinzip der Gleichbehandlung sollte jeder Gefangene, der an einer psychischen Krankheit leidet, medizinisch angemessen betreut werden, ambulant oder stationär. Was die stationäre Pflege angeht, so stehen, je nach der jeweiligen Gesundheitspolitik, zwei Optionen offen: Einerseits wird aus ethischer Sicht häufig vorgebracht, psychisch kranke Gefangene sollten ausserhalb des Gefängnissystems hospitalisiert werden, d.h. in einer Einrichtung des öffentlichen Gesundheitswesens, um den Zugang zu psychiatrischer Pflege zu erleichtern; andererseits ermöglicht eine psychiatrische Abteilung in einer Strafanstalt, jemanden unter optimalen Sicherheitsbedingungen zu pflegen und die Aktivitäten des Gesundheits- und Sozialdienstes innerhalb des Strafvollzugssystems zu intensivieren.

56. Wenn ein geisteskranker Gefangener gewalttätig wird und das Pflegepersonal die Lage nicht mehr meistern kann, kann es nötig sein, das Sicherheitspersonal zu Hilfe zu rufen; die Intervention muss den Umstän-

den angepasst und zielgerichtet sein, wobei das Ziel im Unterbinden der Gewalt und dem Zuführen einer geeigneten Therapie besteht. Unter solchen Umständen kann es angezeigt sein, einen erregten geisteskranken Gefangenen in einer Isolationszelle unterzubringen, unter regelmässiger ärztlicher und pflegerischer Überwachung, bis der Patient die Kontrolle über sich selbst wiedererlangt hat.

57. Der Einsatz von physischem Zwang darf nur in ausserordentlichen Situationen ins Auge gefasst werden, wenn kein anderes, therapeutisches Mittel zum gewünschten Erfolg führt (Verhältnismässigkeitsprinzip). Physischer Zwang darf nur unter fortwährender ärztlicher Überwachung und während der Zeit, die nötig ist, um mit anderen Mitteln eine Beruhigung herbeizuführen, angewandt werden; niemals darf physischer Zwang als Sanktion eingesetzt werden. Es ist wichtig, diese Art von Massnahmen in allen Fällen als aussergewöhnlich zu betrachten, weil bei der Betreuung eines psychisch kranken Patienten „unter allen Umständen die Würde des Patienten respektiert werden muss" (Artikel 10 der Empfehlung Nr. R (83) 2 des Ministerkomitees über den Rechtsschutz von Personen, die unter Geistesstörungen leiden und unfreiwillig in eine Klinik eingewiesen worden sind). In dieser Hinsicht muss daran erinnert werden, dass jede Abweichung vom Prinzip der freien Einwilligung in medizinisches Handeln bei einem an einer psychischen Krankheit leidenden Gefangenen gesetzeskonform sein und mit den Gepflogenheiten ausserhalb des Gefängnisses übereinstimmen muss.

58. Bei der Unterbringung eines psychisch kranken Gefangenen in einer Isolationszelle ist gleich vorzugehen wie bei einem suizidgefährdeten Gefangenen. Die ärztliche Intervention sollte immer dem objektiven Schweregrad der Situation angepasst sein, und es sollte, wenn nötig, eine mittel- bis langfristige therapeutische Behandlung eingerichtet werden.

59. Es ist von grundlegender Bedeutung, dass der Gefängnisarzt über das Entlassungsdatum informiert wird, damit er nötige Termine mit weiterbehandelnden Diensten vereinbaren kann. Er sollte dafür sorgen, dass die nötigen Informationen an die neuen Leistungserbringer weitergeleitet werden, wenn der Patient damit einverstanden ist.

E. *Verweigerung der Behandlung; Hungerstreik*

60. Gemäss dem Prinzip, die freie Zustimmung zu medizinischem Handeln zu respektieren, kann jeder entscheidungsfähige Gefangene eine medizinische Handlung mit diagnostischem oder therapeutischem Ziel

verweigern. In solchen Fällen sollten die folgenden Massnahmen ins Auge gefasst werden:

- Vermerk in der Krankengeschichte (nach entsprechender Abklärung), dass der Patient entscheidungsfähig ist;

- Information des Patienten über die Konsequenzen seiner Verweigerung auf seinen Gesundheitszustand, Aufklärung über allfällige therapeutische Alternativen; in diesem Stadium, in dem eine vollständige und detaillierte Information abgegeben werden muss, muss man sich versichern, dass der Patient in der Lage ist, diese auch zu verstehen; wenn die Information an sprachlichen Barrieren scheitern könnte, sollte ein Übersetzer beigezogen werden.

- Vermerk über die Verweigerung in der Krankengeschichte im Beisein eines Zeugen (z.B. Arzt, Krankenschwester);

- Den Patienten eine Einverständniserklärung unterschreiben lassen; wenn dieser sich weigert, davon Kenntnis nehmen im Beisein eines Zeugen und diese Tatsache in der Krankengeschichte festhalten;

- Mitteilung an den Patienten, dass er jederzeit auf seinen Entscheid zurückkommen kann.

61. Der Begriff „Hungerstreik" bezeichnet allgemein einen freiwilligen Verzicht auf die Nahrungsaufnahme und entspricht einem autoaggressiven Verhalten eines Individuums, aus Opposition gegen eine richterliche, Strafvollzugs- oder Polizeibehörde. Somit kann eine ärztliche Untersuchung eines Gefangenen im Hungerstreik nur mit dessen Einwilligung erfolgen. Eine medizinische Anfangsuntersuchung ist jedoch unverzichtbar, um ein eventuelles psychiatrisches Leiden, das am Ursprung dieses autoaggressiven Verhaltens stehen könnte, auszuschliessen, denn bei Vorhandensein eines solchen Leidens müsste der Arzt alles unternehmen, um die Situation des Patienten zu verbessern.

62. Wenn der Gefangene in einen Hungerstreik getreten ist und die ärztliche Untersuchung eine psychiatrische Diagnose ausschliessen kann, sollte der Arzt mit dem Einverständnis des Patienten regelmässige medizinische und paramedizinische Kontrollen durchführen (z.B. Gewichtskontrolle, Blutentnahme), damit er den Gefangenen über eine Verschlechterung des Gesundheitszustandes informieren kann.

63. Wenn nötig, sollte der Arzt den betreffenden Gefangenen in ein Spital einweisen, um die medizinische Kontrolle zu verstärken. Wenn der Arzt feststellt, dass sich der Gesundheitszustand signifikant verschlechtert, sollte er die zuständige Behörde regelmässig über die Entwicklung des Gesundheitszustandes des Gefangenen informieren.

F. *Gewalt im Gefängnis*
Disziplinarwesen und Sanktionen
Disziplinararrest; physische Zwangsmassnahmen
Sicherheitsvollzug

64. Gewalt unter Gefangenen stellt für die Verantwortlichen und das Personal von Strafanstalten ein dauerndes Problem dar. Zahlreiche gewaltauslösende Faktoren sind bekannt, z.B. Überbelegung, kulturelle, religiöse oder ethnische Heterogenität der Gefängnispopulation, die Anwesenheit von Gefangenen, die besondere Probleme stellen, Kategorien von Gefangenen, die feindliche Reaktionen bei andern Gruppen provozieren, usw. (z.B. Sexualdelinquenten, Kinderschänder).

Obwohl es verschiedene Mittel gibt, um die Gewalt einzudämmen (spezifische psychosoziale Programme, Verbesserung der Kommunikation usw.), sind bestimmte Gefangene, die Opfer der Gewalt anderer Gefangener werden könnten, kurz- oder längerfristig auf einen besonderen Schutz angewiesen. Man sollte die nötigen Massnahmen ergreifen, um ihre Sicherheit zu gewährleisten, indem man ihnen z.B. eine Einzelzelle zuweist, spezielle Abteilungen schafft oder das Personal beauftragt, auf sie ein besonderes Auge zu werfen.

65. Es gehört nicht zu den Aufgaben des Arztes und des Pflegepersonals, gewalttätige oder sehr aggressive Gefangene im Zaume zu halten und allfällig aufzuerlegende Disziplinarsanktionen, insbesondere die Isolation in einer Zelle, zu bestimmen. Verantwortlich für die Aufrechterhaltung von Ordnung und Disziplin ist das Sicherheitspersonal; es ist niemals Aufgabe des Gesundheitspersonals im Gefängnis, die Anwendung von Gewalt gegenüber Gefangenen zu rechtfertigen oder zu billigen, weil dies im Aufgabenbereich und in der Kompetenz des Sicherheitspersonals liegt.

66. Grundsätzlich ist die Anstaltsdirektion für Disziplinarentscheide, inkl. Arrest, und besondere Sicherheitsmassnahmen, z.B. die Versetzung in eine Spezialabteilung des Gefängnisses, zuständig. Die Ärzte sollen sich in solche Entscheide nicht einmischen.

Der Gefängnisarzt sollte indessen auch Gefangenen, die von einer Disziplinar- oder Sicherheitsmassnahme betroffen sind, die nötige Pflege und Behandlung zukommen lassen, wenn er vom betroffenen Gefangenen oder vom Aufsichtspersonal darum gebeten wird.

G. *Spezielle Gesundheitsprogramme, sozialtherapeutische Programme, familiäre Bindungen und Aussenkontakte, Mutter und Kind*

67. Das Gefängnis ist manchmal weit davon entfernt, eine „korrigierende“ Institution zu sein, und es wird von der Öffentlichkeit nicht hoch eingeschätzt. Darüber hinaus sind die meisten Mitgliedstaaten des Europarates mit einer namhaften Überbelegung ihrer Strafanstalten konfrontiert. Diese Überbelegung trägt dazu bei, dass in Gefängnissen oft ein feindliches Milieu herrscht, in dem zahlreiche Individuen mit schweren Delinquenten in Kontakt kommen und sich an kriminelles Verhalten gewöhnen; diese Situation trägt den Keim eines Rückfalls bereits in sich. Unter diesem Gesichtspunkt sind sozialtherapeutische Programme in einem modernen Strafvollzugssystem von grosser Bedeutung. Wenn solche Programme einen gemeinschaftlichen Ansatz aufweisen, können sie dazu beitragen, Gefühle der Demütigung, der Selbstverachtung und des Hasses zu verringern, den Gefangenen eigenverantwortlich zu machen und ihn auf eine geeignete Wiedereingliederung in die zivile Gesellschaft vorzubereiten.

Alle diese Massnahmen tragen dazu bei, einen zufriedenstellenden Gesundheitszustand der Gefangenen zu erhalten und zu fördern, weshalb sich das Gesundheitspersonal im Rahmen seiner Kompetenzen und Möglichkeiten an solchen sozialtherapeutischen Betreuungsprogrammen beteiligen sollte. Ein anderer grosser Vorteil dieser Programme liegt darin, dass sie die das Aufsichtspersonal zu einer aktiven Teilnahme einladen und ihnen ein Engagement ermöglichen. Weil die Anstaltsärzte die von ihnen betreuten Personen oft sehr gut kennen, haben sie die Möglichkeit, diese zu ermutigen, an sozialtherapeutischen Programmen oder an Ausbildungsangeboten teilzunehmen. Sie sollten sich deshalb über Inhalt und Funktionieren solcher Angebote auf dem laufenden halten und konstruktiv mit den betroffenen Diensten und Fachleuten zusammenarbeiten.

68. Die angewandte Praxis in Bezug auf sexuelle Beziehungen zwischen Gefangenen und deren PartnerInnen variiert von Land zu Land und wirft schwierige Fragen auf. Sehr oft können sich diese Massnahmen günstig auf die familiären Bindungen von verheirateten Gefangenen auswirken; ebenso sind zu langen Strafen Verurteilte besser in der Lage, mit

ihren sexuellen Bedürfnissen umzugehen. Wenn die Möglichkeit zu sexuellen Kontakten besteht, sollten die Gefangenen ihre PartnerInnen ohne visuelle Aufsicht treffen können.

69. Das Paar „Mutter und Kind" kann als besonders verletzliche Gruppe angesehen werden, wie schwer kranke, behinderte oder betagte Gefangene. Deshalb sollten Arzt und Pflegepersonal darauf Wert legen, dass Mutter und Kind ganz besonders gut versorgt werden, indem sie dem Wohl des Kindes und den besonderen Haftbedingungen ein ganz besonderes Augenmerk widmen. Kinder, die mit ihrer Mutter im Gefängnis leben, sollten dieses ungehindert verlassen können, um Besuche bei ihrer Familie abzustatten.

70. Die Eröffnung von Krippen, Kinderhütediensten und Kindergärten ermöglicht es, die Mutterbindung beträchtlich zu verstärken. Das Vorhandensein solcher Institutionen erweist sich häufig als nützlich für die Mutter, wenn sie nach ihrer Entlassung ihren Platz in der Familie wieder einnimmt.

71. Obwohl in den Mitgliedstaaten des Europarates viele unterschiedliche Regelungen zur Frage des Alters, in dem Mutter und Kind getrennt werden, bestehen, wird empfohlen, dass vor einem solchen Entscheid immer die Meinung eines Kinderarztes und Sozialmediziners eingeholt wird.

H. *Leibesvisitationen, medizinische Gutachten, medizinische Forschung*

72. Leibesvisitationen werden aus Sicherheits- und nicht aus medizinischen Gründen durchgeführt; sie gelten nicht als medizinische Handlungen. Deshalb sollten weder der Arzt, noch das übrige Pflegepersonal an solchen Handlungen teilnehmen. Diese Haltung stimmt mit der Erklärung der Weltgesundheitsorganisation (WHO) zu Leibesvisitationen bei Gefangenen (1993) überein.

Aus diesem Grund sollte der Gefängnisarzt nur an einer Intimuntersuchung teilnehmen, wenn dafür ein medizinischer Grund besteht (z.B. bei einer schwangeren Frau, bei einer rektalen oder analen Pathologie). Zudem sollte eine Intimuntersuchung, die zu Untersuchungszwecken durchgeführt wird, wenn möglich von einem andern als dem behandelnden Gefängnisarzt durchgeführt werden. Wenn ein Insasse vom Anstaltsarzt eine Intimuntersuchung verlangt, um das Sicherheitspersonal davon zu überzeugen, dass er in seinem Körper keine verbotenen Gegenstände verbirgt, sollte der Arzt ein solches Ansinnen ablehnen, wenn dafür kein medizinischer Grund besteht.

73. Grundsätzlich sollte klar unterschieden werden zwischen der Rolle des behandelnden Gefängnisarztes und derjenigen eines medizinischen Gutachters, der den körperlichen oder geistigen Zustand eines Delinquenten im Rahmen einer Strafuntersuchung beurteilen muss, oder wenn es beispielsweise darum geht, über eine vorzeitige Entlassung zu entscheiden.

Der im Strafvollzugsmilieu tätige Arzt arbeitet in einem Umfeld, in dem es ausserordentlich schwierig ist, eine Vertrauensbeziehung zwischen Arzt und Patient aufzubauen (fehlende freie Arztwahl, „Dreiecksbeziehung" zwischen Arzt und Patient aufgrund der Tatsache, dass der Gefangene von einer gerichtlichen oder administrativen Behörde abhängt, usw.). Naturgemäss ist der Arbeitsgegenstand des Gefängnisarztes ein anderer als derjenige des medizinischen Experten, den der Delinquent häufig als verlängerten Arm des Strafvollzugssystems erlebt.

Wegen den besonderen Umständen im Gefängnisbereich ist es besonders wichtig, dass der Gefängnisarzt keine Zweifel an seiner Rolle aufkommen lässt, die darin besteht, die gesundheitliche Versorgung der Gefangenen sicherzustellen, und dass medizinische Entscheide ausschliesslich im Interesse der Gesundheit und des Wohlbefindens des Gefangenen getroffen werden. Dies bedeutet beispielsweise, dass Proben nur zu diagnostischen Zwecken abgenommen und analysiert werden dürfen.

Dennoch kann es vorkommen, dass ein Gefangener ausnahmsweise wünscht, dass sein Arzt in einem gerichtlichen Verfahren die Funktion eines medizinischen oder psychiatrischen Experten wahrnimmt. Der Arzt sollte eine solche Aufgabe nur übernehmen, wenn der Gefangene ihn formell angefragt hat, und nur nachdem letzterer über mögliche Konsequenzen einer solchen Mission aufgeklärt worden ist, oder aber aufgrund einer Anfrage durch ein Gericht.

74. In diesem Paragraphen wird an die Grundprinzipien der medizinischen Forschung erinnert, wie sie in den Empfehlungen Nr. R (87) 3 über die europäischen Strafvollzugsregeln (Regel 27), Nr. R (90) 3 über die medizinische Forschung am Menschen (Prinzip 7) und Nr. R (93) 6 über die kriminologischen und Strafvollzugsaspekte der Kontrolle von übertragbaren Krankheiten, insbesondere von AIDS, und die damit in

Zusammenhang stehenden Gesundheitsprobleme im Gefängnis (Paragraph 16).

Damit diese Prinzipien korrekt angewandt werden, müssen die folgenden Bedingungen erfüllt sein: informierte und schriftliche Zustimmung des Gefangenen, wobei der Gefangene nicht wegen eventueller Privilegien zum Mitmachen aufgefordert werden darf; Möglichkeit, jederzeit auf den Zustimmungsentscheid zurückzukommen; Gutheissung des Forschungsvorgehens durch ein unabhängiges, anerkanntes Ethik-Komitee, das sowohl vom beauftragten Arzt wie auch von den Strafvollzugsbehörden anerkannt wird, gemäss der nationalen Gesetzgebung.

Council of Europe
Conseil de l'Europe

ASPECTS ETHIQUES ET ORGANISATIONNELS DES SOINS DE SANTE EN MILIEU PENITENTIAIRE

RECOMMANDATION N° R (98) 7
adoptée par le Comité des Ministres
du Conseil de l'Europe
le 8 avril 1998

et exposé des motifs y relatif

Références juridiques

[publications\rec7f-98]

1. La Recommandation N° R (98) 7, adoptée par le Comité des Ministres du Conseil de l'Europe le 8 avril 1998, a été élaborée au sein du Conseil de l'Europe par le Conseil de coopération pénologique (PC-CP) sous l'égide du Comité européen pour les problèmes criminels (CDPC) et en coopération avec le Comité européen de la santé (CDSP).

2. La présente publication contient les textes de la Recommandation N° R (98) 7 et de l'exposé des motifs y relatif.

CONSEIL DE L'EUROPE

COMITÉ DES MINISTRES

RECOMMANDATION N0 R (98) 7[1]

DU COMITÉ DES MINISTRES AUX ÉTATS MEMBRES RELATIVE AUX ASPECTS ÉTHIQUES ET ORGANISATIONNELS DES SOINS DE SANTÉ EN MILIEU PÉNITENTIAIRE

(adoptée par le Comité des Ministres le 8 avril 1998, lors de la 627e réunion des Délégués des Ministres)

Le Comité des Ministres, en vertu de l'article 15.*b* du statut du Conseil de l'Europe,

Considérant que la pratique médicale en milieu pénitentiaire doit être guidée par les mêmes principes éthiques que dans le reste de la communauté;

Conscient que le respect des droits fondamentaux des personnes incarcérées implique que ces dernières puissent bénéficier de mesures de prévention sanitaire et de prestations de santé équivalant à celles de la communauté en général;

Reconnaissant la difficulté de la position du médecin exerçant en milieu pénitentiaire, souvent confronté aux préoccupations et aux attentes

[1] En application de l'article 10.2..c du Règlement intérieur des réunions des Délégués des Ministres, la délégation du Danemark souhaite faire la réserve suivante: «*Le paragraphe 72 de l'annexe n'est pas acceptable pour le Danemark dans la mesure où il permet que des fouilles corporelles soient effectuées par du personnel non médical. Et, selon l'opinion des autorités danoises, un examen médical intime ne devrait avoir lieu qu'avec le consentement de la personne concernée.*»

divergentes de l'administration pénitentiaire d'un côté et des personnes incarcérées de l'autre, ce qui exige de la part du médecin le respect de principes éthiques très stricts;

Considérant qu'il est dans l'intérêt du médecin exerçant en milieu pénitentiaire, des autres personnels de santé, des détenus et de l'administration pénitentiaire que soient clairement définis le droit aux soins de santé en détention ainsi que le rôle spécifique du médecin et des autres personnels de santé;

Considérant que certaines conditions carcérales spécifiques telles que le surpeuplement, les maladies infectieuses, la toxicomanie, les troubles mentaux, la violence, l'isolement cellulaire ou les fouilles corporelles nécessitent le respect scrupuleux de règles déontologiques spécifiques dans la pratique médicale;

Ayant à l'esprit la Convention européenne des Droits de l'Homme, la Charte sociale européenne et la Convention sur les droits de l'homme et la biomédecine;

Ayant à l'esprit la Convention européenne pour la prévention de la torture et des peines ou traitements inhumains ou dégradants, et les recommandations concernant les services de santé en milieu pénitentiaire, résumées dans le 3e rapport général d'activités du Comité européen pour la prévention de la torture et des peines ou traitements inhumains ou dégradants;

Se référant à la Recommandation n° R (87) 3 sur les Règles pénitentiaires européennes, qui vise à garantir le respect de règles minimales d'humanité et de dignité dans les établissements pénitentiaires;

Rappelant la Recommandation n° R (90) 3 sur la recherche médicale sur l'être humain et la Recommandation n° R (93) 6 concernant les aspects pénitentiaires et criminologiques du contrôle des maladies transmissibles et notamment du sida, et les problèmes connexes de santé en prison, ainsi que les directives de l'OMS de 1993 sur l'infection par le VIH et le sida en prison;

Conscient de la Recommandation 1235 (1994) relative à la psychiatrie et aux droits de l'homme et de la Recommandation 1257 (1995) relative aux conditions de détention dans les Etats membres du Conseil de l'Europe, élaborées par l'Assemblée parlementaire du Conseil de l'Europe;

Se référant aux Principes de déontologie médicale relative à la protection des détenus et des prisonniers contre la torture et autres peines ou traitements inhumains ou dégradants, adoptés par l'Assemblée générale des Nations Unies en 1982;

Se référant aux déclarations spécifiques de l'Association médicale mondiale (AMM) relatives à la déontologie médicale, et en particulier à la Déclaration de Tokyo (1975), la Déclaration de Malte sur les grévistes de la faim (1991) et la Déclaration sur les fouilles corporelles de prisonniers (1993);

Prenant note des récentes réformes introduites par plusieurs Etats membres dans la structure, l'organisation et la réglementation de leurs services de santé en milieu pénitentiaire, notamment dans le cadre de réformes de leurs systèmes de santé;

Prenant en compte les différentes structures administratives des Etats membres qui requièrent la mise en oeuvre de recommandations aux niveaux fédéral et national,

Recommande aux gouvernements des Etats membres:

- de tenir compte, lors de la révision de leur législation et dans leur pratique dans le domaine des soins de santé en milieu pénitentiaire, des principes et des recommandations énoncés à l'annexe à la présente recommandation;

- d'assurer la plus large diffusion possible de cette recommandation et de son exposé des motifs, en particulier auprès de toutes les personnes et de toutes les structures chargées de l'organisation et des prestations d'un traitement préventif et des soins de santé en milieu pénitentiaire.

Annexe à la Recommandation n° R (98) 7

I. Aspects principaux du droit aux soins de santé en milieu pénitentiaire

A. *Accès à un médecin*

1. Lors de leur admission dans un établissement pénitentiaire et ultérieurement, pendant leur séjour, les détenus devraient avoir accès, si leur état de santé le nécessite, à tout moment et sans retard, à un médecin ou à un(e) infirmier(ère) diplômé(e), quel que soit leur régime de détention. Tous les détenus devraient bénéficier d'une visite médicale d'admission. L'accent devrait être mis sur le dépistage des troubles mentaux, l'adaptation psychologique à la prison, les symptômes de sevrage à l'égard des drogues, des médicaments ou de l'alcool et les affections contagieuses et chroniques.

2. Pour répondre aux besoins sanitaires des détenus, les grands établissements pénitentiaires devraient disposer de médecins et d'infirmiers qualifiés à plein temps, en fonction du nombre et de la rotation des détenus et de leur état moyen de santé.

3. Un service de santé en milieu pénitentiaire devrait assurer au minimum des consultations ambulatoires et des soins d'urgence. Lorsque l'état de santé des détenus exige des soins qui ne peuvent être assurés en prison, tout devrait être mis en œuvre afin que ceux-ci puissent être dispensés en toute sécurité dans des établissements de santé en dehors de la prison.

4. Les détenus devraient, si nécessaire, avoir accès à un médecin à toute heure du jour et de la nuit. Dans chaque établissement, une personne compétente pour donner les premiers soins devrait en permanence être présente. En cas d'urgence grave, le médecin, un membre du personnel soignant et la direction devraient être alertés. La participation active et l'engagement du personnel de surveillance sont primordiaux.

5. Un accès à des consultations et à des conseils psychiatriques devrait être garanti. Dans les grands établissements pénitentiaires, une équipe psychiatrique devrait être présente. A défaut, dans les petits établissements, des consultations devraient être assurées par un psychiatre hospitalier ou privé.

6. Chaque détenu devrait pouvoir bénéficier des soins d'un chirurgien-dentiste qualifié.

7. L'administration pénitentiaire devrait faire le nécessaire pour établir les contacts et la collaboration qui s'imposent avec les institutions médicales publiques et privées. Dans la mesure où certains détenus toxicomanes, alcooliques ou dépendants aux médicaments ne peuvent pas être traités de façon appropriée dans les prisons, il convient d'envisager de faire appel à des consultants extérieurs, faisant partie des services d'aide spécialisés œuvrant au sein de la communauté en général, qui pourront donner des conseils, voire assurer des soins.

8. S'il y a lieu, des soins spécifiques devraient être prévus pour les femmes détenues. Les détenues enceintes devraient être suivies médicalement et pouvoir accoucher dans un service hospitalier externe à la prison, le mieux adapté à leur état.

9. Pour les trajets vers les hôpitaux, le malade devrait être accompagné, au besoin de membres du personnel médical ou soignant.

B. *Equivalence des soins*

10. La politique de santé en milieu carcéral devrait être intégrée à la politique nationale de santé et être compatible avec elle. Un service de santé en milieu pénitentiaire devrait pouvoir dispenser des soins médicaux, psychiatriques et dentaires, et mettre en oeuvre des programmes d'hygiène et de traitement préventif, dans des conditions comparables à celles dont bénéficie le reste de la population. Les médecins exerçant en milieu pénitentiaire devraient pouvoir faire appel à des spécialistes. Si un second avis est nécessaire, il incombe au service de santé de le solliciter.

11. Le service de santé devrait disposer d'un personnel médical, infirmier et technique qualifié et en nombre suffisant ainsi que des locaux, installations et équipements appropriés et de qualité comparable, sinon identique à ceux qui existent en milieu libre.

12. Le rôle du ministère de la Santé devrait être renforcé en matière de contrôle de l'hygiène, de la qualité des soins et de l'organisation des services de santé en milieu carcéral, conformément à la législation nationale. Un partage clair des responsabilités et des compétences devrait être établi entre le ministère de la Santé et les autres ministères compétents, qui devraient coopérer pour la mise en oeuvre d'une politique de santé intégrée au sein des prisons.

C. *Consentement du malade et secret médical*

13. Le secret médical devrait être garanti et observé avec la même rigueur que dans la population générale.

14. Hormis le cas où le détenu souffre d'une maladie le rendant incapable de comprendre la nature de son état, le détenu malade devrait toujours pouvoir donner au médecin son consentement éclairé préalablement à tout examen médical ou à tout prélèvement, sauf dans les cas prévus par la loi. Les raisons de chaque examen devraient être clairement expliquées à la personne détenue et comprises par elle. Les détenus soumis à un traitement médical devraient être informés des indications et des éventuels effets secondaires susceptibles de se manifester.

15. Le consentement éclairé devrait être obtenu de la part des malades souffrant de troubles mentaux et des patients placés dans des situations où les obligations médicales et les règles de sécurité ne coïncident pas nécessairement, par exemple en cas de refus de traitement ou de nourriture.

16. Toute dérogation aux principes de la liberté de consentement du malade devrait être fondée sur la loi et être guidée par les principes qui s'appliquent à la population générale.

17. Les prévenus malades devraient pouvoir demander à leurs frais une consultation auprès de leur médecin traitant ou auprès d'un autre médecin extérieur à la prison.

Les détenus condamnés peuvent solliciter un deuxième avis médical et le médecin exerçant en milieu pénitentiaire devrait répondre à cette demande de façon bienveillante. Cependant, toute décision quant au bien-fondé de cette demande relève en dernier lieu de la responsabilité du médecin.

18. Aucun détenu ne devrait être transféré dans un autre établissement pénitentiaire sans un dossier médical complet. Le dossier devrait être transféré dans des conditions garantissant sa confidentialité. Les détenus concernés devraient être informés que leur dossier médical sera transféré. Ils devraient pouvoir y opposer leur refus, conformément à la législation nationale.

Il convient de remettre par écrit aux sortants de prison toute information médicale utile, à l'attention de leur médecin traitant.

D. *Indépendance professionnelle*

19. Les médecins exerçant en prison devraient assurer à chaque détenu la mêmc qualité de soins que celle dont bénéficient les malades ordinaires. Les besoins de santé du détenu devraient toujours constituer la préoccupation première du médecin.

20. Les décisions cliniques et toute autre évaluation relatives à la santé des personnes incarcérées devraient être fondées uniquement sur des critères médicaux. Le personnel de santé devrait pouvoir exercer son activité en toute indépendance, dans la limite de ses qualifications et de ses compétences.

21. Les infirmiers et les autres membres du personnel de santé devraient accomplir leur travail sous la responsabilité directe du médecin-chef, qui ne devrait pas déléguer au personnel paramédical des tâches autres que celles qui sont légalement et déontologiquement autorisées. La qualité des prestations médicales et des soins infirmiers devrait être évaluée par une autorité sanitaire qualifiée.

22. La rémunération du personnel médical ne devrait pas être inférieure à celle pratiquée dans d'autres secteurs de la santé publique.

II. Spécificité du rôle du médecin et des autres personnels de santé dans le contexte du milieu pénitentiaire

A. *Conditions générales*

23. Le rôle du médecin exerçant en milieu pénitentiaire consiste d'abord à dispenser des soins médicaux et des conseils appropriés à toutes les personnes détenues dont il est cliniquement responsable.

24. Il devrait également conseiller la direction de l'établissement sur les questions ayant trait au régime alimentaire et à l'environnement dans lequel les personnes privées de liberté sont obligées de vivre, ainsi que sur les problèmes d'hygiène et de salubrité.

25. Le personnel de santé devrait pouvoir participer à l'information de la direction et du personnel de surveillance de l'établissement pénitentiaire sur les questions relatives à la santé et dispenser, le cas échéant, une formation sanitaire adéquate.

B. *Information, prévention et éducation à la santé*

26. Au moment de l'admission, toute personne devrait recevoir une information concernant les droits et les obligations, le règlement intérieur de l'établissement ainsi que des indications sur les modalités d'aide et de conseil. Cette information devrait être compréhensible par tous les détenus. Des explications particulières devraient être données aux illettrés.

27. Un programme d'éducation à la santé devrait être organisé dans tous les établissements pénitentiaires. Les détenus et les personnels de l'administration pénitentiaire devraient recevoir une brochure d'information de base sur les questions de santé, ciblée sur le dispositif de soins proposé aux personnes détenues.

28. Des explications devraient être données sur les avantages du dépistage volontaire et anonyme des maladies transmissibles, et sur les risques que présentent les hépatites, les maladies sexuellement transmissibles, la tuberculose et la contamination par le VIH; les personnes qui acceptent de subir un test doivent avoir accès à une consultation médicale de suivi.

29. Le programme d'éducation à la santé devrait avoir pour but d'encourager le développement de styles de vie sains et permettre aux détenus de prendre des décisions opportunes concernant leur santé et celle de leur famille, de préserver et de protéger leur intégrité personnelle, de diminuer les risques de dépendance et de rechute. Cette approche devrait inciter les détenus à participer à des programmes de santé dans lesquels leur sont enseignés de façon cohérente des stratégies et des comportements destinés à réduire au minimum les risques pour leur santé.

C. *Spécificité des pathologies et de la prévention en milieu pénitentiaire*

30. Toute trace de violence observée sur une personne lors de l'examen médical pratiqué au moment de son admission dans un établissement pénitentiaire devrait être consignée par le médecin avec les déclarations faites par la personne, ainsi que les conclusions du médecin. Cette information devrait en outre être transmise à la direction de l'établissement avec le consentement du détenu.

31. Toute information concernant des actes de violence commis sur des détenus pendant la période de détention devrait être communiquée aux autorités compétentes. En règle générale, il convient, avant d'entreprendre une telle démarche, d'obtenir le consentement des personnes concernées.

32. Dans certains cas exceptionnels, et en tout état de cause dans le strict respect des règles de déontologie, le consentement éclairé de la personne détenue peut ne pas être considéré comme indispensable, notamment si le médecin estime qu'il est clairement de son devoir, tant à l'égard du patient que de l'ensemble de la communauté pénitentiaire, de signaler un incident grave qui constitue un danger réel. S'il le juge utile, le service de santé devrait collecter des données statistiques périodiques relatives aux lésions traumatiques relevées, afin de les communiquer à la direction de l'établissement pénitentiaire et aux ministères concernés, conformément à la législation nationale en matière de protection des données.

33. Une formation sanitaire adéquate pour les personnels de surveillance devrait être mise en place afin de les rendre aptes à signaler des problèmes de santé physique ou mentale qu'ils pourraient constater au sein de la population carcérale.

D. *La formation professionnelle du personnel de santé exerçant en milieu pénitentiaire*

34. Les médecins exerçant en milieu pénitentiaire devraient avoir une bonne compétence professionnelle en médecine générale et en psychiatrie. Leur formation devrait comporter l'acquisition de connaissances théoriques initiales, une compréhension du cadre pénitentiaire et de ses effets sur l'exercice de la médecine en prison, une évaluation des compétences acquises et un stage pratique, effectué sous la

direction d'un médecin confirmé. Les médecins exerçant en milieu pénitentiaire devraient bénéficier également d'une formation continue régulière.

35. Une formation appropriée devrait également être dispensée aux autres personnels de santé et devrait inclure des connaissances du fonctionnement des prisons et des réglementations pénitentiaires pertinentes.

III. L'organisation des soins de santé dans les prisons notamment du point de vue de la gestion de certains problèmes courants

A. *Maladies transmissibles, et en particulier: infection par le VIH et sida, tuberculose, hépatites*

36. Des mesures prophylactiques appropriées devraient être prises afin de prévenir les maladies sexuellement transmissibles en milieu pénitentiaire.

37. Les tests de dépistage pour le VIH devraient être réalisés seulement avec le consentement des détenus, de manière anonyme et conformément à la loi. Des conseils approfondis devraient être donnés avant et après le test.

38. L'isolement d'une personne atteinte d'une maladie infectieuse ne se justifie que si une telle mesure est également prise à l'extérieur du cadre pénitentiaire pour le même motif médical.

39. Aucune forme de ségrégation ne devrait être prévue à l'encontre des personnes séropositives pour le VIH, sous réserve des dispositions contenues au paragraphe 40.

40. Les malades du sida qui développent des infections graves devraient recevoir un traitement dans le service de santé pénitentiaire, sans toutefois qu'une mesure d'isolement strict ne soit prise d'office. Les malades qu'il faut protéger contre les maladies infectieuses transmises par d'autres patients ne devraient être isolés que si une telle mesure va dans leur intérêt et doit les empêcher de contracter des infections intercurrentes, notamment lorsque leur système de défense immunitaire est sévèrement déficitaire.

41. Si des cas de tuberculose sont détectés, toutes les dispositions nécessaires devraient être prises pour prévenir la propagation de cette infection, conformément à la législation applicable dans ce domaine. Les interventions thérapeutiques devraient être d'une qualité égale à celles dispensées à l'extérieur de la prison.

42. La vaccination étant l'unique méthode efficace de prévention contre la propagation de l'hépatite B, elle devrait être proposée aux détenus et au personnel. Les hépatites B et C étant transmises par usage intraveineux des drogues et par contamination par le sang ou le sperme, il importe de dispenser l'information nécessaire et de mettre en place des moyens de prévention appropriés.

B. *Toxicomanie, alcoolisme et dépendance aux médicaments : gestion de la pharmacie et distribution des traitements médicamenteux*

43. Les soins dispensés aux détenus alcooliques et dépendants aux médicaments nécessitent d'être renforcés en tenant compte notamment des services offerts aux toxicomanes, tels que ceux recommandés par le Groupe de coopération en matière de lutte contre l'abus et le trafic illicite de stupéfiants (Groupe Pompidou). A cette fin, il importe de proposer une formation adéquate au personnel médical et pénitentiaire, et d'améliorer la coopération avec les services en conseil extérieurs afin de veiller au suivi thérapeutique des détenus à leur sortie de prison.

44. Le médecin exerçant en milieu pénitentiaire devrait encourager les détenus à suivre des programmes d'assistance sociale et psychothérapique afin de prévenir les risques de toxicomanie, de consommation abusive de médicaments et d'alcoolisme.

45. Le traitement des symptômes de sevrage de la toxicomanie, de l'alcoolisme et de la dépendance aux médicaments dans les établissements pénitentiaires devrait s'effectuer de la même manière que dans le milieu extérieur à la prison.

46. Si un détenu subit une cure de désintoxication, le médecin devrait l'encourager à faire usage de tous les dispositifs existants pour éviter une rechute, aussi bien durant son incarcération qu'après sa sortie de l'établissement pénitentiaire.

47. La personne détenue devrait pouvoir consulter un conseiller spécialisé interne ou externe à l'établissement pénitentiaire qui puisse lui

apporter le soutien nécessaire pendant le déroulement de sa peine et une assistance postpénitentiaire. De tels conseillers devraient également pouvoir intervenir dans le cadre de la formation en cours d'emploi du personnel de surveillance.

48. S'il y a lieu, les personnes détenues devraient pouvoir recevoir leur traitement prescrit «en main propre». Cependant, les médicaments dont la prise en overdose peut se révéler dangereuse ne devraient pas leur être remis; ils devraient leur être administrés au fur et à mesure, selon la posologie prescrite.

49. Le médecin exerçant en milieu pénitentiaire devrait, le cas échéant, dresser une liste de toutes les substances et médicaments habituellement prescrits dans le service médical, en collaboration avec le pharmacien responsable. La prescription médicale devrait rester du seul ressort de la profession médicale, et les médicaments ne devraient être distribués que par le personnel autorisé.

C. *Personnes inaptes à la détention continue: handicap physique grave, grand âge, pronostic fatal à court terme*

50. Les détenus souffrant de handicaps physiques graves et ceux qui sont très âgés devraient pouvoir mener une vie aussi normale que possible et ne pas être séparés du reste de la population carcérale. Les modifications structurelles nécessaires devraient être entreprises dans les locaux pour faciliter les déplacements et les activités des personnes en fauteuil roulant et des autres handicapés, comme cela se pratique à l'extérieur de la prison.

51. La décision quant au moment opportun de transférer dans des unités de soins extérieures les malades dont l'état indique une issue fatale prochaine devrait être fondée sur des critères médicaux. En attendant de quitter l'établissement pénitentiaire, ces personnes devraient recevoir pendant la phase terminale de leur maladie des soins optimaux dans le service sanitaire. Dans de tels cas, des périodes d'hospitalisation temporaire hors du cadre pénitentiaire devraient être prévues. La possibilité d'accorder la grâce ou une libération anticipée pour des raisons médicales devrait être examinée.

D. *Symptômes psychiatriques : troubles mentaux et troubles graves de la personnalité, risque de suicide*

52. L'administration pénitentiaire et le ministère responsable de la santé mentale devraient coopérer à l'organisation des services psychiatriques mis en place à l'intention des détenus.

53. Les services de santé mentale et les services sociaux rattachés aux prisons ont pour mission d'assister les détenus, de les conseiller et de renforcer leurs moyens d'adaptation et leurs possibilités de faire face à leurs problèmes personnels. Compte tenu de leurs missions respectives, ces services devraient coordonner leurs activités. Ils devraient être professionnellement indépendants, tout en prenant en considération les conditions spécifiques du cadre pénitentiaire.

54. Les délinquants sexuels condamnés devraient se voir proposer un examen psychiatrique et psychologique, ainsi qu'un traitement adapté durant et après leur séjour.

55. Les détenus souffrant de troubles mentaux graves devraient pouvoir être placés et soignés dans un service hospitalier doté de l'équipement adéquat et disposant d'un personnel qualifié. La décision d'admettre un détenu dans un hôpital public devrait être prise par un médecin psychiatre sous réserve de l'autorisation des autorités compétentes.

56. Dans les cas où l'isolement cellulaire des malades mentaux ne peut être évité, celui-ci devrait être réduit à une durée minimale et remplacé dès que possible par une surveillance infirmière permanente et personnelle.

57. Dans des situations exceptionnelles, s'agissant de malades souffrant de troubles mentaux graves, le recours à des mesures de contention physique peut être envisagé pendant une durée minimale correspondant au temps nécessaire pour qu'une thérapie médicamenteuse déploie l'effet de sédation attendu.

58. Les risques de suicide devraient être appréciés en permanence par le personnel médical et pénitentiaire. Suivant le cas, des mesures de contention physique conçues pour empêcher les détenus malades de se porter préjudice à eux-mêmes, une surveillance étroite et permanente et un soutien relationnel devraient être utilisés pendant les périodes de crise.

59. Le suivi thérapeutique pour les détenus libérés sous traitement devrait être assuré par des services spécialisés extérieurs.

E. *Refus de traitement, grève de la faim*

60. Si une personne détenue refuse le traitement qui lui est proposé, le médecin devrait lui faire signer une déclaration écrite en présence d'un témoin. Le médecin devrait fournir au patient toutes les informations nécessaires sur les bienfaits escomptés du traitement médical, les alternatives thérapeutiques éventuellement existantes, et l'avoir mis en garde contre les risques auxquels son refus l'expose. Il convient de s'assurer que le malade est pleinement conscient de sa situation. Il serait indispensable de faire appel à un interprète expérimenté si la langue pratiquée par le malade constitue un obstacle à la compréhension.

61. L'examen clinique d'un gréviste de la faim ne devrait être pratiqué qu'avec son consentement explicite, sauf s'il souffre de troubles mentaux graves et qu'il doive alors être transféré dans un service psychiatrique.

62. Les grévistes de la faim devraient être informés de manière objective des effets nuisibles de leur action sur leur état de santé afin de leur faire comprendre les dangers que comporte une grève de la faim prolongée.

63. Si le médecin estime que l'état de santé d'une personne en grève de la faim se dégrade rapidement, il lui incombe de le signaler à l'autorité compétente et d'entreprendre une action selon la législation nationale (y inclus les normes professionnelles).

F. *Violence en prison : procédures et sanctions disciplinaires, isolement disciplinaire, contention physique, régime de sécurité renforcée*

64. Les détenus qui ont des raisons pertinentes de craindre des actes de violence à leur encontre de la part de codétenus, y compris d'éventuelles agressions sexuelles, ou qui ont récemment été agressés ou blessés par leurs codétenus devraient pouvoir être placés sous la protection renforcée du personnel de surveillance.

65. Le médecin ne devrait pas s'impliquer dans l'octroi de l'autorisation ou de l'interdiction du recours à la force physique par le

personnel pénitentiaire, qui doit lui-même assumer la responsabilité du maintien de l'ordre et de la discipline.

66. Dans le cas d'une sanction d'isolement disciplinaire, de toute autre mesure disciplinaire ou de sécurité qui risquerait d'altérer la santé physique ou mentale d'un détenu, le personnel de santé devrait fournir une assistance médicale ou un traitement à la demande du détenu ou du personnel pénitentiaire.

G. Programmes de soins spécifiques : programmes sociothérapeutiques, liens familiaux et contacts avec le monde extérieur, mère détenue avec enfant

67. Les programmes sociothérapeutiques devraient être organisés conformément à ceux qui sont réalisés dans la communauté libre et devraient être supervisés avec soin. Les médecins devraient être disposés à coopérer de façon constructive avec tous les services compétents afin de permettre aux détenus de bénéficier de tels programmes et d'acquérir ainsi des aptitudes sociales susceptibles de contribuer à réduire les risques de récidive après la libération.

68. Il devrait être envisagé de donner aux détenus la possibilité de rencontrer leur partenaire sexuel sans surveillance visuelle pendant la visite.

69. Les enfants très jeunes de mères détenues devraient pouvoir rester en prison auprès de leur mère, afin que leur mère puisse leur porter toute l'attention nécessaire, leur donner les soins indispensables au maintien d'un bon état de santé et maintenir un lien psycho-affectif.

70. Des équipements spéciaux (crèches, garderies) devraient être prévus pour les mères accompagnées d'enfants.

71. Les médecins ne devraient pas intervenir dans la décision administrative de séparer l'enfant de sa mère à un certain âge.

H. *Fouilles corporelles : expertises médicales, recherche médicale*

72. Les fouilles corporelles relèvent de l'autorité administrative et les médecins exerçant en milieu pénitentiaire ne devraient pas intervenir dans ce domaine. Toutefois, un examen médical intime devrait être effectué

par un médecin lorsqu'il y a une raison médicale objective qui demande son intervention.

73. Un médecin exerçant en milieu pénitentiaire ne devrait pas établir de rapports médicaux ou psychiatriques à l'intention de la défense ou du Ministère public, hormis à la demande expresse du détenu ou à la demande d'un tribunal. Il ne devrait pas accepter d'intervenir en tant qu'expert médical dans la procédure judiciaire intéressant les prévenus. Il ne devrait effectuer des prélèvements ou des analyses qu'à des fins diagnostiques et pour des motifs purement médicaux.

74. La recherche médicale sur les personnes détenues devrait être menée conformément aux principes énoncés dans les Recommandations n° R (87) 3 sur les Règles pénitentiaires européennes, n° R (90) 3 sur la recherche médicale sur l'être humain et n° R (93) 6 concernant les aspects pénitentiaires et criminologiques du contrôle des maladies transmissibles et notamment du sida, et les problèmes connexes de santé en prison.

EXPOSÉ DES MOTIFS

SUR LA RECOMMANDATION N° R (98) 7 DU COMITE DES MINISTRES AUX ETATS MEMBRES RELATIVE AUX ASPECTS ETHIQUES ET ORGANISATIONNELS DES SOINS DE SANTÉ EN MILIEU PÉNITENTIAIRE

CONSIDERATIONS GENERALES (COMMENTAIRE DU PREAMBULE)

D'une manière générale, la déontologie médicale peut être définie comme "une éthique spéciale adaptée aux conditions d'exercice d'une profession, en l'occurrence la médecine. [...] La déontologie doit garantir le bon exercice d'une pratique professionnelle compte tenu de son insertion au sein d'une société elle-même globalement régulée par la morale, les lois, le droit"[2].

La déontologie médicale a été progressivement codifiée depuis la fin de la Deuxième guerre mondiale, entre autres, sous l'égide de l'Association Médicale Mondiale (AMM)[3]. Toutefois, il existe de grandes variations entre les pays européens, et, actuellement, les sanctions accompagnant une violation des règles de déontologie médicale sont très diverses. En outre, il convient de rappeler que, malgré les diversités observées parmi les codes de déontologie nationaux actuellement en vigueur, l'esprit de la déontologie médicale trouve déjà ses racines dans des textes très anciens, tel le "Serment d'Hippocrate" qui est resté la référence déontologique essentielle jusqu'au XXe siècle.

Il est fondamental d'insister sur le fait que, malgré la spécificité de l'activité médicale en milieu pénitentiaire, les grands principes de

[2] "Les mots de la bioéthique", par G. Hottois et M.-H. Parizeau, Collection Sciences, Ethiques, Sociétés; Université de Boeck, Bruxelles, 1993, p. 117 et ss.

[3] Parmi les textes les plus importants de l'AMM figurent: le Serment de Genève (1948), la Déclaration d'Helsinki (1975) et la Déclaration de Lisbonne sur les droits du malade (1981).

déontologie et d'éthique médicale reconnus dans les textes de portée internationale, doivent être également pris en considération dans l'exercice de la médecine en prison.[4]

Sur le plan européen les textes de référence suivants devraient être à pris en considération comme sources fondamentales dans ce domaine: la Convention de sauvegarde des Droits de l'Homme et des Libertés fondamentales de 1950, la Charte sociale européenne de 1961, la Convention européenne pour la prévention de la torture et des peines ou traitements inhumains et dégradants de 1987, la Convention sur les Droits de l'Homme et la biomédecine de 1997, les Recommandations du Comité du Ministres N° R (90) 3 sur la recherche médicale sur l'être humain, N° R (93) 6 concernant les aspects pénitentiaires et criminologiques du contrôle des maladies transmissibles et notamment du sida, et les problèmes connexes de santé en prison, N° R (87) 3 sur les Règles pénitentiaires européennes ainsi que les Recommandations 1235 (1994) relative à la psychiatrie et les Droits de l'Homme et 1257 (1995) relative aux conditions de détention dans les Etats membres du Conseil de l'Europe, préparées par l'Assemblée parlementaire.

Compte tenu des conditions spécifiques à la prison impliquant la prise en considération de critères de sécurité, il faut constater que l'exercice de la médecine en milieu pénitentiaire représente une "activité à risques", puisque critères médicaux et critères de sécurité peuvent parfois entrer en opposition.

Dans ce contexte, l'affirmation d'une déontologie médicale solide et l'identification des enjeux éthiques essentiels pour assurer une prise en charge médicale appropriée des personnes séjournant en prison, nécessitent l'élaboration et la promotion de principes et de recommandations susceptibles de garantir la réalisation d'une activité médicale adéquate dans le cadre particulier de la prison.

---

[4] L'AMM a également établi des textes qui touchent plus spécifiquement la sphère d'activités du personnel de santé en milieu carcéral, tels que la Déclaration sur les fouilles corporelles de prisonniers (1993), la Résolution sur la participation du médecin à la peine capitale (1981), la Déclaration de Malte sur les grévistes de la faim (1991) et la Déclaration de Tokyo (1975).

Déjà mentionnés dans le 3e Rapport général d'activités du Comité européen pour la prévention de la torture et des peines ou traitements inhumains ou dégradants, les principes suivants se sont peu à peu dégagés pour définir les critères essentiels sur lesquels devraient reposer les soins aux personnes détenues, à savoir : accès au médecin, équivalence des soins, consentement du patient et confidentialité, indépendance professionnelle.[5]

Le respect de ces principes apparaît aujourd'hui comme fondamental pour permettre une réalisation adéquate des soins médicaux en prison, raison pour laquelle ces principes font l'objet de la présente Recommandation. En outre, certaines situations concrètes et spécifiques au milieu carcéral sont développées dans cette Recommandation, de manière à identifier les enjeux éthiques qui doivent déterminer les choix et les priorités du personnel de santé exerçant son activité en prison.

COMMENTAIRE SUR LES RECOMMANDATIONS DE L'ANNEXE

I. ASPECTS PRINCIPAUX DU DROIT AUX SOINS DE SANTÉ EN MILIEU PENITENTIAIRE

A. *Accès au médecin*

1. A l'entrée à la prison, chaque détenu devrait pouvoir être vu sans délai par un membre du service de santé de l'établissement pénitentiaire. L'entretien et l'examen médical d'admission, qui pourraient inclure également une évaluation de la santé mentale du détenu, devraient être effectués par un médecin (cf. paragraphe 29 de la Recommandation N° R (87) 3 sur les Règles pénitentiaires européennes); il faut toutefois tenir compte du personnel à disposition, et le premier contact du détenu entrant avec le service médical peut parfois se réaliser par l'intermédiaire d'un(e) infirmier(ère) diplômé(e) sous la responsabilité d'un médecin, auprès duquel il/elle peut transmettre toute demande de consultation ou de prise en charge nécessitant l'intervention d'un médecin diplômé. En cours de détention, tout

---

[5] 3e Rapport général d'activités du CPT couvrant la période du 1er janvier au 31 décembre 1992.

détenu devrait pouvoir avoir accès, à tout moment, à un médecin ou à un(e) infirmier(ère) qualifié(e), sans délai exagéré.

2. Les établissements qui accueillent un nombre restreint de détenus pourraient, notamment si ceux-ci sont majoritairement jeunes et en bonne santé, avoir à leur disposition un personnel de santé à temps partiel composé de médecins et d'infirmiers qualifiés, ainsi que de tous autres professionnels de la santé. En revanche, les grands établissements pénitentiaires devraient disposer d'un personnel de santé à plein temps secondé, le cas échéant, surtout en dehors des heures de consultation, d'un personnel supplémentaire à temps partiel. Le personnel de santé travaillant en prison devrait pouvoir retourner périodiquement dans le système de santé de la collectivité.

3. Les services de santé pénitentiaires devraient disposer d'une structure susceptible d'assurer des consultations médicales ambulatoires et des soins d'urgence. A cet égard, chaque établissement pénitentiaire devrait disposer sur place en permanence d'une personne formée et capable de donner les premiers soins, et un médecin devrait pouvoir être appelé à tout moment en dehors des heures ouvrables de consultations. L'accès aux soins en cas d'urgence médicale ne devrait souffrir d'aucun délai résultant de critères non médicaux. Les détenus devraient aussi bénéficier de soins médicaux prodigués au sein de la communauté, dans le cadre d'une stratégie générale de traitement consistant à les intégrer davantage dans la communauté. A cette fin, il pourrait être nécessaire de charger des conseillers externes d'assister le médecin de l'établissement pénitentiaire, ou de transférer le détenu dans un lieu extérieur où il puisse disposer de soins médicaux adéquats.

4. L'accès à un médecin devrait être assuré à tout moment vingt-quatre heures sur vingt-quatre, ce qui peut nécessiter, suivant la taille de l'établissement concerné, l'intervention d'un personnel à temps partiel. Il faut que les premiers secours puissent être dispensés à tout moment. En cas d'urgence, il y a lieu d'alerter la direction de l'établissement. La participation active et l'engagement du personnel pénitentiaire sont de toute importance. Il conviendrait que les soins d'urgence soient inscrits à son programme de formation.

5. Eu égard au grand nombre de problèmes psychiatriques parmi les prisonniers, il est capital que non seulement les grands établissements pénitentiaires mais aussi les petites prisons isolées disposent d'une équipe

psychiatrique multidisciplinaire composée de psychiatres, de psychologues, de psychothérapeutes, d'ergothérapeutes et de conseillers. Les psychiatres travaillant à plein temps dans les grands établissements pénitentiaires pourraient régulièrement visiter les petites prisons.

6. La présence d'un dentiste qualifié devrait être garantie pour assurer au minimum les urgences dentaires, ainsi que les soins qui peuvent être programmés en tenant compte de la longueur de la peine de prison et du régime de détention des détenus. D'une manière générale, il faut considérer que les prestations réalisées par un dentiste qualifié en prison devraient être susceptibles de répondre aux besoins de la population carcérale, notamment des détenus toxicomanes dont l'état de dentition est souvent très mauvais.

7. Il est fondamental que l'administration pénitentiaire coopère étroitement avec les centres locaux de consultation pour toxicomanes publics et privés surtout au moment de la libération du détenu et lorsque les modalités d'une aide postpénitentiaire sont réglées. Il est très utile de disposer d'un agent de liaison chargé de prendre toute disposition nécessaire pour qu'une telle coopération ait lieu pour chaque cas de toxicomanie.

8. En cas de diagnostic de grossesse chez une détenue, il incombe aux autorités pénitentiaires, compte tenu de l'état de vulnérabilité dans lequel se trouve la future mère, de veiller à ce qu'elle soit correctement suivie par le service médical de la prison ou un service externe. Quelle que soit la pratique suivie libérer les femmes enceintes et les réincarcérer après leur accouchement pour qu'elle purgent l'intégralité de leur peine ou, au contraire, les maintenir en prison pour ne pas interrompre leur détention, il conviendrait que les soins avant, pendant et après l'accouchement soient toujours dispensés par un hôpital externe. Un accouchement ne devrait jamais avoir lieu en prison.

9. Le transfert des détenus dans un établissement hospitalier devrait répondre aux conditions requises par leur état de santé, tant au niveau des modalités de transport que par rapport à la rapidité du transfert. Lorsque des soins hospitaliers sont réalisés dans une unité sécurisée au sein d'un hôpital civil, il est important qu'une bonne collaboration existe entre cette unité hospitalière et les services de santé des établissements pénitentiaires qui adressent les détenus : cette garantie sera notamment remplie lorsque le

personnel médical et infirmier travaillant dans l'unité hospitalière fait également partie de l'effectif du personnel de santé de la prison.

B. *Equivalence des soins*

10. Le service de santé pénitentiaire devrait pouvoir dispenser des soins médicaux généraux et dentaires ainsi que mettre en œuvre des programmes de prévention (en vue du dépistage précoce du cancer, par exemple) dans des conditions comparables à celles dont bénéficie la population en milieu libre. Le concours de spécialistes (médecins, phytothérapeutes, etc.) devrait être garanti selon le même principe d'équivalence des soins. Hormis les situations expressément prévues par la loi, la décision de recourir à un second avis médical appartient au médecin responsable de la santé des personnes détenues : lorsqu'un second avis est nécessaire, il appartient au service de santé de la prison de faire appel à un médecin compétent externe.

11. Pour garantir le principe d'équivalence des soins, les autorités compétentes devraient veiller à ce que le personnel médical, infirmier et technique, ainsi que les locaux, installations et matériel mis à disposition des services de santé dans les prisons, soient adaptés et suffisants; en outre, l'organisation du service de santé dans un établissement pénitentiaire devrait être fonctionnelle et s'inspirer de l'organisation des structures sanitaires à disposition de la population en milieu libre tout en tenant compte des aspects spécifiques de la prison. Dans cette perspective, un dossier médical devrait être établi pour chaque patient et contenir l'ensemble des informations susceptibles de garantir une prise en charge médicale appropriée (renseignements anamnestiques, diagnostic(s), traitement(s), examens et consultations spécialisés, etc.). Une bonne organisation du service de santé en prison est une garantie essentielle pour que les soins réalisés en prison répondent au principe d'équivalence par rapport à la communauté en général.

12. Dans la plupart des pays européens, la prestation de soins de santé dans les établissements pénitentiaires relève du ministère de la Justice (ou, dans certains cas, du ministère de l'Intérieur) et les services médicaux sont organisés par l'administration pénitentiaire. Seuls quelques pays ont placé ces soins de santé sous la responsabilité du ministère de la Santé.

Aucun modèle unique de prestation de soins de santé et d'arrangements institutionnels connexes n'est suggéré dans la Recommandation. Celle-ci souligne, toutefois, que le ministère de la Santé devrait avoir une responsabilité plus étendue dans des domaines tels que l'évaluation de l'hygiène, l'appréciation de l'adéquation des soins de santé et leur organisation dans les établissements pénitentiaires.

Pour garantir des soins optimaux aux détenus et mettre en œuvre le principe de l'équivalence des soins de santé entre les établissements pénitentiaires et la communauté, les différents ministères et services concernés devraient entreprendre d'élaborer une politique intégrée de santé pour le système pénitentiaire. Cette politique demanderait une coopération étroite et une définition claire des responsabilités.

C. *Consentement du malade et secret médical*

13. Ce chapitre aborde un aspect essentiel de l'éthique médicale puisque tant le consentement à l'acte médical que la confidentialité représentent des concepts et des valeurs assez unanimement reconnus de nos jours, tant sur le plan déontologique et éthique que sur le plan juridique. En effet, la liberté du consentement à l'acte médical et la confidentialité sont non seulement des droits fondamentaux de la personne humaine, mais constituent aussi le "ciment" de la confiance nécessaire à la relation entre un médecin et un malade, spécialement en milieu carcéral où le libre choix du médecin n'est le plus souvent pas possible pour les personnes détenues. Non seulement le médecin et le personnel soignant pénitentiaire devraient réaliser des consultations dans le respect de la confidentialité, mais ils devraient aussi veiller à ce que les dossiers médicaux des détenus malades soient conservés en un lieu pouvant garantir la protection de la confidentialité des documents médicaux. Par exemple, les dossiers médicaux peuvent être conservés dans un local où seul le personnel médical et infirmier a accès, ou ils peuvent être déposés dans une armoire fermée à clé, à la seule disposition du personnel de santé.

14. L'élaboration d'un consentement "libre et éclairé" à l'acte médical présuppose l'existence de la capacité de discernement, qui devrait toujours être soigneusement examinée en fonction de la situation considérée ("in concreto"), notamment chez les personnes présentant une pathologie psychiatrique ou souffrant d'une maladie susceptible d'altérer leurs

possibilités de compréhension et de décision. Si nécessaire, le médecin exerçant en milieu pénitentiaire peut s'entourer de l'avis d'un médecin psychiatre lorsqu'il a un doute raisonnable concernant la capacité de discernement d'un malade.

Lorsque la capacité de discernement existe, le consentement du patient à l'acte médical doit être:

- libre: la liberté du consentement signifie principalement une prise de décision hors de toute contrainte ou pression extérieure; le médecin devrait prendre soin de s'assurer que l'obtention du consentement de la part de son malade n'est pas subordonnée à un bénéfice quelconque, de nature personnelle ou médicale, et sans relation directe avec la situation considérée;

- éclairé: le patient ne peut manifester sa volonté que dans la mesure où il dispose de tous les éléments de connaissance qui lui permettent de prendre sa décision; dans cette perspective, le patient doit bénéficier d'une information détaillée concernant : le diagnostic et le pronostic de la maladie; le traitement de celle-ci, y compris les risques découlant du traitement proposé; les éventuelles alternatives thérapeutiques, y compris les risques en relation avec une abstention de traitement.

15. Ce paragraphe aborde deux autres aspects importants du consentement du patient à l'acte médical. Tout d'abord, le consentement à l'acte médical devrait aussi être recherché chez un patient souffrant d'une affection psychiatrique dans la mesure où celle-ci s'accompagne d'une conservation de la capacité de discernement; par ailleurs, l'obtention du consentement du patient, notamment en cas de pathologie psychiatrique, est essentielle pour constituer une "alliance thérapeutique" susceptible de permettre une meilleure adhésion du patient au traitement médical proposé. Ensuite, il faut aussi tenir compte de la situation où un détenu capable de discernement refuse un acte médical après avoir reçu une information complète et détaillée : il s'agit dans ce cas d'un "non-consentement" éclairé, que tout patient est en droit de manifester; cependant, une telle attitude peut parfois résulter d'un conflit relatif à des motifs non médicaux : c'est notamment le cas en cas de grève de la faim par opposition d'un détenu à une décision de l'autorité judiciaire ou administrative; dans ce type de

problématique, le médecin se trouve amené à contrôler l'état de santé d'une personne sans pouvoir intervenir dans le processus à l'origine de la détérioration de la santé. Il convient dès lors d'indiquer de manière très détaillée dans le dossier médical du patient que celui-ci est effectivement capable de discernement et qu'il manifeste son refus après avoir bénéficié d'une information détaillée.

16. Dans le prolongement des développements précédents, il découle que toute dérogation au principe du consentement libre et éclairé d'une personne capable de discernement, doit être fondée sur la loi et concerner uniquement des circonstances exceptionnelles applicables également à la population en général : c'est notamment le cas pour certaines maladies infectieuses, telle la tuberculose dont la fréquence est élevée en milieu carcéral pour diverses raisons (précarité sanitaire des personnes détenues, promiscuité, etc.) ou certaines maladies sexuellement transmissibles (syphilis, etc.). En outre, il faut réserver le cas de l'urgence médicale, pour laquelle le médecin est tenu de prendre toute mesure appropriée pour restituer l'état de santé de la personne malade lorsque celle-ci est incapable de discernement (par exemple à la suite d'un traumatisme avec coma secondaire) : dans cette situation, le consentement du patient est présumé.

17. Ce paragraphe précise les conditions dans lesquelles s'exerce le droit d'un prisonnier d'obtenir un second avis médical. Il est intéressant de relever que ce droit se heurte souvent à des critères de nature économique, puisqu'il appartient logiquement au détenu ou à ses proches d'assumer les frais découlant du recours à un médecin extérieur au service médical de la prison: dans les faits, bien que ce droit puisse être reconnu à tous les prisonniers, sa mise en application se heurte à l'inégalité de la situation économique de chacun d'entre eux.

18. Lorsqu'un prisonnier est transféré dans une autre prison, son dossier médical, ou un rapport médical circonstancié, devrait être transmis au médecin qui assurera la prise en charge médicale ultérieure. Il est important que le prisonnier soit informé du transfert des dossiers ou rapports médicaux le concernant, et il devrait avoir la possibilité de s'y opposer. Lorsque le prisonnier est libéré, toutes les informations médicales utiles devraient être communiquées au médecin traitant avec le consentement du patient concerné, afin d'assurer un suivi médical approprié.

D. *Indépendance professionnelle*

19. Les médecins exerçant en milieu pénitentiaire devraient s'efforcer de soigner les détenus de manière curative et préventive comme ils le feraient à l'extérieur et de tenir compte, avant tout, dans leurs décisions cliniques, de l'état de santé de leurs patients. Si les besoins sanitaires d'un détenu appellent un traitement spécial, disponible uniquement dans un hôpital extérieur, ce qui nécessite un transfert hors de la prison, l'administration pénitentiaire ne doit influencer d'aucune façon la décision du médecin. Cependant, elle est seule compétente pour prendre les mesures de sécurité nécessaires au transport jusqu'à l'hôpital externe.

20. Le personnel médical et infirmier devrait pouvoir réaliser une activité professionnelle en prison fondée exclusivement sur des critères de nature médicale, malgré le fait qu'il doive aussi tenir compte des impératifs de sécurité propres à tout établissement pénitentiaire. L'indépendance du personnel de santé travaillant en milieu pénitentiaire peut être garantie par exemple par un rattachement aux services de santé de la communauté en général ou par la supervision d'une autorité sanitaire indépendante et reconnue (association professionnelle, organisme universitaire, etc.).

21. Cette indépendance professionnelle devrait être associée à un contrôle régulier de la qualité des prestations du service médical de la prison par une autorité sanitaire qualifiée. En outre, un financement suffisant devrait être affecté au service de santé de la prison afin de lui permettre de réaliser sa mission conformément aux objectifs qui lui ont été attribués. Le recours à une autorité indépendante et reconnue afin d'assurer une gestion adéquate des ressources financières affectées au service médical de la prison, est aussi un élément important pour garantir des soins médicaux de qualité à l'égard des personnes détenues.

22. Pour disposer d'un choix suffisant de médecins compétents aptes à travailler dans un environnement carcéral, il importe que la rémunération ne soit pas inférieure à celle pratiquée dans d'autres secteurs de la santé publique. On évitera de la sorte que la qualité des soins dispensés dans les prisons ne se détériore.

II. SPECIFICITE DU ROLE DU MEDECIN ET DES AUTRES PERSONNELS DE SANTE DANS LE CONTEXTE DU MILIEU PENITENTIAIRE

A. *Conditions générales*

23. La mission première du médecin exerçant en milieu pénitentiaire est celle de médecin traitant de l'ensemble des personnes détenues, en exerçant ce mandat dans le respect des principes définis aux paragraphes précédents. Il faut toutefois tenir compte de deux facteurs limitant importants dans cette mission: d'une part, l'absence de libre choix des détenus vis-à-vis de leur médecin traitant (sous réserve du recours à un second avis médical) et l'obligation contractuelle du médecin exerçant en milieu pénitentiaire d'assurer la prise en charge médicale de tous les détenus, sans exception, puisque son mandat relève d'une mission d'intérêt public; d'autre part, les contraintes résultant des impératifs de sécurité spécifiques à la prison et des besoins éventuels de la procédure judiciaire, introduisent une dimension "triangulaire" dans la relation habituellement bilatérale entre un médecin et un malade, puisque l'un et l'autre ont l'obligation de tenir compte des exigences posées par ce troisième partenaire (administration pénitentiaire, autorité judiciaire) également investi d'une mission d'intérêt public (déroulement adéquat de la procédure judiciaire conformément aux dispositions légales prévues à cet effet, exécution d'une peine privative de liberté dans des conditions de sécurité suffisantes par rapport à la dangerosité de certains détenus ou aux risques d'évasion, etc.).

Néanmoins, compte tenu du contexte particulier de la prison où un grand nombre de personnes se trouve regroupé dans un espace géographiquement restreint, le médecin et les autres personnels de santé sont également investis d'une mission de santé publique, c'est-à-dire de veiller non seulement à la santé individuelle de chaque détenu, mais aussi à la santé de la collectivité carcérale : cette mission revêt une dimension d'autant plus importante que la plupart des Etats membres du Conseil de l'Europe font face actuellement à une surpopulation carcérale considérable avec les risques inhérents à une telle situation (violences entre détenus, risque de propagation de maladies transmissibles, etc.). Dans cette perspective, le personnel de santé doit donc également être attentif à l'hygiène, l'alimentation, l'espace vital minimum à disposition des personnes détenues, etc.; si l'un ou l'autre de ces critères n'est pas rempli, il appartient au médecin de le signaler aux autorités compétentes, afin qu'elles remédient à la situation déficiente.

24. La direction de l'établissement est responsable en dernière instance de la santé et du bien-être de tous les détenus placés sous sa garde. A cette fin, elle peut solliciter les conseils de divers spécialistes, comme le personnel médico-sanitaire des services d'hygiène, les médecins des collectivités, les diététiciens et les experts en salubrité. Cependant, le médecin exerçant en milieu pénitentiaire est tenu de conseiller personnellement la direction de l'établissement afin de coordonner la politique sanitaire suivie dans ces domaines distincts.

25. Bien que les missions et compétences respectives du personnel de santé et du personnel pénitentiaire soient différentes, voire même parfois en opposition, il importe de maintenir une collaboration et un dialogue constants entre ces deux structures, de manière à ce que le personnel de santé puisse apporter des conseils et des recommandations à l'administration pénitentiaire concernant la gestion de situations délicates relevant, directement ou indirectement, de la santé individuelle et/ou collective des détenus. Le personnel de santé peut également participer à la formation du personnel pénitentiaire afin que celui-ci acquiert des connaissances générales dans le domaine de la santé et puisse adopter des attitudes adéquates dans les situations impliquant la prise en considération de paramètres touchant à la santé (comportement approprié face aux personnes détenues présentant une maladie transmissible, gestion adéquate des situations de crises survenant chez les détenus souffrant d'affection psychiatrique, etc.).

B. *Information, prévention et éducation à la santé*

26. Il conviendrait, dans le cadre de l'information donnée à chaque détenu au moment de son admission, de fournir toutes précisions relatives aux soins médicaux et à l'accès au médecin en termes compréhensibles pour tous. Cette information doit être complète et claire; elle sera explicitée avec soin aux détenus illettrés, le cas échéant, à l'aide d'un matériel audiovisuel.

27 Etant donné que, au moment de leur admission, un grand nombre de détenus sont dans un piètre état de santé et n'ont fait l'objet d'aucun suivi médical, leur incarcération est une excellente occasion de recevoir, de la

part du personnel soignant, des conseils individuels sur leurs problèmes médicaux. Cet état de fait justifie à lui seul l'élaboration d'un programme d'éducation à la santé dans tous les établissements pénitentiaires.

28. Des consultations privées devraient être proposées aux nouveaux détenus sur les maladies infectieuses susceptibles d'avoir été contractées avant leur incarcération. Dans cette perspective, les détenus devraient pouvoir se soumettre à un dépistage volontaire de maladies comme l'hépatite, les maladies sexuellement transmissibles, la tuberculose ou la contamination par le VIH. Ces programmes de dépistage devraient être obligatoirement suivis d'une consultation médicale pour informer les malades des résultats des tests et du traitement à suivre.

29. Ces programmes d'éducation et de dépistage ont pour but non seulement de sensibiliser les détenus à l'importance d'améliorer leur santé et, ce faisant, le respect de soi, mais aussi de les encourager à avoir le souci d'un mode de vie sain après leur libération dans l'intérêt même de leur famille.

C. *Spécificité des pathologies médicales et de la prévention en milieu pénitentiaire*

30. Les services de santé pénitentiaires peuvent contribuer à la prévention de la violence à l'encontre des détenus, ceci en procédant à un enregistrement systématique des lésions traumatiques ou, le cas échéant, en communiquant des informations générales régulières aux autorités compétentes concernant le problème de la violence en prison. Une telle approche participe directement à la promotion des Droits de l'Homme et s'inscrit parfaitement dans la finalité de la Convention européenne pour la prévention de la torture et des peines ou traitements inhumains ou dégradants. L'intérêt d'une telle démarche réside non seulement dans l'aspect réparateur offert aux victimes de violences, mais aussi, et surtout, dans la dimension préventive qu'elle peut déployer vis-à-vis du recours non justifié à la violence.

31. Lorsqu'une personne détenue allègue de violences, le médecin exerçant en milieu pénitentiaire devrait procéder à un examen médical détaillé, à la suite duquel il consigne de manière exhaustive l'ensemble des lésions traumatiques constatées, ainsi que tous les examens

complémentaires qu'il a été amené à pratiquer (radiographies, examens spécialisées, etc.); il note également le traitement éventuel qu'il a été amené à prescrire. A la suite d'un tel examen médical, deux suites peuvent être envisagées, à savoir :

- la transmission d'un rapport médical circonstancié à l'autorité compétente, avec le consentement de la victime;
- l'enregistrement systématique de chaque constat médical établi à la suite d'allégations de violences, afin de communiquer régulièrement des données statistiques anonymes et complètes à l'autorité compétente.

32. Le médecin peut être amené, dans l'intérêt d'un détenu particulier et/ou de la communauté pénitentiaire en général, à signaler à l'administration pénitentiaire un incident grave qui représente un danger réel, dans une perspective visant la prévention de la violence et la protection des personnes; dans cette éventualité, le consentement de la victime apparaît moins essentiel que l'intérêt public poursuivi. S'il le juge utile, le service de santé devrait collecter des données statistiques périodiques relatives aux lésions traumatiques relevées, afin de les communiquer à la direction de l'établissement et aux ministères concernés, conformément à la législation nationale en matière de protection des données. Une telle procédure pourrait contribuer à prévenir des comportements agressifs et des poussées de violence dans l'avenir.

De telles informations pourraient également être utilisées comme éléments de preuves dans des procédures ayant trait à d'éventuelles violences policières à l'encontre de personnes en garde à vue, et déployer ainsi un effet dissuasif à cet égard.

33. La direction et le personnel pénitentiaires sont souvent les premiers concernés par la détection des détenus présentant des troubles du comportement, caractérisés parfois par des attitudes hétéro-agressives et violentes résultant de troubles psychiatriques (pathologies psychotiques, état dépressif). Le médecin exerçant en milieu pénitentiaire et les autres personnels de santé peuvent jouer un rôle important en dispensant de manière régulière une formation et des conseils au personnel de surveillance, afin de faciliter la gestion d'éventuelles "situations de crise" impliquant des détenus souffrant de maladies mentales; dans cette

perspective, il faut à nouveau souligner l'aspect primordial d'une collaboration régulière entre le personnel de surveillance et le personnel de santé de la prison, car une approche concertée peut permettre un dépistage précoce et une meilleure prise en charge des détenus souffrant de troubles psychiatriques.

D. *La formation professionnelle du personnel de santé pénitentiaire*

34/35. Dans toute prison, le personnel de santé peut se trouver confronté à des situations professionnelles délicates sous l'angle de la déontologie médicale et des droits du patient (refus de traitement chez un détenu capable de discernement, conflit entre respect de la confidentialité et protection des intérêts de la communauté carcérale, etc.). Dans cette perspective, tant le médecin que les autres personnels de santé travaillant en prison ont besoin d'une formation professionnelle adéquate, qui tienne compte des spécificités de l'activité médicale en milieu carcéral (acquisition de notions en santé publique pour assurer une approche appropriée des problèmes sanitaires d'une collectivité où domine la surpopulation; connaissances générales en psychiatrie et dans le domaine de la toxicomanie, de l'alcoolisme ou de la dépendance aux médicaments, etc.).

Le personnel de santé travaillant en prison devrait donc, en fonction des possibilités offertes, bénéficier d'une formation professionnelle continue en cours d'emploi et avoir accès à des programmes de perfectionnement (écoles professionnelles, universités, etc.). Cette formation pourrait inclure également l'acquisition de connaissances relatives au fonctionnement des prisons, aux réglementations pénitentiaires applicables et aux normes internationales en matière de gestion des établissements pénitentiaires et de traitement des délinquants. Une telle formation professionnelle pourrait permettre au personnel de santé pénitentiaire d'obtenir la reconnaissance de leur spécialité professionnelle par leurs instances respectives, renforçant ainsi leur identité de soignant en milieu pénitentiaire, ainsi que la qualité et la spécificité des prestations réalisées en prison. Ce qui vient d'être précisé s'applique tout particulièrement au personnel infirmier pénitentiaire qui, pendant longtemps, était recruté parmi les gardiens qui recevaient une formation sanitaire succincte, essentiellement lors de leur travail en prison. Aujourd'hui, la tendance est de réduire progressivement cette catégorie de personnel paramédical au profit d'un personnel infirmier qualifié, au bénéfice d'une formation professionnelle complète en soins généraux ou en psychiatrie.

III. L'ORGANISATION DES SOINS DE SANTÉ DANS LES PRISONS NOTAMMENT DU POINT DE VUE DE LA GESTION DE CERTAINS PROBLEMES COURANTS

A. *Maladies transmissibles, et en particulier :*
Infection par le VIH et sida
Tuberculose
Hépatites

36. Il arrive et ce fait est bien connu, que des détenus aient des rapports sexuels entre eux. De même, il est notoire qu'une part importante, des personnes incarcérées sont atteintes, au moment de leur admission, de maladies sexuellement transmissibles. Dans ces conditions, des mesures prophylactiques adéquates devraient être prises. Elles pourraient inclure, dans certain cas, la mise à disposition de préservatifs aux détenus, conformément à la législation et la pratique nationales.

37. En ce qui concerne l'infection au VIH et le sida, les mêmes principes devraient être appliqués et il convient à cet égard de se référer notamment à la Recommandation N° R (93) 6 du Comité des ministres concernant les aspects pénitentiaires et criminologiques du contrôle des maladies transmissibles et notamment du sida et les problèmes connexes de santé en prison. Etant donné les craintes et les réactions souvent irrationnelles observées face à cette maladie infectieuse, il est essentiel que le caractère volontaire du test de dépistage pour le VIH et la confidentialité du résultat de cet examen soient respectés; toute exception au caractère volontaire du dépistage ne peut être réalisée que conformément à la loi.

38. Un patient souffrant d'une maladie infectieuse ne devrait être isolé que sur la base de critères d'ordre médical (risques de contagion) qui devraient être appliqués en prison de manière identique à ce qui prévaut dans la collectivité en général. Ce principe de non-discrimination est reconnu et affirmé dans plusieurs textes internationaux (cf. Introduction de la présente Recommandation) et s'inscrit directement dans le cadre d'une protection et d'une promotion des Droits de l'Homme. L'isolement d'une

personne présentant une maladie contagieuse devrait en outre se faire conformément à la loi, dans des conditions qui tiennent compte des caractéristiques spécifiques du milieu carcéral.

39. L'isolement des personnes séropositives pour le VIH ne devrait reposer que sur des critères d'ordre médical; en particulier, un détenu séropositif pour le VIH qui ne présente aucune manifestation et/ou complication liée à cette infection virale (individu en bonne santé appelé communément "porteur sain") devrait pouvoir avoir accès à toutes les activités et places de travail offertes dans les établissements pénitentiaires.

40. Les détenus séropositifs pour le VIH ou atteints de sida devraient bénéficier d'un contrôle médical régulier et avoir accès aux thérapies préventives (prophylaxie pour l'infection pulmonaire à pneumocystis carinii et la toxoplasmose cérébrale, vaccinations éventuelles). Il pourrait être préférable de confier la prise en charge médicale de tels patients à des consultants en matière de maladies infectieuses, en raison des connaissances hautement spécialisées requises pour le traitement de telles affections. Les patients sidéens sérieusement malades devraient pouvoir être pris en charge de manière appropriée par le service de santé de la prison, et pouvoir être transférés si nécessaire dans l'unité hospitalière à disposition des personnes détenues ; les fluctuations importantes observées dans l'évolution naturelle de cette maladie devraient être prises en considération pour permettre un aménagement et un choix du lieu où le détenu malade peut séjourner. Une telle attitude est la meilleure garantie pour prévenir toute discrimination à l'égard des personnes infectées par le VIH ou atteintes de sida, lorsque les choix sont fondés exclusivement sur des critères médicaux et/ou tiennent compte du souhait des personnes détenues. En outre, lorsqu'un détenu est atteint de sida à un stade avancé, il appartient au médecin exerçant en milieu pénitentiaire d'établir, d'entente avec le malade concerné, un rapport médical circonstancié à l'attention de l'autorité compétente, afin qu'elle puisse se prononcer sur l'aptitude du détenu malade à séjourner en milieu carcéral. Toutefois, si des détenus sont gravement atteints de maladies liées au sida, et qu'ils risquent de contracter d'autres infections, il pourrait être judicieux de les isoler. Ils devraient alors être informés, dans toute la mesure du possible, des motifs médicaux de cette mesure et de ses avantages probables.

41. Dans tous les cas de tuberculose, il conviendrait de recourir aux services médicaux du pneumologue local afin d'obtenir l'avis à long terme qu'exige cette maladie, conformément à la pratique en vigueur dans la communauté selon les dispositions pertinentes de la loi.

42. Les programmes de promotion et d'éducation à la santé destinés aux détenus devraient mettre l'accent sur l'intérêt d'une prévention efficace contre la propagation de l'hépatite B et C, en soulignant les risques de transmission par les seringues et les rapports sexuels. En ce qui concerne la prévention de l'hépatite B, les détenus et le personnel devraient être sensibilisés à l'importance des vaccinations.

B. *Toxicomanie, alcoolisme et dépendance aux médicaments*
Gestion de la pharmacie et distribution des traitements médicamenteux

43. Il existe, dans les différents Etats membres du Conseil de l'Europe, diverses approches concernant la prise en charge médicale des toxicomanes : qu'il s'agisse de thérapies ambulatoires ou de traitements résidentiels dans des institutions spécialisées, la gestion des toxico-dépendances recouvre des approches différentes, dont le recours dans chaque Etat déterminé est de surcroît modulé par le caractère plus ou moins répressif ou permissif de la législation en vigueur concernant la consommation des drogues. Partant de ce constat objectif, le principe essentiel qui devrait dès lors être appliqué pour la prise en charge médicale des détenus toxicomanes séjournant en prison, est celui de l'équivalence par rapport aux pratiques thérapeutiques en vigueur dans le pays concerné. Ainsi donc, les soins dispensés aux détenus alcooliques et dépendants aux médicaments nécessitent d'être renforcés.

44. Les prisons abritent un nombre de toxicomanes nettement plus élevé qu'au sein de la société civile : ce phénomène résulte non seulement de la répression de la consommation et du trafic de drogues, mais surtout des infractions secondaires - principalement contre le patrimoine - commises par les toxicomanes afin de se procurer les revenus nécessaires à l'acquisition des drogues servant à leur propre consommation. Face à ce constat, il est essentiel d'offrir aux toxicomanes séjournant en prison une assistance médico-sociale adéquate, de manière à permettre à ceux d'entre eux qui effectuent des longues peines d'emprisonnement de s'intégrer dans des programmes d'accompagnement et de réinsertion qui se poursuivent après le séjour en prison, de manière à faciliter l'intégration de ces personnes au sein de la société et d'éviter un retour à la marginalisation, avec un risque

important de récidive de consommation illégale de drogues. Dans cette perspective, les programmes psychothérapeutiques et d'assistance médico-sociale développés dans les établissements pénitentiaires devraient être conduits en lien étroit avec l'approche mise en place au sein de la société civile à l'égard des toxico-dépendants (drogues, alcool, médicaments).

45. Le traitement des symptômes de sevrage de la toxicomanie, de l'alcoolisme et de la dépendance aux médicaments dans les établissements pénitentiaires devrait s'effectuer de la même manière que dans le milieu extérieur à la prison. Par exemple, en ce qui concerne la dépendance aux stupéfiants, il est possible de recourir à des approches thérapeutiques "classiques" fondées sur un sevrage médicamenteux rapide des toxicomanes entrant en prison ou, à l'opposé, d'assurer la poursuite de traitements d'entretien (cure de maintenance) à la méthadone. C'est ainsi que lorsqu'un détenu est au bénéfice d'un traitement d'entretien à la méthadone avant son incarcération et qu'il ne séjournera en prison que pour une courte période, il importe d'assurer la poursuite d'une thérapie appropriée au sein de l'établissement pénitentiaire, de manière à garantir la continuation d'une prise en charge adéquate après la libération du détenu, ce qui peut contribuer à diminuer le risque d'une récidive de consommation illégale de drogues.

46. Pour éviter les rechutes dans la toxicomanie, il peut être utile d'aménager dans certaines parties de la prison des zones «franches de stupéfiants» où les détenus acceptent de résister à la tentation de renouer avec leur consommation et leurs achats de substances illicites. Dans ce cas, ils signent un «contrat» par lequel ils s'engagent à s'abstenir de tout usage de stupéfiants et à fournir volontairement des échantillons d'urine selon un calendrier aléatoire aux fins de vérifier leur prise de drogues. Si le résultat est négatif, on peut supposer que l'intéressé est soucieux d'éviter une rechute. Ces mesures devraient l'encourager à améliorer son mode de vie après sa libération.

47. La pleine intégration des services de conseils spécialisés des prisons et des services appropriés externes contribue à une transition en douceur de la prison à la vie extérieure, et permet d'assurer le suivi médical par des services externes.

48. Autrefois, la gestion de la pharmacie et la distribution des médicaments étaient souvent assurées en prison par des agents sans

qualification reconnue et les médicaments prescrits n'étaient remis aux détenus malades «en main propre» que de manière exceptionnelle: ces derniers devaient plutôt se rendre au service médical de la prison pour recevoir leur traitement individuel, les prescriptions orales étant d'ordinaire remises sous forme liquide (médicaments dilués). Les comportements et les habitudes ont toutefois évoluées dans de nombreux pays et, de plus en plus, seuls sont remis, dose par dose, aux malades concernés, les médicaments pouvant être dangereux lorsqu'ils sont consommés à doses excessives. Avec des détenus psychologiquement stables, la pratique consistant à remettre les doses de médicaments nécessaires directement aux malades intéressés donne parfois de bons résultats et est de nature à responsabiliser les patients, puisque ceux-ci, lorsqu'ils sortiront de prison, devront se faire établir une ordonnance par leur médecin et se rendre dans une pharmacie pour retirer les médicaments prescrits. Cette approche vise une fois encore à satisfaire le principe d'équivalence par rapport à la pratique au sein de la communauté en général, et participe de surcroît à une "responsabilisation" du patient vis-à-vis de sa maladie.

49. Etant donné la très grande quantité de médicaments actuellement disponibles sur le marché, le médecin exerçant en milieu pénitentiaire peut dresser une liste des médicaments généralement prescrits par le service médical, ceci en consultation avec un conseiller en pharmacie, de manière à privilégier les critères d'efficacité thérapeutique et d'économie de moyens tout en répondant de façon adéquate aux besoins de la collectivité carcérale en matière de santé. Il appartient au médecin et au personnel soignant de la prison de se maintenir régulièrement informé des nouveaux développements dans le domaine de la pharmacologie et des thérapies.

C. *Personnes inaptes à la détention continue :*
Handicap physique grave; grand âge
Pronostic fatal à court terme

50. Les détenus souffrant d'un handicap physique sévère et ceux avec un âge avancé ne sont généralement pas nombreux dans les prisons. Toutefois, pour être conforme au paragraphe 1 des Règles pénitentiaires européennes, qui mentionne que "la privation de liberté doit avoir lieu dans des conditions matérielles et morales qui assurent le respect de la dignité humaine", des dispositions appropriées devraient être prises qui soient compatibles avec la situation personnelle de tels détenus (aménagement de locaux de manière conforme à l'utilisation d'un fauteuil roulant, aide à

l'accomplissement des activités journalières habituelles, etc.). Lorsqu'une personne détenue est atteinte d'une affection médicale dont le pronostic est fatal à court terme, elle devrait pouvoir bénéficier d'une prise en charge médicale adaptée à son état de santé, notamment par un transfert dans l'unité hospitalière destinée aux personnes détenues.

51. En vue de l'examen de la possibilité d'accorder une grâce pour motif médical ou une libération anticipée, le médecin peut être amené à établir, avec le consentement du détenu malade, un rapport médical décrivant l'état de santé de celui-ci et destiné à l'autorité compétente. Une telle approche trouve une application à l'égard des détenus sidéens en phase terminale conformément aux recommandations et directives internationales édictées dans ce domaine, telles que la Recommandation N° R (93) 6 concernant les aspects pénitentiaires et criminologiques du contrôle des maladies transmissibles et notamment du sida, et les problèmes connexes de santé en prison, ou les Directives de l'Organisation mondiale de la Santé sur l'infection par le VIH et le sida en prison.

D. *Symptômes psychiatriques*
Troubles mentaux et troubles graves de la personnalité
Risque de suicide

52. Les symptômes psychiatriques et les troubles mentaux sont fréquents chez les détenus et peuvent représenter une réaction à la situation de privation de liberté, puisque celle-ci entraîne une rupture des contacts familiaux et peut déclencher une crainte vis-à-vis des autres détenus, majorée par une anxiété réactionnelle. La gestion de ces problèmes requiert des qualifications supplémentaires de la part du médecin et du personnel soignant pénitentiaires, que ceux-ci peuvent acquérir par une formation appropriée et par leur expérience. L'administration pénitentiaire et le ministère responsable de la santé mentale devraient coopérer à l'organisation des services psychiatriques mis en place à l'intention des détenus. En outre, il est important que le service médical de la prison puisse bénéficier de l'appui de médecins psychiatres et de psychologues, à temps partiel ou à plein temps en fonction de l'importance de la population carcérale en charge. Le recours à des thérapies de groupe, mises en place par des intervenants compétents, joue aussi un rôle important. Ce dispositif est indispensable aussi pour dépister les personnes présentant une maladie mentale grave parmi les nombreux détenus dont l'existence est en crise et qui souffrent d'un niveau de stress inacceptable.

53. Dans les établissements pénitentiaires, différents services sont chargés des soins et de l'assistance aux détenus. On ne peut considérer que ces services sont entièrement séparés les uns des autres. C'est tout particulièrement vrai pour le service de santé mentale et les divers services sociaux des établissements pénitentiaires, qui ont des objectifs très similaires: ils doivent notamment aider les détenus à s'adapter à l'environnement carcéral et à résoudre leurs problèmes personnels et sociaux, et leur indiquer comment faire face aux nombreuses situations de stress qu'ils peuvent rencontrer pendant leur détention ainsi que, très souvent, avant leur libération (les détenus étant par exemple anxieux lorsqu'ils pensent à rétablir de bonnes relations familiales, à prendre les dispositions nécessaires concernant leur emploi et leur logement, etc.)

Etant donné que, en dehors de leurs sphères de compétences et d'expériences spécifiques, les services susmentionnés ont en commun d'importants objectifs concernant le traitement des détenus, ils devraient coordonner leurs activités afin d'offrir des conseils et une assistance cohérents. Néanmoins, cette coopération devrait respecter l'indépendance professionnelle des experts concernés.

54. En ce qui concerne les détenus condamnés pour infractions sexuelles, les problèmes connexes qu'ils posent sont d'une telle complexité qu'un traitement est très souvent sans effet. Il est fréquemment indispensable de recourir à la réclusion à long terme pour protéger la communauté extérieure. Il conviendrait que cette réclusion soit accompagnée d'un traitement adapté pendant et après leur séjour en établissement pénitentiaire.

55. Conformément au principe d'équivalence, tout détenu souffrant d'une maladie mentale devrait pouvoir bénéficier de soins médicaux appropriés, ambulatoires et/ou hospitaliers. En ce qui concerne les soins hospitaliers, deux options peuvent être envisagées en fonction des orientations de politique de santé, à savoir : d'une part, il est souvent avancé sur le plan éthique que les détenus malades mentaux devraient être hospitalisés en dehors du système pénitentiaire, c'est-à-dire dans un établissement médical appartenant au système de santé de la communauté en général, afin de privilégier l'accès à des soins psychiatriques hospitaliers appropriés; d'autre part, l'existence d'une unité hospitalière psychiatrique au sein d'un établissement pénitentiaire permet aussi d'administrer les soins

dans des conditions optimales de sécurité et d'intensifier les activités des services médicaux et sociaux à l'intérieur du système pénitentiaire.

56. Lorsqu'un détenu malade mental présente un comportement violent, et que le personnel soignant n'est plus à même de maîtriser cette personne, il peut être nécessaire de faire appel au personnel de sécurité, dans la mesure où l'intervention reste proportionnelle à l'objectif à atteindre, c'est-à-dire l'interruption du comportement violent et l'instauration d'une thérapie appropriée. Dans cette perspective, il peut être indiqué de placer un détenu malade mental agité dans une cellule d'isolement, avec une surveillance médicale et infirmière régulière, jusqu'à contrôle du comportement inadéquat.

57. Le recours à la contention physique ne peut être envisagé que dans des circonstances exceptionnelles, lorsqu'aucun autre moyen thérapeutique n'est susceptible d'obtenir le résultat souhaité (principe de proportionnalité); le maintien d'un détenu en contention physique devrait être réalisé avec une surveillance médicale continue et pendant une durée minimale correspondant au temps nécessaire pour qu'une thérapie médicamenteuse déploie l'effet de sédation attendu ; la contention physique ne devrait jamais être utilisée à titre de sanction. Il convient toutefois de considérer ce type de mesure comme exceptionnel, puisque la prise en charge d'un patient malade mental implique que "dans toutes circonstances, la dignité du patient doit être respectée" (Art. 10 de la Recommandation N° R (83) 2 du Comité des ministres sur la protection juridique des personnes atteintes de troubles mentaux et placées comme patients involontaires). A cet égard, il faut rappeler que toute dérogation au principe du libre consentement à l'acte médical d'un détenu souffrant de maladie mentale doit être conforme à la loi et s'appliquer de la même manière que dans les cas prévus pour l'ensemble de la communauté.

58. Le placement d'une personne détenue souffrant de maladie mentale dans une cellule d'isolement, peut s'appliquer par analogie à l'égard d'un prisonnier présentant un risque de suicide. L'intervention médicale devrait toujours être proportionnée à la gravité objective de la situation considérée, et il convient de prendre soin de mettre en place, si indiqué, une prise en charge thérapeutique à moyen, voire long terme.

59. Il est fondamental que le médecin exerçant en milieu pénitentiaire soit dûment informé de la date de libération de son patient afin de pouvoir arranger des rendez-vous avec l'ensemble des services de soutien externes immédiatement après la sortie de prison. Il devrait faire en sorte que les pièces nécessaires soient communiquées aux fournisseurs de ces services avec le plein accord de l'intéressé.

E. *Refus de traitement* *Grève de la faim*

60. Selon le principe visant à respecter le libre consentement à l'acte médical, tout détenu capable de discernement peut refuser un acte médical à but diagnostic ou thérapeutique. Dans de tels cas les mesures suivantes pourraient être envisagées :

- indiquer dans le dossier médical, après une évaluation appropriée, que le patient est capable de discernement;
- informer le patient des conséquences de son refus sur son état de santé, et examiner les éventuelles alternatives thérapeutiques existantes; à cette étape, où une information détaillée et complète devrait être fournie au patient, il faut s'assurer que celui-ci est à même de comprendre l'ensemble des données qui lui sont transmises : si l'information se heurte à des obstacles d'ordre linguistique, le médecin devrait recourir aux services d'un interprète;
- consigner dans le dossier médical le refus du patient en présence d'un témoin (médecin, infirmière par exemple);
- faire signer une décharge par le patient; si celui-ci refuse, il convient d'en prendre note en présence d'un témoin et de le mentionner dans le dossier médical du patient;
- rappeler au patient qu'il peut revenir en tout temps sur sa décision.

61. Le terme "grève de la faim" désigne communément une interruption volontaire de la prise alimentaire correspondant à un comportement auto-agressif adopté par un individu en opposition à une autorité judiciaire, pénitentiaire ou de police. Dans cette perspective, l'examen médical d'un détenu gréviste de la faim, ne peut être effectué qu'avec le consentement de celui-ci. Une évaluation médicale initiale est toutefois indispensable pour identifier une éventuelle pathologie psychiatrique à l'origine de ce comportement auto-agressif, car, dans cette éventualité, le médecin devrait

alors prendre toutes dispositions thérapeutiques appropriées susceptibles d'améliorer la pathologie mentale.

62. Si le détenu a entamé une grève de la faim et que l'évaluation médicale n'apporte aucun élément compatible avec une affection psychiatrique que, le médecin devrait, avec le consentement de l'intéressé, procéder à un contrôle médical et paramédical régulier (contrôle du poids et des paramètres vitaux, prise de sang), afin d'informer le détenu de la détérioration progressive de son état de santé liée à l'interruption de sa prise alimentaire.

63. Si nécessaire, le médecin devrait faire transférer le détenu concerné en milieu hospitalier, afin de renforcer la surveillance médicale. En outre, lorsque le médecin estime que l'état de santé du patient s'aggrave de manière significative, il lui appartient de tenir l'autorité compétente informée de manière régulière de l'évolution de l'état de santé du détenu gréviste de la faim.

F. ***Violence en prison***
Procédures et sanctions disciplinaires
Isolement disciplinaire; contention physique
Régime de sécurité renforcée

64. Les violences entre détenus posent un problème permanent aux responsables et au personnel des établissements pénitentiaires. De nombreux facteurs contribuant à déclencher ces violences ont été identifiés, par exemple le surpeuplement, l'hétérogénéité culturelle, religieuse ou ethnique de la population carcérale, la présence de détenus posant des problèmes particuliers ou de catégories de détenus susceptibles de provoquer des réactions hostiles chez les autres détenus, etc. (notamment les détenus ayant commis des agressions sexuelles ou des agressions sur des enfants, etc.)

Bien qu'il existe de nombreux moyens de réduire l'agressivité des détenus (programmes psychosociaux spécifiques, amélioration de la communication, etc.), certains prisonniers, risquant tout particulièrement d'être victimes de violences de la part d'autres détenus, peuvent nécessiter une protection spéciale à court terme, voire à long terme. Il faut donc prendre les dispositions qui s'imposent pour assurer leur sécurité, par exemple en les plaçant en cellule individuelle, en créant des sections spéciales d'isolement ou en chargeant le personnel pénitentiaire d'exercer une surveillance plus étroite.

65. Le médecin et le personnel soignant pénitentiaires n'ont pas pour mission de maîtriser les détenus violents ou très agressifs et de déterminer les sanctions disciplinaires à infliger, en particulier l'isolement cellulaire. La responsabilité du maintien de l'ordre et de la discipline dans l'établissement pénitentiaire appartient au personnel de sécurité, et le rôle du personnel de santé pénitentiaire n'est en aucun cas d'autoriser ou d'approuver le recours éventuel à la force vis-à-vis des personnes détenues en prison, puisque cette mission et cette compétence reviennent au personnel de sécurité pénitentiaire.

66. En principe, la décision d'infliger à un détenu une sanction disciplinaire, y compris l'isolement disciplinaire, ou une mesure spécifique de sécurité (par exemple le transfert du détenu dans une unité spéciale de la prison) relève de la direction de l'établissement pénitentiaire. Les médecins ne devraient pas intervenir dans une telle décision.

Cependant, le médecin exerçant en prison devrait dispenser aux détenus qui font l'objet de telles mesures disciplinaires ou d'un régime de sécurité spécial les soins ou l'assistance médicale nécessaires, si les détenus concernés ou des membres du personnel de surveillance en font la demande.

G. ***Programmes de soins spécifiques :*** ***Programmes sociothérapeutiques*** ***Liens familiaux et contacts avec le monde extérieur*** ***Mère détenue avec enfant***

67. La prison est souvent loin de jouer le rôle d'institution "de correction", et l'opinion publique ne la tient pas toujours en haute estime. En outre, la plupart des Etats membres du Conseil de l'Europe est confrontée à une importante surpopulation carcérale dans leurs établissements pénitentiaires : cet excès de détenus a tendance à transformer les prisons en milieu hostile, où de nombreux individus sont en contact avec des délinquants graves et se familiarisent avec le comportement criminel, situations qui portent en elles-mêmes les germes de la récidive. Dans ce contexte, les programmes sociothérapeutiques sont d'un grand intérêt dans un système pénal moderne. Des programmes organisés selon une approche

communautaire peuvent atténuer le sentiment d'humiliation, de mépris de soi et de haine du détenu, le responsabiliser et le préparer à une réintégration appropriée dans la société civile.

Toutes ces mesures concourant à promouvoir et à maintenir un état de santé physique et psychique satisfaisant chez les personnes détenues, raison pour laquelle le personnel de santé pénitentiaire devrait, dans la mesure de ses compétences, s'associer à ce type de prise en charge sociothérapeutique. Un autre avantage direct de ces programmes réside dans le fait qu'ils font appel à la participation active et à l'engagement des surveillants. Etant donné que les médecins des établissements pénitentiaires connaissent souvent intimement les personnes dont ils ont la charge, ils semblent bien placés pour les encourager à participer activement à des programmes sociothérapeutiques ou à d'autres programmes spéciaux d'éducation. Ils devraient à cette fin se tenir au courant du contenu et du fonctionnement de ces programmes et coopérer, de manière constructive, avec les services et les professionnels concernés.

68. La pratique suivie en matière de rapports sexuels entre les détenus et leur partenaire, qui varie d'un pays à l'autre, pose des questions difficiles. Bien souvent, ces mesures peuvent être propices au maintien des liens familiaux des détenus mariés et mieux à même de satisfaire les besoins sexuels des détenus condamnés à une peine de longue durée. Lorsque de telles mesures sont mises en œuvre, il convient que les détenus puissent rencontrer leur partenaire sexuel sans surveillance visuelle.

69. Le couple mère-enfant peut être considéré comme un groupe "particulièrement vulnérable" en prison, au même titre que les détenus gravement malades, handicapés ou d'un âge avancé. En conséquence, le médecin et les autres personnels de santé exerçant en prison devraient veiller à assurer de façon optimale les soins au couple mère-enfant, en tenant compte tout particulièrement de l'intérêt de l'enfant et des conditions de vie qui sont offertes à la mère et à l'enfant au sein de l'établissement pénitentiaire. Les enfants qui vivent avec leur mère en prison devraient pouvoir quitter librement l'établissement pour rendre visite à leur famille.

70. L'ouverture de crèches, de garderies et de jardins d'enfants permet de renforcer considérablement le lien maternel; l'existence de telles

institutions se révèle souvent utile pour la mère lorsqu'elle reprend sa place dans la famille après sa libération.

71. Bien qu'il existe de grandes variations au sein des Etats membres du Conseil de l'Europe quant à l'âge auquel l'enfant séjournant en prison avec sa mère est séparé de celle-ci, il est toutefois recommandé qu'une telle décision soit prise par l'administration ou l'autorité compétente à la lumière d'avis pédo-psychiatriques et médico-sociaux adéquats.

H. *Fouilles corporelles*
Expertises médicales
Recherche médicale

72. La fouille corporelle est un acte effectué pour des raisons de sécurité et non à des fins médicales, raison pour laquelle la fouille corporelle de prisonniers ne peut pas être considérée comme un acte médical. En conséquence, ni le médecin, ni les autres personnels de santé de la prison ne devraient être impliqués dans ce type de procédure. Cette approche est conforme à la Déclaration de l'Association Médicale Mondiale (AMM) sur la fouille corporelle de prisonniers (1993).

Dans cette perspective, le médecin exerçant en milieu pénitentiaire ne devrait procéder à un examen intime que lorsqu'il existe une raison médicale objective nécessitant son intervention (femme enceinte, pathologie rectale ou anale par exemple). De surcroît, l'examen intime, qui revêt dans ces circonstances la qualité d'une expertise, devrait, autant que possible, être effectué par un médecin autre que le médecin traitant du détenu concerné. Par contre, si un détenu demande à ce que le médecin procède à un examen intime pour convaincre le personnel de sécurité que son corps ne recèle aucune objet caché, le médecin devrait décliner une telle demande lorsqu'il n'existe pas de raison médicale objective.

73. En principe, il faudrait faire clairement la distinction entre le rôle d'un médecin exerçant en milieu pénitentiaire et celui d'un expert médical appelé à évaluer l'état physique ou mental d'un délinquant dans le cadre d'une procédure pénale, ou lorsqu'il faut par exemple décider d'une libération anticipée.

Le médecin exerçant en milieu pénitentiaire travaille dans un contexte où il lui est particulièrement difficile d'établir une relation de confiance avec ses patients incarcérés (impossibilité de choisir son médecin, relation «triangulaire» entre le médecin et son patient compte tenu du fait que le détenu dépend d'une autorité judiciaire ou administrative, etc.) Par sa nature même, l'objet de son travail diffère de celui de l'expert médical, que le délinquant considère souvent comme un agent du système pénal.

En raison du caractère particulier du contexte carcéral, il convient que le médecin d'un établissement pénitentiaire n'entretienne aucun doute quant à son rôle, qui consiste à assurer des soins de santé et que les décisions médicales soient prises exclusivement dans l'intérêt de la santé et du bien-être des détenus. Cela signifie, par exemple, que des échantillons ne peuvent être prélevés et analysés qu'à des fins de diagnostic.

Toutefois, dans des circonstances exceptionnelles, un détenu peut souhaiter que son médecin accepte une mission d'expert médical ou psychiatrique dans une procédure judiciaire. Le médecin ne devrait accepter cette mission qu'à la demande formelle du détenu et après avoir informé ce dernier des éventuelles conséquences de la mission, ou suite à la demande d'un tribunal.

74. On rappelle, dans le présent paragraphe, des principes fondamentaux de la recherche médicale, énoncés dans les Recommandations n° R (87) 3 sur les Règles pénitentiaires européennes (Règle 27), n° R (90) 3 sur la recherche médicale sur l'être humain (Principe 7) et n° R (93) 6 concernant les aspects pénitentiaires et criminologiques du contrôle des maladies transmissibles et notamment du sida, et les problèmes connexes de santé en prison (paragraphe 16).

Pour que ces principes soient correctement appliqués, il faut que les conditions suivantes soient respectées: consentement informé et écrit du détenu, étant entendu que le détenu ne devra pas être incité à se prêter à la recherche médicale dans l'optique d'éventuels privilèges; possibilité de revenir sur ce consentement à tout moment; approbation des procédés expérimentaux par un comité d'éthique approprié indépendant, à la fois du médecin chargé d'appliquer les procédés et des autorités pénitentiaires, conformément à la législation nationale.

2. Fachtagung Strafvollzug – Freiburg 2000
„Medizin und Freiheitsentzug“
7. – 9. November 2000

GEFÄNGNISMEDIZIN UND ARZTDIENST IN DER KANTONALEN STRAFANSTALT PÖSCHWIES CH-8105 REGENSDORF/ZÜRICH

UNTER BERÜCKSICHTIGUNG DER EMPFEHLUNG Nr. R(98)7 DES EUROPARATES BETREFFEND ETHISCHE UND ORGANISATORISCHE ASPEKTE DER GESUNDHEITSFÜRSORGE IN GEFÄNGNISSEN

Personalausbildung 2000
18. Mai 2000

Dr. med. K. Bolli
Leiter des gefängnisärztlichen Dienstes
Kantonale Strafanstalt Pöschwies
CH 8105 Regensdorf

Inhaltsverzeichnis

I. Der Pöschwieser Arztdienst[1]

A. *Organisation*

Die Organisation des Arztdienstes stellt sich folgendermassen vor.

1. Arztdienst

Zwei teilzeitlich arbeitende Ärzte, vier Psychiatriepfleger, zwei dipl. Masseure mit je 30%iger Arbeitszeit. Gut eingerichtete Allgemeinpraxis (Labor, Röntgen, EKG, etc.), Physikalische Therapie, Krankenabteilung mit sieben Betten. Präsenzzeiten des Pflegepersonals: täglich 06.30 – 20.00h, Samstags/Sonntag 07.00-17.00h. Rund um die Uhr ist ein Bereitschaftsdienst durch einen diensttuenden Pfleger gewährleistet. Die Behandlung ist für die Insassen kostenlos, gewisse nicht kassenpflichtige Heil- und Arztneimittel werden ihnen verrechnet, teure Medikamente über Krankenkassen, falls vorhanden, abgerechnet.

Der Dienstablauf ist nach den folgenden Kriterien organisiert:

a) Normale Konsultation: Insasse meldet sich mit *grüner Karte*. Die Konsultation findet innerhalb derselben Woche statt. Der Freitag ist für Eintrittsuntersuchungen reserviert.

b) Notfallmässige Konsultation: Insasse kann nicht zur Arbeit ausrükken oder hat ein akutes gesundheitliches Problem. Er meldet sich mit *roter Karte* und wird im Verlauf des gleichen Vormittags untersucht. Falls er arbeitsunfähig ist, erhält er ein ärztliches Zeugnis. Notfälle sind als solche deutlich zu bezeichnen. Der Mitarbeiter im Arztdienst entscheidet entsprechend der Situation, ob der Insasse nach erfolgter Anmeldung sofort kommen kann oder auf das Auf-

---

[1] Vgl. § 1-8 im Annex der Empfehlung Nr. R(98)7 des Europarates.

gebot warten muss. Notfallmässige Konsultationen von Insassen im Sicherheitspavillon sowie in der ASP werden möglichst an Ort und Stelle durchgeführt.

Achtung: Jeder Insasse, der sich mit *roter Karte* notfallmässig zu einer ärztlichen Konsultation anmeldet, bleibt in der Zelle eingeschlossen, bis er aufgerufen wird.

Ohne Voranmeldung (z.B. durch Aufseher, Werkmeister oder Sozialpädagogen) können Insassen den Arztdienst nicht aufsuchen.

Spitaleinweisungen und -behandlungen werden für Insassen ohne Urlaubsberechtigung im Inselspital Bern (Bewachungsstation) vorgenommen; urlaubsberechtigte Insassen können normalerweise mit dem Einverständnis der Justizdirektion (und des Fachausschusses) in Spitälern der Umgebung hospitalisiert werden. Kostengutsprache muss vorher geregelt werden. Regional sind wir dem Limmattalspital zugeteilt.

2. Zahnarztpraxis[2]

Ein Zahnarzt mit 80% Arbeitspensum, z.Zt. ohne Gehilfe (Insasse). Zahnbehandlungen gehen zu Lasten der Insassen, mittellose Gefangene müssen durch die öffentliche Hand unterstützt werden. (Bei Schweizern ist die Wohngemeinde zuständig). Nachdem ein Insasse drei Jahre in der Strafanstalt verbracht hat, gehen die Kosten der zahnärztlichen Unterhaltsarbeiten zu Lasten der Anstalt, sofern vorgängig eine Sanierung stattgefunden hat.

Der Dienstablauf ist nach den folgenden Kriterien organisiert: Der Insasse meldet sich mit *grauer Karte*. Schmerzbehandlungen erfolgen sofort, Zahnsanierungen nach Erstellen eines Kostenvoranschlages und Regelung der Finanzierung.

---

2 Vgl. § 6 im Annex der Empfehlung Nr. R(98)7 des Europarates.

3. Psychiatriepraxis[3]

Der psychiatrisch-psychologische Dienst (PPD) der Justizdirektion ist eine eigenständige Abteilung und wird vom Zentrum in Zürich (Feldstrasse 42) aus versehen. Einige Psychiater betreuen die Abteilungen des Spezial- und Normalvollzugs in Teilzeitarbeit. Mehrere Psychologen sind für Psychotherapien zuständig. Der Insasse muss vorangehend einen Behandlungsvertrag unterzeichnen, in dem verschiedene Punkte geregelt werden (z.B. Transparenz gegenüber Anstalts- und Justizdirektion).

Der Dienstablauf ist nach den folgenden Kriterien organisiert: Mit der Abgabe der *gelben Karte* kann sich jeder Insasse freiwillig für eine psychiatrische Konsultation anmelden. Es wird ihm schriftlich der Konsultationstermin mitgeteilt. Ist einem Insassen eine Therapie gerichtlich verordnet worden, erhält er in der Regel vom PPD eine «Einladung» dafür. Es ist jedoch immer vorteilhaft, wenn sich diese Insassen selber anmelden. Psychologische Betreuung erfolgt auf Zuweisung der Psychiater.

B. Zieldefinition für die ärztliche Betreuung der Insassen in der Kantonalen Strafanstalt Pöschwies

1. Juristisch – Institutioneller Aspekt[4]

Medizinische Beratung der Institutionsleitung (auf deren Wunsch) hinsichtlich Art. 37 und 46 des StGB. Demzufolge soll die Haftstrafe «*erziehend auf den Gefangenen einwirken und ihn auf den Wiedereintritt in das bürgerliche Leben vorbereiten*». «In der Anstalt sind die dem seelischen, geistigen und körperlichen Wohl der Eingewiesenen dienenden Massnahmen zu treffen und die entsprechenden Einrichtungen bereitzustellen».

Dem Aufsichtspersonal sollte eine adäquate Ausbildung über Gesundheitsfragen gegeben werden, um sie zu befähigen, bei Gefangenen entdeckte physische und psychische Gesundheitsprobleme zu rapportieren.

---

[3] Vgl. §§ 5, 52 ff im Annex der Empfehlung Nr. R(98)7 des Europarates.

[4] Vgl. § 24 im Annex der Empfehlung Nr. R(98)7 des Europarates.

Ausserdem ist eine arbeitsmedizinische Aufklärung und Ausbildung des Personals über Selbstschutz unerlässlich.

2. Medizinisch – Prophylaktischer Aspekt[5]

Überwachung des Gesundheitszustandes der Gefangenen: Der Gefangene soll, wenn immer möglich, nach Beendigung seiner Haftzeit keine Gesundheitseinbusse aufweisen. Deshalb:

- Standortbestimmung bezüglich Gesundheit (speziell auch Infektionen und Drogenabhängigkeit) beim Eintritt in die Strafanstalt;
- Betreuung Drogenabhängiger schliesst Infektionsprophylaxe mit ein (speziell: HIV, Hepatitis, Sexuell übertragbare Krankheiten, Tuberkulose);
- Diagnostik, Therapieangebot und medizinische Betreuung wie unter freiheitlichen Bedingungen.

3. Pädagogisch – Psychologischer Aspekt[6]

Unser Beitrag zum pädagogischen Programm: Insassen müssen mit einem Gesundheitserziehungsprogramm zur eigenen Gesundheitsförderung angeleitet werden. Drogenabhängige sollen mit einem Therapiekonzept aus dem Suchtverhalten herausgeführt oder zumindest auf einer möglichst niedrigen Abhängigkeitsstufe stabilisiert werden (Abstinenzprinzip – Akzeptanzprinzip – Methadonsubstitution).

C. Gefängnismedizinische Arztpraxis

1. Eintrittsuntersuchung[7]

Jeder neu eintretende Insasse hat sich innert eine Woche einer ärztlichen Eintrittsuntersuchung zu unterziehen, die normalerweise am Freitagmor-

---

[5] Vgl. § 23 im Annex der Empfehlung Nr. R(98)7 des Europarates.

[6] Vgl. §§ 27, 44 im Annex der Empfehlung Nr. R(98)7 des Europarates.

[7] Vgl. § 1 im Annex der Empfehlung Nr. R(98)7 des Europarates.

gen stattfindet. Gefangene, die krank eintreten oder (mehrere) Medikamente mitbringen, müssen sofort vom Arzt gesehen werden.

Anlässlich der Eintrittsuntersuchung wird eine ausgiebige Anamnese (Vorgeschichte) erhoben, speziell auch nach früherem Suchtverhalten, Vorhandensein von Infektionskrankheiten (HIV/AIDS, Hepatitis, Tuberkulose, etc.) gefragt und eine allgemeine Untersuchung inkl. Thoraxaufnahme gemacht sowie der Impfstatus erhoben. Jeder Insasse erhält eine Apotheke, die, nebst einer Gebrauchsanweisung auch Desinfektionsmittel, Pflaster, Tupfer, Vitamerfensalbe und Kondome enthält. Gleichzeitig wird er über Infektionsprophylaxe, spez. HIV/AIDS und Hepatitis mündlich und schriftlich informiert. Die Abgabe der Apotheke eignet sich gut für dcn Aufbau eines Vertrauensverhältnisses und eines Arbeitsbündnisses.

Mit dem Einverständnis des Insassen werden nebst üblicher Blutuntersuchungen HIV- und Hepatitis-Teste durchgeführt. Ausserdem testen wir bei allen mittels Mantouxtest die Immunitätslage bezüglich Tuberkulose.

Bereits beim Erstkontakt der Eintrittsuntersuchung wird dem neu eingetretenen Insassen exemplarisch demonstriert, dass der Gefängnisarzt der Schweigepflicht unterstellt ist und diese ernst nimmt: Mit dem schriftlichen Einverständnis erteilt ihm der Insasse die Erlaubnis:

- Risikoreiche Krankheiten (z.B. Zuckerkrankheit, Epilepsie, Herzprobleme, Asthma etc.) im Monitor der Zentrale einzutragen, damit bei (nächtlichen) Zellnotrufen der Zentralier sofort informiert ist und entsprechend reagieren kann;
- Arbeitsmedizinische Einschränkungen dem Büro für Arbeitseinteilung in Hinsicht auf die spätere Wahl eines Arbeitsplatzes mitzuteilen;
- Arztberichte von früheren Spitalbehandlungen, Gefängnisaufenthalten, Drogentherapien etc. einzuholen.

Die Schweigepflicht schützt das Vertrauensverhältnis des Hilfesuchenden zum medizinischen Helfer. Sie begleitet prinzipiell jeden Patientenkontakt und ist eines der wichtigsten und wirksamsten Elemente in der Arzt-Patienten Beziehung, da sie Vertrauensbildung fördert. Vertrauen ist Grundbedingung für das Gelingen jeden therapeutischen Handelns.

2. Ärztliche Aufgaben währen der Haftzeit

Nebst der täglichen Sprechstunde, zu der Insassen möglichst freien Zugang haben sollen[8] und die eine medizinische Betreuung wie in Freiheit anbieten muss[9] haben Arzt und seine Mitarbeiter erweiterte Funktionen.

Zusätzlich zu den täglichen berufsbedingten Aufgabenstellungen kommen uns im System «Strafanstalt» psychosoziale Aufgaben zu, die weit über diejenige der Situation in der freien Praxis hinausgehen. Einerseits steht dem Insassen einer Strafvollzugsanstalt das Privileg der freien Arztwahl nicht mehr zu. Anderseits ist es eine, im Strafgesetzbuch verankerte, gesetzliche Forderung, dem Verurteilten die notwendige medizinische Sorge und Hilfe angedeihen zu lassen, um gesundheitliche Gefährdungen während des Vollzuges so gering wie möglich zu halten und bei akut auftretenden gesundheitlichen Problemen unmittelbar die nötige Hilfe und Therapie zur Verfügung zu stellen. Dies ist insofern eine «zweischneidige» Angelegenheit, als bei vielen unserer Insassen bereits der Vollzug als solcher subjektiv als einschneidende Belastung mit gesundheitlichen Auswirkungen erlebt und verarbeitet wird.

Bekanntlich konstellierte sich, wohl nicht zufällig, zu Beginn der 80iger Jahre eine nicht zu unterschätzende Polemik aus der Überzeugung vorwiegend psychiatrisch tätiger Ärzte, wesentliche Aspekte des damals praktizierten Strafvollzuges liessen sich mit der ethischen Grundauffassung, wie sie der hippokratische Eid festlegt, nicht mehr in Übereinstimmung bringen. Seit dieser Zeit sind über 20 Jahre vergangen, in denen sich der Strafvollzug innerlich und äusserlich entscheidend verändert hat. Innerhalb des geschlossenen Vollzuges wurden neue Konzepte erarbeitet und mehrheitlich auf Gruppenbetrieb in kleinen Einheiten umgestellt. Nachdem über ca. 10 Jahre sozialpädagogische und sozialtherapeutische Grundlagen das Vollzugsvorgehen bestimmt hatten, führte der in der Gesellschaft entstandene Paradigmawechsel zu völlig neuen Voraussetzungen für Orientierung und Gestaltung des Strafvollzuges.

Diese Entwicklungen gingen und gehen auch an den Rahmenbedingungen für die ärztliche Tätigkeit nicht spurlos vorüber. Es erfordert

---

[8] Vgl. § 4 im Annex der Empfehlung Nr. R(98)7 des Europarates.

[9] Vgl. § 19 im Annex der Empfehlung Nr. R(98)7 des Europarates.

Flexibilität und Anpassungsfähigkeit, um die Auswirkungen der angedeuteten Veränderungen bei den unmittelbar Betroffenen, nämlich den Insassen, aufzufangen und zu kompensieren.

Tatsächlich ergeben sich für den gefängnisärztlichen Dienst – nebst den täglichen Konsultationen (Ein- und Austrittsuntersuchungen, Kranke, Unfälle, Notfälle) – im Vergleich zur Situation zu Beginn der 90iger Jahre und mit dem Bestreben, Spitalvorführungen so weit wie möglich zu reduzieren, folgende erweiterte Funktionen:

- Arztbesuche auf Sicherheits-, Drogen- und Halbfreiheitsstationen;
- Spezielle Therapien, Schwierige Fälle, Insassen mit psychosomatischen und akutpsychiatrischen Krankheitsbildern;
- Drogenarbeit;
- Kleine chirurgische Eingriffe;
- Röntgenuntersuchungen und Diagnosen;
- Spitaleinweisungen und andere aufwändige schriftliche Arbeiten betr. Patienten;
- Führen von Dateien (Infektionskrankheiten, Todesfälle etc.);
- Kontakte zu Direktion, Gruppen, Werkmeister, Sozialdienst;
- Vorbereiten von Unterricht für Personal, Fortbildungen der Mitarbeiter;
- Aussenkontakte zu Anwälten, Spezialisten, Spitäler, Inst. für Gerichtsmedizin, BAG, den schweizerischen und internationalen gefängnisärztlichen Organen.

Zur ärztlichen Tätigkeit gehört die Mitgestaltung eines aufbauenden Anstaltsklimas. Dank fachlicher Unabhängigkeit[10] ist es möglich, durch strikte Einhaltung des Arztgeheimnisses für «Insassen in Not» eine Ventilfunktion auszuüben. Die Schweigepflicht schützt dabei das Vertrauensverhältnis des Hilfesuchenden zum medizinischen Helfer. Bei Klagen kann dank Übernahme von *Ombuds*funktionen geholfen, den Aggressionspegel innerhalb der Mauern niedrig zu halten.

Als Leitlinie sind dazu die vom Europarat ausgearbeiteten Empfehlung betreffend ethische und organisatorische Aspekte der Gesundheitsfürsorge in Gefängnissen, hilfreich. Kommen dem Arzt lebensbedrohende De-

---

[10] Vgl. § 20 im Annex der Empfehlung Nr. R(98)7 des Europarates.

likte gegen Leib und Leben von seiten gewalttätiger oder psychischer Kranker zu Ohren, kann und muss er, in Anwendung des Notstandsgesetzes, sein Wissen an die Anstaltsleitung weitergeben. Zu den vordringlichen Pflichten des Anstaltsarztes gehört natürlich auch die Aufgabe, das Personal über Besonderheiten des speziellen Arbeitsplatzes in der Strafanstalt aufzuklären[11].

3. Austrittsuntersuchung

Eine sorgfältige Austrittsuntersuchung mit gewissenhaftem Vermerk in der Krankengeschichte des Insassen über dessen Gesundheitszustand, speziell über vorbestandene und/oder haftbedingte Gesundheitsschäden und Unfallfolgen schützt den Arzt vor späteren (unberechtigten) Klagen und Haftungsansprüchen von seiten des entlassenen Häftlings. Erfolgt der Austritt in die Freiheit muss der Hausarzt, beim Übertritt in ein anderes Gefängnis der dort zuständige Arzt über vorhandene Krankheitszustände mit dem Einverständnis des Insassen informiert werden. Bei uns wird das Arztgeheimnis gewahrt, indem wir die Akten und Röntgenbilder dem Austretenden selber mitgeben, zuhanden des nachbehandelnden Arztes[12].

D. Weisung betreffend Medikamentenabgabe

Medikamente, die von den Insassen nicht unter Aufsicht eingenommen werden müssen, sind grundsätzlich «auf Mann»[13]. Medikamente, deren Einnahme kontrolliert werden muss, sowie Medikamente «auf Verlangen», werden durch die Gruppe abgegeben, wobei für die letzteren eine schriftliche Kontrolle geführt wird.

Schlafmittel können ab 18.00 Uhr bezogen werden und sind grundsätzlich in Wasser aufgelöst vom Betreuer abzugeben. Ausgenommen davon sind nicht auflösbare Kapseln. Die Abgabe erfolgt unter gleichzeitigem Einschluss in die Zelle. Auf den Abteilungen ist keine Schlafmittelreserve vorhanden. Nach dem Einschluss in die Zellen werden keine Schlafmittel mehr abgegeben.

---

11 Vgl. § 25 im Annex der Empfehlung Nr. R(98)7 des Europarates.
12 Vgl. § 18 im Annex der Empfehlung Nr. R(98)7 des Europarates.
13 Vgl. § 48 im Annex der Empfehlung Nr. R(98)7 des Europarates.

Methadon und Nemexin werden an Insassen direkt im Arztdienst nach dem Hol-Prinzip abgeben. Davon ausgenommen sind Insassen der ASP und der Integrationsgruppe, die diese Medikamente vom Betreuungsteam erhalten. Dieses führt darüber schriftliche Kontrolle.

Die Betreuer der Gruppen holen jeweils das für die einzelnen Gruppen gerichtete Medikamententablett im Arztdienst ab. Auf allen Abteilungen stehen Erste-Hilfe-Medikamente zur freien Abgabe zur Verfügung:

- gegen Kopfschmerzen, Fieber: Panadol (Acetalgin) 500 mg, 1-2 Tbl oder
- bei rheumatischen oder/und Zahnschmerzen: ev. Ponstan (Mefenacid) 250 mg 1-2 Kps./Pat. oder
- nach Unfällen: Ponstan (Mefenacid) 250 mg 1-2 Kps./Pat.
- gegen Allergien, Juckreiz: Claritine 1 Tabl./Pat.

Auf der Zentrale sind folgende Reservemedikamente vorhanden, die nach telefonischer od. mündlicher Rücksprache mit dem diensthabenden Pfleger abgegeben werden können.

No	Mittel und Anzahl Tbl.	Indikation und Dosierung
1	Xanax 10 mg (10 Tbl.)	Angstattacken: 1 Tbl. mit Wasser
2	Dormicum 15 mg (5 Tbl.)	Schlaflosigkeit: ½-1 Tbl. mit Wasser
3	Temesta Expidet 1,0 mg (5 Tbl.)	Angst, Herzjagen, Muskelverkrampfungen, Drogenentzug: 1 Tbl. unter der Zunge zergehen lassen
4	Buscopan 10 mg (10 Drg)	Darmkoliken, Bauchschmerzen:1 Drg. mit Wasser
5	Ponstan = Mefenacid 250 mg (12 Kps)	Zahn- und rheumatische Schmerzen: 1-2 Kps mit Wasser
6	Claritine 10 mg (14 Tbl)	Allergie, Juckreiz: 1-2 Tbl. mit Wasser
7	Ventolinspray (1)	Lungenasthma: 1-2 Hübe einatmen
8	Acetalgin 0,5 mg = Panadol (20 Tbl)	Kopfschmerzen, Fieber: 1-2 Tbl. mit Wasser

9	Imodium (10 Kps)	Durchfall: 2 Kps zusammen mit Wasser
10	Akineton 2 mg (1 Tbl)	Muskelkrämpfe wegen Neuroleptikatherapie:1 Tbl. mit Wasser
11	Vit. A+D-Augensalbe	Schweissblende: in Augenunterlid streichen

In allen Fällen, bei denen die vorhandenen Medikamente unwirksam sind, soll der diensthabende Mitarbeiter des Sanitätsdienstes benachrichtigt werden.

E. Krankschreibungen

Prinzipiell ist jeder Insasse der Strafanstalt Pöschwies zur Arbeit verpflichtet (Art. 37 StGB). Der Bezug einer Invalidenrente vor der Verhaftung entbindet den Insassen nicht von der Arbeit, da auch leichte Tätigkeiten i.S. einer geschützten Werkstatt oder Ergotherapie angeboten werden können. I.V.-Renten werden während der Haftzeit sistiert. Arbeitsverweigerung führt zu Sanktionen.

1. Wissenswertes über das Thema Arbeitsunfähigkeit

Entscheid: Durch den Arzt.

Dauer: a) Kurzfristig (meist 1-2 Tage, ev. bis 1 Woche)
b) Langfristig (wird monatlich erneuert)

Grad (%): Die kurzfristige Arbeitsunfähigkeit beträgt stets 100%, eine ½-tägige Arbeitsunfähigkeit ist nur in Ausnahmefällen vorgesehen. Der Insasse bleibt dabei auf der Zelle, isst im Gemeinschaftsraum und kann am Hofgang teilnehmen. Schule, Sport und Freizeitkurse nur mit spezieller ärztlicher Bewilligung. In besonderen Fällen kann bei längerfristiger teilweiser Arbeitsunfähigkeit nach folgendem Schema verfahren werden:

- 50% arbeitsunfähig = Arbeit am Vormittag, nachmittags auf Zelle

	- 75% arbeitsunfähig = Insasse rückt in der Nachmittagspause auf Zelle ein.
	In allen Fällen wird auf dem Arztzeugnis präzisiert, ob eine 50%ige Arbeitsunfähigkeit zeitlich gemeint ist (z.B. «halbtags») oder das Arbeitsmass bei voller Präsenz am Arbeitsplatz betrifft («quantitativ»).
Pekulium:	Bei Krankheit: 1.+2. Tag: Fr. 6.-, 3. Tag 9.-, dann 70% vom Pekulium.
	Bei Unfall: 70% des Pekuliums ab 1. Tag.
Gründe:	1. Unfälle
	2. Krankheiten
	3. Invalidität (körperlich oder psychisch)
	4. Psychotische und «stressbedingte» psychosomatische Zustände

2. Was sind «Stressoren»?

a) Vollzugsbedingte Stressfaktoren

Freiheitsentzug: Fehlen von Anregung und Langeweile, Monotonie, Unter- oder Überforderung in der Arbeit, keine Ferien.

Ängste: Ungewissheit über Strafmass, bevorstehende Gerichtsverhandlung, drohender Landesverweis, bevorstehender Urlaub, vor Entlassung, Verlust der Gesundheit, Infektionsgefahr, AIDS, Verlust von Beziehungen (Frau und Familie, Freundin etc.), Familienzimmer[14]. Mangelnde Perspektiven im Vollzugskonzept, im zukünftigen Leben.

Frustrationen führen zu Wut, Hass, Aggression, Verzweiflung. Streit mit Vorgesetzten, Mitinsassen. Unbefriedigendes Sexualleben.

Drogen: Beschaffungsstress, Schulden, Erpressung etc.

Anpassungsstress bei dauernder Veränderung der Wohnsituation.

---

[14] Vgl. § 68 im Annex der Empfehlung Nr. R(98)7 des Europarates.

b) Allgemein vorkommende Stressfaktoren

Überlastung durch Zeitmangel, Termindruck, zu viel Verantwortung, mangelnde Unterstützung, übertriebene Erwartungen an uns selber, Technostress, Strassenverkehr, Lärm, Nichtrauchende unter Rauchern, Vitamin- und Mineralstoffmangel, Ernährung, etc.

Beispiele von psychischen und stressbedingten psychosomatischen Zuständen:

- Rheumatische Beschwerden: Muskelverspannungen, Kopf-, Gelenk- und Rückenschmerzen;
- Psychische Störungen: Depressionen, Schlafstörungen, Reizbarkeit, Hungerstreik, Halluzinationen, Wahnideen, Konzentrationsschwierigkeiten, Alpträume, gesteigerte Fremd- und Eigenaggressivität bis Suizidalität, Tabak-, Alkohol- und Medikamentenmissbrauch, sexuelle Probleme, Nachtschweiss. u.a.m.;
- Magen-Darm: Durchfälle, Verstopfung, Übelkeit, Erbrechen, Appetit- und Gewichtsverlust oder Fresslust, Fettleibigkeit. Diabetes-Verschlechterung;
- Hautleiden: Entzündungen, Pickel, Haarausfall, Nesselfieber, Ekzeme;
- Herz- und Kreislaufprobleme: Herzjagen, Rhythmusstörungen, zu tiefer oder zu hoher Blutdruck;
- Atmung: Husten, Asthma, Atemnot, Hyperventilation.

II. Umgang mit Notfällen

Erste Massnahme = Prüfe: Fieber? Schmerzen? Atmung? Puls? Bewusstsein?: (somnolent = benommen, soporös = noch weckbar, komatös: nicht mehr weckbar).

A. *Notfallsituationen nach Körperregion geordnet*

Körperregion	Symptome	Massnahmen
Kopf	Schmerzen	Acetalgin 1-2 Tbl. w.k.B*): Arzt!
	Schwindel, Übelkeit	Paspertin 1-3 Tbl. /Tg.
	Nasenbluten	Kopf hochlagern, sitzen lassen, kalte Kompresse auf Stirn und Nacken, Watte in beide Nasenöffnung. w.k.B): Arzt!
	Augen rote, schmerzende Augen, «Schweissblende»	Az, Oculosan Trpf. Augendruckverband, Neotracin/Vit.A Augen-Salbe, Ponstan 500mg 3x1
	Ohrenschmerzen	Panadol 1-2 Tbl.w.k.B: Arzt!
Hals	Schluckschmerzen	Rachen nur gerötet: Acetalgin, Tyrothricin, grauweisser Belag: Arzt!
Brustprobleme	*bei jüngerem Patient:* (ohne Vorgeschichte: DD**): Prellung, Rippenblockierung, Entzündung,, Pneumothorax)	1-2 Panadol Tbl. w.k.B: Arzt!
	bei älterem Patient: Plötzlich eintretende, akute Brustschmerzen mit Atemnot: (DD: Lungenembolie, Pneumothorax, akuter Asthmaanfall, Herzinfarkt)	Arzt rufen!!
	Herzschmerzen (ev. mit Vorgeschichte: DD: Herzinfarkt, Lungenembolie)	Nitroglycerin. w.k.B: Arzt!
	Husten, Pfeifgeräusche (DD: spastische Bronchitis, Asthma)	Sodip-phyllin-Sirup 2 Essl. sofort, dann 3x1 Essl.
	Karcheln , Rasseln, Gurgeln (DD: Lungenödem, Lungenentzündung)	Ventolin-Spray, Arzt rufen !
Bauchprobleme	Bauch weich, schmerzlich (DD: Verstopfung, Durchfall, Steinleiden, Würmer, etc.)	1-2 Tbl. Minalgin Buscopan, w.k.B: Arzt rufen!
	Bauch hart, gespannt	Arzt !
	Kolikartige Schmerzen (DD: Darmverschluss, akute Blinddarmentzündung, Gallen- oder Nierensteinleiden, Leistenbruch, Blasen- Dickdarmleiden, (sowie bei Frauen Periode, Eileiterentzündung, Schwangerschaft etc., bei Männern Prostataleiden)	Arzt !

* w.k.B: wenn keine Besserung

** DD = Differenzialdiagnose

B. Insektenstiche - Allergische Reaktionen (nach Schweregrad geordnet)

1. Starke Lokalreaktion

- Claritine 1 Tbl. täglich
- Prednison 5 Tabletten à 20 mg auf einmal
- Fenistil Gel lokal

2. Schleimhautschwellungen (Urtikaria =Nesselfieber, entstellende Schwellungen)

- Claritine 1 Tbl. täglich
- bei Atembeschwerden: Epipen (Adrenalin Auto-Injector 0,3 mg, i.m.)

3. Atembeschwerden

- Epipen wie unter 2b
- Prednison 6 Tbl. à 20 mg
- Claritine 2 Tabletten

4. Anaphylaxie (Schock)

(schwere Nebenreaktion mit Kreislaufproblemen, Schock. Vorzeichen: Unruhe, Übelkeit, Kribbeln an Händen und Fusssohlen !)

- Schocklagerung, Infusion anlegen
- Epipen wie unter 2c, Ultracorten H 100 - 400 mg i.v., Tavegyl 1 - 2 Amp. i.v.

Ab Punkt 2 ist immer der Arztdienst sofort zu alarmieren!

Die bekannten Allergiker tragen ein Allergie-Notfallset auf sich. Dieses enthält:

- 5 Tabl. Claritine: notfalls 2 sofort einnehmen;
- 2 Tabl. Prednison 50 mg: bei Insektensich beide sofort einnehmen;
- Fenistilgel oder Unguentum antihistaminicum (Salbe gegen Hautausschläge).

C. Erste Hilfe bei Unfällen und lebensbedrohlichen Zuständen

Jeder muss vorbereitet sein, in Notfallsituationen Erste Hilfe leisten und richtige Entscheidungen treffen zu können.

1. Was gilt jetzt CPR (Cardio-Pulmonale Reanimation)[15] oder GABI?

ABCD CPR	**GABI**	**Handeln: Ja?/ Nein?**
Atemwege	Gibt Patient Antwort?	Atemwege freilegen
Beatmung	Atmet Patient?	Richtige Lagerung
Compression	Blutet Patient?	Blutung stillen
Früh Defibrillation	Ist Puls fühlbar? Rhythmusanalyse	Beatmung und Herz-massage

2. Erste Hilfe Materialdepots

	Arzt-dienst	**Gruppen**	**Zen-trale**	**Gewerbe-büro**	**Haus-lägern**	**Feuer-wehr**
Beatmungstubus oder -maske	X	X	X	X	X	X
Handschuhe	X	X	X	X	X	X
Hände- u- Oberflächen-desinfektionsmittel	X	X	X	X	X	X
Defibrillator	Tags X		Nachts X			
Beatmungsbeutel mit Maske	X		X	X	X	X
Sauerstoff	X		X	X	X	X
Absaugpumpe	X					

[15] Vgl. www.viollier.ch

	Arzt-dienst	**Gruppen**	**Zen-trale**	**Gewerbe-büro**	**Haus-lägern**	**Feuer wehr**
Intubationsbesteck	X			X		
Infusion	X			X		
Verbandmaterial	X	X	X	X	X	X
Medikamente	X	X	X	X	X	
Ampullen*, Spritzen	X			X	X	

3. **Erste-Hilfe-Schema** (s. folgende Seite)

* Adrenalin, Akineton, Atropinsulfat, Buscopan, Digoxin, Euphyllin, Glucose 10%, Glukagon, Isoptin, Konakion, Lasix, Narcan, Paspertin, Solu-Cortef, Tavegyl, Ultracorten H, Valium, Xylocard (Lidocaïn 2%).

ERSTE HILFE

Premiers secours

ÜBERBLICK VERSCHAFFEN - GEFAHREN BEACHTEN
SELBSTSCHUTZ - UNFALLSTELLE ABSICHERN

G — **Gibt er Antwort ?** *Répond-il?*

nein / *non* → **ATEMWEGE FREILEGEN** *Libération des voies respiratoires*

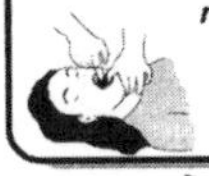

ja / *oui* → **FRAGEN SIE IHN, WAS IHM FEHLT** *Demandez-lui ce qu'il a*
Lagerung nach Befund: *Posture selon état du patient*
Bewusstlosenlagerung (Seitenlage) *Patient inconscient (posture latérale)*
Hochlagerung *Posture surélevée*
Flachlagerung *Posture à plat*
Lagerung bei Bauchverletzung *Posture en cas de blessure abdominale*

A — **Atmet er normal ?** *Respire-t-il?*

nein / *non* → **BEATMEN** ***Respiration artificielle***

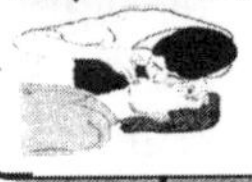

atmet wieder normal *Respire à nouveau normalement*

ja / *oui* → FRAGEN SIE IHN, WAS IHM FEHLT

B — **Blutet er ? - stark ? - stossweise ?** ***Saigne-t-il ? - fortement ? - par jets saccadés?***

ja / *oui* → **BLUTUNG STILLEN** *Arrêter la perte de sang*
Patienten hinlegen *Allonger le patient*
Glied hochhalten *Surélévation du membre*
Fingerdruck *Pression digitale*
Druckverband *Pansement compressif*

Blutung gestillt / *Perte de sang arrêtée*

nein / *non* ↓

I — **Ist sein Puls spürbar ?** ***A-t-il un pouls ?***

nein / *non* → Puls fehlt, Pupillen weit *Pas de pouls, pupilles dilatées*
BEATMEN UND HERZMASSAGE (Zusatzausbildung) *Respiration artificielle et massage cardiaque*

Puls normal *Pouls normal*

ja / *oui* → Puls: rasch und schwach *Pouls: rapide et faible*
Haut: nass und blass *Peau: humide et pâle*
Verhalten: apathisch *Comportement: apathique*
SCHOCKLAGERUNG *Position de choc*

Puls normal *Pouls normal*

ALLE PATIENTEN: ÜBERWACHEN / BETREUEN (Wärme-, Kälteschutz)
Tout patient: surveiller / prendre en charge (protection contre froid / chaud)

BEI VERBRENNUNGEN: *En cas de brûlures:*	10 - 20 Minuten mit kaltem Wasser kühlen *Refroidir avec de l'eau froide pendant 10-20 min.*
BEI KNOCHENBRÜCHEN: *En cas de fractures:*	ruhigstellen (auch benachbarte Gelenke) *Immobilisation (y compris articulations proches)*

NOTRUF NICHT VERGESSEN
Ne pas oublier de donner l'alarme

D. *Selbstschutz des Gefängnispersonals beim Leisten von Erster Hilfe insbesondere Schutz vor blutübertragbaren Krankheiten* (HIV und Hepatitis)

- *Kontakt* mit dem Blut oder sonstigen Körperflüssigkeiten eines andern Menschen bedeutet grundsätzlich ein Infektionsrisiko und muss gemieden werden! Das Risiko einer Infektionsübertragung bei lebensrettenden Sofortmassnahmen wird weltweit von Experten als so gering bezeichnet, dass kein Mensch sich der ethischen Verpflichtung zur Hilfeleistung entziehen darf.

- *Schutzmassnahmen* zur Vermeidung der Übertragung: Körperflüssigkeiten mit hoher HIV/Hepatitis-Viruskonzentration (Blut, Samen- oder Scheidenflüssigkeit) dürfen nicht in offene Wunden oder an Schleimhäute des Helfers gelangen. Risikobewusstsein!

- *Beatmung*: Mund-zu-Mund-Beatmung (Taschentuch dazwischen legen), mit Beatmungsmaske od. -tubus (ist auf jeder Abteilung vorhanden sein! Regelmässig kontrollieren!).

- *Verletzungen*: Beim Umgang mit blutenden Verletzten sollen Selbstverletzungen sowie Haut- oder Schleimhautkontakt (Augen, Mund) mit fremdem Blut vermieden werden:
  - Handschuhe (Gummi, Vinyl, Latex, Leder) tragen;
  - Durch Kontakt betroffene Hautstellen mit Wasser und Seife gründlich waschen und anschliessend mit Alkohol, Jodoplex, Kodan, Sterillium etc. desinfizieren;
  - Betroffene Schleimhäute (Mund, Augen) sofort mit reichlich Wasser spülen.

- *Desinfektion von Hilfsmitteln*: Bei der Einhaltung der üblichen Hygienevorschriften besteht kein Infektionsübertragungsrisiko:
  - Haut und Hilfsmittel werden mit hochprozentigem Alkohol oder anderem Desinfektionsmittel (s. oben) desinfiziert;
  - Spritzen: Einwegmaterial wird fachgerecht entsorgt;
  - Chirurgische und medizinische Geräte: fachgerechte Sterilisation;

III. Krankheitsbilder

A. Allgemeine Erkrankungen (nach Häufigkeit geordnet)

Die Palette der in Haft vorkommenden Konsultationsgründe entspricht derjenigen einer Allgemeinpraxis.

- *Sehr häufig* finden sich Haut- und Haarprobleme, Magen-, Darm- und rheumatische Leiden, Hals-Nasen-Ohrenkrankheiten, psychosomatische und psychiatrische Krankheitszustände, vollzugsbedingte psychische Störungen im Sinne von Haftreaktionen.

- *Oft* kommen Drogenprobleme und Infektionskrankheiten von grippalen Infekten bis HIV/AIDS, Hepatitis vor, gelegentlich werden auch Tuberkulose, urologische Störungen, sexuell übertragbare Krankheiten sowie Tropenkrankheiten entdeckt.

- S*elten* weisen Insassen auch andere Leiden, z.B. Stein-, Stoffwechsel-, Krebsleiden, Parkinson u.a.m., auf.

Schwierigkeiten können bei folgenden Krankheiten, besonders wenn sie nachts zu Notfallsituationen führen, entstehen: Herzinfarkt, Diabetes, Asthma, Epilepsie. Unfälle kommen häufig vor, vor allem beim Sport, gelegentlich bei der Arbeit.

B. Spezielle Krankheiten und Konzepte

1. Herz-Kreislaufleiden

Da wir immer häufiger ältere Insassen aufnehmen müssen, sehen wir in der letzten Zeit des öfteren Insassen mit Herzrhythmusstörungen, hohem Blutdruck und Krankheiten der Blutgefässe sowie Zuständen nach Herzinfarkt und Herzoperationen.

2. Lungenasthma

Insassen, die unter Lungenasthma leiden (oder andern allergischen Erkrankungen der Atemwege) sind auf einen staubfreien Arbeitsplatz angewiesen, müssen Medikamente auf sich tragen und auf der Zelle in Reserve haben (Asthmaspray, Notfall-Set für Allergiker).

3. Diabetes

Das bedeutet eine Erkrankung des Zuckerstoffwechsels, die zu lebensbedrohlichen Notfallsituationen führen kann. Vereinfacht kann man 2 Typen von Diabetikern unterscheiden:

- Typ I ist auf eine tägliche mehrmalige Injektion von Insulin angewiesen;
- Typ II kann mit Diät allein, oder zusätzlich mit Medikamenten, welche die Insulinproduktion der Bauchspeicheldrüse anregen (orale Antidiabetika), eingestellt sein.

Danebst gibt es weitere, durch bestimmte Krankheiten verursachte Typen.

Die Allgemeine Therapierichtlinien sind:

- Einhaltung einer speziellen Diabetesdiät, 5-6 kleine Mahlzeiten/Tag. Bei uns wird «Leichte Kost» ergänzt durch Früchte und Joghurt als Zwischenmahlzeiten, verschrieben.
- Falls notwendig: Regelmässige Tabletteneinnahme oder/und Injektion von Insulin.
- Nicht rauchen (Gefässschäden!). Regelmässige körperliche Bewegung, Infektionsprophylaxe, sorgfältige Fusspflege.

Die Entgleisung des Zuckerstoffwechsels kann auf 2 Arten geschehen:

- Hypoglykämie = zu wenig Zucker im Blut (kommt auch beim Gesunden vor);
- Hyperglykämie = zuviel Zucker im Blut.

a) Symptome der Hypoglykämie (Unterzuckerung)

Abnorme Reizbarkeit, Wutausbrüche, extreme Unruhe, Aggressivität, Alkoholrausch ähnliche Zustände. Epilepsie ähnliche Krampfzustände, Verstimmungszustände, Doppelbildersehen, Schwindel, Sprachstörungen, Lähmungen, Herzjagen, Zittern, Heisshunger, Blässe, kalter Schweiss, Schläfrigkeit, Benommenheit, Bewusstlosigkeit, Hirnschädigung mit Symptomen von Schlaganfall, Halbseitenlähmung.

Die Therapie ist Zucker in Form von (gesüsstem) Orangensaft, Milch, Brot. Blutzuckerkontrollen verabreichen.

b) Symptome der Hyperglykämie (Überzuckerung)

Schläfrigkeit, Benommenheit, Bewusstlosigkeit (Coma diabeticum). Beschleunigte, tiefe Atmung; Acetongeruch. Bauchschmerzen, bretthart Bauchdecken, Austrocknung. Achtung: bei Verdacht auf das Vorliegen einer derartigen Störung bei einem Diabetiker: sofort Arztdienst informieren.

Die Therapie ist rasch wirkendes Insulin spritzen, Blutzuckerkontrollen, Flüssigkeitsersatz.

4. Epilepsie (grosser Anfall = Grand Mal)

Das bedeutet Krampfanfall am ganzen Körper, wobei nach einer «Aura» (Vorstadium) zuerst Verkrampfungen, dann heftige Schüttelbewegungen an Armen und Beinen beobachtet werden, die von einem bewusstlosen Zustand, Urinabgang und Zungenbiss gefolgt sind. (Danebst gibt es noch viele andere Arten epileptischer Anfälle). Lebensgefahr besteht, wenn während des Anfalls Erbrochenes aspiriert wird, was zum Erstickungstod führen kann.

Achtung: Besonders gefährlich sind derartige Anfälle während der Nacht, da bei uns die Insassen alleine in der Zelle wohnen und niemand Soforthilfe leisten kann.

Die erste Hilfe beim grossen Epileptischen Anfall:

- Ruhig bleiben!
- Kranken vor gefährlichen Gegenständen schützen, z.B. spitze Kanten, Steine);
- Etwas Weiches unter den Kopf legen (Decke, Pullover, Jacke);
- Kleidungsstücke am Hals lockern (Erstickungsgefahr);
- Kranken auf die Seite drehen, um Luftwege frei zu halten;
- Aspiration und Zungenbiss verhindern (Taschentuch in Mund);
- Überwachung ohne künstliche Beatmung, schütteln etc.;
- Arztdienst alarmieren.

Achtung: Die Verlegung eines zuckerkranken oder epileptischen Insassen mit Symptomen von Aggressionen, Wutausbrüchen, Zerstörungsdrang in den Bunker/Arrest kann zum Tode desselben führen! Müssen derartige Insasse auf diese Weise sanktioniert werden, muss unbedingt und sofort Information des Arztdienstes erfolgen!

5. Tropenkrankheiten

Da wir oft Insassen aus tropischen Ländern bekommen, beobachten wir nicht selten Krankheiten wie z.B. Wurmbefall, Parasitosen, Malaria, aber auch Lepra etc. Speziell achten wir bei diesen Insassen auf juckende Hautausschläge, neurologische Störungen und Blutveränderungen. Fieberzustände in Kombination mit Kopf- und Gliederschmerzen, Bewusstseinstrübungen oder delirante Zustände können auf Malaria verdächtig sein und benötigen sofortiges Handeln: Todesgefahr!

6. Körperlich und geistig Behinderte, Invalide

Die Anzahl dieser Insassen ist steigend. Bei Arbeitseinschränkung oder -unfähigkeit werden sie in einer speziellen Abteilung wohnen, wo eine individuelle Betreuung möglich ist[16]. Neuerdings besteht die Möglichkeit, reduziert oder nicht arbeitsfähige Behinderte auf der ASP unterzubringen, wo den veränderten Lebensnotwendigkeiten Rechnung getragen wird.

---

[16] Vgl. §§ 50, 55 im Annex der Empfehlung Nr. R(98)7 des Europarates.

7. Psychosen, Hyperventilatorische Tetanie, Haftreaktionen und Suizidalität[17]

- *Psychische Krankheiten*, z.B.: Depression, Manie, Bipolare Störungen (manisch-depressiv), Schizophrenie und Zustände aus dem schizophrenen Formenkreis.

- *(Hirn-) organische Störungen*: nach Hirntumor, Schädelverletzungen, bei Multipler Sklerose, Intoxikationen durch psychotrope Substanzen etc.

- *Persönlichkeitsstörungen* werden eingeteilt in paranoide, schizoide, antisoziale, borderline, histrionische, narzisstische, selbstunsichere, abhängige, zwanghafte, passiv-aggressive u.a.m.

- *Angststörungen*: Panikstörungen mit oder ohne Platzangst, Klaustrophobie etc.

- *Hyperventilatorische Tetanie*: Panikartiger Zustand der mit starker, tiefer Atmung einhergeht und zu «Herzschmerzen», Angst vor Herzinfarkt, Verkrampfungen an Händen und Füssen («Pfötchenstellung») führt. Die Therapie ist Beruhigen, Temesta 1,0 mg 1-2 Tbl., Atemluft in Sack atmen lassen.

Während psychisch kranke Insassen, die dank guter medikamentöser Einstellung kooperativ und arbeitsfähig sind, in einer Gruppe im Normalvollzug integriert sein können, sind Patienten, die intensivere spezialärztliche Betreuung brauchen und nicht im Normalvollzug betreut werden können, in der IG/KI untergebracht. Hier werden sie professionell von einem Psychiater des PPD behandelt und in Zusammenarbeit mit dem speziell ausgebildeten Team betreut.

Zur spezialärztlichen Abklärung, Therapieeinstellung oder bei akuten Problemen[18] können psychiatrische Insassen auf die Gefängnisabteilung der Psychiatrischen Klinik Rheinau verlegt werden. Während der

---

[17] Vgl. §§ 53 ff im Annex der Empfehlung Nr. R(98)7 des Europarates und *Psychische Gesundheit im Freiheitsentzug* der Arbeitsgruppe Gesundheit im Freiheitsentzug BAG 1999 (im Arztdienst erhältlich).

[18] Vgl. §§ 57 ff im Annex der Empfehlung Nr. R(98)7 des Europarates.

Psychiater für ein Überweisungszeugnis sorgt, wird der Transport vom Arztdienst organisiert. Spezielle neuropsychologische Untersuchungen werden im Inselspital Bern (Bewachungsstation) oder ambulant im USZ durchgeführt.

Suizidprophylaxe und das Verhindern von Haftreaktionen verlangt von uns allen eine Teamarbeit. Hier eine schematische Beschreibung der klinischen Bilder:

a) Haftreaktion und Haftpsychosen

- Explosivreaktion: Wut- und Schimpfanfall mit blindem Zerstören;
- Ängstliche Depression: Versündigungs- und Verfolgungsideen;
- Stupor: Totstellreflex;
- Hysterischer Dämmerzustand; Gansersyndrom (Verrückter wird gespielt);
- Paranoide Reaktionen: Wahnbildung, Halluzinationen (akustisch, optisch, sensorisch).

Unter Haftbedingungen können gelegentlich Psychosen (z.B. Schizophrenie), die vorher latent bestandeni haben und ev. zu Verbrechen (oder Sich-erwischen-lassen) geführt haben, manifest werden (Bleuler).

b) Suizidalität[19]

- Risikofaktoren für Suizidalität: Gefangene, psychisch Kranke, vereinsamte alte Personen Vorhandensein von Persönlichkeitsstörungen (Sucht, *Borderline*störung), frühere suizidale Handlungen.
- Vorstadien von Suizidalität:
  -- *Einengung:* Rückzug, Auflösen zwischenmenschlicher Bindungen, sich isolieren, keine Teilnahme an Gruppenaktivitäten, Kontaktabbruch mit Aufsichtspersonal;

[19] Vgl. § 58 im Annex der Empfehlung Nr. R(98)7 des Europarates.

- *Suizidphantasien:* Gedankenkreisen, konkrete Vorstellungen über die Durchführung des Selbstmordes, still und ruhig werden: «Stille vor dem Sturm»;
- *Aggressionsumkehr*: vorher gegen Personal und Mitgefangene aggressive Insassen werden plötzlich ruhig und kehren Aggression gegen sich.

Achten Sie bitte auf Verhaltensänderungen der von Ihnen betreuten Insassen: Wirkt jemand traurig, isst und duscht nicht mehr, kapselt sich ab, ist unruhig und nervös, handelt es sich oft um Symptome einer Depression, welche Sie zu einer Meldung an den Sanitätsdienst verpflichtet. Die Therapie ist eine Krisenintervention, individuelle Begleitung, Medikamente, ev. Hospitalisation durch Psychiater oder Gefängnisarzt.

c) Besonders schwierige gefängnismedizinische Probleme

In den Empfehlung finden sich Richtlinien über den Umgang mit besonders schwierigen Situationen: Geisteskrankheit (§ 55), Therapieverweigerung (§ 60), Hungerstreik (§ 61), Gewaltanwendungen unter Insassen (§ 64), zwischen Personal und Insassen (§ 66), gesundheitliche Probleme im Rahmen disziplinarischer Verfahren (§ 66), Leibesvisit-ationen (§ 72), Beurteilung der Hafterstehungsfähigkeit (§ 51). Für ausgewählte Fälle von Sexualdelinquenz (§ 54) stellt der PPD besondere Therpiemöglichkeiten zur Verfügung (Projekt AIP).

C. Umgang mit Blutübertragbaren Krankheiten: HIV, Hepatitis[20]

1. Das Wichtigste in Kürze

Wir gehören zu einer Berufsgruppe mit erhöhtem Infektionsrisiko.

Wir müssen uns im Umgang mit Insassen immer darauf einstellen, dass diese HIV- und Hepatitis-Virusträger sein können.

---

[20] Vgl. Personalinformation vom 20.10.1998 (kann im Arztdienst nachbezogen werden).

Der häufigste Übertragungsweg dieser Krankheiten erfolgt von Blut zu Blut bei Verletzungen (Nadelstiche, intravenöser Drogengebrauch, Bluttransfusionen, Sexualkontakte, Piercing, Tätowierungen etc.).
Wir vermeiden eine Ansteckung durch folgende prophylaktische Massnahmen:

- Sorgfältige und geschickte Arbeitstechnik:
  - Tragen von Handschuhen an exponierten Arbeitsorten
  - Desinfektion von infizierten Arbeitsflächen
  - Geschickter, aggressionsarmer Umgang mit Insassen
- Impfung von Hepatitis B[21];
- PEP (postexpositionelle Prophylaxe) heisst: nach «Arbeitsunfall» mit vermeintlicher Ansteckungsgefahr sofort Arztdienst aufsuchen!

2. Allgemeine Vorsichtsmassnahmen

Grundsätzlich gilt: Ohne Einwilligung kann eine Person nicht auf Infektionen wie HIV, Hepatitis etc. getestet werden[22]. Da wir somit nicht bei allen Insassen wissen, ob sie Virusträger sind, müssen Blut- und Körperflüssigkeiten immer als potentiell infektiös betrachtet werden. Es ist deshalb sehr wichtig, dass direkte Hautkontakte mit fremdem Blut und Körperflüssigkeiten stets vermieden werden:

- Vermeiden von Verletzungen mit Material, das durch Blut oder Körperflüssigkeiten eines Insassen, resp. Patienten, verschmutzt ist!
- Kontaminiertes Material muss desinfiziert oder sterilisiert werden;
- Tragen von Handschuhen bei der Arbeit mit Expositionsgefahr!
- Impfung gegen Hepatitis B ist dringlich und wird gratis jedem Angestellten im Arztdienst verabreicht. (Leider gibt es noch keine Impfungen gegen HIV und Hepatitis C).

3. Hepatitis B-Impfung = Primäre Prävention

Aktive Immunisierung: Durch Verabreichung von ungefährlichem HBs Antigen bekommt unser Körper einen Reiz zur Produktion von Antikör-

---

[21] Vgl. § 42 im Annex der Empfehlung Nr. R(98)7 des Europarates.
[22] Vgl. § 37 im Annex der Empfehlung Nr. R(98)7 des Europarates.

pern gegen Hepatitis B. Vor der Impfung wird im Blut nachgeschaut, ob eine Impfung notwendig ist, oder ob z.B. schon eine Infektion mit Hepatitis B vorbesteht. Die Impfung besteht aus 3 Injektionen: Tag 0, nach 1 Monat und nach 6 Monaten. 1-2 Monate nach der letzten Injektion wird mittels eines Bluttestes nachgeschaut, ob die Impfung «angegangen» ist. Nebenwirkungen: praktisch keine.

«*Responder*» mit einem Titer über 100 IE/l sind langfristig geschützt. 5-10% der Geimpften sind «Hypo-Responder» (Titer zwischen 10-100 IE/l) oder «Non-Responder» (Titer unter 10 IE/l). Wer einen Titer von mehr als 10 hat im Moment einer Infektion, gilt als geschützt. Hypo- und Non-Responder werden nachgeimpft.

«*Non-Responder*»: im Blut kann durch eine spezielle Untersuchung geprüft werden, ob nochmals – und wie oft immer wieder – geimpft werden soll:

- Wenn HBs Antigen positiv ist, handelt es sich wahrscheinlich um einen Virusträger, der nicht geimpft werden muss;
- Wenn Anti HBc allein positiv ist, handelt es sich um ein «Immunologisches Fenster». Diese Personen müssen geimpft werden, auch wenn sie zu den Non-Respondern gehören.

Passive Immunisierung: Antikörper werden an nicht impfgeschützte Personen, die exponiert worden sind, verabreicht.

4. Empfehlungen für spezielle Arbeitsplätze in Gefängnissen

Merke: Chronische Hepatitis C wird in 13% der Fälle durch Gefangene und in 23% durch Fixer übertragen!

Exponierte Arbeitsorte: Medizinischer Bereich (Rettungsdienst und Reanimation), Abfallentsorgung, Reinigungsdienst, Sicherheitsdienst (Zellkontrollen, Umgang mit aggressiven Insassen, Menschenbisse).

Schutzmassnahmen: Tragen von Handschuhen, Schutzmasken, Desinfektion von Händen, festen Oberflächen und Instrumenten (Alkohol 70%, Sterillium, etc.)

Bei Kontakt mit Blut oder Körperflüssigkeiten sind Hände und getroffene Hautareale sofort zu waschen und zu desinfizieren (Alkohol 70% oder Jod-PVP-Präparat).

Nach Spritzern auf Schleimhäute müssen diese sofort reichlich mit Wasser gespült werden.

Nochmals: Zur Reinigung immer Handschuhe tragen!

Erste Hilfeleistung bei Verdacht auf blutübertragbare Krankheiten: Natürlich sind wir trotz allem verpflichtet, in Notfällen erste Hilfe zu leisten. Geschieht dies mit Handschuhen und, im Beatmungsfall, mit einem Beatmungstubus (liegt auf jeder Abteilung bereit!), ist keine Infektionsgefahr vorhanden. Nach sorgfältiger Entfernung von Erbrochenem und Blutspuren müssen kontaminierte Oberflächen gründlich desinfiziert werden.

D. Tuberkulose unter Haftbedingungen[23]

1. Was Sie über die Tuberkulose (TBC) wissen sollten

Jedes Jahr beobachten wir 3-4 TBC-Fälle in unserer Anstalt (=1% der Insassen). Es ist bekannt, dass im nahen und ferneren Osten 40-50% (!!) der Gefängnisinsassen an Tuberkulose leiden. In diesen Gebieten stellen Gefängnisse ein Tuberkulosereservoir dar, das für die Verbreitung dieser schweren Infektionskrankheit unter der übrigen Bevölkerung verantwortlich ist. Weil häufig die Zellen mit Gefangenen überfüllt sind, die Krankheit erst spät entdeckt und keine fachgerechte Behandlung durchgeführt wird, erleiden viele gesunde Insassen eine Ansteckung. Tuberkulose ist eine Infektionskrankheit, die durch das Tuberkelbakterium verursacht wird.

Die Ansteckung erfolgt meistens über die Atemwege von einem an offener TBC leidenden Menschen auf den anderen. Beim Sprechen, Husten,

---

[23] Vgl. § 41 im Annex der Empfehlung Nr. R(98)7 des Europarates sowie Personalinformation vom 6.4.1998 (kann im Arztdienst nachbezogen werden).

Niesen gibt der Erkrankte feinste Tröpfchen mit Tuberkelbakterien ab, die andere einatmen. Aber keine Angst: der Kontakt auf der Strasse, im Bus oder Zug ist zu kurz. Um sich anstecken zu können braucht es einen Kontakt von mehr als 12 Std. im selben Raum oder 1 Woche lang während 1 Std. pro Tag.

Die Krankheitssymptome sind:
- Husten oder Hüsteln (länger als drei Wochen) evtl. mit Auswurf;
- Appetitlosigkeit, Gewichtsabnahme; Müdigkeit, leichtes Fieber, besonders in den Nachmittagsstunden Stechen in der Brust, Nachtschweiss.

2. Wie kann der Arzt die Tuberkulose feststellen?

- *Mantouxtest*: Bei diesem Test wird mit einer Spritze eine genau bestimmte Menge Tuberkulin in die Haut des linken Unterarms gespritzt. Je nachdem, ob der Körper das Tuberkulin (d.h. Tuberkulose) kennt oder nicht, gibt es eine Reaktion, welche nach drei Tagen an der Einspritzstelle abgelesen werden kann.
- *Röntgenbild der Lunge.*
- *Nachweis von Tuberkelbakterien im Auswurf* (Sputum) *oder Magensaft* bei offener TBC.

3. Ist die Tuberkulose heilbar?

Das Behandlungsziel ist die Vernichtung der Tuberkulosebakterien. Werden die Medikamente regelmässig eine vorgeschriebene Zeit lang eingenommen, ist die Tuberkulose heute heilbar. Allerdings können sich durch mangelnde Disziplin bei der Medikamenteneinnahme resistente Bakterien entwickeln, welche nicht mehr auf die Medikamente ansprechen. Deshalb ist eine gute Therapieüberwachung wichtig.

4. Wie kann die Ausbreitung der Tuberkulose vermieden werden?

Durch frühzeitiges Erkennen der Krankheit, Isolierung[24] der Erkrankten mit offener Tuberkulose (Bakterien im Sputum nachweisbar) und sofortiger Therapie können weitere Ansteckungen vermieden werden. Deshalb müssen besonders gefährdete Menschen stets auf Tuberkulose untersucht werden. Dies betrifft in erster Linie: Angehörige von TBC-Kranken, Einwanderer aus Ländern mit hoher Erkrankungsrate (z.B. aus dem Osten), ausserdem abwehrgeschwächte Menschen: Ältere Leute, Alkohol- und Drogenabhängige, Obdachlose und HIV-Infizierte.

5. Welches ist unser Tuberkulosekonzept?

- Anlässlich der Eintrittsuntersuchung wird jeder Insasse auf TBC untersucht: Anamnese, Thoraxaufnahme, Mantouxtest;
- Bei erhöhtem Antikörpertiter (wenn Mantouxtest massiv positiv ist) erhält der Insasse eine 6-monatige prophylaktische TBC-Behandlung;
- Bei pathologischem Röntgenbild der Lungen, oder wenn Husten mit Auswurf vorhanden ist, wird im Sputum nach TBC-Bakterien gesucht. Positivenfalls muss der Insasse sofort isoliert werden (Krankenabteilung oder Inselspital Bern);
- Im Gefängnis verbleiben nur nicht ansteckende Fälle!
- Auch nach Abschluss der Behandlung, die meistens 6 Monate dauert, werden die Insassen regelmässig nachkontrolliert;
- Personal: Wichtig ist, dass sich bei Arbeitsantritt in der Strafanstalt jeder neue Mitarbeiter einen Mantouxtest machen lässt, damit bei Verdacht auf Ansteckung ein Ausgangswert vorhanden ist und notwendige Abklärungen durchgeführt werden können.

---

[24] Vgl. § 38 im Annex der Empfehlung Nr. R(98)7 des Europarates.

IV. Umgang mit Drogenproblemen im Gefängnis[25]

Auf der nächsten Seite sind in einer Zusammenstellung die gefängnisinternen Betreuungs- und Therapiemöglichkeiten von Drogenabhängigen aus verschiedenen Sichtweisen, d.h. «aspektbezogen», zusammengestellt.

Wir realisieren in unserer Strafanstalt alle aufgeführten Möglichkeiten mit Ausnahme der Spritzen- und Heroinabgabe, der Ausbildung von Mediatoren sowie der *peer education*, d.h. Prävention und Selbsthilfe durch Personen aus dieser Zielgruppe in einer eigens dafür installierten Abteilung.

In Schweizer Gefängnissen werden beispielsweise u.a. folgende Drogenprogramme angeboten:

- Abgabe von sterilem Injektionsmaterial (Spritzen, Nadeln): Frauengefängnisse Hindelbank, Strafanstalt Thorberg, Offene Strafanstalt Witzwil, Untersuchungsgefängnis Champ-Dollon, Offene Strafanstalt Realta;
- Abgabe von Heroin, sterilem Injektionsmaterial und Methadon: Offene Strafanstalt Oberschöngrün;
- Methadonabgabe und überdies Offene Strafanstalt Saxerriet: Ausbildung von Mediatoren;
- Kantonale Strafanstalt Pöschwies, Regensdorf/Zürich: ASP = Abteilung für Suchtprobleme.

Wie auch immer die verschiedenen Therapieprogramme durchgeführt werden, ob mit oder ohne Heroin, Methadon, Spritzenabgabe etc., am wichtigsten bleibt die persönliche Betreuung der Suchtpatienten in einem stabilen Vertrauensverhältnis und auf einer emotionalen Ebene. Die Präsenz von Betreuungspersonen (Paten, «Göttisystem»), die auch in schwierigen Situationen das Arbeitsbündnis aufrecht erhalten, ist entscheidendste Voraussetzung für das wunschgemässe Funktionieren eines Behandlungskonzeptes! Jede noch so ausgeklügelte Methode ist nur so gut, wie die persönliche Beziehung, in welcher sie gehandhabt wird.

---

[25] Vgl. § 43 im Annex der Empfehlung Nr. R(98)7 des Europarates.

A. *Aspektbezogene Zusammenstellung der gefängnisinternen Betreuungs- und Therapiemöglichkeiten drogenabhängiger Insassen*

Juristisch-Institutionell	*Medizinisch-Prophylaktisch*	*Alternativ*	*Pädagogisch-Psychologisch*
Kontrollen und Inspektion von: - Zellen - Urlaubern - Besuchern - Post - Geldverkehr - Telefonaten, etc. **Kreative Vollzugsplanung:** - Persönlichkeitsstabilisierung - Strukturierter Tagesablauf - Perspektiven für externes Arbeiten u. Abstinenz üben - Halbfreiheit - Nachbetreuung nach Entlassung - Therapeut. Institution als Alternative zur Haft **UP:** Drogennachweis im Urin auf Anordnung der Direktion: → Sanktionen bei positiver Testung → Bonussystem bei negativer Testung	**Abgabe von sterilem Injektionsmaterial:** Spritzen und Nadeln etc. **Agonist-Therapie:** - Methadon, Heroin **Antagonist-Therapie:** - Naltrexon **Erste Hilfe-Apotheke:** - Desinfektionsmittel mit Möglichkeit zur Spritzendesinfektion - Kondome - Gesprächshilfe **UP:** Abgabe freiwillig+in Komb. mit Agonist-Antagonist -Therapie → positive Testung als Gesprächsbasis für Problembearbeitung **Medikamentöse Hilfen:** - bei Entzug, Craving - zeitlich limitiert Tranquillizer - Antidepressiva - Neuroleptica, u.a.m.	**Partnerschaftlich-therapeutische Begleitung:** **1. Somatopsychisch:** Massagen, Manuelle Therapie, Body building, Bäder **2. Psychosomatisch:** Umgang mit Emotionen, Förderung von Körperbewusstsein (Entfernen von Tätowierungen), Selbstvertrauen, Autonomie und Lernprozessen **3. Sozialpsychisch:** begleitende Betreuung spez. bezügl. medizin. Hilfen durch Vertrauensperson, Beziehungsnetz sichten, Zukunftsaussichten abklären Neuorientierung, UP- Programm für Führerschein, Selbstverantwortung übernehmen	**Auswahl und Schulung der Betreuer und Aufseher:** - Edukation von und Umgang mit Süchtigen - Prävention gesundheitlich und psychohygienisch: Ängste, Akzeptanz, Toleranz **„Controlled environment“** für drogenabhängige Gefangene: - Abteilung für Suchtprobleme, (ASP), abgetrennt vom Normalvollzug - Spezielles Betreuungsprogramm für Drogenab hängige im Normalvollzug - Abstinenzabteilung im Normalvollzug (*Self policing*) - Ausbildung von Mediatoren = Ausbildung geeigneter Insassen zur gegenseitigen Betreuung (*peer-education*) - Gruppenvollzug für alle (schafft Transparenz) **Psychiatrisch-Psychologisches Therapiesetting**

B. Unser 5-Punkte-Programm

1. Personalausbildung

Motivierte Mitarbeit des für Drogenprobleme offenen Personals, eine sozialpädagogischen Ausbildungsmöglichkeit und Supervision sind für uns prioritär.

2. Vollzug in Wohngruppen

Gruppenvollzug schafft Transparenz. Psychisch auffällige, Drogen konsumierende, «verladene», depressive Insassen werden leichter erkannt und dem AD gemeldet. Insassen mit Dualdiagnosen = Drogenabhängigkeit plus Psychose können leichter erfasst und mit Hilfe des PPD therapiert werden. Prophylaktische Arbeit wird erleichtert (Videofilm HEY YOU).

3. ASP – Abteilung für Suchtprobleme

Hier wird ein Schutzklima vor Beschaffungsstress und Dealern für schwerstabhängige Drogenpatienten angeboten. Psychisch und körperlich können die oft in elendem Zustand eintretenden Süchtigen aufgebaut und während der Haftzeit spezifisch betreut werden. Der Normalvollzug wird dadurch von diesen meist sehr Ich-schwachen und labilen Patienten entlastet. Konzipiert sind 15 Plätze für Insassen im vollständigen Entzug, 15 Plätze für Methadonsubstitutierte. Prinzipiell gilt: Freiwilliger Eintritt, Strukturierter Tagesablauf, Spezielle Arbeitsprogramme, Sport, Einzeltherapien, Alpwoche für geeignete Insassen, regelmässige UP-Abgabe. Eintrittsentscheid durch Team: Direktion, Gruppenleiter, PPD, Arzt, Justiz u.a.m.

4. Spezielles Betreuungsprogramm für Drogenabhängige im Normalvollzug

Betreuung erfolgt gemäss den auf erwähnten Prinzipien (Grundlage = Aufbau einer partnerschaftlichen Vertrauensbeziehung). Schon im Eintrittsgespräch wird das Fundament zu einem Arbeitsbündnis mit dem (ehemaligen) Drogenkonsumenten gelegt. Wir unterscheiden:

- Aussteigewillige, die 2-4 Jahre ohne Drogenkonsum in Bezirksgefängnissen verbracht haben, befinden sich in einer vulnerablen Phase. Abstinenzprinzip. Begleitangebot: Nemexin, freiwillige UP's, Partizipationstherapie (Baden, Massagen), Gespräche;
- Weiter Konsumierende, sie werden begleitet gemäss dem Akzeptanzprinzip:
  - Loslassen, nicht fallen lassen»;
  - «Nicht das Fixen fixieren»;
  - Harm reduction: unser 1. Ziel ist «nicht-invasiver Drogenkonsum» (keine Spritzen), dann Abstinenz;
  - Abwarten des «Kairos» = richtiger Moment für eine Neuorientierung: Stärkung des Selbstvertrauens, Selbstwertgefühls, Förderung der Selbstbestimmung durch Autonomiegewinn.

5. Abgabe einer Apotheke zur Ersten Hilfe und Infektionsprophylaxe (HIV/Hepatitis) sowie als Kommunikationmedium[26]

Seit Juli 1991 geben wir an alle Insassen eine Apotheke ab, die nebst einem Desinfektionsmittel (das auch zur Desinfektion einer Spritze gebraucht werden könnte), Kondome, Pflaster und Merfensalbe enthält sowie eine Gebrauchsanweisung in 9 Sprachen. Gleichzeitig wird ein Informationsbulletin des BAG (Bundesamt für Gesundheit) angeboten. In dieser Form ist die Apotheke auch vom Personal akzeptiert worden. Sie hatte eine Vorreiterfunktion im Gefängniswesen und wurde weltweit als Beispiel beachtet und als Muster angefordert. Zu jener Zeit war die Spritzenabgabe unmöglich, da sie auch ausserhalb des Gefängniswesens nicht etabliert war.

---

[26] vgl. § 36 im Annex der Empfehlung Nr. R(98)7 des Europarates. Die Abgabe von Desinfektionsmittel und Kondomen an alle Gefangene wird in den Empfehlung Nr. R (93)6 (*Recommendation for infectious diseases*) dringend gefordert.

Die Apothekenabgabe stellt präventivmedizinisch eine Kompromisslösung dar. Bessere Infektionsprophylaxe wäre durch Abgabe von sterilen Spritzen gegeben, was jedoch andere Nachteile mit sich bringt. Gefangene empfinden in der Regel die persönliche Übergabe des Erste-Hilfe-Sets als «Geschenk» und als Zeichen dafür, dass uns der Schutz ihrer Gesundheit am Herzen liegt. Dies fördert die Vertrauensbasis, die ihn in psychischen und körperlichen Notsituationen den Arzt aufsuchen lässt, womit Einstiege in therapeutische Gespräche und damit auch z.B. die Suizidprophylaxe erleichtert werden. Dank unserem 5-Punkte-Programm beobachten wir nur selten fixende Drogenkonsumenten (weshalb Abgabe steriler Spritzen z.Zt. kein Thema ist), nur wenige «Schnätzler» (Selbstmutilation als Verzweiflungsakt und Appell) und auch nur selten suizidale Handlungen. Unsere Aufmerksamkeit diesbezüglich darf jedoch nie erlahmen!

C. *Kann der Strafvollzug eine Chance für delinquente Drogenabhängige bedeuten?*

Gemäss aktuellen Meinungen hängt Drogenabhängigkeit zusammen mit einem Ungleichgewicht im Dreieck:

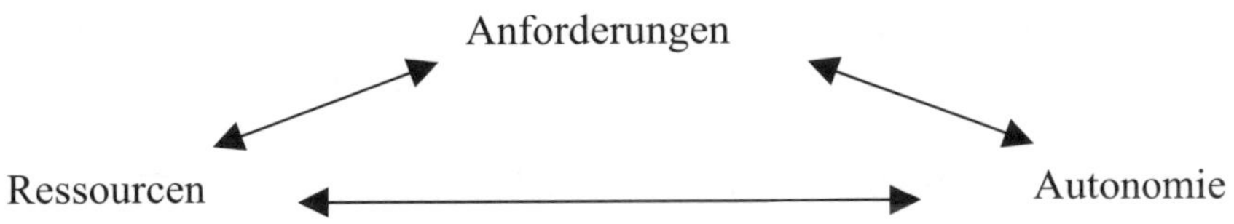

Wenn die Anforderungen der Umgebung an ein Individuum, das zur Drogenabhängigkeit disponiert ist, andauernd zu belastend werden, wenn dadurch die Kompensationsmechanismen mittels eigener Ressourcen versiegen, verliert dieses Individuum die Autonomie. Autonomieverlust führt zu einer Verminderung der Selbstkontrolle. Ist dieses Individuum im Kontakt mit Drogenabhängigen, Kriminellen etc., beginnt es mit diesen Gruppen zu kooperieren und schlittert in eine folgenschwere Abhängigkeit: Die Auflösung der sozialen Strukturen, der physische Abbau, HI- und Hepatitis-Virus-Infektion, Depression und Apathie, als Folge des täglichen Drogengebrauchs, schliessen den Süchtigen von der Arbeitswelt aus. Die rastlose Suche nach Geld führt zu Beschaffungskriminalität und auf den Strich, und damit in den totalen Autonomieverlust.

Im Gefängnis versuchen wir mittels therapeutischen Interventionen diese Personen zu befähigen, das verlorene Dreiecksgleichgewicht erneut zu erreichen, damit umzugehen und sich zu stabilisieren. Auch unter Haftbedingungen soll es uns möglich sein, auf kreative Weise stressige und zu grosse Anforderungen auf ein für sie beherrschbares Mass zu reduzieren und dadurch Raum zu schaffen für die neue Belebung der kaputten Ressourcen. Wir möchten, dass der Insasse den Autonomieverlust korrigieren, sein Selbstvertrauen und seine Selbstbestimmung wiedererlangen kann.

In der Annahme, dass der Weg in die Hilf- und Schutzlosigkeit der Sucht über verschiedene Stadien verläuft, die individuelle Behandlungen erheischen, müssen wir die Betreuungsart darnach ausrichten. Diese umfasst nebst der erzieherischen Beratung und der psychotherapeutischen Begleitung auch die Entzugsüberwachung, Substitution mit Agonisten (Schwere Abhängigkeit) oder das enge Mitgehen mit Hilfe von Antagonisten und Psychopharmaka (leichte Abhängigkeit).

Wir alle wissen, dass der Weg aus der totalen, zerstörenden Abhängigkeit in die Abstinenz, oder auf eine kontrollierbare Stufe, mit häufigen Rückfällen und Enttäuschungen verbunden ist. Diese sind für uns leichter auszuhalten, wenn wir uns unserer Rolle, ob therapeutisch oder erzieherisch-begleitend, bewusst sind. Der Ausstieg aus einem Drogenleben verläuft in Phasen (Phase I: Entzug – Phase II: Stabilisierung – Phase III: Konsolidierung, Nachbetreuung)[27]. Dies bedeutet, dass unmittelbar nach der Verhaftung die Entzugsphase in Polizei- und Untersuchungsgefängnissen erfolgt und somit eine Abstinenzzeit von 1-4 Jahren erreicht wird. Die Stabilisationsphase, welche durch Vulnerabilität und Instabilität gekennzeichnet ist, kann meistens in Strafanstalten, gelegentlich aber auch in offenen Gefängnissen geübt werden, während die Konsolidierungsphase in halboffenem, offenem Strafvollzug, in Männerheimen oder Familien stattfindet.

Sehr wichtig ist die Planung der Konsolidierungsphase und des «follow-up» schon vor Entlassung aus der Haft, um die Rückfallraten bezüglich Delinquenz und Drogenkonsum mit Todesfällen so niedrig wie möglich

[27] Vgl. BOLLI K., Traitements et soins donnés aux toxicomanes incarcérés; l'exemple d'une prison en Suisse alémanique, *Lettre du SMG*, avril 1997, no 47, Suppl. No 1/Pratiques, Paris.

zu halten! Wird der einmal Entlassene nur dem Alleinsein überlassen, sind Rückfälle und (tödliche) Abstürze vorprogrammiert.

V. Bedienungsanleitung für das Alkohol-Messgerät

1. Linker Knopf muss gedrückt sein!
2. Funktionskontrolle: a. rechten Knopf: drücken und loslassen; b. mit Finger Loch verschliessen und linken Knopf langsam drücken. Es leuchtet nun die Anzeige A und etwas später Anzeige B auf.
3. Linken Knopf einrasten
4. Test:

- Röhrchen aufsetzen;
- Gerät in rechte Hand nehmen und Daumen bereit auf rechte Taste halten;
- Tief Luft holen lassen;
- Kontinuierlich ins Röhrchen blasen lassen;
- Es leuchtet zuerst die gelbe Anzeige dann die grüne;
- Beim Aufleuchten der grünen Anzeige sofort Knopf drücken und gedrückt halten!
- Von 21 - 30 zählen. Taste gedrückt halten bis sich die Anzeige stabilisiert hat;
- Vor dem Loslassen der Taste Resultat ablesen.

VI. Leitbild 2000 der Strafanstalt Pöschwies

A. Wir als Institution

Wir sind die geschlossene Strafanstalt des Ostschweizer Konkordates (Kantone ZH, SG, SH, TG, AI, AR, GR, GL).

Wir vollziehen Freiheitsstrafen und Massnahmen an volljährigen rückfälligen sowie flucht- und/oder gemeingefährlichen erstmaligen Straftätern gemäss Schweizerischem Strafgesetzbuch und Kantonalem Straf- und Vollzugsgesetz.

Wir garantieren einen rechtmässigen, menschenwürdigen und differenzierenden Strafvollzug.

Wir stellen uns der Herausforderung der ständigen Weiterentwicklung und Verbesserung unserer Leistungen.

B. Wir und die Gefangenen

Unsere Haltung den Gefangenen gegenüber ist wohlwollend, unser Verhalten situationsgerecht.

Wir versuchen mit unserem Engagement, die Gefangenen positiv zu beeinflussen und ihre sozialen Kompetenzen zu fördern. Wir wollen ihnen das Rüstzeug mitgeben, damit sie nach der Entlassung ein deliktfreies Leben führen und Verantwortung für ihr Handeln übernehmen können.

Wir schränken die Rechte der Gefangenen nur soweit ein, als es der Freiheitsentzug und das Zusammenleben in der Vollzugseinrichtung erfordern.

C. Wir als Mitarbeiterinnen und Mitarbeiter

Wir sind engagierte, menschlich und fachlich qualifizierte Mitarbeitende und arbeiten mit verschiedenen Berufsgruppen inner- und ausserhalb der Strafanstalt zusammen.

Unsere Arbeit basiert auf professionellem Denken und Handeln.

Unser Umgang ist von Vertrauen, Fairness und Respekt geprägt.

Wir schaffen im beruflichen Alltag grösstmögliche Sicherheit und Arbeitszufriedenheit.

Unsere Führungskräfte sind Vorbilder. Sie pflegen einen motivierenden, situationsgerechten Führungsstil und beziehen ihre Mitarbeitenden soweit als möglich in ihre Entscheidungsfindung ein.

D. Wir und die Öffentlichkeit

Wir leisten unseren Beitrag zum Schutz der Öffentlichkeit.

Wir schaffen Sicherheit gegen innen und aussen durch Menschen, Bauten und Technik.
Wir fördern die Akzeptanz unserer Aufgabe in der Gesellschaft durch gute Leistungen und sachliche Information.

E. Wir und die Finanzen

Wir arbeiten kostenbewusst, denken und handeln nach ökologischen Grundsätzen und gehen sorgsam mit den uns zur Verfügung gestellten Mitteln um.

2ème journées pénitentiaires – Fribourg 2000
"Médecine et Détention"
7 au 9 novembre 2000

MÉDECINE PÉNITENTIAIRE ET SERVICE MÉDICAL DE L'ÉTABLISSEMENT PÉNITENTIAIRE CANTONAL DE PÖSCHWIES CH - 8105 REGENSDORF/ZÜRICH

EN EGARD A LA RECOMMANDATION R(98)7 DU CONSEIL DE L'EUROPE RELATIVE AUX ASPECTS ÉTHIQUES ET ORGANISATIONNELS DES SOINS DE SANTE EN MILIEU PÉNITENTIAIRE

Formation du personnel 2000
18 mai 2000

Dr. med. K. Bolli
Responsable du service médical pénitentiaire
Etablissement pénitentiaire cantonal de Pöschwies
CH - 8105 Regensdorf

Table des matières

I. Le service médical de Pöschwies[1]

A. *Organisation*

1. Service médical

2 médecins à temps partiel, 4 infirmiers en psychiatrie, 2 masseurs diplômés engagés chacun à 30%. Des locaux de consultation bien équipés (laboratoire, rayons X, électrocardiogramme etc.), physiothérapie, infirmerie avec 7 lits. Heures de présence du personnel de santé: tous les jours de 06.30 à 20.00 h, samedi/dimanche de 07.00 à 17.00h. Un service d'urgence est assuré par l'infirmier de service 24/24 h sauf quelques soins ou médicaments n'étant pas pris en charge par les caisses-maladie. Des médicaments plus chers sont mis à la charge des caisses-maladie lorsque celles-ci prennent en charge l'intéressé.

Le service fonctionne de la manière suivante:

a) *Consultation normale*: Le détenu s'annonce au moyen d'une *carte verte*. La consultation sera fixée dans la semaine courante. Le vendredi est réservé aux examens d'entrée.

b) *Consultation d'urgence*: Le détenu n'est pas en mesure de se rendre au travail ou souffre d'un problème aigu, il s'annonce au moyen d'une *carte rouge* et sera examiné le matin même. S'il est incapable de travail, il reçoit du médecin un certificat.

Attention: Chaque détenu, s'annonçant au moyen d'une *carte rouge* auprès du service médical, doit rester enfermer dans sa cellule jusqu'au moment où il est appelé.
Sans s'être annoncé préalablement (par exemple par le biais d'un surveillant, d'un maître d'atelier ou d'un éducateur), aucun détenu ne peut se présenter au service médical.

Les cas d'urgence doivent être clairement annoncés comme tels. Le collaborateur du service de santé décide, selon les situations, si le détenu peut

---

[1] Cf. § 1-8 de la Recommandation R(98)7 du Conseil de l'Europe.

être reçu immédiatement ou s'il doit attendre qu'on l'appelle. Les consultations d'urgence pour des détenus du *pavillon de sécurité* tout comme ceux de la section ASP (toxicodépendance) sont, dans la mesure du possible, effectuées sur le lieu même.

Les transferts à l'hôpital ou les traitements hospitaliers sont effectués au quartier cellulaire de l'hôpital de l'Ile à Berne lorsqu'il s'agit de détenus ne bénéficiant pas de congés. S'il s'agit de détenus bénéficiant déjà de congés, ceux-ci peuvent être hospitalisés dans des établissements de la région moyennant autorisation de la Direction de la justice (et du comité d'experts). La question des frais doit être réglée précédemment. Dans l'organisation régionale, nous sommes rattachés à l'hôpital du Limmattal.

2. Soins dentaires[2]

Un dentiste à 80%, momentanément sans assistante (détenue). Les soins dentaires sont à la charge des détenus. Les détenus indigents sont pris en charge par les pouvoirs publics (la commune de domicile est compétente pour les détenus de nationalité suisse). Lorsqu'un détenu a passé trois ans au sein de l'établissement, les frais pour traitements dentaires sont pris en charge par l'institution dans la mesure où, au préalable, le détenu a déjà bénéficié d'un traitement d'ensemble.

Le détenu doit s'annoncer au moyen d'une *carte grise*. Le traitement antidouleur est pratiqué immédiatement, le traitement proprement dit n'a lieu qu'après connaissance du devis et du règlement financier du cas.

3. Soins psychiatriques[3]

Le service de psychologie et psychiatrie (PPD) de la Direction de la justice est une entité indépendante agissant à partir de son siège situé à Zurich (Feldstrasse 42, 8004 Zurich). Un certain nombre de psychiatres prennent en charge à temps partiel les sections spéciales et normales du pénitencier. Plusieurs psychologues sont chargés des psychothérapies. Le

---

[2] Cf. § 6 de la Recommandation R(98)7 du Conseil de l'Europe.

[3] Cf.§§ 5, 52 ss. de la Recommandation R(98)7 du Conseil de l'Europe.

détenu doit au préalable signer un «contrat de traitement» dans lequel plusieurs points sont réglés (par exemple la question de la transparence à l'égard de la direction de l'établissement et de la Direction de la justice).

En s'annonçant au moyen d'une *carte jaune*, chaque détenu peut s'annoncer librement pour une consultation psychiatrique. La convocation à la consultation lui est remise par écrit. Si le détenu est soumis à une thérapie exigée par jugement, il recevra du PPD une «invitation». Il est toutefois recommandé que ce type de détenu prenne lui-même l'initiative de s'annoncer. Le traitement chez les psychologues a lieu sur décision du psychiatre.

B. Définition des buts de la prise en charge médicale des détenus de l'établissement pénitentiaire cantonal de Pöschwies

1. Aspect juridico – institutionnel[4]

Conseils médicaux à l'intention de la direction de l'établissement (à leur demande) au regard des articles 37 et 46 CPS, au terme desquels la détention sera «*exécutée de manière à exercer sur le détenu une action éducative et à préparer son retour à la vie libre.*». «*Dans tous les établissements, il sera pourvu aux besoins de la vie morale, culturelle et corporelle des détenus; les dispositions nécessaires seront prises à ces fins dans tout établissement*».

2. Aspect médico – prophylactique[5]

Surveillance de l'état de santé général des détenus: Le détenu doit autant que possible et à la fin de sa peine ne pas avoir été affecté dans sa santé par sa détention.

---

4 Cf. § 24 de la Recommandation R(98)7 du Conseil de l'Europe.

5 Cf. § 23 de la Recommandation R(98)7 du Conseil de l'Europe.

Raison pour laquelle il faut:

- Un bilan d'entrée du point de vue de la santé (en particulier sur les infections et toxicodépendance) lors de l'entrée en établissement pénitentiaire;
- Une prise en charge des toxicodépendants incluant une prophylaxie des infections (en particulier: HIV, hépatite, maladies sexuellement transmissibles, tuberculose);
- Diagnostic, offre de thérapies ainsi que suivi médical équivalents aux soins prodigués à l'extérieur d'un établissement de détention.

3. Aspect pédagogico – psychologique[6]

Notre contribution au programme pédagogique: Les détenus doivent être instruits pour la promotion de leur propre santé dans le cadre d'un programme éducatif de santé. Les toxicodépendants doivent pouvoir se libérer ou au moins pouvoir être stabilisés à un niveau de dépendance minimum grâce à un concept thérapeutique (principe de l'abstinence – principe de l'acceptation – méthadone de substitution).

C. Le cabinet médical du pénitencier

1. Examen d'entrée[7]

Chaque détenu nouvellement arrivé doit être soumis à un examen médical d'entrée dans le délai d'une semaine. Cette consultation a lieu normalement le vendredi matin. Les détenus qui sont souffrant ou qui apportent avec eux des, voire plusieurs médicaments, doivent être vus immédiatement par le médecin. L'examen d'entrée porte sur une anamnèse approfondie (historique du patient) y compris les antécédents en matière de toxicomanie, présence de maladies infectieuses (HIV/sida, hépatite, tuberculose etc.). Il comporte un examen général comprenant une radiographie du thorax et un contrôle des vaccins.

---

[6] Cf. §§ 27, 44 de la Recommandation R(98)7 du Conseil de l'Europe.

[7] Cf. § 1 de la Recommandation R(98)7 du Conseil de l'Europe.

Chaque détenu reçoit une trousse qui, outre un mode d'emploi, contient du matériel de désinfection, des pansements, tampons, tubes de Vitamerfen et préservatifs. Simultanément, le détenu reçoit une information orale et écrite sur la prophylaxie des infections, en particulier le HIV/sida et l'hépatite. La remise de la trousse permet de construire la relation de confiance et de travail.

Avec l'accord exprès du détenu, les tests sanguins du HIV et de l'hépatite sont également effectués. En outre, et chaque détenu est systématiquement soumis à un test mantoux déterminant son degré d'immunité par rapport à la tuberculose.

Dès ce premier contact, lors de l'examen d'entrée, il est démontré concrètement au détenu que le médecin est soumis au secret et que cette attitude doit être prise au sérieux. Le détenu donne en effet son accord écrit pour:

- Que les maladies à risque (par exemple diabète, épilepsie, problèmes cardiaques, asthme, etc) figurent sur le moniteur de la centrale afin qu'en cas d'appels d'urgence (nocturnes), le responsable de cette centrale puisse immédiatement être informé et réagisse en conséquence;
- Que des limitations relevant de la médecine du travail puissent être communiquées au bureau de l'organisation du travail en vue du choix ultérieur d'une place de travail;
- Qu'il soit possible d'obtenir les dossiers médicaux de traitements suivis auparavant dans des hôpitaux, dans d'autres établissements pénitentiaires, dans des centres de thérapies pour toxicodépendants etc.

Le secret médical protège la relation de confiance entre le destinataire des soins et celui qui prodigue une aide médicale[8]. Ce secret accompagne fondamentalement chaque contact avec le patient et devient un élément important et efficace de la relation médecin-patient en renforçant la relation de confiance. La confiance est en effet la condition fondamentale pour la réussite de tout acte thérapeutique.

---

[8] BOLLI K., Traitements et soins donnés aux toxicomanes incarcérés; l'exemple d'une prison en Suisse alémanique, *Lettre du SMG*, avril 1997, no 47, suppl. No 1/Pratiques, Paris.

2. Prise en charge pendant la détention

Mis à part les consultations quotidiennes censées donner au détenu l'accès le plus libre possible au médecin[9] ainsi qu'une prise en charge équivalente à celle dont il bénéficierait en liberté[10], le médecin ainsi que ses auxiliaires ont encore d'autres tâches.

S'ajoutent en effet aux activités quotidiennes toute une série de tâches psychosociales liées au système pénitentiaire qui débordent largement le cadre habituel d'une consultation en milieu non privatif de liberté. D'une part, le détenu ne jouit plus du privilège de l'accès libre au médecin. Mais, d'autre part, le code pénal exige que l'encadrement médical permette au détenu de vivre une situation minimisant autant que possible les risques d'atteintes à la santé et d'être pris en charge immédiatement en cas de problèmes aigus. Ceci représente une réalité à double tranchant puisque chez nombre de nos détenus, le simple fait d'être emprisonné constitue subjectivement une contrainte importante qui est vécue et appréhendée comme ayant des conséquences pathogènes.

Comme nous le savons, au début des années 1980, une polémique qui ne devrait pas être sous-estimée et qui avait pour origine le milieu des médecins psychiatres avait estimé que des aspects essentiels de l'exécution des peines, telle qu'elle était pratiquée à l'époque, ne permettait plus de permettre un exercice de la médecine compatible avec des conceptions éthiques telles que figurant dans le serment d'Hippocrate. Depuis lors plus de vingt années se sont écoulés et le domaine de l'exécution des peines a vécu une évolution tant intérieure qu'extérieure. De nouveaux concepts ont été mis en place dans les établissements fermés avec l'introduction des unités de vie et des unités de travail. Après avoir influencé durant à peu près dix années par des notions socio-pédagogiques et socio-thérapeutiques, ceci a engagé, au sein de la société, une réorganisation et une réorientation des principes régissant l'exécution des peines. Cette évolution n'est pas sans avoir influencé également l'activité médicale. Elle requiert de la flexibilité et de l'adaptation afin de pouvoir faire face ou de compenser les conséquences de ces modifications auprès des premiers intéressés, c'est-à-dire les détenus.

---

9 Cf. § 4 de la Recommandation R(98)7 du Conseil de l'Europe.

10 Cf. § 19 de la Recommandation R(98)7 du Conseil de l'Europe.

Concrètement, cela signifie qu'au-delà des consultations quotidiennes (examens d'entrée ou de sortie, maladies, accidents, urgences), les fonctions du médecin ont été étendues depuis le début des années 90 aux activités suivantes:

- Visites médicales sur place dans les unités de sécurité, de toxicodépendance et de semi-liberté;
- Thérapies spécifiques, cas difficiles, détenus souffrant de maladies psychosomatiques ou psychiatriques aiguës;
- Toxicodépendance;
- Petite chirurgie;
- Examens radiologiques et diagnostiques;
- Transferts vers les hôpitaux et autres suivis administratifs écrits des patients;
- Mise en place de fichiers (maladies infectieuses, décès etc.);
- Contacts avec la direction, les groupes, maîtres d'atelier, service social;
- Préparation de cours destinés au personnel, formation continue des collaborateurs;
- Contacts vers l'extérieur: avocats, spécialistes, hôpitaux, instituts de médecine légale, OFSP, organes suisses et internationaux de médecine pénitentiaire.

Fait également partie de l'activité médicale la collaboration nécessaire au climat constructif régnant au sein de l'établissement. Grâce à l'indépendance professionnelle et au respect du secret médical le «détenu en situation d'urgence» dispose d'une sorte de soupape de sécurité. L'obligation de discrétion protège alors cette relation de confiance pour celui qui recherche l'aide du médecin. En cas de plainte, le niveau d'agression peut être géré à un niveau plus bas à l'intérieur des quatre murs grâce à la fonction d'«*ombudsman*».

A ce titre, les règles éthiques et organisationnelles du Conseil de l'Europe peuvent être très utiles. En effet, si le médecin devait prendre connaissance d'un risque de délit contre l'intégrité physique ou la vie de la part de détenus violents ou psychiquement malades, il pourra et devra communiquer les informations en sa possession à la direction de l'établissement. Au nombre des tâches indispensables que le médecin doit exercer, on comptera également les explications qu'il donnera au personnel sur les particularités de son champ d'activités professionnelles[11].

3. Examen de sortie

Un examen de sortie effectué de façon minutieuse et protocolé dans le dossier de chaque détenu pourra éviter au médecin des plaintes (injustifiées) ou des problèmes de responsabilité en relation avec la détention. Ces observations porteront sur l'état de santé de l'intéressé en particulier sur celui prévalant et ou pendant la détention ainsi que sur les suites d'éventuels accidents. S'il s'agit d'une mise en liberté, c'est le médecin traitant qui sera informé, s'il s'agit d'un transfert dans un autre établissement l'information ira au médecin qui y est désigné, mais à chaque fois avec le consentement du détenu. Dans notre établissement, le secret médical est garanti par le fait que nous remettons les documents et d'éventuelles radiographies au détenu lui-même, charge pour lui de les remettre au médecin qui assurera le suivi[12].

C. Directives en matière de distribution de médicaments

Tous les médicaments qui ne doivent pas être ingérés sous surveillance sont en principe remis à l'intéressé[13]. Les médicaments dont l'utilisation doit être contrôlée tout comme les médicaments «sur demande» sont remis au sein de l'unité de vie. Pour cette dernière catégorie la remise est protocolée par écrit.

Les somnifères peuvent être obtenus à partir de 18.00h et sont systématiquement dissous dans l'eau avant d'être distribués par le surveillant, à l'exception des capsules indissolubles. La remise des somnifères s'effectue simultanément avec l'enfermement dans la cellule. L'unité ne dispose d'aucune réserve en somnifères. Une fois les détenus enfermés dans leur cellule aucune distribution de somnifères ne peut plus avoir lieu.

---

11 Cf. § 25 de la Recommandation R(98)7 du Conseil de l'Europe
12 Cf. § 18 de la Recommandation R(98)7 du Conseil de l'Europe.
13 Cf. § 48 de la Recommandation R(98)7 du Conseil de l'Europe.

Méthadone et Nemexin sont remis directement au détenu par le service médical. Ils doivent s'y rendre pour les obtenir. La seule exception concerne les détenus de l'unité ASP (toxicodépendant) et ceux de l'unité d'intégration qui reçoivent ces médicaments de leur personnel d'encadrement. Celui-ci protocole les distributions par écrit. Les surveillants des autres groupes se rendent au service médical pour y obtenir le plateau de médicaments destinés à leur unité. Toutes les unités disposent de médicaments de premier secours à leur libre disposition:

- contre les maux de tête, fièvre: Panadol (Acetalgin 500 mg 1-2 tbl ou
- contre les rhumatismes et/ou les maux de dents: Ponstan (Mefenacid) 250 mg 1-2 cps/pers. ou
- après les accidents: Ponstan (Mefenacid) 250 mg 1-2 cps/pers.
- contre les allergies, démangeaisons: Claritine 1 tbl./pers.

La réserve de médicaments suivante est disponible à la Centrale. Elle peut être distribuée après accord téléphonique ou oral de l'infirmier de service:

No	Médicaments et quantités	Indications et posiologie
1	Xanax 10 mg (10tbl.)	Angoisses: 1 tbl. avec de l'eau
2	Dormicum 15 mg (5tbl.)	Troubles du sommeil: ½-1 tbl. avec de l'eau
3	Temesta Expidet 1,0 mg (5 tbl.)	Etats de manque: 1 tbl. à laisser se résorber sous la langue
4	Buscopan 10 mg (10 drg.)	Coliques intestinales, maux d'estomac: 1 drg. avec de l'eau
5	Ponstan = Mefenacid 250 mg (12 cps)	Douleurs rhumatismales ou dentaires: 1-2 cps avec de l'eau
6	Claritine 10 mg (14 tbl.)	Allergies, démangeaisons: 1-2 tbl. avec de l'eau
7	Ventolinspray (1)	Asthme pulmonaire: 1-2 inhalations
8	Acetalgin 0.5 mg = Panadol (20 tbl.)	Maux de tête, fièvre: 1-2 tbl. avec de l'eau
9	Imodium (10 cps)	Diarrhées: 2 cps. avec de l'eau

10	Akineton 2 mg (1 tbl.)	Crampes musculaires dues à des thérapies sous neuroleptiques: 1 tbl. avec de l'eau
11	Vit. A+D pommade pour les yeux	kératito-conjonctivite actinique: application sous les paupières

Dans les cas où les médicaments à disposition se révéleraient inefficaces, le collaborateur de piquet au sein du service de santé devra être informé.

E. Incapacités de travail

En principe chaque détenu de la prison de Pöschwies est obligé de travailler (art. 37 CPS). Le fait d'être bénéficiaire d'une rente d'invalidité avant l'incarcération n'enlève rien à cette obligation de travailler puisqu'un travail plus facile comparable à celui d'un atelier protégé ou même une ergothérapie peuvent être proposés. Les rentes invalidités sont suspendues pendant la durée de la détention. Le refus de travailler entraîne des sanctions.

1. Aide-mémoire pour l'incapacité de travail

Décision: Par le médecin.

Durée: a) Court terme (en général 1-2 jours, éventuel. jusqu'à une semaine)
b) Longue durée (doit être renouvelée mensuellement).

Degré (%): L'incapacité de travail de courte durée est toujours de 100%, une incapacité de travail d'un demi-jour n'est possible que dans des cas exceptionnels. Le détenu reste en cellule, prend ses repas dans locaux communs et peut participer à la promenade. Ecole, sports, et cours pendant des loisirs ne sont possible qu'avec autorisation médicale. Dans des cas particuliers d'incapacité de travail partielle, le schéma suivant peut être appliqué:

- 50% d'incapacité de travail = travail le matin, après-midi en cellule;

- 75% d'incapacité de travail = le détenu se rend en cellule après la pause de l'après-midi.
Dans tous les cas le certificat médical précisera si une incapacité de travail à 50% doit être comprise quant au temps (par exemple à la demi-journée) ou d'après le volume de travail alors que la présence au lieu de travail est permanente (*quantitative*).

Pécule: En cas de maladie: 1 ou 2 jours: Frs. 6.--, 3ème jour Frs. 9.--, puis ultérieurement 70% du pécule. En cas d'accident: 70% du pécule dès le 1er jour.

Motifs:
1. Accident
2. Maladie
3. Invalidité (corporelle ou psychique)
4. Etat psychotique ou psychosomatique (relevant du stress)

2. Que sont «les stresseurs»

a) Facteurs de stress liés à la détention

Privation de liberté: manque de stimulation et ennui, monotonie, sous-occupation ou sur-occupation au travail, pas de vacances.

Angoisses: incertitudes quant à la longueur de la peine, audiences de tribunal à venir, menace d'une expulsion du territoire, congé futur, période avant libération, péjoration de la santé, danger d'infections, sida, rupture relationnelle (femme et famille, amies etc.), parloirs intimes[14]. Manque de perspectives dans le cadre du plan d'exécution de peine ou s'agissant de la vie future.

Les *frustrations* peuvent engendrer haine, agression, désespoir. Conflits avec la hiérarchie, les codétenus. Vie sexuelle insatisfaite.

Drogues: stress pour obtenir la substance, dette, chantage etc.

---

[14] Cf. § 68 de la Recommandation R(98)7 du Conseil de l'Europe

Difficultés d'adaptation: en cas de changement permanent de situation d'hébergement.

b) Facteurs de stress généraux

Surcharge due au manque de temps, au respect de délais, trop de responsabilités, manque de soutien, trop grande expectative envers soi-même, technostress, circulation routière, bruit, non-fumeur au sein d'un environnement fumeur, manque de vitamines et de sels minéraux, alimentation etc.

Exemples d'états psychosomatiques liés aux facteurs de stress ou autres facteurs psychiques:
- Etat rhumatismaux: maux de tête, douleurs aux articulations, douleurs dorsales;
- Troubles psychiques: dépression, insomnie, irritabilité, grève de la faim, hallucinations, angoisses, difficultés de concentration, cauchemars, niveau d'agressivité accru envers des tiers et envers soi-même jusqu'aux tendances suicidaires, abus de médicaments, de tabac et d'alcool, problèmes sexuels, transpiration nocturne, notamment;
- Gastro-intestinal: diarrhées, constipation, vomissements, perte d'appétit et de poids ou boulimie, obésité. Péjoration du diabète;
- Dermatologie: inflammation, acné, chute de cheveux, urticaire, eczéma;
- Problèmes cardiaques et circulatoires: palpitations, arythmie, pression sanguine trop haute ou trop basse;
- Voies respiratoires: toux, asthme, difficultés respiratoires, hyperventilation.

II. Situations d'urgence

Premières mesures = vérifier: fièvre? Douleurs? Respiration? Pouls? Conscient?: (somnolent = engourdi, hypersomnie = encore réveillable, comateux = plus réveillable).

A. Situations d'urgence classées en fonction des régions du corps

Régions du corps	Symptômes	Mesures
Tête	Douleurs	Acetalgin 1-2 tbl. (w.k.B*): médecin!
	Vertiges, nausées	Paspertin 1-3 tbl./j.
	Yeux rouges, douloureux, «kératito-conjonctivite actinique»	Az, Occulosan gouttes, pansement occulaire compressif, Neotracin/Vit. A pommade, Ponstan 500mg 3x1
	Douleurs auriculaires	Panadol 1-2 tbl. (w.k.B.): médecin!
Gorge	Douleurs de déglutition	Rougeurs dans la gorge: Acetalgin, Tyrothricin surface grise-blanche: médecin!
Problèmes de thorax	*Chez des patients jeunes* (sans antécédents: DD**: choc, côtes, inflammation, pneumothorax)	1-2 Panadol tbl. (w.k.B.): médecin!
	Chez les patients plus âgés: !! en cas de douleurs thoraciques aiguës avec difficultés respiratoires et survenant rapidement: (DD: embolie pulmonaire, pneumothorax, crise aiguë d'asthme, infarctus)	Appeler le médecin!!
	Douleurs cardiaques (évent. avec antécédents: DD: infarctus, embolie pulmonaire	Nitroglycerin (w.k.B.): médecin!
	Toux, sifflement (DD: bronchite avec spasmes, asthme)	Sodip-phyllin-sirop, 2c.à.s de suite, puis 3x1 c.à.s., Ventolin spray, appeler médecin!
	Râles, borborygmes, gargarismes (DD: œdème pulmonaire, inflammation)	
Ventre	Ventre mou (DD: constipation, diarrhée, calculs, vers etc.)	1-2 tbl. Minalgin, Buscopan, w.k.B: appeler médecin!
	Ventre dur, tendu	médecin!
	Coliques (DD: occlusion intestinale, appendicite aiguë, calculs biliaires ou rénaux, hernies, vessie, colon (de même chez les femmes: menstruation, inflammation génitale, grossesse etc., chez les hommes: affections de la prostate)	médecin!

* w.k.B.: wenn keine Besserung / si pas d'amélioration.

** DD: Differezialdiagnose/diagnostic différentiel.

B. Piqûres d'insectes – réactions allergiques (en ordre croissant de gravité)

1. Forte réaction locale

- Claritine 1 tbl. par jour
- Prednison 5 tbl. à 20 mg en une fois
- Fenistil gel local

2. Inflammations des muqueuses (urticaire, enflures)

- comme ci-dessus
- avec difficultés respiratoires: Epipen (Adrenalin Auto-Injecteur 0,3 mg i.m.)

3. Difficultés respiratoires

- Epipen comme sous point 2b)
- Prednison 6 tbl. à 20 mg.
- Claritine 2 tbl.

4. Anaphylaxie (état de choc)

(Réactions secondaires graves avec problèmes circulatoires, choc; Signes annonciateurs: agitation, nausée, fourmillements dans les mains et les pieds!)
- Posture pour état de choc, perfusion
- Epipen comme sous 1 c), Ultracorten H 100-400 mg i.v., Tavegyl 1-2 Amp. i.v.

A partir du point 2, le service médical doit être immédiatement alarmé!
Les personnes qui sont allergiques connues portent sur elles un set d'urgence pour allergies. Celui-ci contient:
- 5 tbl. Claritine: en cas d'urgence en prendre 2 immédiatement;

- 2 tbl. Prednison 50 mg: à prendre immédiatement lors de piqûres d'insectes;
- Fenistil gel ou Unguentum antihistaminicum (pommade contre les réactions cutanées).

C. Premiers secours en cas d'accidents ou autres risques pour la vie

Chacun doit être préparé à réagir en situation d'urgence, de prodiguer les premiers secours et de prendre les bonnes décisions.

1. CPR (Cardio-Pulmonale Reanimation[15]) ou GABI?

(Cf. version allemande[16])

2. Dépôt de matériel de premiers secours

(Cf. version allemande[17])

3. Schéma des premiers secours (GABI) (Cf. page suivante)

---

[15] Cf. www.viollier.ch

[16] Cf. K. BOLLI, *Gefängnismedizin und Arztdienst in der kantonalen Strafanstalt Pöschwies*, 345 (dans le présent ouvrage).

[17] Cf. K. BOLLI, *op. cit.*, 345-346.

ERSTE HILFE

Premiers secours

ÜBERBLICK VERSCHAFFEN - GEFAHREN BEACHTEN
SELBSTSCHUTZ - UNFALLSTELLE ABSICHERN

G

Gibt er Antwort ?
Répond-il?

nein / *non* →

ATEMWEGE FREILEGEN
Libération des voies respiratoires

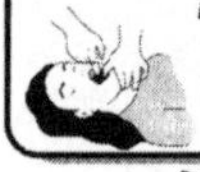

ja / *oui* →

FRAGEN SIE IHN, WAS IHM FEHLT
Demandez-lui ce qu'il a
Lagerung nach Befund:
Posture selon état du patient
Bewusstlosenlagerung (Seitenlage)
Patient inconscient (posture latérale)
Hochlagerung
Posture surélevée
Flachlagerung
Posture à plat
Lagerung bei Bauchverletzung
Posture en cas de blessure abdominale

A

Atmet er normal ?
Respire-t-il?

nein / *non* →

BEATMEN
Respiration artificielle

atmet wieder normal
Respire à nouveau normalement

ja / *oui* →

B

Blutet er ?
- stark ?
- stossweise ?
Saigne-t-il ?
- fortement ?
- par jets saccadés?

ja / *oui* →

BLUTUNG STILLEN
Arrêter la perte de sang
Patienten hinlegen
Allonger le patient
Glied hochhalten
Surélévation du membre
Fingerdruck
Pression digitale
Druckverband
Pansement compressif

Blutung gestillt / *Perte de sang arrêtée*

nein / *non* ↓

I

Ist sein Puls spürbar ?
A-t-il un pouls ?

nein / *non* →

Puls fehlt, Pupillen weit
Pas de pouls, pupilles dilatées
BEATMEN UND HERZMASSAGE
(Zusatzausbildung)
Respiration artificielle et massage cardiaque

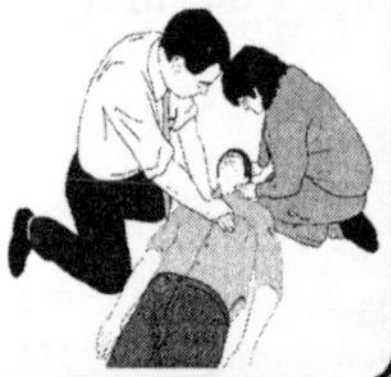

Puls normal
Pouls normal

ja / *oui* →

Puls: rasch und schwach
Pouls: rapide et faible
Haut: nass und blass
Peau: humide et pâle
Verhalten: apathisch
Comportement: apathique
SCHOCKLAGERUNG
Position de choc

Puls normal
Pouls normal

ALLE PATIENTEN: ÜBERWACHEN / BETREUEN (Wärme-, Kälteschutz)
Tout patient: surveiller / prendre en charge (protection contre froid / chaud)

BEI VERBRENNUNGEN: *En cas de brûlures:*	10 - 20 Minuten mit kaltem Wasser kühlen *Refroidir avec de l'eau froide pendant 10-20 min.*
BEI KNOCHENBRÜCHEN: *En cas de fractures:*	ruhigstellen (auch benachbarte Gelenke) *Immobilisation (y compris articulations proches)*

NOTRUF NICHT VERGESSEN
Ne pas oublier de donner l'alarme

D. *Protection du personnel pénitentiaire engagé dans des premiers secours*

En particulier protection contre les maladie transmissibles par le sang (HIV et hépatite).

- Le *contact* avec le sang ou d'autres fluides corporels d'une tierce personne est en soi un facteur de risque et doit être évité! Toutefois le risque d'une infection lors de la pratique des premiers secours est mondialement considérée par les experts comme étant extrêmement réduite, raison pour laquelle aucune personne ne saurait se soustraire à son obligation morale de prêter secours.

- *Mesures à prendre pour éviter une contamination*: Les fluides corporels contenant une haute concentration de virus de l'hépatite ou du HIV (sang, sperme ou sécrétions vaginales) ne doivent pas entrer en contact avec les muqueuses du secouriste. Il faut être conscient de ce danger!

- *Respiration artificielle*: Bouche-à-bouche (intercaler un mouchoir) avec le masque de respiration ou le tube (à disposition sur chaque unité! Contrôler régulièrement!).

- *Blessures:* Lorsque le blessé saigne, il faut éviter de se blesser soi-même et empêcher tout contact de sang étranger avec sa peau ou ses muqueuses (yeux, bouche):
  - -- Porter des gants de protection (caoutchouc, vinyl, latex, cuir);
  - -- La peau qui a été en contact avec le blessé doit être lavée soigneusement au moyen d'eau et de savon puis désinfecter au moyen d'alcool (Jodoplex, Kodan, Sterilium etc.);
  - -- Les muqueuses (bouche, yeux) doivent être immédiatement rincées abondamment avec de l'eau.

- *Désinfection du matériel*: Si les normes d'hygiène habituelles sont respectées, il n'y a en principe aucun risque d'infection.
  - -- La peau et le matériel sont désinfectés avec de l'alcool ou un autre produit de désinfection (Cf. ci-dessus);
  - -- Seringues: les produits jetables doivent être éliminés conformément aux règles;

- -- Les instruments médicaux et de chirurgie: stérilisation professionnelle.

III. Tableau des maladies

A. Maladies classiques (classées par ordre de fréquence)

La palette des raisons pour lesquelles un détenu se rend à la consultation médicale en prison correspond à ce qui peut se constater en médecine générale.

Très souvent, on trouvera des problèmes cutanés, capillaires, des douleurs gastro-intestinales ou rhumatismales, des maladies ORL, des états de maladies psychosomatiques ou psychiatriques ainsi que des troubles psychiques réactifs dus à la détention.

Souvent, on sera confronté à des problèmes de drogue et des maladies infectieuses allant de la grippe au HIV/sida ou encore l'hépatite. Parfois, il peut s'agir aussi de tuberculose, de troubles urologiques, de maladies sexuellement transmissibles ainsi que de maladies tropicales.

Rarement, les détenus seront atteints, par exemple, de troubles du métabolisme, de cancer, de Parkinson, notamment.

Des difficultés particulières peuvent se présenter de nuit, en cas d'urgence, lorsqu'il s'agit de: infarctus, diabète, asthme, épilepsie. Les accidents sont fréquents en particulier lors de la pratique sportive, de temps à autre lors du travail.

B. Maladies particulières et concepts

1. Troubles cardiaques et circulatoires

Nous sommes de plus en plus confrontés à des détenus d'un certain âge et avons ainsi plus récemment confrontés à des problèmes de troubles du rythme cardiaque, pression sanguine élevée, maladies du système vasculaire ou prise en charge après infarctus ou opération à cœur ouvert.

2. Asthme pulmonaire

Le détenu souffrant d'asthme pulmonaire (ou d'autre maladies allergiques des voies respiratoires) doit être affecté à un poste de travail protégé de la poussière. Ils doivent porter sur eux les médicaments nécessaires et disposer en cellule d'une réserve (spray contre l'asthme, set d'urgence pour les allergies).

3. Diabète

C'est une maladie affectant l'absorption des sucres par le corps et qui peut entraîner des situations d'urgence où la vie de l'intéressé peut être en danger. Schématiquement deux types de diabète peuvent être distingués:

- Type 1, la personne doit s'injecter de l'insuline plusieurs fois par jour;
- Type 2, peut-être contrôler diétètiquement avec ou sans médicaments qui ont pour spécificité de stimuler la production d'insuline (antidiabétiques oraux).

Il existe encore d'autres types en liaison avec d'autres maladies.

Les directives thérapeutiques générales sont le respect d'un régime spécial pour diabétique, 5-6 petites collations par jour. Chez nous le repas léger est accompagné de fruits et de yogourt à consommer entre les repas. Si nécessaire: prise régulière de tablettes et/ou injection d'insuline. Ne pas fumer (dommageable pour les vaisseaux!). Exercice corporel régulier, prophylaxie des infections, soins particuliers des pieds.

Une crise de diabète peut prendre eux formes:

- Hypoglycémie = pas assez de sucre dans le sang (se produit également chez des personnes saines);
- Hyperglycémie = trop de sucre dans le sang.

a) Symptômes de l'hypoglycémie (pas assez de sucre)

Irritabilité anormale, accès de colère, agitation, agressivité, état comparable à l'excès d'alcool, crise similaire à l'épilepsie, contrariété, vision dédoublée, vertiges, troubles de la parole, paralysie, palpitations, tremblements, pâleur, sueurs froides, engourdissements, perte de connaissance, symptômes d'attaque cérébrale, hémiplégie.

La thérapie consiste en du sucre sous forme de jus d'orange (sucré), lait, pain. Contrôle du taux de glycémie.

b) Symptômes de l'hyperglycémie (trop de sucre)

Somnolence, engourdissements, perte de connaissance (coma *diabeticum*), Respiration profonde et accélérée, odeur d'acétone, douleurs abdominales, rigidité abdominale, déshydratation. Attention: en cas de suspicion de troubles de ce type chez un diabétique: immédiatement informer le service médical.

La thérapie consiste en injection d'insuline à effet rapide, contrôle du taux de glycémie, hydratation.

4. Epilepsie (grand mal)

Il s'agit d'une crise entraînant des contractions sur tout le corps. On observe d'abord une «aura» (phase préliminaire) précédent des crispations et des mouvements saccadés aux jambes et aux bras, puis une phase inconsciente au cours de laquelle on observe des pertes urinaires ainsi que des morsures de langue (il existe à part cela d'autres types, très nombreux, de crises épileptiques). Il y a danger pour la vie lorsque le patient aurait vomi puis aspiré durant la crise ce qui peut provoquer l'étouffement.

Attention: les crises se produisant durant la nuit sont particulièrement dangereuse puisque chez nous les détenus sont logés seuls dans leur cellule et qu'il n'y a dès lors pas de possibilités d'intervention immédiate par un tiers. Premiers secours en cas de crises épileptiques graves:
- Garder son calme;

- Protéger le patient d'objets dangereux (par exemple, aspérités ou pierres);
- Reposer la tête avec un objet confortable (couverture, pullover, veste);
- Dégager les vêtements autour du cou (danger d'étouffement);
- Mettre le patient en posture latérale afin de libérer les voies respiratoires;
- Eviter les risques d'aspiration ou les morsures de la langue (mouchoir dans la bouche);
- Surveiller le patient sans surveillance artificielle, le secouer etc.;
- Alarmer le médecin.

Attention: le transfert d'un détenu épileptique ou diabétique avec symptômes d'agression, d'accès de rage ou de tendances destructrices dans des locaux d'arrêts ou disciplinaires peut entraîner la mort de celui-ci! Si de tels détenus doivent être sanctionnés de la sorte, il faut absolument et immédiatement informer le service médical!

5. Maladies tropicales

Dans la mesure où nous accueillons souvent des détenus en provenance des pays tropicaux, nous observons également des maladies comme par exemple des vers, des parasitoses, la malaria, ou encore la lèpre etc. Chez ce type de détenus, nous devons être attentifs en particulier aux réactions cutanées, aux troubles neurologiques, ou sanguins. Des états fébriles combinés avec des douleurs articulaires ou des maux de tête, des troubles de la conscience ou des états de délire peuvent éveiller une suspicion de malaria et doivent immédiatement être traités: danger de mort!

6. Handicapés physiques et mentaux, invalides

Le nombre de ce type de détenus est en augmentation. En cas d'incapacité ou de capacité limitée de travail, ils sont affectés à une unité spéciale comprenant une prise en charge individuelle[18]. Plus récemment, nous avons introduit la possibilité de loger les invalides ou les personnes avec

[18] Cf. §§ 50, 55 de la Recommandation R(98)7 du Conseil de l'Europe.

capacité de travail réduite au sein de l'unité de prise en charge pour toxicomanes où la prise en charge adaptée est possible.

7. Psychoses, tétanies hyperventilatoires, réactions à la détention et tendances au suicide[19]

- *Maladies psychiques* par exemple dépression, manies, troubles bipolaires (maniaco-dépressif), schizophrénie et états apparentés.

- *Troubles (cérébral-) organiques*: après tumeur cérébrale, blessures crâniennes, sclérose en plaques, intoxication par substances psychotropes etc.

- *Troubles de la personnalité*: peuvent être rangés en catégories paranoïde, schizoïde, antisociale, borderline, histrionique, narcissique, manque de confiance en soi, dépendante, contraignante, passive-agressive, notamment.

- *Angoisses*: situations de panique avec ou sans agoraphobie, claustrophobie etc.

- *Tétanie hyperventilatoire*: état de type panique accompagné de respiration profonde et de douleurs cardiaques, peur d'infarctus, crispations des mains et des pieds. Thérapie: calmer, Temesta 1,0 mg 1-2 tbl., laisser respirer dans un sac.

Alors que les détenus souffrant de troubles psychiques mais qui peuvent être stabilisés au moyen de médicaments sont intégrés dans une unité de prise en charge normale puisqu'il coopèrent et qu'ils travaillent normalement, les autres détenus nécessitant une prise en charge médicale spéciale et intensive devront être affecté à une unité IG/KI. Ils seront là pris en charge par des professionnels, par un psychiatre du PPD qui est secondé par une équipe spécialement formée.

---

[19] Cf. § 53 de la Recommandation R(98)7 du Conseil de l'Europe; aussi GROUPE DE TRAVAIL SANTÉ DE L'OFSP, *Psychische Gesundheit im Freiheitsentzug*, 1999, (disponible au service médical).

Pour des examens psychiatriques plus approfondis, des définitions de thérapies ou des problèmes aigus, les détenus psychiatriques peuvent être transférés à l'unité carcérale de la clinique psychiatrique de Rheinau. Alors que le psychiatre se chargera de régler les formalités du transfert, le transport lui-même sera effectué par le service médical. Les examens neuropsychologiques spéciaux auront lieu à l'Hôpital de l'Ile de Berne (*Bewachungsstation*) ou de façon ambulatoire au USZ.

La prophylaxie du suicide et la prise en charge des réactions contre la détention exigent de nous un travail en équipe. Voici une description schématique des profils cliniques:

a) Réactions contre la détention et psychoses de détention:

- Réaction explosive: accès de fureur ou de rage, avec destruction aveugle;
- Angoisse dépressive: sentiment de péché ou de persécution;
- Stupeur;
- Somnolence hystérique: syndrome de Ganser (on joue au fou);
- Réaction paranoïde: chimères, hallucinations (acoustiques, optiques, sensorielles).

Dans le cadre carcéral, il peut arriver parfois que des psychoses (schizophrénie) qui n'existaient avant que sous forme latente ou qui ont éventuellement conduit à l'infraction (ou qui ont conduit à se faire prendre) deviennent alors manifestes (Bleuler).

b) Suicide[20]

- Facteurs de risque pour le suicide: détention, troubles psychiques, personnes âgées isolées, présence de troubles de la personnalité (toxicodépendance, troubles *borderline*), antécédents du type suicidaire.
- Stade préliminaire du suicide:
  -- *Repli sur soi-même*, retrait, rupture des liens sociaux, s'isoler, ne plus participer aux activités de groupe, perte de contact avec le personnel de surveillance;

---

20 Cf. § 58 de la Recommandation R(98)7 du Conseil de l'Europe.

-- *Fantaisie suicidaire*: tourner en rond, se représenter concrètement la façon de se suicider, devenir calme et tranquille: «le calme avant la tempête»;
-- *Inversion de l'agression*: les détenus auparavant agressifs avec le personnel et les codétenus deviennent souvent tranquilles et retournent les agressions contre eux-mêmes.

Veiller tout particulièrement au changement de comportement de détenus que vous encadrez: si quelqu'un semble triste, ne mange plus, ne se douche plus, s'isole, devient nerveux et inquiet, il s'agit souvent des symptômes d'une dépression qui vous impose de transmettre l'information au service médical.

La thérapie consiste en intervention de crise, accompagnement individuel, médicaments, éventuellement hospitalisation par le médecin du pénitencier ou le psychiatre.

c) Problèmes médicaux particulièrement difficiles

Dans la Recommandation européenne, vous trouverez les directives pour la prise en charge de situations particulièrement difficiles: maladies mentales (§ 55), refus de soins (§ 60), grève de la faim (§ 61), violence entre détenus (§ 64), violence entre personnel et détenu (§ 66), problèmes médicaux et sanctions disciplinaires (§ 66), fouilles corporelles (§72), interruption de l'exécution de la peine pour raisons médicales (§ 51). Pour certains cas déterminés de délinquants sexuels (§54), le service PPD propose des possibilités thérapeutiques particulières (projet AIP).

C. *Comportement à adopter face aux maladies transmissibles par le sang: HIV, hépatite*[21]

1. En bref

Nous appartenons à un groupe professionnel avec risque d'infection accru.

Nous devons, au contact des détenus, partir de l'hypothèse que nous pouvons nous trouver en face d'un porteur du virus HIV ou de l'hépatite.

La contamination la plus fréquente résulte d'un contact sanguin lors de blessures (aiguilles, injections intraveineuses de drogue, transfusions sanguines, relations sexuelles, piercing, tatouages etc.).

Nous pouvons éviter une contamination par les mesures prophylactiques suivantes:

- Technique de travail minutieuse et habile:
  - Revêtir des gants de travail lors de travaux exposés
  - Désinfection de surfaces infectées
  - Maintenir une basse intensité du niveau d'agression dans les contact avec les détenus
- Vaccins contre l'hépatite B[22];
- PEP (prophylaxie postexpositionnelle) signifie: contacter immédiatement le service médical après un accident du travail comportant un risque de contamination.

2. Précautions générales

Fondamentalement, sans son consentement une personne ne peut pas être testée pour les infections du HIV ou de l'hépatite[23]. Puisque nous ne savons pas pour tous les détenus s'ils sont ou non porteurs de virus, nous devons partir de l'idée qu'ils représentent tous un danger potentiel

---

21 Cf. information du personnel du 20. 10. 98 (peut être obtenu auprès du service médical).

22 Cf. § 42 de la Recommandation R(98)7 du Conseil de l'Europe.

23 Cf. § 37 de la Recommandation R(98)7 du Conseil de l'Europe.

d'infection par voie sanguine ou autres fluides corporels. Il est donc essentiel d'éviter tout contact de la peau avec du sang ou des fluides corporels d'une tierce personne!

- Eviter de se blesser avec du matériel qui a été souillé avec du sang ou des fluides corporels d'un patient, respectivement d'un détenu!
- Le matériel contaminé doit être désinfecté, voire stérilisé;
- Revêtir des gants lors de travaux à risque!
- Il est impératif de se vacciner contre l'hépatite B. Le vaccin peut être obtenu gratuitement pour les collaborateurs auprès du service médical (malheureusement, il n'existe pas encore de vaccins contre le virus HIV et l'hépatite C).

3. Hépatite B – vaccin = prévention primaire

Immunisation active: en recevant des antigènes HBs qui ne comportent aucun danger, notre corps stimule la production d'anticorps contre l'hépatite B. Avant le vaccin, le sang est analysé pour voir si un vaccin est nécessaire ou si par exemple une infection de l'hépatite B a déjà eu lieu. Le vaccin consiste en trois injections: Jour 0, après un mois, après six mois. Un à deux mois après la dernière injection, un test sanguin sera effectué pour déterminer si le vaccin a «pris». Effets secondaires: pratiquement aucun.

Les «responder» avec un titre de 100UE/l sont protégés à long terme 5-10% des personnes vaccinées sont des «hypo-responder» (titre entre 10-100 UE/l) et les «non-responder» (titre inférieur à 10 UE/l). Si le titre surpasse 10 au moment de l'infection, l'intéressé est considéré comme protégé. Les hypo- et non- responder seront revaccinés.

«Non-responder»: il est possible de procéder à un examen sanguin pour voir s'il faut revacciner, et combien de fois:

- Si un antigène HBs est positif, il s'agit probablement d'un porteur de virus contre lequel il ne faut pas procéder à un vaccin;
- Si l'anti-HBc uniquement est positif, il s'agit d'une «fenêtre» immunologique. Cette personne doit être vaccinée même si elle appartient au groupe des «non-responder».

Immunisation passive: les anticorps sont inoculés à des personnes qui ont été exposées au risque et qui ne sont pas protégées par un vaccin.

4. Recommandations pour certaines activités spécifiques au sein de l'établissement

Remarque: l'hépatite chronique C est propagée dans 13% des cas et dans 23% des cas par des toxicomanes utilisant des seringues!

Lieu de travail exposé: service médical (service d'urgence et de réanimation), évacuation des ordures, service de nettoyage, service de sécurité (fouilles de cellule, contacts avec des détenus agressifs, morsures humaines).

Mesures de protection: port de gants, masque de protection, désinfection des mains, des surfaces et instruments (alcool à 70%, Sterilium etc.).

Contact avec du sang ou d'autres fluides corporels: les mains et autres portions de peau doivent être lavées et désinfectées (alcool à 70% et préparation iode-PVP).

Eclaboussures sur les muqueuses: laver abondamment avec de l'eau.

Nous répétons: pour les nettoyages, systématiquement porter des gants!

Premiers secours en cas de suspicion de maladies transmissibles par le sang: naturellement, chacun sera obligé de prêter les premiers secours en cas d'urgence. Si cette activité a lieu alors que vous portez des gants et en cas de respiration artificielle alors que vous utilisez le matériel de respiration (disponible dans votre unité), il n'y a pas de risque d'infection. Après nettoyage de traces de sang et de vomissements, vous devez procéder à une désinfection minutieuse des surfaces.

D. *Tuberculose en milieu carcéral*[24]

1. Ce que vous devez savoir sur la tuberculose (TBC)

Chaque année nous observons 3-4 cas de tuberculose dans notre établissement (= 1% des détenus). Nous savons qu'au Moyen-Orient et en Extrême-Orient 40-50% des détenus souffrent de tuberculose. Dans ces régions, les prisons sont de véritables réservoirs de tuberculose responsables de transmettre cette infection grave auprès de la population. En raison du surpeuplement des prisons, cette maladie est alors détectée tardivement et ne peut donner lieu à une prise en charge professionnelle. Beaucoup de détenus en bonne santé sont alors infectés. La tuberculose est une maladie infectieuse dont l'agent est le bacille de la tuberculose.

La transmission s'opère la plupart du temps au travers des voies respiratoires d'un individu infecté à un autre. En parlant, toussant ou éternuant le patient malade diffuse des petiotes gouttelettes contenant le bacille de la tuberculose. Les autres les inspirent à leur tour. Cependant pas de panique: le contact dans la rue, le bus ou le train est trop bref. Pour être contaminé, il faut un contact de plus de douze heures dans la même pièce ou une semaine durant pendant une heure par jour.

Les symptômes sont: toux (depuis plus de 3 semaines) éventuellement avec expectorations, manque d'appétit, perte pondérale, fatigue, légère fièvre, picotements dans la poitrine en particulier durant l'après-midi, sueurs nocturnes.

2. Comment le médecin peut-il constater la tuberculose?

- *Test mantoux*: lors de ce test, une quantité précise de tuberculine est injectée sous la peau du bras gauche. Selon que le corps identifie alors la tuberculione (c'est-à-dire la tuberculose), il survient une réaction qui peut être lue après trois jours à l'endroit de l'injection.
- *Radiographies des poumons*.

[24] Cf. § 41 de la Recommandation R(98)7 du Conseil de l'Europe; aussi information du personnel du 06.04.98 (peut être obtenu auprès du service médical).

- *Détection de bactéries de la tuberculose dans le crachat* (Sputum) ou dans les sucs gastriques lors d'une tuberculose bacillaire.

3. La tuberculose est-elle guérissable?

Le but du traitement consiste à éliminer les bactéries de la tuberculose. Si les médicaments prescrits sont pris régulièrement durant la durée du traitement, il est aujourd'hui possible de guérir de la tuberculose. Cependant, les médicaments peuvent produire des souches résistantes de bactéries. En cas de manque de discipline dans le suivi du traitement, les bactéries ne réagissent alors plus aux médicaments prescrits, raison pour laquelle il faut un contrôle très sérieux de la thérapie.

4. Comment la propagation de la tuberculose peut-elle être endiguée?

Détection rapide da la maladie, isolement[25] des patients avec tuberculose bacillaire (bactérie dans le *sputum*) et prise en charge thérapeutique immédiate. C'est la raison pour laquelle des groupes vulnérables doivent systématiquement être examinés quant aux aspects de tuberculose. Ceci concerne en premier lieu les proches de malades de tuberculose, les immigrants en provenance de pays à risque (pays de l'Est), mais également des personnes diminuées telles que les personnes âgées, les toxidépendants et alcooliques, les sans domicile fixe et les personnes séropositives.

5. Quel est notre concept en matière de tuberculose?

- Au moment de l'examen d'entrée, chaque détenu subit un examen de tuberculose: anamnèse, radiographie du thorax, test mantoux;
- En cas de titre d'anticorps élevé (quant le test mantoux est largement positif), le détenu se voit prodiguer un traitement prophylactique contre la tuberculose d'une durée de six mois;
- En cas de radiographie pulmonaire pathologique ou si la toux est accompagnée de crachat, le *sputum* est analysé pour déceler la

---

25 Cf. § 38 de la Recommandation R(98)7 du Conseil de l'Europe.

présence de bactérie de la tuberculose. En cas de résultat positif, le détenu doit immédiatement être isolé (division médicale ou hôpital de l'Ile à Berne);
- Au sein de l'établissement pénitentiaire ne resteront que des cas non contagieux!
- Même après la fin du traitement qui dure en général six mois, les détenus seront régulièrement contrôlés;
- Personnel: il est important qu'en cas d'engagement, chaque collaborateur d'un établissement pénitentiaire subisse un test mantoux. Ainsi, en cas de contamination, on disposera déjà d'une valeur de référence et des analyses ultérieures en seront facilitées.

IV. Prise en charge des problèmes de drogue en milieu carcéral[26]

Sur la page suivante figure un tableau résumant les possibilités de thérapies et de prise en charge de toxicodépendants en milieu carcéral, ceci d'après les aspects et points de vue qui entrent en ligne de compte.

Dans notre établissement, nous procédons à la mise en oeuvre de toutes les possibilités évoquées avec exception de la distribution de seringues et d'héroïne ainsi que de la formation de médiateur et de la *peer education* c'est-à-dire la prévention et l'autoassistance par des personnes d'un groupe déterminé se prenant en charge lui-même sur l'unité.
Dans les établissements suisses, les programmes suivants sont notamment mis sur pied en matière de toxicodépendance:
- Distribution de matériel d'injection stérile (seringues, aiguilles): établissement d'exécution de peines pour femmes de Hindelbank, établissement de Thorberg, établissement de Witzwil, prison préventive de Champ-Dollon, établissement de Realta;
- Distribution d'héroïne, matériel stérile d'injection et méthadone: établissement de Oberschöngrün;
- Distribution de méthadone et autres: établissement de Saxerriet: formation de médiateurs;

[26] Cf. § 43 de la Recommandation R(98)7 du Conseil de l'Europe.

- Etablissement de Pöschwies, Regensdorf/Zurich: ASP = unité de prise en charge des toxicodépendants.

Quelle que soit la manière de procéder dans les différentes thérapies que l'on distribue ou non de l'héroïne, de la méthadone, ou des seringues, le plus important restera la prise en charge personnelle des toxicodépendants dans le cadre d'un rapport de confiance et émotionnel stable. La présence de personnes d'accompagnement (système de parrainage) qui peuvent permettre une relation de travail même dans des situations difficiles est une des conditions essentielles à la réussite d'un concept thérapeutique!

A. *Tableau des possibilités de prise en charge et de thérapies en milieu carcéral destinées aux détenus toxico-dépendants, par catégories*

Juridico – institutionnel	*Médico – prophylactique*	*Alternative*	*Pédagogico –psychologique*
Contrôle et inspection de: - Cellules - Retour de congé - Visiteurs - Courrier - Circulation d'argent - Téléphones etc. **Plan d'exécution de peines**: - Stabilisation de la personnalité - Horaire journalier structuré - Perspectives en vue d'un travail en externat et abstinence - Semi-liberté - Suivi après la libération - Institution thérapeutique comme substitution à la détention **Prise d'urine**: contrôle de la présence de drogues sur ordre de la direction: - Sanctions si positive - Système de bonus si test négatif	**Distribution de matériel d'injection stérile**: seringues et aiguilles etc. **Thérapie agoniste**: - Méthadone, héroïne **Thérapie antagoniste**: - Naltrexon **Trousse de premiers secours**: - Matériel de désinfection avec possibilité de désinfecter les seringues - Préservatifs - Aide-mémoire pour discussion **Prise d'urine**: sur base volontaire en combinaison avec thérapie agoniste ou antagoniste - Test positif vaut comme base de discussion pour la pris en charge du problème **Aide en médicaments**: - En cas d'inflammation, "*craving*" - Tranquillisants limités dans le temps - Anti-dépresseurs - Neuroleptiques, notamment	**Accompagnement thérapeutique en partenariat**: 1. **somatopsychique**: massages, thérapie manuelle, body building, bains 2. **psychosomatique**: prise en charge des émotions, promotion de la valorisation corporelle (élimination des tatouages), confiance en soi, autonomie, processus d'apprentissage 3. **sociopsychique**: accompagnement de la prise en charge, en particulier aide médicale par une personne de confiance, évaluer l'état du réseau des relations, vérifier les perspectives d'avenir, réorientation, programmes de PU pour permis de conduire, prendre ses propres responsabilités	**Choix et formation des surveillants et du personnel d'encadrement**: - Education et prise en charge des toxicodépendants - Prévention de la santé et de l'hygiène mentale: peur, acceptation, tolérance ***Controlled environment* pour détenus toxicodépendants** - Unité pour problèmes de toxicodépendance (ASP), séparée du régime ordinaire - Programmes spécifiques de prise en charge pour toxicodépendants vivant dans l'unité de vie ordinaire - Unité avec abstinence au sein du régime cellulaire (self-policing) - Formation de médiateurs = formation de détenus chargés de se soutenir les uns les autres (*peer education*) - Unité de vie en groupe pour tous (créer la transparence) ***Setting* thérapeutique en matière psychiatrique et psychologique**

B. *Notre programme en cinq points*

1. Formation du personnel

La priorité consiste pour nous à disposer de collaborateurs motivés au sein du personnel pour les problèmes de drogue, ils peuvent se former en matière sociopédagogique et bénéficient de supervision.

2. Exécution de peines au sein d'unités de vie

Les unités de vie créent la transparence. Les détenus souffrant de troubles psychiques, consommant des drogues, «shootés», dépressifs peuvent être repérés plus facilement et être signalés au service médical. Les détenus avec plusieurs diagnostics = toxicodépendance + psychose peuvent être perçus plus facilement et obtenir une thérapie avec l'aide du PPD. Le travail prophylactique est ainsi facilité (cf. film vidéo «Hey You»).

3. ASP – unité de prise en charge des toxicodépendants

L'unité offre un climat protecteur des patients toxicodépendants par rapport aux dealers et au stress représenté par la quête du produit. Les détenus peuvent bénéficier d'améliorations tant psychiques que physiques durant leur période d'incarcération alors qu'ils y sont entrés souvent dans un état déplorable. Les autres unités de vie du régime normal sont par ce biais libérées du poids et de l'instabilité que représentent habituellement ces patients. Le concept prévoit 15 places pour détenus en sevrage total, 15 places pour les programmes de substitution par méthadone. Les principes suivants régissent l'unité: participation volontaire, programme de journée structuré, programme de travail spécial, sport, thérapies individuelles, semaines à l'alpage pour détenus s'y prêtant, contrôle par prise d'urine sur base régulière. Décisions sur l'admission par l'équipe: direction, chef d'unité, médecin, justice, notamment.

4. Programme spécial pour toxicodépendant dans le régime de détention ordinaire

La prise en charge a lieu conformément aux principes énoncés plus haut (fondement = construction d'une relation de partenariat basée sur la confiance). Au moment de l'entretien initial d'entrée, le fondement d'une relation de travail est établi avec le consommateur (ou ancien consommateur) de drogue. Nous distinguons:

- Volonté de s'en sortir: ceux qui ont passé 2-3 mois sans consommer de drogue dans les prisons de district se trouvent alors dans une phase vulnérable. Principes d'abstinence: accompagnement: Nemexin, PU sur base volontaire, thérapie participative (bains, massages), discussions;
- Poursuite de la consommation: ils sont accompagnés selon le principe de l'acceptation:
  - «laisser aller, ne pas laisser tomber»
  - ne pas «fixer» l'injection
  - «harm reduction»: notre premier but est la consommation de drogue sans seringue, puis abstinence
  - Attendre le «Kairos» = moment opportun pour une réorientation: renforcement de la confiance en soi, meilleure estime de soi, promotion de l'autonomie personnelle

5. Distribution d'une trousse en vue des premiers secours, de la prophylaxie des infections (HIV/hépatite) ainsi qu'en guise de moyen de communication[27]

Depuis juillet 1991, chaque détenu reçoit une pharmacie qui, outre le matériel de désinfection (qui peut d'ailleurs être utilisé pour désinfecter des seringues), contient des préservatifs, des pansements, un tube de pommade Merfen ainsi qu'un aide-mémoire en neuf langues. En même temps, nous proposons un bulletin d'informations de l'OFSP (Office fédéral de la Santé Publique). Sous cette forme, cette pharmacie a également été bien acceptée par le personnel. Nous avons eu là un rôle de précurseur dans le milieu carcéral et cet exemple a été suivi mondialement comme

[27] Cf. § 36 de la Recommandation R(98)7 du Conseil de l'Europe. La distribution de matériel de désinfection et de préservatifs aux détenus est une exigence de la recommandation R(93)6 (*Recommandation for infectious diseases*).

modèle. A cette époque là, la distribution de seringues n'était pas possible puisqu'elle n'était pas non plus usuelle à l'extérieur des établissements pénitentiaires.

La distribution d'une pharmacie représente une solution de compromis en matière de médecine préventive. Une meilleure prophylaxie des infections serait garantie par la distribution de seringues stériles, cependant cette méthode entraînerait d'autres inconvénients.

Les détenus considèrent en général la remise d'un set de secours comme un «cadeau» et comme signe que la protection de la santé représente pour nous quelque chose d'important. Il s'agit d'une promotion de notre relation de confiance qui les engage à prendre contact dans les situations d'urgence d'ordre psychique ou physique avec le médecin. La possibilité d'engager une discussion d'ordre thérapeutique et de par exemple de promouvoir la prophylaxie du suicide est ainsi facilitée. Grâce à notre programme en cinq points, nous n'observons que rarement des consommations de drogue par injection (raison pour laquelle la distribution de seringues stériles n'est pour l'instant pas un thème actuel). Nous observons peu d'automutilations (automutilations en tant qu'actes désespérés ou appels au secours) et nous n'avons que rarement des actes suicidaires. Notre vigilance ne doit toutefois jamais diminué!

C. *La détention peut-elle une chance pour les délinquants toxicodépendants?*

Selon l'opinion générale, la toxicodépendance relève d'un triangle en déséquilibre:

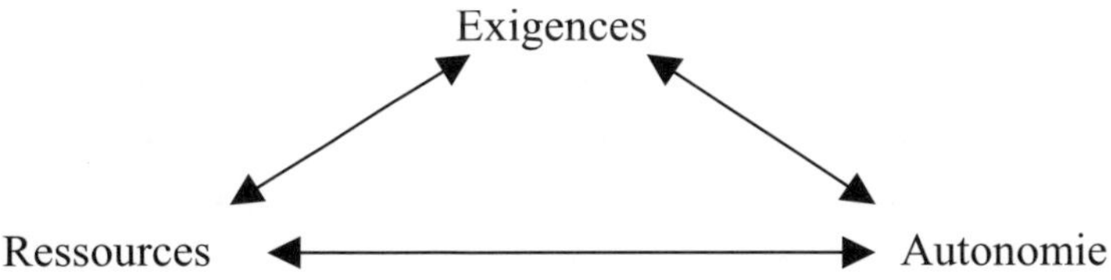

Si les exigences de son environnement sont trop élevées en permanence alors que l'individu a une tendance à la dépendance, cet individu perdra son autonomie si de ce fait les mécanismes de compensation qu'il pourrait trouver dans ses propres ressources tarissent. La perte d'autonomie entraîne une diminution du *self control*. Si l'individu est en contact avec d'autres toxicodépendants, des criminels, etc., il commence par coopérer avec ce groupe est glisse immanquablement dans une dépendance lourde de conséquences. La dissolution des structures sociales, la déchéance physique, les infections HIV ou hépatite, la dépression, l'apathie comme conséquences de l'usage quotidien de drogues excluent le toxicodépendant du monde du travail. La quête permanente d'argent l'entraîne vers la criminalité ou la prostitution. Par là même, il perd totalement son autonomie. En prison, nous essayons au moyen d'interventions thérapeutiques de rendre ces personnes capables de reconstruire un équilibre de ce triangle. Ils doivent pouvoir s'en accommoder et se stabiliser.

Même dans le cadre carcéral, nous devons pouvoir réduire à une mesure maîtrisable les exigences jusque-là trop stressantes et trop grandes pour faire renaître les ressources jusqu'alors détruites chez le toxicodépendant. Il s'agit également de mettre à disposition l'espace nécessaire à ce processus. Nous souhaitons que le détenu puisse corriger sa perte d'autonomie et recouvrer celle-ci ainsi que la confiance en soi.

En toute hypothèse, si nous admettons que le glissement du toxicodépendant dans son état totalement désemparé et non protégé a consisté en plusieurs étapes qui doivent être prises en charge une par une, nous devons également proposer notre accompagnement en fonction de cette situation. Ceci comprendra, outre un conseil éducatif, des accompagnements psychothérapeutiques, un suivi du sevrage, une substitution avec agonistes (dépendance forte) ou avec des produits antagonistes et psychopharmaceutiques (dépendance légère). Nous savons tous que le chemin partant d'une dépendance destructrice vers l'abstinence, ou au moins un niveau contrôlable, est souvent jalonné de rechutes et de déceptions. Celles-ci sont plus faciles à supporter si nous sommes véritablement conscients de notre rôle, soit thérapeutique, soit éducatif. Quitter la vie de drogué se déroule en phases (phase 1: sevrage, phase 2: stabilisation, phase 3: consolidation, suivi thérapeutique)[28]. Cela signifie que le sevrage

---

[28] BOLLI K., Traitements et soins donnés aux toxicomanes incarcérés; l'exemple d'une prison en Suisse alémanique, *Lettre du SMG*, avril 1997, no 47, suppl. No 1/Pratiques, Paris.

aura lieu immédiatement après l'arrestation, soit en détention policière, soit en détention préventive et qu'ainsi une durée d'abstinence totale de 1-4 ans sera atteinte. La phase de stabilisation caractérisée par de la vulnérabilité et de l'instabilité pourra la plupart du temps être vécue à l'intérieur d'un établissement fermé ou, selon les cas, également dans un établissement ouvert. La phase de consolidation aura lieu en semi-liberté, en établissement ouvert, en foyer ou en famille. Il est très important de planifier la phase de consolidation et de *follow-up* bien avant la mise en liberté, afin réduire les taux de récidive relatifs à la délinquance et de décès dû à la consommation de drogues! Si le détenu une fois libéré est laissé à lui-même, la récidive et les rechutes (mortelles) sont en quelque sorte préprogrammées!

V. Mode d'emploi de l'éthylomètre

1. Le bouton de gauche doit être enfoncé!
2. Contrôle de fonctionnement: a) presser sur le bouton de droite puis relâcher la pression; b) boucher le trou avec un doigt et presser le bouton de gauche lentement. Le témoin A s'allume et un peu plus tard le témoin B.
3. Enclencher le bouton gauche
4. Test:

- Installer le petit tube, prendre l'appareil de la main droite avec le pouce prêt à appuyer sur la touche de droite.
- Laisser inspirer profondément.
- Faire souffler en continu dans le petit tube.
- Le témoin jaune s'allume en premier ensuite le témoin vert.
- A l'apparition du témoin vert, immédiatement presser sur le bouton et maintenir la pression!
- Compter de 21-30, maintenir le bouton enfoncer jusqu'à ce que l'indication soit stabilisé.
- Avant de relâcher la pression, noter le résultat.

VI. Image directrice 2000 du pénitencier de Pöschwies

A. Nous en tant qu'institution

Nous sommes l'établissement du Concordat de la Suisse Orientale (cantons ZH, SG, SH, TG, AI, AR, GR, GL).

Nous exécutons des peines privatives de liberté ainsi que des mesures pour adultes récidivistes ainsi que pour délinquants primaires dangereux ou susceptibles de s'évader en application du CPS ainsi que de la législation cantonale en matière pénal et d'exécution de peines.

Nous garantissons une exécution des peines conforme à la loi, respectueuse de l'être humain et différenciée.

Nous nous imposons l'exigence d'une évolution et d'une amélioration constante de nos prestations.

B. Nous et les détenus

Notre attitude envers les détenus est bienveillante; notre comportement adapté aux circonstances.

Par notre engagement, nous essayons d'influencer positivement les détenus et de promouvoir leurs compétences sociales. Nous voulons mettre à leur disposition tous les atouts afin qu'ils puissent vivre après leur mise en liberté une vie sans activité délictueuse et qu'ils puissent prendre en main leurs propres responsabilités.

Nous ne restreignons les droits des détenus que dans la mesure où la privation de liberté et le fait de vivre ensemble au sein d'une institution d'exécution des peines l'exige.

C. Nous en tant que collaboratrices et collaborateurs

Nous sommes des collaboratrices et collaborateurs engagés qualifiés au plan humain et professionnel. Nous collaborons avec divers groupes professionnels actifs tant à l'intérieur qu'à l'extérieur du pénitencier.

Notre travail repose sur des réflexions et des actes d'ordre professionnels.

Nos contacts sont empreints de confiance, de *fairness* et de respect.
Dans notre activité quotidienne nous promouvons la plus grande sécurité et satisfaction au travail possibles.

Nos dirigeants sont des exemples. Ils entretiennent un style de direction motivant et adapté aux circonstances. Ils font participer leurs collaboratrices et collaborateurs autant que possible à leur prise de décision.

D. Nous et la société

Nous apportons notre contribution à la protection de la société.

Nous créons la sécurité vers l'intérieur et vers l'extérieur par des facteurs humains, des constructions et de la technique.

Nous promouvons l'acceptation de nos tâches au sein de la société par une bonne prestation et par de l'information factuelle.

E. Nous et les finances

Nous travaillons en gardant à l'esprit les facteurs de coûts pensons et agissons selon des principes écologiques et disposons avec soin des moyens mis à notre disposition.

Stichwortverzeichnis

(für die Tagungsbeiträge in deutscher Sprache)

Index
(pour les contributions en langue française)